上海市实验学校南校
SOUTH SHANGHAI EXPERIMENTAL SCHOOL

"五育融合"视域下学校"攀登"课程体系的构建与实践

陈罡 / 主编　谭李华 / 副主编

文汇出版社

图书在版编目(CIP)数据

"五育融合"视域下学校"攀登"课程体系的构建与
实践 / 陈罡主编 ；谭李华副主编. -- 上海 ：文汇出版
社，2025.3. -- ISBN 978-7-5496-4473-5

Ⅰ.G632.3-53

中国国家版本馆 CIP 数据核字第 2025TB4315 号

"五育融合"视域下学校"攀登"课程体系的构建与实践

主　　编 / 陈　罡

副 主 编 / 谭李华

责任编辑 / 张　涛　　盛　纯

封面装帧 / 薛　冰

出版发行 / 🄼文匯出版社

上海市威海路 755 号

（邮政编码 200041）

经　　销 / 全国新华书店

排　　版 / 南京展望文化发展有限公司

印刷装订 / 启东市人民印刷有限公司

版　　次 / 2025 年 3 月第 1 版

印　　次 / 2025 年 3 月第 1 次印刷

开　　本 / 787mm×1092mm　1/16

字　　数 / 474 千字

印　　张 / 23

ISBN 978-7-5496-4473-5

定　　价 / 85.00 元

序 言

在这个日新月异、知识爆炸的时代，教育正面临着前所未有的挑战与机遇。当下，基础教育界已形成共识，深知教育科研的重要性。它不仅是学校发展的动力源泉，更是推动教育教学改革、提高教育质量的关键因素。今天，我有幸为我校教师的教科研论文集撰写序言，深感荣幸，也倍感责任重大。

一、科研引领，创新驱动

教育科研是学校发展的灵魂。在"双新"背景下，教育不再是简单的知识传授，需要不断创新和进步。教科研工作正是推动教育创新的重要力量。通过教科研，我们可以深入探索教育的本质和规律，不断优化教学方法和策略，提高教育质量和效益。

我校历来重视教科研工作。近年来，我校教师在各类期刊上发表过多篇论文，不仅反映了教师在实践中的探索，也展示了他们的专业素养和创新能力。

本论文集汇集了我校教师在各个学科的研究成果，涵盖教学方法、课程设计、教学评价等多个方面。这些研究成果不仅具有较高的实践价值，而且具有较强的指导意义。

二、"五育融合"，全面发展

在"双新"背景下，"五育融合"已成为教育改革的重要方向。我校积极响应教育方针，致力于在教育教学中实现德育、智育、体育、美育和劳动教育的有机融合。通过跨学科、项目化学习，努力培养学生的综合素质和创新能力，推动"双新"的落地。

在论文集中，我们可以看到教师在践行"双新"中，将"五育融合"的理念融入日常教学中。他们通过设计丰富多彩的教学活动，引导学生积极参与、主动探究，使学生在学习过程中不仅获得知识和提升技能，更在情感态度、价值观等方面得到全面发展。

例如在英语教学中,教师通过跨学科、项目化学习,将语言学习与德育、美育相结合。学生在学习英语的同时,也学会尊重他人、欣赏艺术。这种教学方式不仅提高了学生的学习兴趣和积极性,也培养了他们的综合素养和社会责任感。

三、聚焦核心素养,提高教学质量

核心素养是"双新"背景下教育的重要目标。我校教师在科研工作中,始终坚持以核心素养为导向,努力提升学生的综合素质和能力。他们关注学生的思维发展、情感体验和实践能力,通过创新的教学方法和手段,帮助学生形成正确的世界观、人生观和价值观。

在论文集中,我们可以看到教师在教学中落实核心素养的实践。他们注重培养学生的批判性思维、创造性思维和问题解决能力,鼓励学生勇于质疑、敢于创新。同时,他们也注重培养学生的审美情趣和人文精神,使学生在学习过程中不仅获得知识和提升技能,更在精神层面得到滋养和成长。

此外,教师还积极探索信息技术与教育教学的深度融合。他们利用现代信息技术手段,丰富教学内容和形式,提高教学效果和质量。通过多媒体教学、在线课程等方式,学生可以更加直观地理解知识、掌握技能,从而更好地适应未来社会的需求。

四、实践探索,成果丰硕

在教科研的推动下,我校教师在"双新"教育教学实践中取得了一定成果。他们通过探索和实践,形成实用性的教学方法和策略。例如在数学教学中,教师通过项目化学习的方式,引导学生解决实际问题,培养学生的数学思维和应用能力;在语文教学中,教师通过情境教学法,激发学生的学习兴趣和情感体验,提高学生的语文素养和人文精神。

同时,我校教师还积极参与竞赛,展示教育教学成果。通过这些活动,我校教师不仅拓宽了视野、增长了见识,也结识了许多优秀的同行。这些宝贵的交流经验为我校的教育教学改革提供了有力的支持和帮助。

五、展望未来,砥砺前行

在"双新"背景下,育人模式的转变不仅是教育改革的必然要求,更是时代发展的迫切需要。传统的"以教师为中心"的教学模式已无法满足新时代对人才培养的需求。取而代之的是"以学生为中心"的育人模式,其强调学生的自主学习、合作探究和实践创新。这种转变不仅要求教师更新教育理念,还要求学校在课程设计、教学方法和评价体系上进行全方位的改革。通过"双新"实践,我们能够更好地培养学生的批判性思维、创造性思维和问题解决能力,帮助他们在未来的社会中具备更强的适应力和竞争力。

展望未来,我们将继续坚持科研兴校的理念,为教师提供更加广阔的科研平台和更加丰富的科研资源。我们将进一步完善科研管理制度和激励机制,鼓励教师积极参与科研工作,不断提升科研水平和能力。

最后,我要感谢所有参与本论文集编写的教师。他们以严谨的科研态度,为我校的教育科研做出了贡献。他们的研究成果不仅丰富了学校的学术资源库,也为广大师生提供了宝贵的学习资料。

总之,本论文集是我校教师教育科研成果的一次集中展示。它不仅反映了教师在教育教学实践中的探索和思考,也展示了他们在教育科研领域的专业素养和创新能力。我相信,在未来的日子里,我校的教育科研工作一定会取得更加辉煌的成就!再次感谢各位领导和同事的支持和帮助!祝愿我们的学校越办越好!祝愿我们的教育事业蒸蒸日上!

2025 年 2 月 28 日

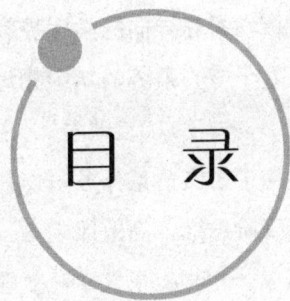

目 录

课 堂 实 践

创 新 探 索

聚焦融合

课堂融合主题学习 提升学生高阶思维

◎ 上海市实验学校南校 叶莉慧

【摘 要】《义务教育数学课程标准(2022 年版)》(以下简称"新课标")提出,要适当采用主题式学习和项目式学习的方式,引导学生综合运用数学学科知识解决问题。勾股定理的逆定理的探究旨在培养学生发现问题、提出猜想、寻找规律、分析验证规律、得出定理,这是很好的探究素材。教师可以将主题活动与数学教学活动相融合,基于学生已有的认知基础,精心设计探究过程,引导学生积极主动参与学科探究活动。在解决问题的过程中,学生通过灵活运用学科知识,以及进行由特殊到一般的归纳推理,能有效突破认知障碍,培养严谨科学的逻辑推理和分析能力。勾股定理的逆定理运用到的构造法、反证法,能较好地让学生体会利用已有知识获取新知的研究方法,提升他们的高阶思维。

【关键字】勾股定理的逆定理 活动融合 数学思维

新课标指出,数学学科的核心素养主要包括:会用数学的眼光观察现实世界,会用数学的思维思考现实世界,会用数学的语言表达现实世界。初中数学的核心素养主要表现为抽象能力、运算能力、几何直观、空间观念、推理能力、数据观念、模型观念、应用意识和创新意识[1]。而核心素养的形成是在数学学习过程中逐渐形成和发展的。

新课标建议,教师可以适当采用主题式学习和项目式学习的方式,设计情境真实、较为复杂的问题,引导学生综合运用数学学科的知识和方法解决问题。学生的学习应是一个主动的过程,教师可以通过主题式学习或项目式学习,引导学生在真实的情境中经历发现问题和提出问题、分析问题和解决问题的过程,激发学生的学习兴趣,引发学生积极思考,鼓励学生质疑问难,以促进他们数学核心素养的提升。

数学课堂是学生学习数学的主阵地,发展学生思维能力是数学课堂教学的主要目的。

---

[1] 中华人民共和国教育部. 义务教育数学课程标准[M]. 2022 年版. 北京:北京师范大学出版社,2022.

数学教育的乐趣在于能够给学生思维的挑战,数学教育的魅力在于它的思维创造性。数学是思维的科学,数学教学就是要让学生在数学问题的解决过程中培养自己的数学思维能力,磨炼自己的思维品质[2]。初中数学思维型课堂的构建是以思维型教学理论为依托展开的课堂教学。思维型教学理论重视:知识的深度理解与方法的灵活应用、批判性思维与创造性思维能力的培养、合作能力与交流能力的培养、内在学习动机与自主学习能力的培养、核心价值与创新素质的发展[3]。笔者结合思维型教学理论,将课堂教学与主题学习相融合,以沪教版"19.9(3)勾股定理的逆定理"一课为例进行教学实践探究。

一、创设情境,引出问题,激发探究欲

课前,笔者给学生播放了纪录片《数学的故事》中有关勾股定理的片段,视频中说道:"古埃及人曾用绳结来确认直角,方法如下:把一根绳子打上等距离的 13 个结,然后以 3 个结间距、4 个结间距和 5 个结间距的长度为边长,用木桩钉成一个三角形,其中一个角就是直角。"从而引出数学问题:用长度分别为 3、4、5 的线段为边所围成的三角形一定是直角三角形吗?

思维型教学理论指出,通过创设一定的问题情境,可以激发学生的认知冲突,进而激发学生的学习兴趣和动机。本环节中,视频介绍古希腊人在建造金字塔构造直角时,是利用绳结来确定直角三角形的,而问题是"用长度分别为 3、4、5 的线段为边所围成的三角形一定是直角三角形吗?"。学生以往的学习经验是通过三角形内的两个已知角角度来计算得到未知角角度,但本课时提出的问题与学生以往的认知不同,引起了认知冲突,激发了他们的内在学习动机,从而促进了他们的积极思维。

在古希腊,没有测量角度的量角器,劳动人民是如何利用三角形三条边长的长度关系得到直角的? 除了边长为 3、4、5 的三角形是直角三角形,当三角形三条边长满足什么条件时,就可以确认它也是直角三角形? 该片段的引入设置了悬念,让学生初步感受到生活生产中蕴含的数学奥秘,从疑问中发现自己认知体系的不完全,产生认知冲突,从而产生探究的兴趣。从情境设问到最后呈现问题解决的过程,这不仅展示了知识形成的过程,有助于学生弄清问题的来龙去脉,也让他们意识到数学来源于生活,同时服务于生活,更能深刻体会到古人的勤劳与智慧,更能激发他们学习的斗志。

通过情境引入,笔者提出了两个问题,一是验证用长度分别为 3、4、5 的线段所围成的三角形是直角三角形;二是本课时的驱动性问题——当一个三角形的三条边长满足什么条件

[2] 张鹤.数学教学的逻辑——基于数学本质的分析[M].北京:首都师范大学出版社,2016.
[3] 胡卫平.思维型教学理论核心问题解析[M].上海:上海科技教育出版社,2023.

时,就可以确认它是直角三角形。这两个问题由浅入深,引发学生产生了更多思考,自然地开启了本课时的主题探究学习。

二、自主探究,建构模型,提升数学思维

思维型教学理论指出,自主探究是人们探索世界、获取知识的重要方法,也是自主学习能力、探究学习能力和思维能力的有机整合[4]。本课题的探究旨在让学生通过对勾股定理的逆定理的探索,经历观察、猜想、证明等活动的全过程,从而培养他们严谨的探究精神,这是培养学生构造思想和创新思维的好时机。

(一)实验探究,提出猜想

环节一:利用尺规作图画一画。

1. 画一个 $\triangle ABC$,使三边分别为 $AC=3\text{ cm}$,$BC=4\text{ cm}$,$AB=5\text{ cm}$,量一量 $\angle C$ 的度数。

2. 画一个 $\triangle DEF$,使三边分别为 $DE=2.5\text{ cm}$,$DF=6\text{ cm}$,$EF=6.5\text{ cm}$,量一量 $\angle D$ 的度数。

观察以上两个三角形是什么三角形,它们的边长之间有怎样的关系? 你可以得到什么结论?

本环节让学生跟随古人的足迹,通过对两组特殊边长的三角形的尺规作图,回答了引入环节的第一个问题,即长度分别为 3、4、5 的线段所围成的三角形是直角三角形。同时,学生通过计算三边之间的关系,结合之前所学习的勾股定理的相关知识,提出了自己的猜想:在一个三角形中,如果两条边的平方和等于第三边的平方,那么这个三角形是直角三角形。这个命题是勾股定理的逆命题,学生找到规律,提出猜想,建立起两个知识间的联系。

(二)论证推理,验证猜想

环节二:分组讨论。

已知:如图1,在 $\triangle ABC$ 中,$BC=a$,$AC=b$,$AB=c$,且 $a^2+b^2=c^2$。

求证:$\triangle ABC$ 是直角三角形。

合作交流可以产生有效的互动,共同探讨问题、交流思想,通过激发彼此思维,促进对新知识的理解、建构新的认知结构,提高学习效果[5]。

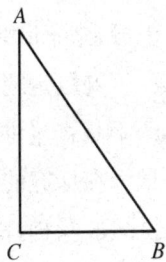

图1

---

[4] 胡卫平.思维型教学理论核心问题解析[M].上海:上海科技教育出版社,2023.
[5] 胡卫平.思维型教学理论核心问题解析[M].上海:上海科技教育出版社,2023.

探究初期,大部分学生对于该命题的证明没有思路,思维都停滞在如何得出直角这一步。这时就需要教师提供一定的引导。要证明三角形是直角三角形,即要证明 $\angle C = 90°$。从条件 $a^2 + b^2 = c^2$ 出发,学生更多地会联想到勾股定理,但使用勾股定理的前提是三角形是直角三角形,没有直角该怎么办? 这时就要构造直角,那么应该如何构造直角呢? 学生再次通过独立思考和小组合作交流初步的想法。没有直角,可以先画一个直角,再作出两条长度分别为 a 和 b 的直角边,从而构造一个直角三角形。此时,构造出的直角三角形的第三条边已经唯一确定了,只须证明这两个三角形全等即可。还有学生想到之前学过的过直线外一点作该直线的垂线可以得到直角,因此,利用过点 B 向 AC 作垂线来构造直角,交点为点 C',只须证明点 C 和点 C' 重合,也可以得到 $\triangle ABC$ 是直角三角形,他们利用反证法很好地得到了结论。

本环节能培养学生严谨的逻辑推理能力,需要他们具备较强的转化能力和思维。要证明勾股定理的逆定理,其难点是构造直角。学生在运用原有方法的过程中存在困难,会产生认知冲突,无法继续进行。此时,需要他们再从条件出发,联想到勾股定理,尝试将条件和结论进行转换,通过构造直角三角形,将问题的关键点——直角化解,从而获得解题思路,让探究更自然。构造法是培养学生创新思维的重要方法,可构造函数、方程、数学模型等,对学生的要求较高,可尝试低起点、小步走,引导学生摸索[6]。同时,在探究过程中,教师也可以引导学生进行反证法的思考,但学生对此接触较少,较难形成思路。在本环节中,学生经历了探究过程,促进了学习方式的改变。在利用构造法证明勾股定理的逆定理后,有部分学生能联想到通过作垂线也可以构造直角,教师再引导他们思考如何用反证法证明,从而实现思维的发展与成长。

自主探究是获取知识的主要途径。学生通过多种方法寻找证据,并运用创造性思维和逻辑推理解决问题,在这一过程中,知识不断完善,学习不断深入。这是一种综合能力,在探究过程中,学生运用分析、比较、推理、类比等思维方式,发展了学习能力、思维能力、实践能力和创新能力。在学生自主探究的过程中,教师应给予他们一定的深入思考时间和讨论时间,必要时还应提供一定的帮助或启发。由于学生的自主性、探究能力、知识水平等有一个逐渐发展的过程,因此,教师需要根据学生的水平,在他们的最近发展区内进行教学设计和引导,来不断刺激他们的内在学习动机和积极思维,提升他们的高阶思维。

勾股定理的逆定理的证明环节是本课时的重点,也是难点。为突破这一难点,笔者采取的不是直接讲授的形式,而是先让学生自主思考寻找突破口,再带领学生逐步挖掘内在信息。在探究的过程中,学生难免会遇到挫折和困境,这也能培养他们面对挫折不退缩、勇于挑战的精神,落实学科育人。本探究活动的实施让学生的学习主体得到发挥,帮助他们深度理解和灵活应用新的知识与方法,锻炼了批判性思维和创造性思维,建立了解决问题的自信

---

[6] 尤晓珍,王华民.让数学探究贯通课堂,使思维培养落地生根——课题: 3.2《勾股定理的逆定理》教学思考[J].中学数学,2018(08): 41-44.

心,培养了数学核心素养中的几何直观、模型观念、推理能力和高阶思维。

三、应用迁移,内化新知,培养发散性思维

学习是一个不断迁移的过程,学生只有通过一定的反复实践和思考,才能够深刻理解知识,系统地掌握方法,从而达到内化于心。

环节三:实例训练。

例题1. 在△ABC中,BC=8,AC=15,AB=17,判断△ABC是不是直角三角形。

例题2. 已知:在△ABC中,三条边长分别为$a=m^2-n^2$,$b=m^2+n^2$,$c=2mn$(m、n为正整数,且$m>n$),那么该三角形是否为直角三角形,请说明理由。

例题3. 图2是一块四边形绿地的示意图,其中AB长为26米,BC长为6米,CD长为8米,DA长为24米,∠C=90°,求绿地ABCD的面积。

变式训练:题目的条件不变,图形变为图3,求绿地ABCD的面积。

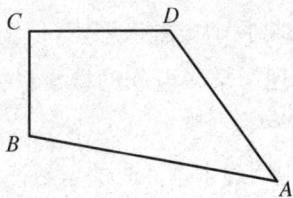

图2

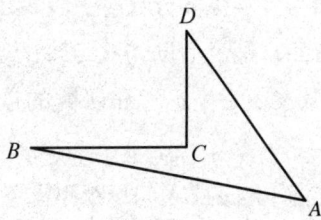

图3

本环节是探索新定理后的运用,可以检验学生能否灵活运用所学的知识和方法解决问题。笔者在选题时有一定的针对性,关注数学思维方法的同时,对数学问题进行了层次性的优化。例题1是数字运算,是勾股定理的逆定理的基础运用;例题2是含字母的推理问题;例题3是生活实例。其中,例题3要添加辅助线,是勾股定理及其逆定理的综合运用,思维由浅入深。学生需要将待解决的问题与学过的知识和方法建立联系,构建数学模型,深入理解和思考,实现方法的迁移。例题3还通过一题多变的方式,让学生不断进行思维的加工,并意识到解题方法万变不离其宗。这不仅加深了学生对知识和方法的理解,也有利于培养他们的发散性思维,同时还体现了思维的严谨性。

四、反思总结,探究无止境

思维型教学要求教师引导学生对所学的知识和方法进行系统的概括与总结,建构合理的知识结构和认知结构,并反思学习过程中的经验和教训,提高学生的自我规划、自主实施、

自我反思能力[7]。

环节四：收获与思考。

思考：如果一个三角形的三边长 a、b、c 满足关系：$a^2+b^2>c^2$ 或 $a^2+b^2<c^2$，那么这个三角形的形状如何？

本环节在知识和研究方法层面上引导学生进行反思和总结，帮助他们建构合理的知识结构和认知结构。课时的总结是为了让学生概括所学到的知识和方法，并将其与原有的知识结构联系起来，反思是为了让学生对学习过程中的经验和教训进行思考和总结，以便对后续的学习进行补充与改善，是发展自我监控的重要途径。

本环节给学生提出了一个新问题，有利于他们拓展思维，将课堂内的研究延伸至课外，并让部分学有余力的学生继续保持探究精神。

五、实践思考

勾股定理与数学很多分支都有广泛的联系，古今中外众多数学家都在研究，同时它也是古人智慧的结晶。笔者借助勾股定理的逆定理的探究，将数学史融入课堂，以情境设问的方式呈现，不仅激发了学生思考和研究的欲望，同时也实现了学科育人的教学目标，落实了立德树人根本任务。

笔者通过将主题式学习与思维型课堂相融合，使学生明确了本课时的学习任务和目标，让他们带着驱动性问题进行探究，充分参与了整个教学活动。学生很自然地进行了问题探究、实验探究、对话探究、构造探究、类比探究，较容易地得到了实践经验，掌握了基础知识和基本技能，理解了基本思想，更容易地接受并进行了有效迁移，较好地落实了"四基""四能"的融合。

在主题式教学模式下，教师须对课程标准、教学内容和学生情况进行整体分析，确定合适的主题，并基于学生的认知和基础，再对教学内容进行整合与重组。在教学中，问题是教学的出发点，也是驱动学生积极思考和推动课堂教学的有效载体。因此，教师围绕教学目标，在学生认知的起点和最近发展区设计开放性、探究性、挑战性的问题，可以促进学生从无序思考向有序思考提升，从分散性碎片化知识向整体性结构化体系发展，促进学生的深度学习和高阶思维的拓展[8]。

本课时是将数学课堂和主题式教学进行融合的初探，在这一过程中遇到过困境，也有收获。在课堂上关注学生的思维发展，给予学生更多展示自我的机会，能够更好地落实学科素养的培养，对教师的专业发展也有促进作用。

---

[7] 胡卫平.思维型教学理论核心问题解析[M].上海：上海科技教育出版社，2023.

[8] 史宁中，曹一鸣.义务教育数学课程标准(2022年版)解读[M].北京：北京师范大学出版社，2022.

"五育融合"在初中英语跨学科学习中的实践探索

◎ 上海市实验学校南校　王蓓蒙

【摘　要】在"新课程""新标准"背景下,教师要在开展基础学科教学活动的同时,培养学生的综合素养,促进学生全面发展,落实立德树人根本任务。这就要求教师理解、运用跨学科教学方式。而"五育融合"是现代教学中的重要理念,与跨学科项目化学习的宗旨不谋而合。因此,笔者希望在初中英语课堂上及后续作业中,能实施跨学科项目化学习活动,并在其中渗透对学生德、智、体、美、劳五育能力的融合培养。本文以上海牛津英语初中七年级第一学期第九单元第三课时"How to make raisin scones",即"如何制作司康饼"为例,探索如何将"五育融合"体现在跨学科学习体验中。

【关键词】五育融合　初中英语　跨学科学习

一、五育的基本内涵及"五育融合"的意义

五育,指德育、智育、体育、美育、劳动教育。德育:培养学生的品德修养,塑造正确的人生观、价值观和行为准则,培养学生的道德情操和社会责任感。智育:培养学生的智力和认知能力,提高学生的学习能力和综合素质,培养学生的创新思维和问题解决能力。体育:培养学生的身体素质和运动技能,促进学生身心健康发展,培养学生的集体荣誉感和团队合作精神。美育:培养学生的审美情感和艺术修养,提升学生的文化素养和综合素质,培养学生的艺术创造力和表现力。劳动教育:培养学生的劳动意识和动手能力,提高学生的实践操作能力和职业技能,培养学生珍惜劳动和尊重劳动的态度。

五育融合,则是要求以上这五个方面协同发展。通过五育的融合教学,能够更好地培养学生的综合素质和个性特长,使其具备独立思考能力、合作能力、创新精神和实践技能[1],从而成为全面发展的人才。在英语语言教育的背景下,"五育融合"教育提供了一个独特的

---

[1]　杨羡珠.核心素养视域下初中英语阅读"五育融合"教学策略研究[J].校园英语,2024(08):6-8.

机会,即将语言学习与其他学科领域(如劳动技术、信息科技等)相结合,使学生发展更为广泛的技能。

本文旨在深入探讨"五育融合"下的初中英语教学,探索如何在教学实践中更好地融合德育、智育、体育、美育、劳动教育这五个方面的要素,促进学生综合素养的全面提升[2]。

(一)德育在本课例中的渗透

经过前期调查,笔者了解到班级三分之二以上学生的家长或多或少会在家中制作一些烘焙食物,那么如何让学生感受到父母习以为常的付出就成了课堂上的暗线。因此,笔者设计的如何制作司康饼的课堂教学活动中,不仅有纸面学习单的明线,也有许多有梯度的隐藏问题,希望以此让学生感受到父母平时事无巨细的付出。例如,引导学生回想平时爸爸或妈妈制作烘焙食物时所准备的烘焙工具及烘焙材料,并与书上呈现的做比较,看一看哪个更为全面。在学生给出的不同观点中,有一个是妈妈制作蛋挞时会在称重面粉前多一个过筛的环节。笔者随即追问:妈妈为何要多做这一个环节?成绩较好的学生可以补充回答:因为妈妈想让蛋挞皮的口感更好、更细腻,说明妈妈无时无刻不在做到最好。在这一过程中,能让学生体会到家长对自己无微不至的付出。

此外,本堂课后的选做作业是把文字变成实物,即回家按照学习单上的步骤制作食物,并与家人分享。全班学生对于这份与平时不太一样的英语作业很有兴趣,参与度极高。同时,令人惊喜的是,学生不仅结合学习单制作了还原度很高的司康饼、曲奇饼干和蛋挞,还有一小部分学生更是发挥创意,制作了鸡蛋卷饼、不同口味的比萨饼、月饼等国内外经典的烘焙美食。最后,学生父母在班级群里分享了孩子的这一次英语作业,既有九宫格式的图片,又有视频,甚至还有家长写了百字小作文,可见他们满满的骄傲与自豪。很多家长是第一次吃到自己孩子亲手制作的食物,感慨万千。自此,这项特殊的英语选做作业意料之外又情理之中地得到了家长和学生的一致好评及认可,大家也十分期待下次还有这样的特殊作业。

由此可见,德育在初中英语课堂、课后作业的渗透,能同时给家长和学生带来成就感。

(二)智育在本课例中的渗透

在课堂教学活动环节中,笔者除了列举书上已有的基本烘焙工具(an oven, a baking tray)和烘焙材料(milk, butter, flour)之外,还补充了生活中大多数人会使用的电子秤(an electronic scale)、筛子(a sifter)、刷子(a brush)等词汇,使制作司康饼的过程随着新烘焙工具或烘焙材料的加入而变得更为具体,这对学生的学习能力、语用能力提出了较高的要求。此外,笔者还讲述了自己在制作过程中的数个失败例子,并配图引导学生思考失败的原因,

---

[2] 马秀平.基于"五育"融合的初中英语教学实践[J].中学生英语,2024(16):49-50.

并让他们独立归纳总结合理的制作流程及需要注意的步骤。

对于课后的选做作业,考虑到班级学生的能力和水平存在差异,笔者将其分成了"容易""普通""困难"三种模式。"容易"模式要求学生可以就书上所给的司康饼简易制作流程进行制作;"普通"模式要求学生可以在课堂学习的基础上,结合课堂学习单,完成蛋挞、曲奇饼干的制作;"困难"模式则要求学生在课堂学习单的基础上,进一步研究更为复杂的比萨饼、月饼等的制作流程,设计一份新的制作学习单并完成食物制作。

(三)体育在本课例中的渗透

学习如何制作司康饼的英语课堂表面上看起来和体育的关联性不大,但笔者在课前明确提出了要求,让学生亲自去实体店采购本堂课所要用到的烘焙工具和烘焙材料,做到从采购到学习制作(用英语表达)再到动手实操,都由本人完成。尽管这只是一种非常轻度的体育运动,且学生的生活条件大多较好,完成起来并不困难,但笔者的出发点是希望学生能多多体验实际生活,无论在思想上还是行动上。

(四)美育在本课例中的渗透

色、香、味、意、形俱全,是对食物的最高评价。那么,在司康饼的制作过程中,该如何体现视觉艺术与味觉享受,笔者下了很大功夫。例如,增加的过筛环节是为了筛掉结块的面粉,以此提高成品的细腻感;在放入烤箱前,再增加一个刷鸡蛋液的环节,这是为了让成品表面金黄,更富有光泽,从而增加视觉美感;司康面团的切块要大小均匀,这是为了防止烘焙时有的过焦而有的却还未熟。总之,烘焙美食艺术是一种将食物视为艺术品来呈现的方式,它不仅展示了烘焙技巧和艺术创造力,也传达了各国美食文化的深邃含义和审美情趣[3]。

(五)劳动教育在本课例中的渗透

对于课后的选做作业,无论哪种模式,都是需要学生亲自动手去实践操作的。从准备材料开始,到称重面粉、过筛面粉、揉面团、添加调味品、切块、烘焙等步骤,处处离不开劳动。笔者希望通过本次课后作业,可以提高学生对劳动的尊重和认同,切身感受劳动带来的满足感和成就感,从而真正认同劳动是我们的传统美德。

二、跨学科学习

跨学科学习是指跨越不同学科之间的界限,通过整合各学科的知识和技能,培养学生综

---

[3] 杨雨花.五育融合建构魅力英语课堂[J].新智慧,2024(01):53-55.

合能力的教育方法。跨学科学习的意义主要包括：① 促进综合思考：跨学科学习可以帮助学生将不同学科的知识联系起来，促进他们进行综合思考。通过将各学科的知识相互关联，学生可以更好地理解知识之间的关联，培养综合思考和解决问题的能力。② 增强学科之间的交叉应用：跨学科学习可以帮助学生将各学科的知识和技能综合应用到实际生活中。通过整合多个学科内容，学生可以更好地理解知识在实际情境中的应用，提高他们的综合能力和实际操作能力。③ 促进创新思维：跨学科学习鼓励学生从不同学科的角度思考问题，能拓展他们的思维方式，培养创新思维。通过不同学科之间的交叉和整合，能激发学生的创造力，促进创新能力的培养。总而言之，跨学科学习的意义在于促进学生全面发展，提高他们的综合素养和综合能力，培养创新思维，为他们未来的发展和成功奠定良好的基础。

　　本课例以初中英语课堂为主，结合了劳动技术与信息科技两门学科，分别体现在：学生通过英语课堂的基本学习，了解了制作司康饼等烘焙食物的步骤；在做课后选做作业的过程中，学生动手制作食物，参与了劳动；通过架设的电子设备拍摄制作食物的过程，记录下了学生丰硕的成果，为了呈现最佳的展示效果，学生还剪辑了精彩瞬间、添加了背景音乐，以及进行了编辑文字、渲染特效、设计转场、设置倍速等操作，这是信息技术的体现。这三门学科在本节课的学习与展示活动中的关系密不可分、相辅相成，既促进了各学科的要点学习，又在最终的视频成果中展现了三门学科的精髓。

三、结语

　　通过以上阐述不难看出，"五育融合"在初中英语跨学科学习中的实践探索是十分有必要的。若初中英语课及课后作业有一定的连贯性，且能落实"五育融合"，长此以往必能提高学生的综合素养。而跨学科学习过程则是助推剂，通过跨学科学习方式，能增强学习的趣味性，激发学生学习的兴趣和潜力。两者协同发展，能有效促进初中英语学习，使初中英语课堂更为高效。

"五育融合"视域下初中英语课堂教学单元设计

◎ 上海市实验学校南校　凌淑雯

【摘　要】在如今的课堂教学中,走向融合尤为重要。"五育"主要是指德、智、体、美、劳五个方面。然而,在初中英语课堂教学中,由于学科的特点,很难做到真正意义上的"五育融合",究其主要原因,在于"偏智"而缺乏其他的四育。也就是说,在英语课堂教学中,教师一般更注重智育,而缺乏对德育、体育、美育和劳动教育的涉及。"五育融合"不是简单地将德育、智育、体育、美育、劳动教育拼凑与整合,更重要的是实现它们之间的一体化。本文以牛津上海版 6AU8"The food we eat"为例,旨在研究出"五育融合"的单元设计,从而真正实现学科和课堂育人的价值。

【关键词】五育融合　初中英语课堂教学　单元设计

一、引言

目前,在"双减"政策与新课标改革的背景下,课堂教学的变革已经是大势所趋,而融合教学也是目前课堂教学变革的重点方向之一。众所周知,"五育"主要是指德、智、体、美、劳五个方面,而"五育融合"却不是简单地将德育、智育、体育、美育、劳动教育拼凑与整合,更重要的是要实现"五育"之间的一体化,这一点在以智育为主的初中英语课堂教学中就更难做到了。因此,为了更具体地展现如何在英语课堂教学中实现"五育融合",下文将以牛津上海版 6AU8"The food we eat"为例,阐述笔者如何进行"五育融合"的单元教学设计并实施具体的教学,在教学中发现和研究出能够实现"五育融合"的课堂教学方式,形成以素养为导向的课堂,从而真正实现学科育人、课堂育人。

二、研究背景

"五育融合"视域下初中英语课堂教学能够促进学生德、智、体、美、劳全面发展。在"五育融合"的教学理念下,学生将获得更加多元和与时俱进的课堂教学体验[1]。"五育"融入初中英语教学对学生的综合素质发展起到了积极的推动作用。通过智育、德育、美育、体育和劳育的全面渗透和互相促进,学生不仅在语言学习上取得了良好的成绩,还在身心发展、道德品质、审美能力和社会实践能力等方面得到了显著提升。这些积极的影响对学生的未来成长和社会发展具有重要意义[2]。

在英语课堂中,智育的涉及是毫无疑问的,但关于与其他"四育"的融合,还在不断的探索与研究中。关于德育,道德是人与人之间相处的行为准则。在英语课堂教学中,可将智育与德育相结合:巧妙设计教学活动,各环节渗透;创设教学情境[3]。在"五育融合"视域下,教师可以在课堂导入阶段融入德育,促进学生"德"的发展[4]。关于体育,强健的体魄是培养学生学习能力、思维能力及提高学习效率的基础。体育是发展其他"四育"的前提条件[5]。在英语课堂教学中,可将各种体育运动融入教学任务中,激发学生对运动的兴趣。关于美育,美育能使学生获得健康的心理品质、生活方式和高尚的审美情趣,形成创新精神,提升感受美、鉴赏美、创造美的能力[6]。在英语课堂教学中,可将各类艺术融入教学任务中,如绘画、音律等,让学生也能够通过英语课堂提高审美或鉴赏的能力。关于劳动教育,劳育是指学生在教师引导下,运用脑力与体力劳动创造性解决现实生活中问题的教育[7]。在英语课堂教学中,可在课堂或课后任务中融入劳动或与劳动教育内容相关的人或事,培养学生的劳动精神和技能。因此,笔者在"五育融合"视域下,对牛津上海版 6AU8"The food we eat"进行了单元课堂教学设计,以下为具体内容。

三、单元分析

(一)单元介绍

This unit is in Oxford Shanghai Edition 6A Module 3 "Food and drink". First, students will learn a reading text "Dinner menu", which is made up of a dialogue about food and a menu. Then, students will have a dialogue to practice, using the key sentences "What would you like for. . . ?" "What kind of. . . would you like?" "Would you like A or

[1] 王文芹. 基于"五育"融合的初中英语教学实践[J]. 校园英语,2023(10):124-126.
[2] 张克俭. 初中英语教学中"五育"融入的实践探究[C]//重庆市创新教育学会. 新视域下教育教学创新展论坛论文集(二). [出版者不详],2023:34-35.
[3] 汪琴. 初中英语教学中德育教育的有效渗透[J]. 课程教育研究,2019(6):116-117.
[4] 边天龙. 初中英语教学中"五育"融入的实践探究[J]. 新课程,2022(15):27.
[5] 袁琴. 初中英语课堂教学中"五育"融合实践探索[J]. 镇江高专学报,2021(04):109-110.
[6] 邵丽. 初中英语渗透美育教育的途径探讨[J]. 考试周刊,2019(12):101.
[7] 史丽芳. 劳动教育在初中英语阅读教学中的实践[C]//扬州大学教育科学学院. 扬州基础教育学校联盟年会论文集——当代教育评论(第九辑). [出版者不详],2019:45-46.

B?". After that, students will learn a listening and speaking text "Buying different food" and find the cheaper items. Finally, students will learn how to write a passage about their favourite food.

（二）单元学习内容整体框架图

图 1 "The food we eat"单元学习内容框架图

（三）单元教学目标

By the end of this unit, the students are expected to:

1. Master the new words and sentence patterns by practicing from reading, listening and speaking to writing.

2. Use modal verbs would like to indicate preferences, make an offer, etc and talk about the prices of different food.

3. Learn some dishes and design a dinner menu, then write about their favourite food with some reasons.

4. Be active to talk about the food they like and have a healthier diet.

（四）学生分析

The students are from the ordinary class in Shanghai Experimental School. However, they are good at expressing their own ideas and are eager to learn. Some of the students may feel shy to express themselves, but they have great ideas.

What they have known：

The students are familiar with the dishes in the unit. So，some new dishes must be added. Some students lack experiences of designing a menu，but designing a dinner menu and interviewing others is necessary to communicate better.

What they may achieve：

This is a writing lesson. The lesson is intended to carry out several well-designed activities to facilitate the students' writing ability and make sure the learning targets can be fulfilled successfully.

（五）教材分析

What：

This text is about food and can be related to designing a dinner menu. There are only a few new words about dishes which may be quite easy for the students in our school. So，more activities should be added. Students will also learn sentences patterns about some dishes and write about their favourite food with some reasons.

Why：

This material mainly aims to complete the writing about favourite food with some reasons. To help students learn more，more new words and sentence patterns will be involved.

How：

The text can be divided into two parts. The first part is about how to invite and accept an invitation. The second part is about how to refuse an invitation. After learning the text，students will do a role play and design a birthday party which can be really carried out.

四、"五育融合"的单元教学设计

（一）"五育"在单元教学设计中的融合

"五育融合"最关键的就是弱化学科技巧的训练，强化学科与生活的联系，努力做到"用中学、做中学、创中学"。简而言之，就是弱化智育，强化德育、体育、美育和劳动教育，并将"五育"进行一体化。本单元与食物相关，非常适合将"五育"进行融合教学。

首先，关于智育的弱化，可以对单元中部分没有必要或重复性的教学环节进行删减。如讨论烹饪方式，这部分内容在前面的课时中已经学过，因此，可以把这个环节省略，为后面的分享环节留出更多的时间。

其次,关于其他"四育"的强化,可以分别在课程的不同阶段或课后作业中进行,从而做到"五育"在整个单元中的一体化。比如关于德育,可以设计在第一课时的尾声让学生讨论健康饮食的环节,从而培养学生的健康饮食习惯,让他们懂得珍惜粮食;体育在英语课堂中很难涉及,因此可以放在课后作业中,如设计家庭菜单这一作业,可以增加买菜、制作等活动,并挑选优秀作品视频在班内进行分享;美育可以在写作环节中涉及,让学生以小组为单位,共同设计本组的作品,画上或贴上相关的图片,与英语作文相得益彰,也可以体现在课后作业中,让学生进行小报的制作;劳动教育也可以体现在课后作业中,如制作菜肴前的准备工作、收拾洗碗等,并让学生用英语对制作和劳动的过程进行1~2分钟的演讲,在课堂上可以邀请几位学生进行分享。

学生通过实践,从接触和讨论不同种类的食物和菜肴,到菜单的制作,再到课后亲手制作菜肴,会有更深刻的体会与感触。在单元教学结束后,可以让学生就本单元的内容结合自己的感想完成一篇英语写作或制作一份英语小报,从而实现"五育"的完美融合。

(二) 单元各课时教学目标与重难点

Reading：Dinner menu (Period 1-2)

教学目标：

By the end of the class, students will：

1. Learn some food and dishes：cabbage, tomato, garlic, etc.

2. Use modal verbs would like to indicate preferences and make an offer.

3. Use connectives to express alternatives.

4. Arouse the sense of having a healthy eating habit.

教学重点：

How to let students express personal preferences by using "What would you like for...?" "What kind of... would you like?" "I'd like...".

教学难点：

How to let students master the expressions of some dishes in English.

Listening and speaking：Buying different food (Period 3)

教学目标：

By the end of the class, students will：

1. Master the new words and expressions.

2. Use What-questions to find out specific information and use How-questions to find out price.

3. Improve their ability of listening for the key information and talking about buying

food.

4. Cooperate with others by group work.

教学重点：

How to let students improve their ability of listening for the key information and talking about buying food.

教学难点：

How to let students master the expressions of buying food in English.

Writing：My favourite food (Period 4)

教学目标：

By the end of the class，students will：

1. Learn some dishes and design a dinner menu.

2. Introduce their favourite food and say some reasons.

3. Master the new words and use sentence patterns to write a passage.

4. Cooperative learning in a process-based approach.

5. Have a healthy diet and learn to save food.

教学重点：

How to let students write the names of dishes correctly and give reasons with sentence patterns.

教学难点：

How to let students use connectives to write sentences.

（三）单元各课时教学活动

本单元内容为"The food we eat"，总共分为四个课时，以下为本单元各课时教学活动的简述。

第一课时为一节阅读课程，是本单元的第一节课。首先，笔者引入食物这一主题，通过展示一些菜肴的图片进行导入，引起学生的学习兴趣。其次，将菜肴分为 staple food、seafood、meat、vegetable 等类别，引出 dinner menu 的主题，再让学生快速阅读课文并完成 shopping list 的填写，对课文内容有大致的了解。再次，通过问答对本节课重点句型"Would you like A or B?"进行深入学习，并让学生根据课文内容进行相应的训练。然后，让学生跟读课文，由笔者对重点内容进行讲解，再让学生精读课文并完成相关练习。最后为讨论环节，让学生运用所学内容根据晚餐菜单进行相应的对话练习。

第二课时为第一课时的补充，是一节读写结合的课程。首先，笔者引入菜单这一主题，让学生掌握教材中菜单的内容并进行对话练习。其次，让学生通过对话交流采访同学喜欢的食物并进行记录,以此完成 shopping list 和 dinner menu。再次,笔者对四种不同的烹饪方式进行详细的讲解,让学生能够自主表达自己喜欢的菜肴。最后,让学生运用本节课新学的内容进行相应的对话,并写下重点句型。

第三课时为一节听说课程,主要内容为采买食材。首先,笔者通过图片分别引入超市不同的区域和菜摊。其次,引导学生回顾前两节课的 shopping list 并列举所需要购买的食材,将超市与菜摊的食材价格进行对比,同时对询问价格的重点句型进行训练。再次,让学生对课文内容进行听力练习,完成后再根据所学内容进行对话练习。最后,笔者补充一些其他食材内容并让学生进行更深层次的听说训练,通过小组对话让他们能够表达想要采买的食材、采购地点及食材价格等,同时也能听懂和记录其他同学所表述的内容。

第四课时为一节写作课程。在前面的课程中,学生已经学习并背诵了课文,因此已掌握了一些基本的菜肴,但很少有学生能掌握课本外的菜肴。本节课上,笔者首先通过视频引入staple food,再引导学生复习课文内容,并对相关内容进行分类。然后,笔者带领学生学习更多的菜肴,并让他们设计自己喜欢的菜单,以供写作使用,同时要确保学生学会使用重点句型来说出选择的原因。最后,让学生进行写作。完成写作后,引导学生进行自查、小组评分和分享,以提高写作的质量。

(四)"五育融合"的教学任务

表1 课堂任务与"五育"教学

课 时	五育	课 堂 任 务	教 学 目 的	教 学 评 价
1—4	智育	单词、知识点、句型的识记及活动,完成课堂学习单	掌握重点学习内容	大部分学生能够参与并完成课堂任务
1—2	德育	讨论健康饮食习惯	培养学生的健康饮食习惯,懂得珍惜粮食	大部分学生能够参与讨论,不同层级学生的表达能力差距较大
4	美育	设计小组菜单,画上或贴上相关的食材图片,与英语作文相得益彰	人人参与设计,培养设计能力	大部分学生能够参与设计,学生设计菜单的积极性很高
3	体育、劳动教育	课前邀请两名学生用英语对制作和劳动的过程进行1~2分钟的演讲	锻炼学生"听"的能力,同时提高学生动手的积极性	大部分学生能够认真聆听且较为感兴趣;部分优秀学生能够较流畅地完成演讲;少部分学生听不懂演讲内容

表 2　课后任务与"五育"教学

课时	五育	课后任务	教学目的	教学评价
1—4	智育	单词、知识点、句型的识记及活动,完成课后作业	掌握重点学习内容	大部分学生能够完成课后作业
1—2	德育	设计自己的家庭菜单	让学生自己思考和设计家庭菜单,培养健康饮食习惯	大部分学生能够完成家庭菜单的设计
4	美育	进行各类菜肴小报的制作	培养设计能力	大部分学生能够完成制作,部分学生设计小报的积极性远高于平时作业
3	体育、劳动教育	自己买菜、制作家庭菜单上的菜肴,并录制视频进行分享	提高学生动手的积极性	大部分学生能够完成,少部分学生能够分享视频

(五)"五育融合"的教学成果

1. 智育成果:学生能够完成各项课堂任务单及课后作业。

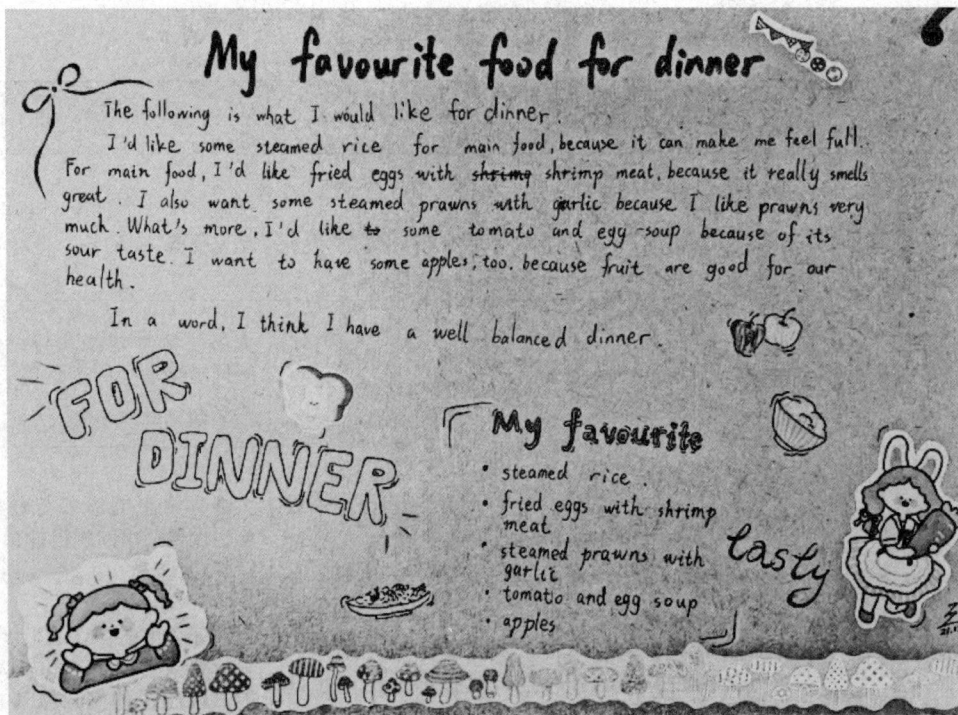

图 2　课堂小组菜单展示

2. 德育成果：学生在课堂及课后设计的小组及家庭健康饮食菜单。

3. 美育成果：学生在课堂展示的小组菜单及课后小报。

4. 体育成果：学生课后制作菜肴前进行的采买活动视频。

5. 劳动教育成果：学生课后制作家庭菜单上的菜肴及劳动的视频。

五、教学实践后的思考

华东师范大学教授叶澜说："一个教师写一辈子教案不可能成为名师，如果一个教师写三年教学反思，就有可能成为名师。"因此，在教学实践后进行思考，对于我们青年教师来说，是提高自己教学质量的必经之路。笔者将从以下五个关键点论述本次教学实践后的一些思考。

（一）思所得

本单元教学中，笔者结合"五育"进行教学，学生在第一、第二课时学习了不同种类的菜肴名称，在第三课时学习了采买的过程，在第四课时设计了自己喜欢的菜单，兴趣始终都很高。学生学会了使用重点句型来说出选择菜肴的原因，并在完成写作后，进行了自查、小组评分和分享，提高了写作的质量。在完成教学目标的同时，学生也在情感上对健康饮食有了一定的认同。因此，本单元的课程从总体上来说，无论是教学策略还是各课时"五育"的衔接，效果都较好，圆满实现了所有教学目标。

（二）思所失

由于学习内容较多，导致没有太多时间让学生在课堂上分享制作过程、小组菜单等，这是美中不足的一点。但是，笔者在课后让学生以小组为单位完成了小组菜单和作文，并张贴在教室，进行了浏览分享，效果也是相当不错的。

（三）思所疑

如何设计课堂及课后练习，以更好地做到"五育融合"？在思考过后，关于课堂练习，笔者在不同课时中分别设计了与"五育"相关的课堂任务。而关于课后练习，笔者在课堂练习的基础上提升了难度。首先，将小组设计菜单升级为个人设计，让学生能多一些自己的思考；其次，加入了一些实践内容，如采买、制作等；最后，让学生将"五育"融合后的成果体现在书面上并进行分享，如菜单和小报等。

（四）思所难

教师在课堂上要注意学生的个性差异，个别学生的课堂参与度很低，甚至会出现干扰课堂的行为。笔者对此进行了私下交谈和批评指正,并将继续思考针对这部分学生该如何实现"五育融合"的教学方式。

(五)思所创

本次教学的创新点主要是契合了"五育融合"。在传统的英语课堂中,"五育"主要体现在智育上,德育也会有所涉及,但体育、美育、劳动教育涉及的内容不多。在本单元教学中,笔者将采买食材、制作菜肴、思索健康饮食、制作主题小报等环节结合在不同课时和课后作业中,不仅做到了与各课时的主题相呼应,还将体育、美育、劳动教育也融入课堂,实现了真正意义上的"五育融合"。

六、结语

本单元的主要内容与食物有关,学生的兴趣较高。作为教师,笔者成功激发了学生的积极性,并将"五育"成功融入本单元各课时中,实现了"五育"一体化的教学目的。本课程总体围绕"五育融合"进行教学,教学方式其实万变不离其宗,皆是以学生为中心,因材施教。作为教师,要清楚地了解自己班级学生的情况。只有了解了什么学生适合什么样的教学方式,才能实现真正意义上的"五育融合"。因此,笔者主要针对如何实现"五育"的一体化,设计了一系列与"五育融合"相关的教学方式,包括课堂的一些环节及课后练习,达到了学科育人、课堂育人的目的。

总之,在单元设计中适当地将"五育"融合在一起,实现"五育"的一体化,是非常有教学意义的。"五育融合"不仅适用于本单元,也同样适用于其他课程,但具体实施的方式不同。今后,笔者将继续探索,让"五育"与不同课程都能够更好地融合。

以美育人，走向融合性音乐课堂的实践与思考

◎ 上海市实验学校南校　谢　圆

【摘　要】随着全球化教育改革的深入，传统音乐教育模式正面临着变革。跨学科整合的理念日益受到重视。初中音乐作为一门艺术类学科，不仅肩负着培养学生艺术修养的责任，更肩负着完善学生人格发展、培养高品质人才的重要责任。在融合教学中，教师需要把握教学的广度与深度，利用学科特点，将历史、美术、语文、地理等领域的知识与音乐教学多元融合，充分发挥学科协同育人功能，使学生能够从不同角度理解音乐，从而全面提高学生的综合素养与能力。

【关键词】音乐学科　跨学科学习　融合教学

《新版课程标准解析与教学指导》(音乐)中有明确解读："音乐教学的综合包括音乐教学不同领域之间的综合；音乐与舞蹈、戏剧、影视、美术等姐妹艺术的综合；音乐与艺术之外的其他学科的综合；音乐与社会生活的联系与综合"。由此可见，音乐学科具有很强的综合性。学科间紧密融合为音乐教学提供了崭新的探索方向，也为音乐教学内容拓展提供了全新的思路。教师应抓住这样的契机，在满足学生对文化知识学习需求的同时，建构更为广阔的文化知识学习体系，通过跨学科教学使文化知识融合，提升学生融会贯通、综合运用的能力。教师应利用学科间的共融性激发学生的学习兴趣，让音乐课堂内容更加生动、具体、全面，以帮助学生更好地掌握音乐技能，理解音乐，提高审美品位。

一、音乐与美术、书法、姐妹艺术之间的融合运用

(一) 音乐与美术的融合

德国音乐家舒曼曾经说过："有教养的音乐家能够从拉斐尔的圣母像中得到不少启发，同样，美术家也可以从莫扎特的交响乐中受益匪浅。"这两门艺术形式在审美意蕴、表现手法、培养学生核心素养等方面有许多相同之处。在学科课程设置中，八年级音乐和美术学科

已合并为艺术课程。教师可以借助这两门学科的共通性,在每个阶段逐步培养学生的跨学科综合思维能力。

在九年级第二学期第二单元"绚丽缤纷的色彩之美"中,管弦乐作品《月光》是印象派作曲家德彪西所作。此曲以一连串明亮的三度音程与悠长的旋律线条,营造出银灰洒地的月夜意境。在教授作品前,笔者事先准备了打印好的月色图片,请学生在听完作品后进行颜色填充以表达自己的感受。学生不约而同地选择了暗色。于是,笔者提问:"你们为什么会有这样的感受? 音乐是如何表现色彩的?"通过课堂中的绘画、填色活动,以及对作品旋律、和弦、乐器等的分析,学生了解到美术通过色彩和色块组合来表达具体的情感,而音乐则借助音乐要素表情达意。

印象主义的音乐大师有德彪西和拉威尔。通过对这两位大师作品的分析,不难发现他们都通过学科特点呈现出冷暖、明暗的和谐与对比,以表达内心的体悟与感受,展现了印象派这一独特的派系风格。赤、橙、黄、绿、青、蓝、紫,光影构成了美术视觉艺术。而音乐的通感,让乐曲在聆听中也成了视觉艺术的语言。

(二) 音乐与书法的融合

书法艺术与音乐艺术有着密切的关系,它们在艺术表现和内涵上有许多共同点。书法与音乐都是具有韵律感和节奏感的艺术形式,它们共同的艺术特征在于能够通过线条的运动和组合来表达情感和思想。2008年北京奥运会开幕式上的表演《画卷》就是书法、音乐、舞蹈的融合,书法作品中每一笔、每一画呈现的律动与音乐独特的节奏与韵律相得益彰,展现了中华民族特有的气质和文化素养。书法艺术与音乐艺术的跨界创新,体现了文艺的关联性,不仅丰富了艺术创作,也共同传递着人类对美的追求与探索。

同样,初中语文教材中毛泽东的《沁园春·雪》既描绘了祖国的大好河山,也表达了对未来的美好期盼。那么,哪种字体和什么样的音乐与这首词更契合,更能彰显其意境呢? 行书飘逸舒展,有一股洒脱之气,也有灵动和流动的美。这种起伏大、线条变化丰富的字体与廖昌永演唱的《沁园春·雪》大气的风格相得益彰,这样的融合让学生更深入地了解和理解了中华传统文化,感受到了中华民族独特的文化底蕴,彰显了中华传统文化不朽的生命力。

(三) 音乐与姐妹艺术(影视、舞蹈、戏剧)的融合

《义务教育艺术课程标准(2022年版)》特别注意了学生身心发展和进阶的原则,把艺术课程分为三个阶段来适应学生发展的每一个阶段,同时有机地融入了新三科(影视、舞蹈、戏剧)的内容。

音乐是舞蹈的灵魂,舞蹈则是音乐的视觉表现。音乐通过节奏、旋律、和弦来表达情感,舞蹈则通过动作的律动来表达情感。在八年级第二学期的教材中,收录了根据同名钢琴协

奏曲创作的交响芭蕾《黄河》。通过欣赏分析，学生发现舞蹈演员通过趴在地上用胳膊的翻滚和大跳等舞蹈动作来表现黄河的波涛汹涌。当音乐情绪上扬的时候，舞蹈演员的动作更加昂扬饱满、姿态向上，展现了黄河养育的中华儿女不畏艰苦、永不服输的精神。学生在作品赏析中感受到了音乐与舞蹈的交相辉映。

同样，戏剧中的节奏与情绪的表达、旋律与唱腔的设计、动作编排都能让学生更直观地感受音乐的魅力。除此之外，影视作品的引入也丰富了音乐教学的视觉素材。音乐对电影情节的推动、暗示人物矛盾、氛围的烘托等起着举足轻重的作用。学生可以在电影艺术中直观地感受音画的统一与交织。音乐与姐妹艺术之间的融合与拓展，使得音乐表达形式更加广泛、内容更加丰富、课堂更加生动。这样的有效融合也提高了学生的审美能力和艺术修养。

二、音乐与其他学科的多元融合互动

（一）音乐与语文学科的融合

音乐和语言都是人类表达情感和思想的重要工具，他们有着共同的表达方式。语文和音乐有着天然的联系，语言中的韵脚和乐曲中的旋律相对应，语言中的句子和乐曲中的小节有着共通性。

六年级第一学期教材中的《青春舞曲》是王洛宾先生创作的一首新疆民歌。此曲旋律欢快，采用了"鱼咬尾"的创作手法。这种句尾与句首相对应的创作手法与中国古典诗歌写作有着异曲同工之妙。诗歌平仄起伏、朗朗上口、韵味十足，这是古人研究汉语之后才得出的精妙经验。若仅从音乐角度分析《青春舞曲》创作手法的特点，还不足以让学生感受到其精妙之处，可以借助诗词来帮助学生理解作品的创作手法。《咏春》这首诗就有这样的特点。"春风剪裁万千花，花艳香闻百姓家。家有后园恩赏月，月羞何敢对奇葩。"诗的前后顶接、蝉联而下、流畅回环很好地诠释了民族音乐创作手法"鱼咬尾"的特点，同时也表达了作者对无限美好的向往与憧憬。

这样的例子还有很多，例如《春江花月夜》是乐府诗与中国古典音乐相结合的代表作，通过这首诗的导入能让学生更好地感受音乐所要表达的美好意境，体会并理解作品传达的人生意义。

（二）音乐与历史学科的融合

历史事件是音乐创作的灵感源泉。几乎所有的优秀作品都有其创作的背景和原因。许多作品在特定的历史环境下孕育诞生。例如，贝多芬的《英雄交响曲》的创作动机与拿破仑有关，《霓裳羽衣曲》与唐代的盛世繁华息息相关，《高山流水》则是源于知音难觅的故事。明清戏曲中的音乐元素反映了社会变迁和文化风貌,红色歌曲的诞生展现了音乐作为历史记忆载体的独特作用。所以,教师需要在介绍作品信息之外,更深入地介绍作者及其创作的背景和相关历史事件,让学生能够在音乐与历史文化之间进行情感的连接,引导学生与作品产生共鸣,理解作品所要呈现的内容和表达的情感。

(三)音乐与其他学科的融合

除了语文和历史,其他学科也可融入音乐的教学实践中,以帮助学生理解音乐知识、掌握音乐技能。例如,物理学原理就可以运用在歌唱教学中。教师可以通过实验演示让学生了解音高与声音的频率和共鸣腔的运用有关,音量与声音的振幅有关。通过教授这些物理知识可以让学生更好地理解歌唱技巧的科学原理。又如,在教授音值这一知识点时,可以利用数学的线段长短直观地呈现音符之间的长短关系。跨学科的融合教学不仅能激发学生的好奇心,还能帮助他们理解知识、锻炼知识迁移能力。

三、音乐与社会生活的融合联系

(一)音乐源于生活

在劳动生产初期,音乐就存在于劳动的动作和呐喊声中。远古时期的人们为了吸引猎物会发出猎物求偶的声音,为求雨而进行祭祀的动作等,都是人类开始探索制造声音和舞蹈的雏形。

八年级第一学期第一单元的《原始狩猎图》是钱兆熹老师以《原始狩猎图》这幅图为灵感,演绎出数千年前先民们狩猎生活的音乐作品。本课教学中,笔者将学生分为若干小组,为每一组准备了不同场景下先民狩猎的图片,鼓励他们模仿表演。有的小组表演蹑手蹑脚捕捉猎物的场景,有的小组表演用石头和长矛刺杀猎物的场景。学生以舞蹈的姿态和造型演绎了狩猎过程,体会到舞蹈动作都是从生活中提取而来,再进行艺术化加工的。而乐曲的主奏乐器骨笛正是源于远古人吃肉吸骨髓产生的灵感,由鸟禽类的肢骨中段制成。学生从活动中了解了古乐器与舞蹈动作的历史和演变,感受到艺术源于生活。

音乐是生活的反应,音乐在生活中产生,在生活中不断发展。人们通过有韵律的声音来表达情感。无论是山歌、号子,还是风俗歌,都是人们根据对生活的理解感悟,通过音符来表达思想与感情的,这些音乐形式的发展都是基于人们在劳动生活中的实际需要和表情达意所产生的。在音乐课堂中,教师可创设情景,联系音乐和生活,让学生感受到生活中处处有音乐,使学生能够更好地融入作品、理解作品。例如,在教授《哦,10分钟》这首歌曲时,教师可以创设课间活动的情景,让学生真切地感受到音乐源于生活,而又高于生活。

（二）生活创造音乐

音乐与生活密切相关，我们要把音乐与生活连接起来，在生活中发现音乐、挖掘音乐、创造音乐。教师可以在课堂中鼓励学生捕捉生活素材，利用生活中的材料制作简易发声乐器。例如，往喝完的矿泉水瓶中倒入沙子，可以模仿沙球的声音；往相同的玻璃杯中倒入不同高度的水并敲击，可以发出不同的音高。虽然这些制作可能并不完善，音高也不一定准确，但学生通过探寻、动手、合作表演的创作过程，能体会到创造的乐趣，在培养动手能力的同时，也为音乐教学注入了新鲜感。

八年级第二学期第一单元的主题是"华夏艺术的渊源追溯"，整个单元内容呈现了从简易乐器到丝竹八音等乐器的诞生和演变。教师可借此探索乐器的时机鼓励学生自创乐器。中国古代有"迎文官，击缶而歌；迎武官，击剑而歌"的传统，古老的乐器缶承载着华夏的文明。于是在拓展环节，笔者鼓励学生寻找身边的素材进行创意击缶的活动。在活动中，有些学生想到用筷子代替鼓棒敲击桌面来模拟击缶，有些学生想到把报纸和硬板纸紧贴卷成鼓棒的样子敲击桌面和桌边来模拟击缶。学生用自己制作的鼓棒配上自创的节奏进行表演，专注的眼神和投入的表演让音乐课堂鲜活生动了起来。学生再一次感受到音乐源于生活，生活创造音乐。

四、跨学科融合教学中需要注意的问题

（一）转变教师思维，提升教师能力

教师在跨学科融合的音乐教学中，角色要从传统的知识传授者逐渐转变为引导者、协调者和探索者。教师需要具备多元化的知识结构，不仅要精通音乐，还需要了解其他学科，以便在课堂上连接不同领域的知识点。教师应成为学生跨学科学习的催化剂，鼓励学生通过音乐发现科学规律，理解历史文化，培养学生的审美能力与创新能力。教师还应不断提升自己的专业素养和跨学科知识，以便更好地设计和实施融合教学活动。

（二）突出学科特点，精准选择材料

在实施音乐课程与其他学科的融合时，教师首先需要确定教学单元目标，选择适性的融合材料，借助跨学科特点，丰富教学内容，最大限度地激发学生的学习兴趣，活跃课堂氛围，让学生在接受艺术熏陶的同时提高人文素养，拓宽知识视野。其次，选材要确保始终围绕教学内容展开，始终与课程的主题紧密相连，选择的内容要服务于教学目标。最后，要以突出音乐学科特点为基本原则，抓住契机，有效融合，拓展延伸，千万不可生硬牵强、本末倒置。

（三）关注学生个体差异，促进学生全面发展

由于每个学生的家庭背景、成长环境不同，所以他们的兴趣爱好、能力都各有不同。在教学中，教师要在深入了解学生的基础上，设计差异化的教学方案，针对学生的需求和能力，融入个性化的跨学科设计，提供指导与帮助，以此提高学生的学习积极性，激发深度思维，促进学生高效地投入学习中。

《义务教育艺术课程标准（2022年版）》提出"加强课程综合，注重关联"的课程设计原则，要求艺术教育以大融合理念探索教学内容、学习方式、课内外活动、评价方式。艺术学科融合可以帮助学生更好地理解音乐，懂得尊重不同的文化传统，在提高审美感知的同时锻炼知识迁移的能力与融会贯通的大视角。艺术学科融合的理论框架为教育者提供了一个富有创新性和实践性的教学指导。作为一线教师，我们需要不断更新教学理念、创新教学思维、融合多元教育方针，丰富音乐学科课程。在课堂中，要努力增加以美育人的厚度，延伸以美育人的广度，为培养学生人文素养、帮助他们全面发展而不断探索。

以"五育融合"为导向的教学新模式探索

——以"河流与湖泊"模块内容为例

◎ 上海市实验学校南校　杨晓丽

【摘　要】本文以"河流与湖泊"为教学案例,深入探索了以"五育融合"为导向的教学新模式。文章首先分析了"五育融合"在教学中的重要性,进而详细阐述了在"五育融合"视角下的初中地理教学实践,包括德育、智育、体育、美育、劳育在初中地理课程中的具体实施方法。此外,文章还提出了基于"五育共进"的初中地理教学优化策略,旨在通过明确目标、精炼内容、融合过程及革新评价方式,提高教学效果,促进学生的全面发展。

【关键词】五育融合　初中地理　教学实践　教学优化　全面发展

在当前教育改革的大背景下,"五育融合"成了教育教学的重要理念。本研究旨在通过"河流与湖泊"这一具体教学案例,探索如何将德育、智育、体育、美育、劳育有机融合到初中地理教学中,以提升学生的综合素养。通过本研究,我们希望能为初中地理教学提供新的思路和方法,促进学生的全面发展,同时也为其他学科的教学改革提供借鉴。

一、探索"五育融合"下的教学新篇章

随着教育改革的不断深化,"五育融合"的教学理念逐渐受到广泛关注和认可。五育,即德育、智育、体育、美育、劳育,是构成学生全面发展的五大支柱。在传统的教学模式中,五育往往被孤立或片面强调。而在"五育融合"的教学理念下,我们追求的是将五育有机结合起来,共同促进学生的全面发展。"五育融合"的教学理念强调以学生为中心,关注学生的个体差异和多元发展。在这一理念指导下,教学活动不再仅仅是知识的传授,更是学生品格的塑造、智慧的启迪、体魄的强健、审美情趣的培养及劳动技能的提升。这种全面的教育方式旨在打破传统教育的束缚,让学生在轻松愉快的氛围中茁壮成长。在"五育融合"的教学理念

中,德育是培养学生正确价值观和道德观念的基础[1]。通过德育的熏陶,学生能够树立正确的世界观、人生观和价值观,成为有担当、有责任感的社会公民。智育是培养学生逻辑思维、创新能力,以及提升知识储备的关键。在体育方面,通过丰富多样的体育活动,能增强学生的身体素质,培养他们的团队合作精神和竞争意识。美育着重于培养学生的审美情趣和艺术修养,让他们在欣赏美、创造美的过程中提升自我。劳育则通过劳动实践,让学生体会劳动的艰辛与快乐,培养他们的动手能力和实践精神。"五育融合"的教学理念旨在通过德育、智育、体育、美育、劳育的有机结合,培养出具有高尚品德、渊博知识、强健体魄、审美情趣和实践能力的全面发展的人才。这一理念的实施,不仅有助于提升学生的综合素养,更能为社会的繁荣与进步贡献力量。

二、"五育融合"视角下的初中地理授课意义

(一)德育润心——初中地理的品德塑造

初中地理课程不仅要传授地理知识,更要在潜移默化中塑造学生的品德。通过学习地理,学生了解了地球上的资源有限,从而培养起节约资源、保护环境的意识,这是对社会责任感的培育。同时,地理课程中对于不同地域文化的介绍,也有助于学生形成开放包容的文化态度。

(二)智育启思——初中地理的智慧培养

初中地理课程以其丰富的知识体系和跨学科的特点,极大地促进了学生的智慧发展。通过学习地理,学生学会了综合分析、归纳总结,培养了逻辑思维能力[2]。此外,地理学科涉及的广泛内容,如气候、地貌、经济等,也激发了学生的好奇心和探索欲,促使他们不断求知、创新。

(三)体育强身——初中地理的健康教育

地理学习中经常涉及的户外活动,如实地考察、观测等,都需要学生具备良好的身体素质。这些活动不仅锻炼了学生的体魄,还培养了他们的团队协作精神和勇敢面对挑战的勇气。

(四)美育怡情——初中地理的美学熏陶

地理学科蕴含着丰富的自然美和人文美。通过学习地理,学生领略了壮丽的自然风光、

[1] 王苏昶.五育融合背景下初中地理课程资源开发探索——以"泰顺·茶"课程资源开发为例[J].中学课程资源,2024(05):77-78.
[2] 冯蕊.STEAM理念下初中地理教学融入劳动教育的策略研究[D].天津:天津师范大学,2023.

多彩的民族风情,感受到了大自然的鬼斧神工和人类文明的璀璨多姿。这种美的熏陶,不仅提升了学生的审美情趣,也丰富了他们的精神世界。

(五)劳育砺行——初中地理的实践劳动

地理学科具有很强的实践性,许多地理知识和技能需要通过实地操作才能真正掌握。在地理学习的过程中,学生经常需要进行实地考察、测量、记录等,这些实践劳动不仅锻炼了学生的动手能力,也培养了他们的耐心和毅力。

三、基于五育共进的初中地理授课提效方法

(一)目标领航——以课标为尺寻找教学突破

在现代教育体系中,五育共进——德育、智育、体育、美育、劳育的全面发展,已成为培养学生综合素质的重要方向。初中地理作为一门兼具自然科学与人文科学特性的学科,在五育共进的理念下,其教学方式也应进行相应的革新。以"湖泊"这一章节的教学为例,教师应明确教学目标,以课标为尺,寻找教学的突破口。

首先,从这一章节的知识目标来看,学生需要掌握湖泊的形成机制、主要分类及其在全球的分布特点。这不仅要求学生了解湖泊的基本概念和特征,还要能够辨识不同类型的湖泊,并分析其形成的地质、气候等条件。为了达成这一目标,教师可以通过展示各种湖泊的图片和案例,引导学生深入理解湖泊的多样性和复杂性。

其次,这一章节的能力目标旨在培养学生运用地图和其他地理工具分析湖泊特征的能力。这意味着学生需要学会如何利用地理信息技术,探究湖泊的形态、水文特征,以及与周边环境的相互关系。教师可以通过组织学生进行地图解读、数据分析等实践活动,提升学生的地理分析能力和空间思维能力。

最后,这一章节的情感态度目标则强调激发学生对湖泊及其地理环境的兴趣,并增强他们的自然保护意识。在教学中,教师可以通过分享湖泊的美丽故事、生态价值,以及面临的环境问题,激发学生对大自然的敬畏之情和保护之心。

(二)过程融合——教学活动中的五育结合

1. 情境模拟,探究湖泊生态

在"河流与湖泊"的教学中,除了情境模拟环节,笔者还融入了丰富的课程内容,特别是关于中国河流与湖泊的数量和相关数据。中国拥有广袤的水域资源,河流与湖泊星罗棋布。据最新统计数据显示,中国境内大、小河流数量超过 2.2 万条,总长度超过 43 万公里。其中,长江、黄河、珠江等大河更是蜿蜒千里,滋养着亿万中华儿女。同时,中国也是湖泊众多

的国家,大大小小的湖泊数以万计。其中,鄱阳湖、洞庭湖等湖泊面积广阔,不仅是中国重要的淡水资源库,也是具有生物多样性的生态宝库。在课程中,笔者详细介绍了中国河流与湖泊的分布情况、特点,以及它们在中国经济、文化和社会发展中的重要地位。笔者通过图表、数据和案例分析,让学生了解了河流与湖泊的生态环境现状,以及面临的污染、过度开发等严峻的问题。笔者与学生还探讨了保护河流与湖泊生态环境的重要性,引导他们进一步思考如何科学合理地利用水资源,保护水生态环境。在课前,笔者精心选择了湖泊生态系统中的各种角色,包括鱼类、水生植物、微生物,甚至污染源。为了确保活动的顺利进行,笔者准备了角色卡片,上面详细描述了每个角色的特性、功能和在湖泊生态系统中的作用(见表1)。此外,笔者还设定了一系列可能发生的突发状况,如污染物的突然侵入、水生生物的异常繁殖等,以检验学生应对突发情况的能力。在活动开始前,笔者将学生分成若干小组,每组扮演湖泊生态系统中的一个角色。为了让学生更好地融入角色,笔者鼓励他们根据角色卡片上的信息,自行设计服装、道具和台词。这一环节极大地激发了学生的创造力和团队协作能力。

表1

角　色	特性与功能	在湖泊生态系统中的作用
鱼类	多种种类,食物链中的重要一环	控制水生昆虫、浮游生物的数量,维持生态平衡
水生植物	藻类、水草等,能进行光合作用	提供氧气,净化水质,为水生生物提供栖息地和食物
微生物	细菌、真菌等,分解有机物质	分解动植物残体,促进物质循环,维持水体清洁
污染源	工业废水、农业排放等	引入有害物质,破坏湖泊生态平衡,须得到有效控制
浮游生物	浮游动物和浮游植物	作为食物链的基础,对维持湖泊生物多样性至关重要
底栖动物	螺类、虾类等,生活在湖泊底部	参与物质分解和能量流动,促进湖泊生态系统的稳定

当活动正式开始后,学生迅速进入了角色,模拟湖泊生态系统的运作。通过这一情境模拟环节,学生不仅深入了解了湖泊生态系统的运作机制,还培养了团队协作能力和环保意识。他们在实践中学习,在游戏中成长,更加懂得要珍惜和爱护自然环境。

2. 户外考察,亲身体验湖泊

为了让学生能够亲身感受湖泊的魅力,笔者特意组织了一次户外考察活动。这次考察的目的地是学校附近一处风景秀丽的湖泊,它不仅有着优美的自然风光,还蕴含着丰富的生态信息。在考察前,笔者为学生准备了必要的考察工具和装备,如显微镜、水质测试工具、记录本等。同时,笔者还详细讲解了考察的目的、方法和注意事项,确保学生能够安全、有效地进行考察。

当学生来到湖边时,他们的脸上洋溢着兴奋和好奇。在笔者的带领下,他们沿着湖边进行了考察。有的学生负责观察湖泊的地形和地貌,记录湖泊的形态、大小和深度等信息;有的学生专注于水质检测,他们采集了湖水样本,利用测试工具检测了湖水的各项指标;还有的学生对湖泊周围的植被进行了详细的调查,记录了各种植物的种类、数量和分布情况。在考察过程中,学生不仅锻炼了身体素质,还培养了观察力和实践能力。他们学会了如何运用科学知识去分析和解释自然现象,对湖泊的认识也更加深刻和全面。

3. 艺术表现,感受湖泊之美

在"河流与湖泊"的教学中,笔者特别设置了一个艺术表现环节,旨在让学生通过绘画、摄影等艺术形式来展现湖泊之美。这一环节不仅有助于培养学生的审美能力和创造力,还能加深他们对湖泊之美的认识和感悟。

为了让学生更好地感受湖泊之美,笔者先组织了一次实地考察活动,带领学生亲身感受湖泊的自然风光和生态环境。在考察过程中,学生被湖泊的宁静、深邃和美丽所深深吸引,纷纷表示要用自己的方式记录下这难忘的景象。回到课堂后,笔者为学生准备了丰富的绘画和摄影材料,鼓励他们根据自己的感受和观察,创作反映湖泊之美的作品。学生热情高涨,纷纷投入到创作中。他们运用各种色彩和线条,描绘出湖泊的波光粼粼、山水的相映成趣;他们用镜头捕捉下湖泊的每一个动人瞬间,展现出湖泊的独特魅力。在创作过程中,学生不仅提升了艺术技能,还更加深入地感受到了湖泊之美。他们学会了欣赏自然、珍惜自然,并意识到了保护环境的重要性。这一环节不仅实现了美育与智育的融合,还为学生提供了一次感受美、创造美的机会。在学生完成作品后,笔者举办了一次小型展览,让所有人都能欣赏到他们的佳作。这次展览不仅展示了学生的才华和创造力,还进一步加深了他们对湖泊之美的认识和感悟。

4. 动手实验,探究湖泊科学

通过实验,学生能够更深入地了解湖泊的水质、生态平衡等科学知识,同时还培养了动手能力和科学精神。为了让学生充分参与实验过程,笔者精心设计了多个关于湖泊的小实验。这些实验涵盖了水质检测、生态系统模拟、污染物处理等多个方面,旨在让学生全面了解湖泊的科学知识(见表2)。在实验开始前,笔者详细讲解了实验的原理、目的和步骤,确保学生能够明确实验要求并安全地进行操作。笔者还为学生准备了专业的实验器材和试剂,以便他们能够准确地完成实验任务。在实验过程中,学生表现出极高的热情和积极性[3]。他们认真操作实验器材,仔细观察实验现象,并详细记录了实验数据。遇到问题时,他们会

---

[3] 娄筱玥.基于教—学—评一致性的初中地理五育融合教学实践[D].贵阳:贵州师范大学,2023.

表 2

实验名称	实验目的	实验材料与设备	实验步骤与操作细节	数据记录与分析方法	预期结果与结论
湖泊水质检测	通过实地采样和检测,了解湖泊的水质状况,评估其对水生生态和附近人们生活的影响	水质测试盒(如pH试纸、溶解氧试剂、氨氮试剂等) 采样瓶(清洁、无菌) 滴管 比色卡 记录本和笔 手套和防护眼镜	1. 选择湖泊中代表性的采样点,用采样瓶采集水样; 2. 使用 pH 试纸测试水样的酸碱度,并记录结果; 3. 利用溶解氧试剂检测水样中的溶解氧含量,通过比色卡对比并记录数据; 4. 使用氨氮试剂检测水样中的氨氮浓度,并记录数据; 5. 所有操作须在清洁环境下进行,避免交叉污染	1. 将各项检测指标记录在记录本上; 2. 对比国家标准或相关环境质量标准,评估水质状况; 3. 分析可能影响水质的因素	根据检测数据,得出湖泊水质的基本状况,如酸碱度、溶解氧含量和氨氮浓度等,评估其对水生生态和附近人们生活的影响
湖泊生态系统模拟	通过模拟湖泊生态系统,探究生态平衡机制,了解生物间的相互作用	生态缸或大型玻璃容器 水生植物(如藻类、水草等) 小型鱼类或其他水生动物 底泥或沙子 水泵和过滤器 定时器和温度计	1. 在生态缸底部铺设一层底泥或沙子; 2. 加入适量的水,并植入水生植物; 3. 放入鱼类或其他水生动物; 4. 安装水泵和过滤器,模拟自然水体的流动和净化过程; 5. 每天记录水温、植物生长情况、动物行为等数据	1. 定期检查并记录生态缸内生物的生长状况、数量变化等; 2. 观察并记录生态平衡的建立过程,如食物链的形成、氧气的产生与消耗等; 3. 分析影响生态平衡的因素,如光照、温度、食物供应等	通过模拟实验,了解湖泊生态系统的基本构成和运作机制,观察生态平衡的建立和维护过程,以及生物间的相互作用
湖泊污染物处理	研究不同污染物对湖泊生态系统的影响,并探究有效的污染物处理方法	污染物样品(如油污、重金属溶液、化学废料等) 吸附剂(如活性炭) 分离设备(如油水分离器) 水质测试盒 采样瓶和滴管 记录本和笔	1. 准备不同浓度的污染物样品; 2. 向采样瓶中加入一定量的水样和污染物样品,混合均匀; 3. 使用吸附剂或分离设备处理受污染的水样; 4. 处理后,使用水质测试盒检测水样中的污染物残留情况,并记录数据	1. 对比处理前后的水质指标,评估处理效果; 2. 分析不同污染物对水质的影响及其处理难易程度; 3. 探讨更高效的污染物处理方法和技术	通过实验了解不同污染物对湖泊生态系统的影响程度,评估现有污染物处理方法的有效性,为湖泊环境保护和治理提供科学依据

主动思考、讨论并寻求解决方案。这种自主探究的学习方式不仅锻炼了他们的动手能力,还培养了他们的科学思维和解决问题的能力。通过对实验结果的分析和讨论,学生更加深入地了解了湖泊的水质特点、生态平衡机制,以及污染物对湖泊的影响。他们开始意识到保护环境的重要性,并表示为了维护湖泊的生态平衡,愿意从自身做起,积极参与环保活动。本次教学活动将劳育与智育紧密结合在一起,提高了学生的科学素养和实践能力。学生在实验过程中不仅学到了科学知识,还培养了严谨的科学态度和探究精神。

5. 案例分析,全面理解湖泊

在"河流与湖泊"教学的最后阶段,笔者借助案例分析的教学方法,帮助学生全面理解湖泊。笔者选取了与湖泊相关的典型案例,并引导学生深入剖析湖泊生态系统的复杂性,以及面临的挑战。以太湖蓝藻污染事件为例,2007 年 5—6 月间,太湖暴发的严重蓝藻污染导致无锡全城自来水受到污染。此次事件中,水源地附近蓝藻大量堆积,在厌氧分解过程中产生了大量的 NH_3、硫醇、硫醚及硫化氢等异味物质[4]。这些物质严重影响了当地居民的饮用水安全和生活质量,超市、商店里的桶装水被抢购一空。这一案例不仅让学生深刻体会到湖泊污染的现实危害,还让他们意识到环境保护的紧迫性。除了污染事件外,笔者还特别选取了生态保护的成功案例进行分享并组织学生讨论。以黑龙江三江国家级自然保护区为例,该保护区不断加强生物多样性保护国际交流合作,努力打造生态完整、空间连续、功能提升的跨界自然生态长廊。近年来,该自然保护区内鸟类种数从建区时的 245 种增加至目前的268 种。其中,东方白鹳繁殖巢数量在 10 年间增长了 10 倍。这些成果展示了人类在湖泊保护和恢复方面所取得的显著成效,也激发了学生对环保事业的信心和热情。

(三) 评价革新——真实环境下的动态评估

在传统的教学评价中,教师往往过于注重知识的记忆和应试能力,而忽视了对学生综合素质的评价。在五育共进的理念下,我们需要对教学评价进行革新,采用更多元化的评价方式,以全面反映学生的五育发展情况[5]。

观察评价:教师可以通过观察学生在小组讨论、实地考察等活动中的表现,评估他们的团队协作能力、问题解决能力、环保意识等。这种评价方式能够真实反映学生在实际情境中的表现和发展情况。

成果评价:除了传统的笔试成绩外,教师还可以收集学生的课堂笔记、实地考察报告、小组讨论成果等材料,评估他们的学习成果和五育发展情况。这种评价方式能够更全面地了解学生的学习过程和成果。

---

[4] 叶翔."水资源的合理利用"学案设计(人教版)[J].地理教育,2016(09):17-19.
[5] 赖仟仟.初中地理与劳动教育融合教学策略研究与案例设计[D].南昌:江西师范大学,2023.

同伴评价和自我评价：引入同伴评价和自我评价机制，可以让学生在相互评价和自我反思中不断提升自己的五育素养。这种评价方式能够帮助学生更好地认识自己，发现自己的优点和不足，并制订相应的学习计划。

四、结论

本研究通过"河流与湖泊"的教学案例，成功探索了"五育融合"导向下的初中地理教学新模式。实践表明，该模式能够有效提升学生的综合素养，促进学生的全面发展。学生在德育方面，增强了环保意识和社会责任感；在智育方面，提高了地理知识和技能水平；在体育方面，通过户外活动增强了身体素质；在美育方面，培养了对自然之美的欣赏能力；在劳育方面，通过实地考察和实践活动提升了动手能力。该研究为初中地理教学改革提供了新的方向，具有显著的实践意义和推广价值。

初中学校依托艺体社团加强美育的研究及课程研发

◎ 上海市实验学校南校　王颖颖

【摘　要】美育是"德、智、体、美、劳全面培养"教育体系的重要组成部分,但美育的教学工作在五育中属于薄弱环节。随着国家不断出台指导性文件,各学校均提高了对美育的重视程度,很多学校开设了艺体社团课程,但实践过程中的效果不及预期。鉴于此,本课题选取了上海市实验学校南校的七个艺体社团展开了一系列研究,设计了测评卷并制定了评分细则,将入学前测评的成绩和入学后测评的成绩进行了对比,分两个学期先后对两批学生进行了常规艺体课程和美育加强渗透的课程测评。通过研究可以看出,美育渗透课程在美育方面的提升效果显著,艺体社团能够很好地承载学校的美育功能,可以作为学校除艺体类课程之外的重要补充。

【关键词】艺体社团　衍纸　合唱　摄影　版画　中国画　武术　篮球　美育　美育渗透

第一节　引　言

美是人的本质力量的感性显现[1]。基于对美的认识,可延伸至对美育的认识:美育是审美教育、情操教育、心灵教育,也是丰富想象力和培养创新意识的教育,能提升审美素养、陶冶情操、温润心灵、激发创新创造活力。美育是"五育"中的重要一环,也是相对薄弱的一环,尤其对九年义务教育阶段的学生而言。对美育的研究有助于更好地培养学生的素质,更好地实现素质教育目标。

美育课程是学校实施美育的主要途径。除了音乐、美术等艺术类课程具有直接提高学生美育素养的功能外,在其他学科中,也会渗透美育。但人文、自然类学科以传授学科知识为主,美育方面的培养易被忽视。

---

[1] 刘叔成,夏之放,楼昔勇,等. 美学基本原理[M].上海:上海人民出版社,2008.

艺体社团作为学科之外的艺术体育类课程，普遍受到学生欢迎，主要因为其在尊重学生爱好的基础上，能拓展他们的兴趣特长，提升他们的艺体技能。目前，学校并未开展单独的美育课程。是否可依托于艺体社团课程开展美育，或将其作为艺体类课程外的重要补充，以达到丰富学生兴趣爱好的同时，发挥良好的美育作用？对此，尚无深入的研究结论支撑。

本课题依托学校资源，以上海市实验学校南校的特色课程——艺体社团为研究对象，选取了七个典型社团进行深入研究，以发掘艺体社团在美育方面具有哪些功能，以及在美育方面能发挥多大作用，能否将其作为美育的重要载体，从而为学校发展美育提供借鉴和参考，助力更多学校通过艺体社团的形式大幅提升美育教学水平和效果。

第二节　研究背景

一、问题的提出

美育作为全面素质教育不可缺少的组成部分，长期以来受到高度重视，学校美育工作因此受到广泛关注。但实际上，从国家层面到学科研究，均指出美育的发展和现状存在多项不足。

党的十八届三中全会对全面改进美育教学做出了重要部署，国务院对加强学校美育提出了明确要求。党的十九大报告提出，要全面贯彻党的教育方针，落实立德树人根本任务，发展素质教育，推进教育公平，培养德智体美全面发展的社会主义建设者和接班人。

《国务院办公厅关于全面加强和改进学校美育工作的意见》（国办发〔2015〕71号）指出："近年来，经过各地、各有关部门的共同努力，学校美育取得了较大进展，对提高学生审美与人文素养、促进学生全面发展发挥了重要作用。但总体上看，美育仍是整个教育事业中的薄弱环节，主要表现在一些地方和学校对美育育人功能认识不到位，重应试轻素养、重少数轻全体、重比赛轻普及，应付、挤占、停上美育课的现象仍然存在；资源配置不达标，师资队伍仍然缺额较大，缺乏统筹整合的协同推进机制。"此外，该文件着力倡导从以下三个方面加强美育工作：一是构建科学的美育课程体系；二是大力改进美育教育教学；三是统筹整合学校与社会美育资源。

2020年，中共中央办公厅、国务院办公厅在2015年的基础上推出了《关于全面加强和改进新时代学校美育工作的意见》，文件特别提出，美育教学要逐步完善"艺术基础知识基本技能＋艺术审美体验＋艺术专项特长"的教学模式，着力提升文化理解、审美感知、艺术表现、创意实践等核心素养，帮助学生形成艺术专项特长。这对新时代学校美育工作提出了更高的要求。

除国家在宏观层面对美育工作提出了指导意见外，美育学科研究人士也指出了美育工作中存在的不足。

王福阳指出，几门艺术课程是无法胜任的，而应贯彻在学校教育教学全过程，建设以艺术课程为主体,各学科互相渗透融合的课程目标和体系,并且充分调动学校社会资源广泛参与,构建大美育格局[2]。

孙勇和范国睿指出,艺术教育是学校实施美育的核心内容和主要途径,但美育不等于艺术教育,当前美育评价体系缺乏。学校须挖掘校内外美育资源,创新美育教学方式,完善评价机制,将美育纳入学生综合素质评价范畴[3]。

宋守军简单阐述了依托社团进行美育实施的可能性,并指出社团活动的美育功能在于提供了学习的场所和美育环境。但他未深入剖析,且未提及美育在社团课程中的渗透[4]。

钱海红和华巍讨论了艺术类社团对加强大学生美育的必要性,并指出通过管理引导使得艺术类社团承担加强大学生美育方面的功能[5]。

杜卫指出,一些发达国家把美育作为发展学生创造性的主要课程来设置,并把艺术课程称为创造性艺术(creative art)课程。而我国以往对美育发展创造性的任务重视不够,研究也很粗浅,现在应该引起高度关注。同时他还强调,课程标准明确规定艺术教育课程的核心和主要任务是审美教育,这就从根本上确立了学校美育的主渠道。美育的主渠道在学校教育,而学校美育的主渠道在课程,特别是艺术类课程[6]。杜卫在明确指出问题的同时,在理论上进一步支撑了艺体社团可作为美育开展的重要途径这一观点。

闫笑指出了美育发展的现状:近年来,随着艺术类课程的开设日趋完善和不断进步,中学学校美育对学生自身修养和审美能力的提高发挥着重要作用,同时也促进了学生的全面发展。但从整体上看,美育仍是学校教育的薄弱环节,不少学校对美育育人功能认识不到位。受评价体制影响,片面追求文化课成绩,重考试轻素养、重比赛轻普及、重少数轻全体,应付、挤占,甚至停上美育课的现象仍旧存在;美育资源配置不达标,师资队伍缺额较大。虽然有一些学校重视美育工作,却难免功利化,追求"面子工程",招收艺术特长生,组成高水平艺术团去参加各种表演和比赛,为学校赢得荣誉。但是在学校,学生普遍性的美育活动仍然比较缺乏,学生的艺术素养并没有得到整体提高[7]。

在美育的理论建设与实践中,我们还比较深入地讨论了审美教育中一些有待解决的问题。一是审美教育的普及。审美教育的真正普及同整个教育体制密切相关,必须改变现有的应试教育体制,逐步实行素质教育。二是审美教育的评价。审美教育本质上是一种情感教育,对它的评价不能采取同其他理化课程类似的、统一的、标准化的评价标准和方式,而应采取个性化的评价标准和方式。但难度大,实施不易。三是审美教育的目的。这就涉及审

[2] 王福阳.美育与艺术教育的是与不是——辨析当前学校美育的几个模糊认识[J].福建教育,2016(18):18-21.
[3] 孙勇,范国睿.我国学校美育工作的现状、问题与对策[J].教育科学研究,2018(10):72-77.
[4] 宋守军.社团在中学校园中的美育功能[J].内蒙古教育,2017(10):20-21.
[5] 钱海红,华巍.依托艺术类学生社团 加强大学生美育教育[J].上海青年管理干部学院学报,2008(03):21-23.
[6] 杜卫.论中国美育研究的当代问题[J].文艺研究,2004(06):5-12+159.
[7] 闫笑.中学学生社团的美育功能研究[D].郑州:河南大学,2018.

美教育过程中知识、技能与素养的关系。我们认为,知识是前提,技能是基础,而目的则是为了提高素养,三者应该有机地统一在一起。四是审美教育应如何面对当前社会与文化的诸多挑战,例如市场经济、大众文化、先锋派艺术、信息时代传媒等。许多学者认为,审美教育不仅具有理论性的品格,更加具有实践性的品格,应该面对现实、应对挑战,使我们的学生通过审美教育,具有在新的复杂环境中审美地栖居的能力。

由于美育是一个交叉的领域,这就有赖于美学、教育学、心理学、社会学、脑科学等各领域学者的共同关注和联合攻关,才有可能取得新的突破。上文已经谈到,美育作为教育学的分支,具有强烈的实践性品格。因此,美育的科研应紧密联系育人实际,从育人第一线发现问题,再提到理论高度开展研究,这样才会使美育研究充满动力与活力[8]。

总之,无论是美育的开展途径,还是现行教育模式下的美育实际收效,均未达预期,尚须进一步研究。至于艺体社团,作为美育实施的途径之一,究竟能发挥多大的作用,应采取何种方式进行评价,以及应如何改进等问题仍不明确,亟待解决。

二、研究的意义

美育的主要任务包括:一是培养和提高学生感受美的能力;二是培养和提高学生鉴赏美的能力;三是培养和提高学生表现美、创造美的能力;四是培养和提高学生追求人生趣味和理想境界的能力。

对学生感受美、鉴赏美、表现美和创造美的培养是初中学校的美育重点。根据目前各学者的研究,仅赵伶俐进行了美育量化测评,形成了美育评价表,但不适用于具体的课程评价。鉴于学术界尚无有效的美育测评方式,故本课题针对艺体社团课程设计了专用的美育测评卷。测评卷的设计进一步推进了美育量化测评工作的开展,亦可作为后续研究的参考。

本课题选取了上海市实验学校南校的七个艺体社团作为研究对象,对加入社团前和加入社团后的学生进行了测评,量化了学生感受美、鉴赏美、表现美和创造美四项能力的提升程度。此举的意义在于对初中学校艺体社团的功能进行了准确定位。毫无疑问,艺体社团在美育方面是有作用的,但到底有多大作用,目前还难以明确。这是因为学校对艺体社团尚未完全开发,比如其在美育方面需要具有哪些功能?是否可以将其作为美育的主要实施途径,而无须额外投入师资开展美育?是否可以依托艺体社团实现美育的培养目标?艺体社团是否会难堪大任?其在美育方面是否会仅仅流于形式,而无法实现培养目标?在本课题开展前,暂无依据给出相关结论。上述问题的研究成果将直接有力地表明美育的功效,为初中学校的美育工作提供进一步的理论依据和指导。

---

[8] 曾繁仁,等. 现代美育理论[M]. 郑州:河南人民出版社,2006.

在给出上述问题的答案前,本课题尚须对美育渗透进行研究。学科课程的审美化改造,也称为渗透的美育课程,是多学科教师参与美育与教学,并借此提高学科教学质量的重要路径。这种全新的大美育观念的确立,美育课程与教学系统的建立,科学的美育质量监测体系与平台的建设等,对今天和未来的美育乃至教育的改革与发展意义非凡[9]。

因此,对本课题涉及的课程进行美育渗透,尝试给出美育渗透的一般方法,能为其他课程的美育渗透提供借鉴和参考。

综上所述,艺体社团对提升美育的作用,以及测评和课程体系的研究对美育工作的推进和创新有重要的意义。

第三节　研 究 内 容

一、研究目标

本课题旨在研究艺体社团在加强美育方面能发挥多大作用,以及如何在艺体社团课程的内容和形式上强化美育渗透,并给出艺体社团课程设置的建议。

二、研究主要内容

本课题选取了上海市实验学校南校的七个艺体社团(衍纸、合唱、摄影、版画、中国画、武术、篮球)作为研究对象,并对这七个艺体社团进行了为期两个学期的美育测评,通过测评前后的对比总结艺体社团对美育的提升作用及加强美育渗透后对美育的提升效果(见下图)。

	前测		后测	
2020年下半年 (常规艺体社团课程)	X1	➡	Y1	提升m%（ m=Y1-X1 ）
2021年上半年 (课程设置加强美育渗透)	X2	➡	Y2	提升n%（ n=Y2-X2 ）

其中，（n-m）%反映课程中加强美育渗透对美育的提升程度

此外,为了排除其他课程、家庭及社会教育对美育提升的影响,本课题引入了非艺体社团作为对照组(见下图)。

[9]　赵伶俐.新时代美育的使命与实践方略[J].人民教育,2019(06):59-63.

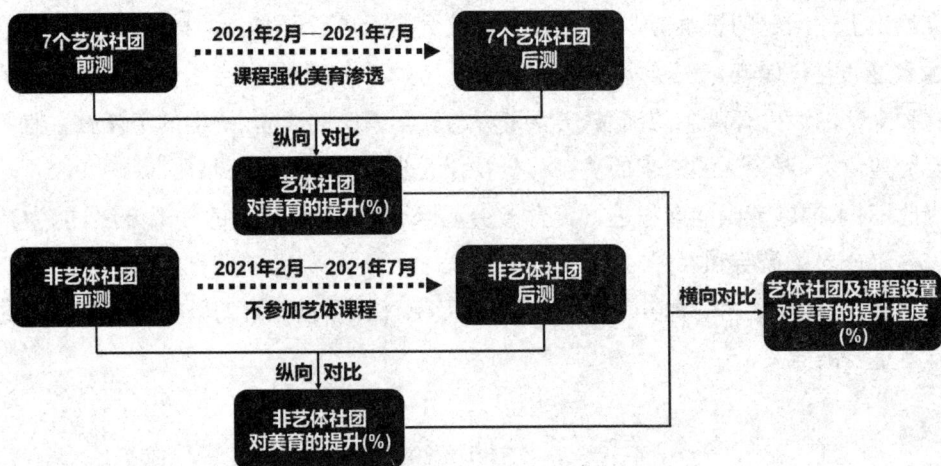

以下按七个社团的研究内容分别展开。

（一）衍纸

1. 衍纸课程美育概述

著作类方面，有关衍纸艺术研究的著作相对较多，但仅限于对衍纸技法的解析。如朱立群所著的《衍纸的艺术》，把中华传统文化在不同衍纸作品中的表现形式特点和衍纸艺术制作技巧、造型方法等，做了全面详细的解析；孙小凤编辑的《衍纸花韵》和王昀主编的《零基础学衍纸》，两本书都将衍纸艺术与日常生活中的应用相联系，较多地论述了有关日常衍纸作品的制作方法和过程[10]。

期刊类方面，有关衍纸艺术在课堂中的应用研究更是屈指可数。以衍纸艺术作为学校美育特色课程的研究，如王文寰在《甘肃省学校美育特色创建典型案例分析》一文中，认为衍纸艺术极具装饰性，它对纸、工具的要求相对较高，对学生的艺术素养有一定的要求和标准[11]。但文中并未提及在衍纸课程中如何渗透美育。金新焕在《中学衍纸校本课程开发的有效策略》一文中，提出了开设衍纸课程的教育方向，即发现美的能力，让学生学会感悟美、欣赏美和创造美[12]。但如何具体地在衍纸课程中加强美育渗透，这一点也并未提及。

因此，本课题将结合学校衍纸社团的实践测评数据，研究美育在衍纸艺术课程中的渗透效果，以期探索出有利于衍纸课程发挥美育功能的教学路径。

2. 衍纸课程美育测评卷设计及分析

为了较准确地调研和了解学生的美育提升水平，本课题设计了美育测评卷。

[10] 周璇.衍纸艺术研究[D].武汉：湖北工业大学,2019.

[11] 王文寰.甘肃省学校美育特色创建典型案例分析[J].教育革新,2020(6)：48-49.

[12] 金新焕.中学衍纸校本课程开发的有效策略[J].中学课程辅导(教师通讯),2020(14)：5-6.

衍纸社团美育测评卷在设计原则方面,由于课程主要以促进学生文化、美育素养的提高为设计目的,因此,要突出课程内容的整体性和综合性。衍纸课程对学生的评价始终贯彻以激励性为主的原则,关注学生的每一点进步,及时表扬、及时鼓励,不断激发学生学习的积极性,使学生不断获得学习的兴趣和发展的动力。

衍纸社团美育测评卷的总分为 100 分,时间为 100 分钟,测评对象为预备、初一两个年级的学生,测评内容主要由选择题、作品鉴赏题、实践综合题和创作题四个部分组成。其中,这四个部分又分别对应美育课程中的基础知识与基本技能、鉴赏美、表现美、创造美。

3. 衍纸课程教学及美育测评

(1)常规衍纸课程教学及测评

2020 年下半年,我校开展了一学期的常规衍纸课程教学。同时,完成了常规衍纸课程的学前测评和学后测评。

(2)加强美育渗透后的衍纸课程教学及测评

2021 年上半年寒假,课题组经过查阅资料、研究论证后,确定了 2021 年上半年加强美育渗透后的衍纸课程教学大纲,相较于上学期的常规衍纸课程教学,本次教学进行了有意识的美育渗透。同时,完成了加强美育渗透后衍纸课程的学前测评和学后测评。

(3)对照组美育测评

在 2021 年上半年衍纸社团开展加强美育渗透教学的同时,课题组随机选取了 14 名学生作为对照组进行衍纸课程美育测评,并在学期开始时与参加衍纸社团的学生同步进行前测,在学期结束时同步进行后测。

(4)测评结果分析

各项数据的平均值如表 1 所示。

表 1 衍纸社团美育测评得分平均值

测 评 安 排		基础知识与基本技能（20分）	鉴赏美（20分）	表现美（30分）	创造美（30分）	总分（100分）
2020 年下半年	常规课程—前测	5.84	7.68	8.53	8.74	30.79
	常规课程—后测	16.58	11.37	16.89	14.52	59.36
2021 年上半年	美育渗透课程—前测	6.53	7.32	8.63	7.16	29.64
	美育渗透课程—后测	16.63	14.58	24.31	15.84	71.36
	对照组—前测	5.64	4.71	8.43	1.29	20.07
	对照组—后测	7.86	8.64	7.00	5.79	29.29

根据分项得分的统计结果,可直观地发现:

三次前测得分基本接近,对照组略低,原因可能在于参加社团的学生对衍纸的兴趣要较未参加社团的学生强烈一些,并对衍纸有一定的认识和审美。

在基础知识与基本技能方面,与学生是否参与社团学习关系密切。而无美育渗透的常规课程与有美育渗透的课程相比,前测和后测结果基本一致,与实际情况较为吻合。这是因为美育渗透在基础知识与基本技能方面没有区别。学生在参加衍纸社团后,此项得分从 6 分左右提升至 16.5 分左右,普遍提升明显。

在鉴赏美方面,对照组后测比前测分数有所提升,填补了与参加社团的学生前测的差距,但也仅高出 1 分。参加社团的学生较学前有所提升,但分数总体不高,参加有美育渗透的课程的学生得分相较参加常规课程的学生得分高出 3 分,有一定的提升,但仍有进一步提升的空间。

在表现美方面,参加有美育渗透的课程的学生较参加常规课程的学生美育成绩有明显提升,说明美育渗透课程对美育提升有积极的影响。

在创造美方面,参加有美育渗透的课程的学生得分为 15.84,与参加常规课程的学生得分 14.52 基本持平,说明创造美方面仍然是美育提升的重难点,与学生是否掌握纯熟的技法有一定的关系。学生的技法越纯熟,越能在完成作品的基础上进一步修饰美化;技法生疏(练习的衍纸手法较少),则表现为仅可勉强完成创作,且作品效果一般。因此,创造美与多练习有关,属于美育的高级形式,仅通过一般的课程难达预期,须专业的强化训练方可实现。此外,这也反映了创造美的美育渗透应倾向于帮助学生快速掌握纯熟技法的一些细节教学和引导。

根据总分统计结果可直观地发现:① 参加常规衍纸课程的学生美育水平提升约 30 分,效果显著;② 参加有美育渗透的课程的学生美育水平提升约 41 分,较参加常规衍纸课程的学生提升约 11 分,显示出该课程收到一定的美育成效;③ 对照组的美育水平提升约 9 分,但后测水平仅与参加社团课程的学生的前测水平持平。综合来看,对常规衍纸课程进行美育渗透后,学生的美育水平提升约 41%。

(二)合唱

1. 合唱课程美育概述

国内对合唱美育的研究,大体分为研究合唱的美育功能及合唱渗透美育的有效方法这两大方向。其中,关于研究中学合唱美育渗透的文章较少。1999 年,彭善友在《在合唱教学中实施美育》一文中,首次提出了在合唱教学中要实施美育的观点,提出要在合唱作品中培养学生感受美、理解美、鉴赏美的能力,在合唱排练中培养学生表现美和创造美的能力,在合唱教学中美化学生心灵,促进社会主义精神文明建设[13];施国华在《中学合唱教学的美育功

---

[13] 彭善友. 在合唱教学中实施美育[J]. 平顶山师专学报,1999(03):82-83.

能及实现途径》一文中，从"深化美育内涵，促进全面发展""重视兴趣培养，带动审美热情""培养歌唱技能，丰富呈现形式""增强团结意识，引发情感共鸣""促进师生合作，共筑美育基石"五个方面阐述了合唱美育的重要性，从内涵理解、实践应用、问题对策等方面对如何发挥中学合唱教学的美育功能进行了深刻探讨[14]；郑清华和郑淑萍在《美育在合唱教学中的有效渗透刍论》一文中，阐述了在中学合唱教学中渗透美育的意义，并具体探讨了渗透美育的实践方法，强调了调动学生兴趣、培养合唱技能、培养团队意识、精选合唱作品，对学生进行审美素质的综合培养[15]。上述学者的研究成果对课程美育渗透及测评卷的考核维度有较大的借鉴意义，但均未对合唱美育测评方面进行研究。本课题自行设计了合唱美育测评卷，并力求合理。

2. 合唱课程美育测评卷设计及分析

为了较准确地调研和了解学生的美育提升水平，本课题设计了合唱美育测评卷。

本课程将合唱作为美育的有效手段，通过对参加社团学生的基础知识掌握、鉴赏美的能力、表现美的能力和创造美的能力进行测评，来探讨合唱的美育作用，其目的在于为今后更好地开展美育提供支持。测评卷总分为 100 分，主要由选择填空题、作品表演鉴赏题、实践表演题和创作表演题四个部分组成，这四个部分分别对应美育课程中的基础知识与基本技能、鉴赏美、表现美、创造美。

3. 合唱课程教学及美育测评

（1）常规合唱课程教学及测评

2020 年下半年，我校开展了一学期的常规合唱课程教学。学期结束后，在此基础上完成了常规合唱课程的学前测评和学后测评。

（2）加强美育渗透后的合唱课程教学及测评

2021 年上半年寒假，课题组经过查阅资料、研究论证后，确定了 2021 年上半年加强美育渗透后的合唱课程教学大纲，相较于上学期的常规合唱课程教学，本次教学进行了有意识的美育渗透。学期结束后，在此基础上完成了加强美育渗透合唱课程的学前测评和学后测评。测评实验组的 30 名学生在学校均接受过基础的美育课程（音乐、美术、艺术等）学习，加入了校合唱团，并进行了合唱美育渗透社团课程的学习，在测评对象接受社团课程学习后（为期一学期）进行了前测及后测。

（3）对照组美育测评

在 2021 年上半年合唱社团开展加强美育渗透教学的同时，课题组随机选取了 30 名学生作为对照组进行合唱美育测评。测评对照组的学生在学校中均接受过基础的美育课程

[14] 施国华.中学合唱教学的美育功能及实现途径[J].北方音乐,2017(07)：232.
[15] 郑清华,郑淑萍.美育在合唱教学中的有效渗透刍论[J].成才之路,2020(34)：96-97.

(音乐、美术、艺术等)学习,除此之外未参加合唱社团课程的学习。课题组在一学期学习前后对其进行了前测及后测,并与参加美育渗透社团课程的学生进行了对照。

(4)测评结果分析

各项数据的平均值如表 2 所示。

表 2　合唱社团美育测评得分平均值

测 评 安 排		基础知识与基本技能（20分）	鉴赏美（20分）	表现美（30分）	创造美（30分）	总分（100分）
2020 年下半年	常规课程—前测	8.03	5.03	20.16	3.40	36.62
	常规课程—后测	12.07	8.37	23.54	3.67	47.65
2021 年上半年	美育渗透课程—前测	12.07	8.37	23.54	3.67	47.65
	美育渗透课程—后测	16.32	13.75	27.83	4.50	62.40
	对照组—前测	8.03	5.00	20.01	3.30	36.34
	对照组—后测	11.63	8.33	21.33	3.50	44.79

三次前测得分基本接近,对照组略低,原因可能在于参加社团的学生对合唱的兴趣要较未参加社团的同学强烈一些,并对合唱有一定的认识和审美。

在基础知识与基本技能方面,实验组学生通过合唱社团课程的学习对合唱有了系统的了解,92%的学生能听辨合唱作品,80%的学生对合唱声部分类、合唱发展史和指挥图示有了清晰准确的理解,对合唱作品也有了一定的积累,与前测相比有明显提升;对照组学生虽未接受过合唱社团课程的学习,但在日常的美育课程中耳濡目染,对合唱也有了解,但不够清晰准确,与前测相比也有所提升,与实验组后测相比,在声部分类、合唱发展史和指挥图示等方面有差距。

在鉴赏美方面,实验组学生通过合唱社团课程的学习学会了正确鉴赏美的方式方法,习得了基础的鉴赏美的能力,能从作品内容的选择、精神面貌、表演台风、艺术效果表现(歌曲处理、表现力等)等方面进行全面综合的赏析,与前测相比有明显提升;对照组学生虽未接受过合唱社团课程的学习,但在日常的美育课程中也接受了鉴赏美的学习,与前测相比也有所提升,但与实验组后测相比仍有差距。

在表现美方面,实验组学生通过合唱社团课程的学习学会了表现演唱美的方式方法,歌曲选择恰当、音准节奏正确、音色优美、表现自信大方,由于学生个体存在差异及个人能力不同,在表现美的能力上也有所差异,但与前测相比均有明显提升;对照组学生与前测相比提升不明显,对表演表现出极度不自信,在舞台台风表现方面有所欠佳,与实验组后测相比有差距。

在创造美方面,实验组学生通过合唱社团课程的学习掌握了创造美的能力,但由于这一方面对学生来说有一定的难度,提升效果不太明显;对照组学生与前测相比几乎没有提升,与实验组后测相比有差距。

综上,实验组与对照组的学生本次测评结果的平均水平差距较大,实验组学生经过为期一学期的合唱社团美育渗透课程的学习,在四个方面都取得了明显的成效;而对照组学生由于在基础美育课程中也接受过相关的学习。因此,合唱美育测评结果也有所提升,但幅度较小,与实验组学生相比差距较大。

根据总分统计结果可以发现,合唱社团与其他社团的结果规律表现出一定的差异性,原因在于参加合唱社团常规课程与美育渗透课程的是同一批学生,受学校课程设置的限制,他们进行了两个学期的连续学习。因此,合唱社团的常规课程和美育渗透课程在美育提升程度方面会受到同一批学生两个学期合唱知识基础不同的影响。此外,这些学生在两个学期先后四次进行了测评也会提高他们对测评题目的熟悉度,以及会有意识地引导平时的积累。以下是合唱社团的测评结果对比,仅供参考:

第一,从常规课程前测至后测,美育水平提升约 11 分,有一定的提升效果。

第二,美育渗透课程美育水平提升约 15 分,较常规课程提升了约 4 分,表明有一定的影响,但不是很大。

第三,对照组前后测对比提升约 8 分,由于学校开设了音乐课程,因此,合唱社团课程美育渗透效果并不显著。

对此结论进行分析,一方面,合唱的形式属于团体合作,对学生个人进行美育测评难度很大,仍须进一步探索;另一方面,音乐课程及合唱本身就有很强的美育成分在里面,较难单独剥离出美育渗透部分的影响。综上所述,美育渗透对合唱而言,在提升美育方面并不十分显著,教师在教学过程中,适当注重美的引导即可达到美育的效果。

(三)摄影

1. 摄影课程美育概述

国内的摄影教育始于 20 世纪 50 年代,至今已有 60 多年了,是一段艰辛与辉煌并存的历程。复旦大学最先开设了新闻摄影课,随后其他大学也开设了该课程,如今已有 100 多所摄影院校。然而,由于中国的少儿摄影教育起步较晚,在普及性上比其他学科薄弱很多。虽然中小学生在年龄上与大学生有一定的差距,但高校摄影教育的成功推广经验是值得借鉴的。目前,中小学摄影教育无论是在国内还是在国外都没有完全被重视起来,但把它纳入中小学艺术教育的轨道中,是极具深远意义的。如何通过具体的摄影课程来提升学生的审美能力,还有待研究。

2. 摄影课程美育测评卷设计及分析

为了较准确地调研和了解学生的美育提升水平,本课题设计了摄影美育测评卷。

摄影社团课程主要通过欣赏摄影作品和亲自参加拍摄实践,有意识地引导学生正确地观察社会,用相机去发现、捕捉社会的闪光点,去讴歌社会的真善美,从而提高自身的美育素养。摄影社团美育测评卷在设计原则方面,突出课程内容的整体性和综合性,从知识和能力、过程和方法、情感态度和价值观等方面进行全面考查。测评卷对学生的评价始终贯彻以激励性、创造性为主的原则,关注学生的每一点进步,及时表扬鼓励,不断激发学生学习的积极性,使学生不断获得学习的兴趣和发展的动力。摄影不仅是一种现代文化和视觉语言形式,也是一门融诸多学科为一体的综合性学科。

摄影社团美育测评卷的总分为100分,时间为40分钟。测评对象为预备、初一两个年级的学生,测评内容主要由选择题、作品鉴赏题和实践题三个部分组成。这三个部分分别对应美育课程中的基础知识与基本技能、鉴赏美、创造美。

3. 摄影课程教学及美育测评

(1)常规摄影课程教学及测评

2020年下半年,我校开展了一学期的常规摄影课程教学。在此基础上完成了常规摄影课程的学前测评和学后测评。

(2)加强美育渗透后的摄影课程教学及测评

2021年上半年寒假,课题组经过查阅资料、研究论证后,确定了2021年上半年加强美育渗透后的摄影课程教学大纲,相较于上学期的常规摄影课程教学,进行了有意识的美育渗透。在此基础上完成了加强美育渗透后摄影课程的学前测评和学后测评。

(3)对照组美育测评

在2021年上半年摄影社团开展加强美育渗透教学的同时,课题组随机选取了20名学生作为对照组进行摄影美育测评。在学期开始时与参加摄影社团的学生同步进行前测,在学期结束时同步进行后测。

(4)测评结果分析

各项数据的平均值如表3所示。

根据分项得分的统计结果,可直观地发现:

三次前测得分基本接近,符合预期。

在基础知识与基本技能方面,与学生是否参与社团学习关系密切。而无美育渗透的常规课程与有美育渗透的课程相比,前测和后测结果基本一致,与实际情况吻合。这是因为美育渗透在基础知识与基本技能方面基本没有区别。学生参加摄影社团后,此项得分提升了约7分,普遍提升明显。

表3 摄影社团美育测评得分平均值

测评安排		基础知识与基本技能(20分)	鉴赏美(30分)	创造美(50分)	总分(100分)
2020年下半年	常规课程—前测	10.00	12.25	21.00	43.25
	常规课程—后测	17.15	19.75	32.25	69.15
2021年上半年	美育渗透课程—前测	9.40	12.25	25.75	47.40
	美育渗透课程—后测	17.15	26.00	40.25	83.40
	对照组—前测	10.00	12.00	21.25	43.25
	对照组—后测	9.00	13.00	23.25	45.25

在鉴赏美方面,参加常规课程学生鉴赏美的能力较学前有明显提升,提升了7.5分。对比常规课程,参加美育渗透课程学生鉴赏美的能力提升了6.25分至26分(较接近满分30分),效果明显。这说明在美育渗透的过程中,对优秀摄影作品的欣赏明显提升了学生的鉴赏美的能力。因此,在实际美育课程教学中,教师不仅要强调摄影机的使用方法及拍摄技法,也应注意增加对优秀摄影作品的赏析讲解,更好地提升学生的美育水平。

在创造美方面,美育渗透课程较常规课程提升3.25分,不够明显,说明创造美方面仍然是美育提升的重难点,且摄影的创造美很难通过美育渗透体现出明显的差异。原因在于作品的表现与摄影机使用技巧、构图、明暗、色彩等关系较大,而课程的出发点也是致力于拍摄美的照片。因此,课程中美育渗透的方式、强弱对于创作的作品影响并不十分明显。但是,课程中的美育渗透可增加对优秀摄影作品的赏析,以此引导学生开拓思维,深入理解美,进而在对美充分理解的基础上,更好地创造美。

根据总分统计结果,可直观地发现:① 参加常规摄影课程学生的美育水平提升了约26分,效果显著;② 参加美育渗透课程学生的美育水平提升了36分,较参加常规摄影课程的学生提升了约10分,表明摄影课程中美育渗透对学生美育水平的提升有一定的作用;③ 对照组前后测分数基本无变化,可以认为未参加摄影社团的学生在该学期内几乎不受到美育的影响。因此,摄影课程中美育渗透使学生的美育水平净提升了约10分,即对常规摄影课程进行美育渗透后,学生的美育水平综合提升约10%。

(四)版画

1. 版画课程美育概述

版画作为视觉艺术的一个重要门类,它的易操作性和强烈的视觉效果使之流传至今,是美术教育中不可缺少的一部分,在中小学的基础教学、社团课、拓展课中也被广泛应用。

对版画社团课程的研究也颇为丰富,涉及社团大框架的研究也有深入的案例。金祎在《中学版画社团开设成果与反思》一文中,以南京师范大学附属中学江宁分校版画社为例,分析了该校社团实践的成果、课例、结论与反思[16]。王海艳在《基于地方特色开展高中版画社团活动的实践研究》一文中,证明了挖掘地方元素并融入高中版画创作,不仅解决了教师辅导学生创作版画的问题,而且促进了地方特色文化的传承和发展。今后,教师应继续探究如何挖掘更多的优秀地方元素,并将其应用于生活化的版画创作中[17]。但有关版画社团对美育的提升程度,以及有关美育渗透的研究几乎没有,本课题从自身出发,进行了相关实践、研究与分析。

2. 版画课程美育测评卷设计及分析

为了较准确地调研和了解学生的美育提升水平,本课题设计了美育测评卷。

版画社团测评卷共由三个大题组成,对应基础知识与基本技能、鉴赏美、表现美、创造美。第一大题:基础知识与基本技能。侧重考评学生对版画的了解程度,要求学生辨认版画作品,知道版画的分类、版画的材料与其对应用途、版画的制版步骤和基础点线造型的刻制。第二大题:欣赏作品。侧重考评学生对版画作品名称的识记、画面中看到的物象与人物的认知、是否能从具体某个方面对美的体现进行赏析。第三大题:操作实践。侧重考评学生在转稿、制版与印制过程中,能否正确使用合适的工具完成版画制作。

3. 版画课程教学及美育测评

(1)常规版画课程教学及测评

2020年下半年,我校开展了一学期的常规版画课程教学。同时,完成了常规版画课程的学前测评和学后测评。

(2)加强美育渗透后的版画课程教学及测评

2021年上半年寒假,课题组经过查阅资料、研究论证后,确定了2021年上半年加强美育渗透后的版画教学大纲,相较于上学期的常规版画课程教学,进行了有意识的美育渗透。同时,完成了加强美育渗透后版画课程的学前测评和学后测评。

(3)对照组美育测评

在2021年上半年版画社团开展加强美育渗透教学的同时,课题组随机选取了20名学生(8男12女)作为对照组进行版画美育测评。对照组的学生为普通班级未参加过版画社团的学生。在学期开始时与参加版画社团的学生同步进行前测,在学期结束时同步进行后测。

[16] 金祎. 中学版画社团开设成果与反思[J]. 美术教育研究,2017(14):92-93.
[17] 王海艳. 基于地方特色开展高中版画社团活动的实践研究[J]. 美术教育研究,2020(18):143-144.

（4）测评结果分析

各项数据的平均值如表4所示。

表4　版画社团美育测评得分平均值

测评安排		基础知识与基本技能（20分）	鉴赏美（20分）	表现美（30分）	创造美（30分）	总分（100分）
2020年下半年	常规课程—前测	12.76	6.48	12.65	5.43	37.32
	常规课程—后测	16.13	13.87	22.91	18.61	71.52
2021年上半年	美育渗透课程—前测	10.21	10.21	11.21	4.36	35.99
	美育渗透课程—后测	17.50	17.00	26.29	22.21	83.00
	对照组—前测	4.55	4.00	6.40	0.00	14.95
	对照组—后测	8.70	7.30	10.10	5.90	32.00

根据分项得分的统计结果，可直观地发现：

常规课程与美育渗透课程前测分值基本接近，对照组前测分值均略低，主要原因为参加版画社团的学生对版画的兴趣较对照组学生更浓厚。参与常规课程与美育渗透课程测评的学生为版画社团成员，对照组为普通班级学生，因此，他们各方面的基础水平有一定的差异。而对照组学生的后测与前测相比，在各项得分上均提升较大，主要原因在于普通班级的学生在学期内上过美术课，其中一节课就是版画教学。

各分项具体分析如下：

在基础知识与基本技能方面，参加常规课程的学生与参加美育渗透课程的学生前后测提升比例基本一致，对照组偏低，与学生是否参与社团学习关系密切。原因是对照组学生在日常美术课程中虽学习了版画知识，但仅仅是表层的认知，而参与社团课程的部分学生通过其他途径了解过版画知识，这是兴趣使然。

在鉴赏美方面，参加常规课程的学生与参加美育渗透课程的学生均提升明显，虽然后者比前者的平均得分高了3.13分，但提升幅度均为7分左右，基本相当。考虑到他们的前测水平本来就有4分的差异，因此，单从鉴赏美方面来看，美育渗透课程对鉴赏美的提升并不明显，此项仍须进一步研究。

在表现美方面，参加美育渗透课程的学生较参加常规课程的学生的得分提升更加明显，前者提升了15.08分，后者提升了10.26分，说明美育渗透课程对表现美的提升有积极的影响。

在创造美方面,参加美育渗透课程的学生前后对比提升了 17.85 分,参加常规课程的学生提升了 13.18 分,说明创造美方面仍然是美育提升的重难点。创造美需要在表现美掌握熟练的基础上再加上美育渗透,才能一定程度上有效地提升,与学生是否掌握纯熟的技法有一定的关系。学生技法越纯熟,越能在完成作品的基础上进一步修饰美化;技法生疏,则表现为仅可勉强完成创作,且作品效果一般。因此,创造美与基础技法掌握程度、个人创造能力、理解思维方式的综合能力有关,属于美育研究更深层次的综合探索领域,仅通过一般的课程难达很高的预期,须进行专业强化训练方可实现。

根据总分统计结果,可直观地发现:① 参加常规版画课程的学生美育水平提升了 34.2 分,效果显著;② 参加美育渗透课程的学生美育水平提升了 47.01 分,较前者提升了 12.81 分,表明美育渗透的提升效果较好;③ 对照组学生美育水平提升了 17.05 分,主要原因在于对照组学生通过美术课程中关于版画内容的学习提升了其美育水平,他们对版画有了初步的认识,其后测得分与参加版画社团学生的前测得分较接近。根据三组数据的对比结果来看,未接触过版画教学的学生,在初步接触版画课程后美育水平有了明显的提升,但仅通过短暂的学习还无法达到美育水平大幅提升的效果。因而,版画社团可作为学生美育培养的重要补充。

综上可见,通过参加美育渗透的一系列课程,学生在四个维度上相较于参加常规课程和未参加课程的学生,都有非常显著的提升。

(五)中国画

1. 中国画课程美育概述

著作方面,有关中国画艺术研究的著作相对较多,从历史论述到技法剖析,但对于教学中如何将美育融入其中的研究却并不多。这些论著在理论和技法层面上对中国画艺术的研究起到了指导和借鉴作用。如杨仁恺的《中国书画》,将中国书画艺术的脉络做了清晰的展开,也做了详尽解析;朱良志的《南画十六观》和阮荣春的《中国美术史》两本书对中国画艺术的发展历史进行了分层说明;王概的《芥子园画谱》中对中国绘画的基本技法及题材造型做了细致的描绘[18]。

期刊方面,有一些关于中国画在课堂中的实践研究,如曾祥斌在《谈中国画教学中学生创作能力的培养》一文中提到中国画教学是非常重要的一项内容。其最终成果往往会以创作的方式体现出来,所以在教学的过程中培养学生的创作能力是中国画教学的重要内容和目的[19]。赵玲玲在《国画教学在小学美术教育中的运用探讨》一文中指出,国画教学在中小

---

[18] 程大利. 中国画是静、淡、慢的艺术——谈谈中国画家的状态[J]. 国画家,2019(03):35-36.

[19] 曾祥斌. 谈中国画教学中学生创作能力的培养[J]. 大众文艺,2016(22):254.

学美术教育中的运用难以很好地实现。归根结底,原因在于学生对于学习国画的兴趣不高,大部分学生对中国画没有正确的认识,没能正确了解国画在中国文化中的地位[20]。但上述研究均未提及如何进行分层教学。

从现有资料分析得出,由于受到西方绘画技法的影响,中小学美术主张素描、色彩等教学,不能不说是美术教学的悲哀。传统中国画蕴含着中国美学与哲学文化精神,应当予以传承。美术教学不仅要引导学生进行欣赏,还要引导学生创作,只有通过创作才能深化学生对传统文化的认知[21]。但这并没有在初中美术课程中体现出来,一味传授简单的技法,或者干脆取消国画基础知识的教学内容是无法有效地推进传统艺术传播的。

此外,教学思路不清晰也是一个影响很大的因素。如雷小华在《初中中国画教学方法探析》一文中提到,在中国画教学过程中,应考虑到学生的特点和绘画基础,教师不但要让学生了解中国画与西方绘画的区别,还要教会学生必要的绘画技法。在具体的教学过程中,教师应当向学生传授正确的中国画绘画理念、基本的构图技巧、色彩搭配、笔墨的使用等[22]。要从小培养学生对传统绘画的审美能力,而不是一味地讲授怎么表现中国画,却不教授他们如何欣赏中国画,即感知美的能力。应该让学生学会欣赏美、感知美和创造美。但如何具体在学校课程中加强美育,值得我们去研究。

2.中国画课程美育测评卷设计及分析

为了较准确地调研和了解学生的美育提升水平,本课题设计了美育测评卷。

中国画课程以讲授什么是中国绘画、怎样欣赏中国绘画、如何掌握绘画表现技法为主。中国画社团美育测评卷在设计原则方面,以美育的渗透提高为目的,突出课程内容的整体性和综合性,并结合美术核心素养要求,从知识和技能、过程和方法、情感态度与价值观等方面进行全面考查。测评卷对学生的评价始终以了解中华传统文化知识为主要原则,不断激发学生学习的积极性,使学生能够在了解中国艺术文化的同时喜爱上中国绘画,从而推动课程的探讨与研究。

中国画社团美育测评卷的总分为100分,时间为100分钟。测评对象为预备、初一两个年级的学生,测评内容主要由选择题、作品鉴赏题、临摹实践题和写生创作题四个部分组成。其中,这四个部分又分别对应美育课程中的基础知识与基本技能、鉴赏美、表现美、创造美。

3.中国画课程教学及美育测评

(1)常规中国画课程教学及测评

2020年下半年,学校开展了一学期的常规中国画课程教学。同时,完成了常规中国画课程的学前测评和学后测评。

[20] 赵玲玲.国画教学在小学美术教育中的运用探讨[J].中国民族博览,2019(12):59-60.
[21] 陆森林.初中美术国画教学思考与实践[J].华夏教师,2020(21):75-76.
[22] 雷小华.初中中国画教学方法探析[J].美术教育研究,2015(22):115.

（2）加强美育渗透后的中国画课程教学及测评

2021年上半年寒假,课题组经过查阅资料、研究论证后,确定了2021年上半年加强美育渗透后的中国画教学大纲,相较于上学期的常规中国画课程教学,进行了有意识的美育渗透。同时,完成了加强美育渗透后中国画课程的学前测评和学后测评。

（3）对照组美育测评

在2021年上半年中国画社团开展加强美育渗透教学的同时,课题组随机选取了9名学生作为对照组进行了中国画美育测评。在学期开始时与参加中国画社团的学生同步进行前测,在学期结束时同步进行后测。

（4）测评结果分析

各项数据的平均值如表5所示。

表5　中国画社团美育测评得分平均值

测评安排		基础知识与基本技能（20分）	鉴赏美（20分）	表现美（30分）	创造美（30分）	总分（100分）
2020年下半年	常规课程—前测	13.08	2.15	20.38	4.38	39.99
	常规课程—后测	14.77	10.54	29.00	11.00	65.31
2021年上半年	美育渗透课程—前测	12.25	5.00	9.00	6.38	32.63
	美育渗透课程—后测	17.50	12.50	23.25	14.88	68.13
	对照组—前测	13.11	1.11	14.78	4.00	33.00
	对照组—后测	15.11	6.88	12.67	6.00	40.66

根据分项得分的统计结果,可直观地发现:

三次前测得分基本接近,符合预期。

在基础知识与基本技能方面,由于学校美术课程的普及,参加测评的学生基本有一定的绘画基础,对中国画有一定的认识,得分都比较高。

在鉴赏美方面,对照组后测分数相较前测分数提升较大,高了5.77分,但与参加常规课程的学生和参加美育渗透课程的学生相比还是存在一定的差距,参加社团课程的学生平均提升了8分左右。该结果可证明参加中国画社团的学生鉴赏美的能力有所提升,但分数总体不高,参加美育渗透课程的学生得分相较参加常规课程的学生得分仅高出2分左右,渗透效果不十分明显,与课程设置有关。

在表现美方面,参加常规课程学生的后测得分较高,原因在于这些学生的基础能力较好,有其他绘画基础。而参加美育渗透课程的学生基础较差,但他们参加课程后得分提升了14.25分,幅度更大。

在创造美方面,参加常规课程的学生后测得分为11分,参加美育渗透课程的学生后测得分为14.88分,基本持平,说明创造美方面仍然是美育提升的重难点,与学生是否掌握纯熟的表现技法有一定的关系。学生接触和学习过的中国画知识越多,提升越大。但由于受到中国画教学进度的影响(在国画学习中,大多数学生在学习几年后还处于临摹阶段,短时间内能进行完全创作的少之又少),学生的中国画水平提升较为缓慢,能在完成作品的基础上进行修饰美化。因此,创造美与多练习有关,属于美育的高级形式,仅通过一般的课程难达预期,须进行专业的强化训练方可实现。

根据总分统计结果,可直观地发现:① 参加常规课程的学生美育水平提升了25.32分,效果显著;② 参加美育渗透课程的学生美育水平提升了35.5分,较前者提升了10.18分,表明美育的提升效果较好;③ 对照组的学生美育水平提升了7.66分,主要原因在于对照组的学生通过美术课程中关于中国画的学习提升了其美育水平,使得他们对中国画有了初步的认识。根据三组数据的对比结果来看,未接触过中国画学习的学生,在初步接触后美育水平有了明显的提升,但仅通过短暂的学习无法让学生得到很大的提升,因而中国画社团可作为学生美育培养的重要补充。

综上可见,通过参加美育渗透的一系列课程,学生在四个维度上相较于参加常规课程和未参加课程的学生,在鉴赏美、表现美和创造美方面有非常显著的提升。

(六) 武术

1. 武术课程美育概述

有不少学者对武术的美学特征进行了较为深入的挖掘,也普遍认为武术教育中的美育对培养学生的审美能力、塑造良好的形体美和心灵美具有重要作用,同时还能增强学生对传统文化的理解和传承,促进学生全面发展,提高综合素质,如通过武术练习可以培养学生的坚韧、勇敢、自律等品质。

武术是我国特有的一种文化运动形式,但在如今的中小学教育中的推广却并不多。除部分学校开设了校内拓展课程及社会培训机构开设了课程外,很少见有其他完整且正规的武术课程。从现有的武术课程开发情况来看,武术教学内容的编制,尤其是美育渗透的课程内容编制是重点和难点。教师想要丰富教学内容,就必须提升自身教学水平,搜集、整理相关内容,梳理知识点,同时也应当注重美育在课程中的重要作用。

2. 武术课程美育测评卷设计及分析

为了较准确地调研和了解学生的美育提升水平,本课题设计了美育测评卷。

武术社团测评卷设计的原则主要包括:① 语言清晰简洁。本次问卷的主要对象是初中生,在设计问卷时,应尽量让学生读得懂,避免含糊不清的词语和专业术语的出现,要做到文字精简;② 针对主体设计问题。要做到一个题目只调查一个问题,只涉及一个主体;③ 保持题目的科学、严谨、中立。设计测评卷的题目时,教师不应添加自身的一些见解和指向性语言,确保学生独立客观地作答。

武术社团美育测评卷的总分为 100 分,时间为 90 分钟。测评对象为预备、初一两个年级的学生,测评内容主要由选择题、鉴赏题、实践操作题和创作题四个部分组成。其中,这四个部分又分别对应美育课程中的基础知识与基本技能、鉴赏美、表现美、创造美。

3. 武术课程教学及美育测评

(1) 常规武术课程教学及测评

2020 年下半年,我校开展了一学期的常规武术课程教学。同时,完成了常规武术课程的学前测评和学后测评。

(2) 加强美育渗透后的武术课程教学及测评

2021 年上半年寒假,课题组经过查阅资料、研究论证后,确定了 2021 年上半年加强美育渗透后的武术课程教学大纲,相较于上学期的常规武术课程教学,进行了有意识的美育渗透。在此基础上完成了加强美育渗透后武术课程的学前测评和学后测评。学后测评的大致情况如下:

在基础知识方面:有三分之二的学生对武术相关知识的了解程度较好,只有一名学生的得分不太理想,这可能是因为该生经常要参加学习辅导,对武术社团组织的活动和培训关注度不高。

鉴赏美方面:大部分学生对武术美的鉴赏能力较强,能从武德美、动作姿势美、精神美、节奏美等方面进行鉴赏,这与课程中小组互学、组员互评的学习方法密不可分,学生从互学互评中学会了从不同角度赏析,提高了鉴赏美的能力。

表现美方面:从结果来看,学生的总体成绩较好,基本达到了良好及以上,这离不开他们平时武术的基本功练习扎实,在展示动作时,步伐和手型基本到位,扣分较少。

创造美方面:在赏析视频时,教师提及过集体武术表演时常用的队形变换,学生也看过不同类型的武术表演视频,加之学生年龄偏小,奇思妙想较多,所以在这道题的解答上,他们给出的答案较为丰富。从可实施的角度考量进行综合评分,学生的总体成绩较前测有一定的提高。

(3) 对照组美育测评

在 2021 年上半年武术社团开展加强美育渗透教学的同时,课题组随机选取了 30 名学生作为对照组进行武术美育测评。在学期开始时与参加武术社团的学生同步进行前测,在学期结束时同步进行后测。

(4) 测评结果分析

各项数据的平均值如表 6 所示。

表 6 武术社团美育测评得分平均值

测 评 安 排		基础知识与基本技能（20分）	鉴赏美（20分）	表现美（30分）	创造美（30分）	总分（100分）
2020 年下半年	常规课程—前测	8.57	3.86	5.14	9.29	26.86
	常规课程—后测	12.86	8.57	13.43	19.14	54.00
2021 年上半年	美育渗透课程—前测	7.56	4.89	7.56	8.89	28.90
	美育渗透课程—后测	12.89	14.00	14.89	22.78	64.56
	对照组—前测	8.00	7.11	6.89	9.44	31.44
	对照组—后测	7.11	6.89	7.56	8.89	30.45

根据分项得分的统计结果，可直观地发现：

三次前测得分基本接近，符合预期。

在基础知识与基本技能方面，参加常规课程的学生和参加美育渗透课程的学生之间的差别不大，提升了 4.5 分左右。

在鉴赏美方面，对照组的学生前测分数较参加常规课程的学生和参加美育渗透课程的学生略高，这可能是因为样本数量少，分数波动比较明显。参加常规课程的学生较学前提升了 4.71 分，参加美育渗透课程的学生较学前提升了 9.11 分，可以看出美育渗透贡献了 4.4 分。因此，在武术课程教学中，美育渗透对于鉴赏美的提升较为显著。主要原因在于学生对美的认知和分析在强化引导后有明显提升，这一项的提升无须动作的反复练习。

在表现美方面，参加常规课程的学生和参加美育渗透课程的学生后测均较前测提升了 8 分左右，说明美育渗透对表现美方面影响不够或效果不明显。考虑到武术展现出的美是长期练习和积累的结果，因此，美育渗透的作用可能需要经过较长时间的课时才能有所体现。

在创造美方面，参加常规课程的学生后测较前测提升了 9.85 分，参加美育渗透课程的学生后测较前测提升了 13.89 分。因此，在创造美方面，美育渗透有较为明显的效果。

根据总分统计结果，可直观地发现：① 参加常规课程的学生美育水平提升了 27.14 分，效果显著；② 参加美育渗透课程的学生美育水平提升了 35.66 分，较前者提升了 8.52 分，表明美育渗透具有一定的成效；③ 对照组的学生前后测分数基本无变化，可以认为他们在该学期内几乎不受到武术美育的影响。因此，武术课程中美育渗透使学生的美育水平净提升了约 8 分，即对常规武术课程进行美育渗透后，学生的美育水平提升了约 8%。

（七）篮球

1. 篮球课程美育概述

有关篮球美育课程的资料较少，大部分都是关于篮球教学的设计。如陈岳祥所著的《小学篮球教学游戏设计》，他认为用成人教学体系不易激发小学生的学习兴趣。要在小学有效开展篮球教学，必须进行成人教材游戏化处理。只有符合小学生的身心特点，才能促进小学生积极参与篮球学习的兴趣。他对如何合理运用现有篮球游戏，以及创造性地设计篮球游戏，做了全面详细的解析[23]。又如，王培菊在《篮球运动美感及运动员美育思考》一文中，也仅以篮球运动的美感形态和篮球运动员的美育修养两部分作为切入点解析了篮球的美育，但对美育课程的渗透没做任何延伸[24]。其余国内的一些著作和文献也大多是分析职业比赛的技战术、篮球运动员各个位置的技术特点及国内篮球发展的现状等，对于篮球美育课程的解析相对较少。

2. 篮球课程美育测评卷设计及分析

为了较准确地调研和了解学生的美育提升水平，本课题设计了美育测评卷。

篮球社团美育测评卷在设计原则方面，以促进学生篮球技能运用、美育素养的提高为设计目的，突出课程内容的整体性和综合性，从知识和能力、赏析分析、技术动作和综合考核等方面对学生进行全面考查。篮球课程对学生的评价始终贯彻以激励性为主的原则，关注学生每个阶段的进步，不断激发学生学习的积极性，使他们不断获得学习的兴趣和发展的动力。

篮球社团美育测评卷的总分为 100 分，时间为 40 分钟。测评对象为预备、初一两个年级的学生，测评内容主要由选择题、篮球赛赏析题、技术动作题和实践综合题四个部分组成。其中，这四个部分又分别对应美育课程中的基础知识与基本技能、鉴赏美、表现美、创造美。

3. 篮球课程教学及美育测评

（1）常规篮球课程教学及测评

2020 年下半年，学校开展了一学期的常规篮球课程教学。同时，完成了常规篮球课程的学前测评和学后测评。

（2）加强美育渗透后的篮球课程教学及测评

2021 年上半年寒假，课题组经过查阅资料、研究论证后，确定了 2021 年上半年加强美育渗透后的篮球教学大纲，相较于上学期的常规篮球课程教学，进行了有意识的美育渗透。同时，完成了加强美育渗透篮球课程的学前测评和学后测评。

---

[23] 陈岳祥. 小学篮球教学游戏设计[J]. 中国学校体育,2009(05)：39-40.
[24] 王培菊. 篮球运动美感及运动员美育思考[J]. 运动,2016(12)：24-25.

（3）对照组美育测评

在 2021 年上半年篮球社团开展加强美育渗透教学的同时，课题组随机选取了 20 名学生作为对照组进行篮球美育测评。在学期开始时与参加篮球社团的学生同步进行前测，在学期结束时同步进行后测。

（4）测评结果分析

各项数据的平均值如表 7 所示。

表 7　篮球社团美育测评得分平均值

测　评　安　排		基础知识与基本技能（20分）	鉴赏美（20分）	表现美（30分）	创造美（30分）	总分（100分）
2020 年下半年	常规课程—前测	6.67	9.90	9.29	23.00	48.86
	常规课程—后测	7.81	11.95	11.69	29.19	60.64
2021 年上半年	美育渗透课程—前测	7.00	10.25	10.25	24.00	51.30
	美育渗透课程—后测	8.80	13.65	13.65	33.93	70.03
	对照组—前测	5.00	8.90	9.30	20.50	43.70
	对照组—后测	6.30	9.00	9.90	22.30	47.50

根据分项得分的统计结果，可直观地发现：

三次前测得分基本接近，对照组的学生略低，原因可能在于参加社团的学生对篮球更有兴趣，且部分学生有一定的篮球基础，对篮球美也有一定的认识，这些方面较对照组的学生更强一些。

在基础知识与基本技能方面，参加常规课程的学生与参加美育渗透课程的学生相比，前测和后测结果基本一致。对照组的学生得分略低，但差距不大。这是因为篮球是一项十分普及的运动，且学校的体育课本身就涉及篮球教学。

在鉴赏美方面，因为篮球运动较普及，学生经常参加篮球运动，且篮球赛事也较多，因此，学生对篮球运动美的认识基本保持在同一水平。在美育渗透的课程教学中，后测分数相较前测分数虽有提升，但幅度并不大。

在表现美方面，与鉴赏美类似。

在创造美方面，参加美育渗透课程的学生后测得分为 33.93 分，较参加常规课程的学生得分高出 4.74 分，说明创造美方面仍然是美育提升的重难点，且与学生篮球训练的时间有一定的关系。

根据总分统计结果,可直观地发现:① 参加常规篮球课程的学生美育水平提升了约 12 分,效果显著;② 参加美育渗透课程的学生美育水平提升了约 19 分,较前者提升了约 7 分,表明美育渗透具有一定的成效;③ 对照组的学生美育水平提升了约 4 分,并不明显。考虑此项因素后,篮球课程中美育渗透使学生的美育水平净提升了约 3 分。因此,在学校开设的常规篮球课程中渗透美育,对学生美育水平的提升效果并不十分明显。这种情况与学生进行篮球练习的时间有一定的关系,若拉长测评周期,如学生从六年级至九年级始终参加篮球社团,那么他们的美育水平将与不参加篮球社团的学生拉开较大差距,美育渗透将体现较为明显的作用。

三、研究方法

(一)调查研究法

本课题主要采用问卷调查法,通过设计问卷、发放问卷、回收问卷、数据分析等步骤,来了解特定社团学生的美育现状。通过使用信息技术进行数据的录入、统计和分析。

(二)实验法

课题组通过艺体社团课程设置对比测评,来探究艺体社团课程设置对美育的影响程度;通过对学生参加艺体社团前后美育水平的对比,再对照不参加艺体社团的学生美育水平,来探究艺体社团对美育的贡献程度。

四、研究过程

在明确了义务教育阶段美育目标的基础上,课题组以七个艺体社团为研究对象,测评研究持续了两个学期,每个学期均进行了前期和后期测评,分析了艺体社团美育功能发挥的程度,并给出了艺体社团课程设置的建议。本课题具体研究过程如下:

2020 年 1 月 15 日,课题组完成了开题报告及汇报。

2020 年 1 月 18 日,课题组召开了目标计划会议,全体课题组成员参会,研讨了具体的实施计划,按总体研究思路进行细化,明确人员分工,确定了社团负责人:陈润(衍纸)、方音(合唱)、王蓓蒙(摄影)、陈于为(版画)、王浩(中国画)、贾位位(武术)、郑科(篮球),并制订了分阶段计划:

【2020 年上半年:搜集资料,查阅文献(用于设计美育测评卷)→针对每个社团设计适合该社团的测评问卷→测评(前测)→社团常规课程教学→测评(后测)→简单统计测评结果。

2020 年下半年:搜集资料,查阅文献(用于研究如何在课程中渗透美育)→测评(前测)→社团美育渗透课程教学(课程设置中强化美育渗透)→测评(后测)→分析测评结果→

综合对比,整理与分析。】

2020 年 2 月 10 日,课题组召开了课题计划讨论会,全体课题组成员参会。因新冠肺炎疫情导致无法正常开学,重新拟订了计划,研讨当前阶段的工作部署,确定本阶段应进行大量资料搜集,查阅相关文献。收集资料的途径:Google 学术、百度学术、中国知网期刊论文、万方数据库、超星图书、读秀图书等。由课题组组长王颖颖总体统筹美育资料的搜集和查阅,整合美育知识与最新的研究成果,组织深入研究,与组员研讨课题实施的具体细节。

2020 年 2 月 26 日,全体组员分享了资料及选定重要的参考书目及资料。依据参考文献,围绕美育的基本思想、基本理论、研究方法,结合最新的研究成果,由各艺体社团负责人进行本社团美育测评卷的设计,满分均为 100 分,主要考查基础知识与基本技能、鉴赏美、表现美、创造美四个部分,同时确定问卷的基本框架、问卷设计的思路、评分标准等。

2020 年 4 月 5 日,课题组召开了问卷设计测评卷讨论会,对各社团的测评卷初稿及评分标准进行研讨,达成了一致意见:每份测评卷均由基础知识及技能、鉴赏美、表现美和创造美四个部分组成。每份测评卷根据评价维度设置得分区间。

2020 年 6 月,各社团完成了测评卷最终稿,每份测评卷均合理地设置了评分标准。

2020 年 6 月—9 月,课题组完成了艺体社团常规课程(课程内容未进行有意识的美育渗透)教学大纲的编写。

2020 年 9 月 11 日,各社团完成了常规课程的美育前测。

2020 年 9 月—2021 年 1 月,学校开展了艺体社团常规课程。

2021 年 1 月 8 日,各社团完成了常规课程的美育后测。

2021 年 1 月—3 月,各社团完成了美育渗透课程教学大纲的编写。

2021 年 3 月 5 日,各社团完成了美育渗透课程的美育前测,同时完成了对照组的美育前测。

2021 年 3 月—6 月,学校开展了艺体社团美育渗透课程。

2021 年 6 月 11 日,各社团完成了美育渗透课程的美育后测,同时完成了对照组的美育后测。

2021 年 6 月—9 月,课题组对实验组和对照组的测评数据进行了分析,撰写了研究报告,整理了案例集。

2021 年 10 月 28 日,结题。

第四节 结论与展望

一、结论

本课题通过设定实验方案,制订了为期两学期的分阶段测评计划。在实施前,对美育测评卷进行了充分的研讨设计,最大限度保证了美育测评的信效度。在教学过程中,对社团课程进行了美育渗透,以期达到美育提升的预期效果。最后,对美育测评结果进行了数据统计分析,得出了一些有用的结论。

（一）美育测评卷及评分细则设计的一般方法

第一,美育测评卷可按基础知识与基本技能、鉴赏美、表现美(可无,如摄影课程)及创造美四个维度进行设计。

第二,美育测评卷分值 100 分的权重分布方面:可围绕艺体社团的特点进行设计,对于基础知识与基本技能,如该社团课程对专业技法要求高,如衍纸,可适当提高权重,占 20 分;如果该社团课程对专业技法要求不高,如篮球,可适当降低权重,占 10 分。如此可以体现专业技法与美育水平之间的关系。对于鉴赏美,如该课程的美育水平在鉴赏美方面体现得多一些,如摄影,则权重可适当提高,占 30 分;如该课程的美育水平在鉴赏美方面体现得少一些,如衍纸,则权重可适当减小,占 20 分。对于表现美,如该课程的美育水平在表现美方面体现得多一些,如合唱,则权重可适当加大,占 40 分;如该课程的美育水平在表现美方面体现得少一些,如摄影,则权重可适当减小,甚至不占权重。对于创造美,如该课程的美育水平在创造美方面体现得多一些,如摄影,则权重可适当加大,占 50 分;如该课程的美育水平在创造美方面体现得少一些,如中国画,则权重可适当减小,占 20 分。根据测评结果的分数分布来看,分数的设置是适当的。

第三,美育测评卷须与课程测试卷区分开来。美育测评卷应侧重于能够真实反映学生的感受美、鉴赏美及创造美的能力。因此,测试的维度应侧重于美的表现,而非课程能力。

第四,美育测评应以主观题为主,对于主观题的评分应侧重于美育维度的体现。

（二）美育渗透的一般规律

1. 根据学生和课程情况,有针对性地调整教学

在备课环节,教师应做足知识、技法、经验的储备,提高自身的美育素养,积极影响学生。

在每堂课前,教师应充分备课,尤其要加强美育知识的学习,提升自身的美育水平。同时,要以学生为主体,准备适合本年龄段学生的教学内容,并采用符合学生心理特征的教学方法。

在教学时,尤其是技法要求比较高的课程,教师应增加技巧性和经验性的教学,这对于提升学生表现美和创造美的能力效果显著。

2. 课程设置中加入美育理论基础知识的学习

在学期课程开始的首节课,教师应进行美育理论知识的集中教学,培养学生的美育意识,帮助学生掌握相关概念,这有利于后期提升美育效果。

3. 增设名作鉴赏环节,提高鉴赏美的能力

教师可以在课程中引入知名作品鉴赏环节,引导学生利用其他学科知识,从多角度、多

层次体验作品背后的美学内涵,强化鉴赏能力的培养。通过鉴赏名作使学生逐渐产生感受美、鉴赏美的意识。

4. 运用多媒体等手段,提高课程美育质量

教师可以充分利用多媒体设备和技术,多角度地呈现该年龄段学生喜爱的智能化课堂,并辅以讲解,带领学生感受美,提升审美感知能力。

5. 加强兴趣引导,增强学生追求美的内驱力

教师可以将意识培养和兴趣引导渗透在教学环节中,教学内容不仅包括艺体课程具体的技巧,也包括美育,培养学生的审美意识和兴趣爱好,使得学生能在自身兴趣的激发下自发地创造美。

6. 课堂增设点评环节,快速提升学生对美的认知

通常有两种方式:① 在课堂实操练习中,教师对学生的创作进行简要点评,以鼓励为主,挖掘其中的美与不足之处,并提出改进建议,使学生能及时改进,进而提升学生表现美、创造美的意识和能力;② 学生可以进行互评和自评,提升自我表达能力。点评完成后,可进行修改,教师再对学生的作品进行简要点评,肯定学生的提升,引导学生不断进步、不断追求美,提高对美的认识。若条件允许,还可以为学生提供展示平台,提升学生参与的积极性。

(三)艺体社团对美育提升的结论

根据各社团的测评结果所汇总的艺体社团总分统计表如表8所示。

表8 艺体社团总分统计表

测评安排		衍纸	合唱	摄影	版画	中国画	武术	篮球	平均值
常规课程	前测	30.8	36.6	43.3	37.3	40.0	26.9	48.9	37.7
	后测	59.4	47.7	69.2	71.5	65.3	54.0	60.6	61.1
	后测－前测	28.6	11.1	25.9	34.2	25.3	27.1	11.7	23.4
美育渗透课程	前测	29.6	47.7	47.4	36.0	32.6	28.9	51.3	39.1
	后测	71.4	62.4	83.4	83.0	68.1	64.6	70.0	71.8
	后测－前测	41.8	14.7	36.0	47.0	35.5	35.7	18.7	32.8
对照组	前测	20.1	36.3	43.3	15.0	33.0	31.4	43.7	31.8
	后测	29.3	44.8	45.3	32.0	40.7	30.5	47.5	38.6
	后测－前测	9.2	8.5	2.0	17.0	7.7	－0.9	3.8	6.8

艺体社团美育测评整体情况

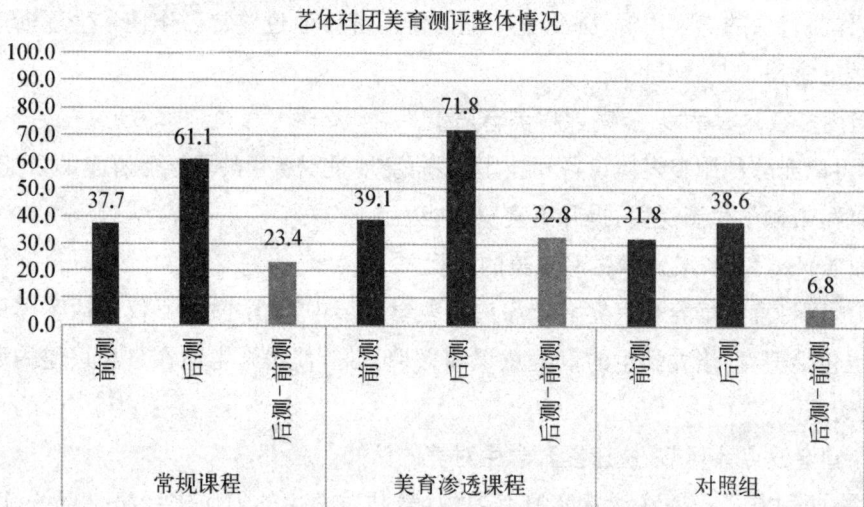

常规课程的艺体社团对学生美育水平的整体提升程度在 11.1~34.2 分之间,平均提升了 23.4 分,扣除对照组 6.8 分的影响,常规课程的艺体社团对学生美育水平的净提升约 17 分。因此,开设艺体社团对学生美育水平的提升幅度较大。

美育渗透课程的艺体社团对学生美育水平的整体提升程度在 14.7~47 分之间,平均提升了 32.8 分,较常规课程的艺体社团高出 9.4 分。扣除对照组 6.8 分的影响,美育渗透课程的艺体社团对学生美育水平的净提升约 26 分。因此,通过美育渗透的方式,艺体社团使得学生的美育水平有了更进一步的提升,效果显著。

以上两点结论基本能够反映实际情况,但对各社团对照组的统计结果进行对比分析后发现,须考虑社团的差异性。因学校目前开设了音乐、美术和体育三种艺体课程,与之存在交集的社团课程(合唱、中国画和篮球)对学生美育水平提升的幅度相对较小。因此,对这些艺体社团课程的美育渗透不必过分强化即可收效较好。而对于与上述三类艺体课程交集很小的社团课程,美育渗透效果十分显著。因此,对衍纸、摄影、版画和武术社团课程的美育渗透须加强,可显著提升美育效果。

基于以上分析及结论,学校在开设课程方面,应倾向于多样化,尤其是与上述三类艺体课程交集不大的课程应多开设,且应加强美育渗透,在做到课程多样化的同时,多维度提升学生的美育水平。

艺体社团能够较好地承载学校的美育功能,可以作为学校艺体类课程之外的重要补充,学校应开展艺体社团以提升学生的美育水平。

本课题设计了各社团的测评卷及评分细节,编制了美育渗透课程的教学大纲,形成了课程案例集,均可作为其他学校开设艺体课程借鉴的素材,具有很高的参考价值。

二、进一步工作的方向

本课题的研究虽然取得了初步的成功,但依然任重道远,尚有许多有待进一步研究的工作,择其要者陈述如下:

第一,进行美育测评时,部分社团人数较少,如武术 7 人、中国画 9 人,样本数量不足会导致测评结果与真实情况存在一定的偏差。后续研究应在样本扩大的基础上进行,例如可以采用拉长测试周期的方式(连续测试 3~5 学年)来实现样本数量的提升,进而得到更准确的结果。

第二,本课题未考虑实践拓展美育渗透的方式,如摄影社团可在教学中加入参观大型摄影作品展等美育渗透方式,将更有助于提升学生的美育水平。因此,美育渗透的一般规律尚有进一步探索的空间。

第三,本课题已通过研究得出了美育渗透的一般规律,也得到了数据验证和支撑。因此,在数学、语文、英语、物理、化学等课程的教学中,也可参考美育渗透的一般规律进行推广应用,多维度实现美育教学,提升学生的美育水平,实现国家素质教育的目标。

初中数学在线-离线融合教学模式实证研究

——以勾股定理的逆定理为例

◎ 上海市实验学校南校　李　怡

【摘　要】由于初中学生存在个体差异,导致数学学习能力差异较大,单一的教学方法无法充分满足所有学生的学习需求,需要教师采取差异化的教学策略。为解决上述问题,笔者采用了在线-离线融合教学模式,在教学中设计了在线课前预习、离线课中互动和在线课后巩固三个阶段的教学活动。本文详细阐述了在线-离线融合教学模式在教学中的具体部署和实施步骤,深入探究了该模式对学生数学能力的提升作用。期望本研究能为初中数学教学方法的创新和学生学习效果的提升提供新的视角和实践参考。

【关键词】在线-离线融合模式　勾股定理的逆定理　教学实践

一、提出问题

初中是学生认知发展和问题解决能力培养的关键阶段,对学生的终身学习和职业发展而言,重要且不可或缺。在这一阶段,数学作为一门基础学科,不仅为学生提供了解决实际问题的工具,更重要的是,它还培养了学生的抽象思维、空间想象和创新能力。这些能力对学生的综合素质至关重要[1]。

在初中数学课程中,几何学习占据着举足轻重的地位。它帮助学生建立起对形状、大小与空间关系的深刻理解,为进一步学习更高层次的数学概念打下了坚实的基础。在众多几何概念中,勾股定理及其逆定理是两个基本而关键的定理。勾股定理定义了直角三角形的三条边长关系,而其逆定理则用于判断一个三角形是否为直角三角形。这两个定理在数学领域内有着广泛的应用,在物理学、工程学等多个学科中也发挥着重要作用。然而,在初中

---

[1] 余慧娟.突出重点打造新时代新课标——访教育部党组成员、副部长郑富芝[J].人民教育,2020(18):6-8.

数学教学中,讲授勾股定理的逆定理面临诸多特殊的挑战。首先,学生在理解勾股定理的逆定理的概念时存在困难,特别是从数值到几何形状的转换[2][3]。其次,其证明过程需要较强的逻辑推理和几何构造能力,要从给定的条件出发,通过一系列步骤推导出结论,这一证明过程的抽象性可能会增加学生的学习难度。由于学生之间存在个体差异,单一的教学方法无法充分满足所有学生的学习需求,需要教师采取差异化的教学策略。

传统的以教师讲授为主的教学方法过于依赖学生的被动接受,缺乏互动和探究式学习的机会。该教学模式在教授勾股定理的逆定理时,不利于学生深入理解其内涵和应用。此外,传统的教学评价方式过于侧重学生对定理的记忆和简单应用,而忽视了对学生推理能力、创新思维和问题解决能力的培养[4]。面对上述挑战,教师可尝试采用结合传统教学与现代信息技术优势的融合教学模式,通过在线资源与课堂指导,实施多样化的评价方法,为学生提供更加个性化的学习体验,培养学生的自主学习、批判性思维和问题解决能力,从而提高教学效率,强化学习成果[5][6][7][8][9]。

本研究的主要目标是深入研究和探讨在线-离线融合教学模式在初中数学教学中的有效应用与实践,重点分析其在教授勾股定理的逆定理时的有效性。通过对现有研究的审视,本文将提出创新的教学策略,目标是充分发挥融合教学模式的潜力,改进现有教学方法,以期加深学生对数学原理的理解,帮助学生发展自主学习、批判性思维和问题解决能力,以提高学习成效。

二、设计在线-离线融合阶段

(一) 在线课前预习

在预习阶段,笔者运用在线教学平台,对勾股定理的逆定理的教学内容进行了深入分析,确立了其在深化学生对直角三角形理解及数学思维培养中的核心作用。教学策略侧重于数学思维的深化,特别是数形结合与逻辑推理能力的培养。目标是使学生不仅理解并掌握勾股定理的逆定理,而且能在解决实际问题的过程中提升数学思维与问题解决能力[10]。

[2] 张晓莉. 数形结合思想在初中数学教学中的应用[J]. 学周刊, 2024(18): 91-93.

[3] 李莉. 数形结合思想在初中数学课堂教学中的渗透[J]. 数理天地(初中版), 2023(15): 62-64.

[4] 安永平. 新课标下初中数学教学培养学生创新思维的策略[J]. 学周刊, 2024(17): 50-52.

[5] 李英哲, 刘剑玲. 新课标背景下 ChatGPT 在初中数学备课中的创新功能与价值定位[J]. 中国电化教育, 2024(03): 109-114.

[6] 田佳旺. 新课标背景下如何创建初中数学高效课堂[J]. 课程教育研究, 2020(14): 136.

[7] 韩延庆. 核心素养下初中数学多样化教学探究[J]. 考试周刊, 2023(49): 57-61.

[8] 赵凯. 适当放手, 铸造精彩初中数学课堂[J]. 数学大世界(下旬), 2023(12): 56-58.

[9] 王俊清. 勾股定理在初中数学中的不同应用题型分析[J]. 数理天地(初中版), 2024(03): 14-15.

[10] 白小丽. 混合式教学模式在初中数学教学中的实践研究[J]. 数学学习与研究, 2023(32): 11-13.

同时,笔者注重培养学生的情感态度,学生通过探究勾股定理的逆定理,体验到了数学的实用价值与历史智慧的魅力。八年级学生正处于培养数学思维能力至关重要的阶段,教学能加强逆向思维与逻辑推理能力的培养,采用探究式和直观式教学方法,能激励学生主动学习,促进深入理解。教师可精心设计预习活动单,其中的环节和内容可以多种多样,如文字、图片、视频等,学生的预习检测形式也可以多样化,如录制说题、讲故事的视频,以及画图、做小练习等。教师要鼓励学生深入理解本课程的学习目标,掌握勾股定理的逆定理的相关知识,并自主分析教师提供的预习材料。

虽为在线预习,但学生仍可采用小组讨论的形式达成互动目标,在线上展示自己的预习成果,或提出自己在预习环节中的困惑。教师基于教学平台可以追踪并导出持续评估学生学习进程的关键数据指标,对学生的课前预习进行全面评估,并提供即时反馈。评估内容涵盖学生表现出的学习热情、学习态度、在小组讨论中的参与度和测验任务的完成情况。

(二)离线课中互动

课中互动阶段在实体教室展开,学生与教师面对面,深化对勾股定理的逆定理的理解。此阶段聚焦于解决学生在预习中提出的问题,引导学生主动分析和解决问题,促进新知识的内化,构建系统化的知识结构[11]。基于课前预习测验和讨论反馈,笔者将教学重点放在验证三边长 a、b、c 满足关系 $a^2+b^2=c^2$ 的三角形是否为直角三角形,并鼓励学生进行证明;同时,明确勾股定理与其逆定理的逻辑关系,以及互逆命题的概念。笔者利用多媒体和互动白板等教学工具,增强了课堂互动性和教学直观性,确保学生在积极参与中深化理解。

本环节中,笔者采用叙述与课程主题紧密相关的小故事来开启新的课程单元,激发学生的好奇心和求知欲,鼓励学生更加积极主动地投入到学习过程中。笔者还利用动画演示为课堂注入活力,简化问题理解,促进学生接受和理解新知。学生在课前线上预习中对相关知识已有初步的理解和掌握,笔者在课堂上进一步深化了知识点,引导学生回忆之前所学的由边证明角的方法,鼓励学生通过实践操作自主发现规律,自行推导结论,以此深化对勾股定理的逆定理的理解和掌握,并挖掘更多的可能性。该探索过程有助于学生深入领会"数形结合"的思维模式,体验"特殊到一般"的思考方式,从而全面培养学生的合作、交流和探究能力,让学生深入理解勾股定理的逆命题的概念,还有助于培养学生的逆向思维,有效提升逻辑表达和论证能力。学生不仅锻炼了动手能力和团队协作能力,还在无形中培养了深入探究的精神。在学生进行自我反思和多元化的评价总结后,笔者提供了有针对性的建议,以协助学生建立完整的知识体系。

---

[11] 张灵.基于混合式教学的初中数学教学策略探究[J].数学学习与研究,2024(02):47-49.

（三）在线课后巩固

在课后阶段,学生通过在线平台完成了多样化作业,包括习题和视频讲解,以巩固和深化课程知识。笔者在设计课后作业时注重分层,以适应不同水平的学生,避免机械性重复,有利于学生主动学习。在在线答疑环节中,笔者耐心指导学习有困难的学生,识别并解决他们在学习方法、课堂专注度和自信心上的不足。为践行"双减"政策的要求,教师应设置实施分层作业,这样既能照顾到学习遇到困难的学生,给予他们必要的支持和帮助,又能满足学有余力的学生的进阶需求,有效地促进不同层次的学生在数学学习中取得进步,帮助他们建立起学习数学的信心,激发他们持续探索数学世界的热情。教师还可以提供拓展材料,引导学生深入理解并应用本课程的内容。例如,笔者在教学平台上分享了生活中直角三角形的应用实例,学生探讨了日常物品中直角三角形的存在及识别方法,并在留言板上与同学交流讨论,充分发挥了主动性和创造性,深刻感受到了数学与实际生活之间密不可分的关系。

（四）在线多元评价

笔者对学生课前预习、课中互动、课后巩固三个阶段的综合表现进行了评价,包括上课的参与度和积极性、作业的完成质量、合作讨论探究过程、回答问题情况、平台数据记录等方面。以过程为导向的评估方式旨在全面了解学生在学习、技能、态度等方面的持续发展情况。评价不仅要注重结果,更要聚焦于学生在学习过程中的参与度和实质性进步。

三、探究在线-离线融合教学过程

本研究旨在通过实证方法评估在线-离线融合教学模式在教学中的应用效果。基于教育技术与教学理论的融合,本研究提出了以下假设:在线-离线融合教学模式能够显著提高学生的参与度和数学成绩[12]。

（一）实验对象

研究对象为笔者所任教的两个班级,每班各 40 名学生。通过为期两年的教学观察,笔者确认两个班级学生的数学基础和学习能力相似,为实验前测和实验后测提供了可靠性基础。本研究采用了对照实验设计,任选一个班级作为实验班,引入在线-离线融合教学模式;另一个班级作为对照班,维持常规的教学模式。上述平行对照实验设计有助于控制实验变

[12] 吴娇.混合式教学评价与优化研究[J].新课程研究,2024(15):50-52.

量,确保研究结果的客观性和科学性。本研究遵循教育研究伦理,所有参与者均已获得充分的信息并表示了知情同意。

(二)实验流程

实验流程分为实验前测、教学实施和实验后测三个阶段,历时近两个月。

1. 实验前测

在实验启动前,笔者将两个班级学生八年级第一学期的十次数学练习等第、上课的参与度、作业的完成质量、课后讨论探究四个方面的评价折算成综合成绩作为前测数据。然后,笔者运用 GraphPad Prism 10 软件对成绩进行了独立样本 t 检验,确保实验前两个班级学生的数学水平不存在显著差异,确立了实验的基线。

2. 教学实施

笔者在一个月的时间里对实验班采用了在线-离线融合教学模式,对对照班仍采用传统的讲授模式,并对两个班级学生上课的参与度、作业的完成质量、课后讨论探究及时给出了评价。

3. 实验后测

在勾股定理的逆定理专题教学实施后,笔者对两个班级学生进行了符合学情的测试,同时对学生上课的参与度、作业的完成质量、课后讨论探究进行了评价,并折算成综合成绩作为后测数据,以反映学生对专题知识的掌握情况。然后,笔者运用 GraphPad Prism 10 软件对后测成绩进行了独立样本 t 检验,以比较两种教学模式的教学效果。

(三)统计分析

笔者对实验班和对照班的前测成绩与后测成绩进行了全面的统计分析,基于多个维度,如平均值、差异显著性等,细致评估了在线-离线融合教学模式对提升学生数学综合能力的影响。这种评估方法不仅揭示了学生在不同教学模式下的学习表现,还深入探讨了在线-离线融合教学模式对提高学生数学学业成绩的实际效应。

四、分析在线-离线融合实验结果

(一)实验结果

1. 实验前测结果

笔者以两个班级学生在实验前的综合成绩作为实验的前测成绩,运用 GraphPad Prism 10 软件进行了独立样本 t 检验,分析结果见表 1 和表 2。

表1　前测成绩分析

班　级	人　数	平均成绩	标准差	标准误差平均值
实验班	40	77.55	11.47	1.86
对照班	40	79.16	12.01	1.81

表2　前测成绩独立样本t检验

	方差相等性检验		平均值相等性的t检验				
	t统计量	p值	自由度	平均差	标准误差差值	差值的95%置信区间	
						下限	上限
已假设方差齐性	0.61	0.5445	84.00	0.981	2.674	−4.340	6.301
未假设方差齐性	0.367	0.7148	80.45	0.981	2.674	−4.340	6.302

　　通过对前测成绩的详细分析,可以观察到实验班与对照班的前测成绩平均分相差了1.61分。为了进一步验证这种差异是否具有统计学上的显著性,笔者进行了独立样本t检验。检验结果显示,对应的p值为0.5445,远大于0.05的显著性水平。这一结果表明,两个班级在初次评估时的数学成绩并无显著差异。基于这一统计结果,可以合理认定进行测试的两个班级为平行班级,即两个班级学生在数学学科上的起始水平相近,没有显著的差异,适合开展在线-离线融合教学模式的对照教学实验。

　　2. 实验后测结果

　　笔者以两个班级学生在勾股定理的逆定理专题练习后的综合成绩作为实验的后测成绩,运用 GraphPad Prism 10 软件进行了独立样本t检验,分析结果见表3和表4。

表3　后测成绩分析表

班　级	人　数	平均成绩	标准差	标准误差平均值
实验班	40	80.81	10.27	1.71
对照班	40	73.68	8.63	1.55

　　同时,在成绩箱线图(图1)中可明显看到实验班与对照班前测成绩箱体中位线位置几乎一致,说明实验班与对照班学生的前测成绩水平一致,两个班级属于平行班级,学生的学习水平趋近一致;在实施不同的教学模式之后,实验班与对照班学生的后测成绩呈现出明显的

表 4　后测成绩独立样本 t 检验

	方差相等性检验			平均值相等性的 t 检验			
						差值的 95% 置信区间	
	t 统计量	p 值	自由度	平均差	标准误差差值	下限	上限
已假设方差齐性	2.71	0.0084	69.00	6.368	2.432	1.512	11.224
未假设方差齐性	2.618	0.0110	65.87	6.368	2.432	1.512	11.224

差异,实验班后测成绩箱体中位线显著高于对照班。表 4 显示了实验班与对照班学生后测成绩的平均分和标准差,通过对比表明实验班学生的后测成绩高于对照班学生,经独立样本 t 检验后,得出 p=0.0084<0.05,显著水平远在 0.05 以下,说明两个班级学生的后测成绩存在显著差异。

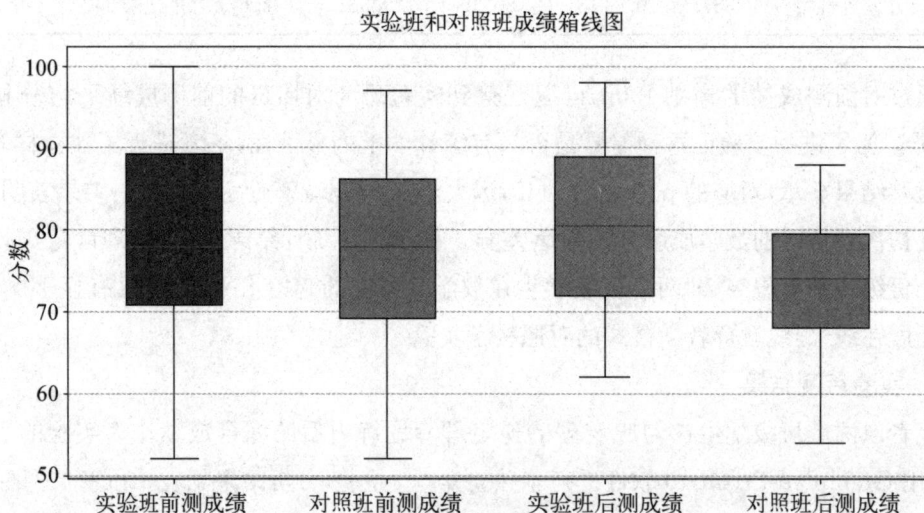

图 1　实验班与对照班成绩箱线图

3. 实验结论

图 2 是实验班与对照班前、后测成绩直方图,通过对比可以直观地看到实验班学生的后测成绩高于对照班学生。同时,通过独立样本 t 检验,可以看到显著性水平 p 值远在 0.05 以下,也表明该数据分析在统计学上具有显著性。因此,可以认为在初中数学教学中采用在线-离线融合教学模式有助于提高学生的数学成绩。

(二)论证效果

本研究的实验结果揭示了在线-离线融合教学模式在教学中略具成效。实验班学生在

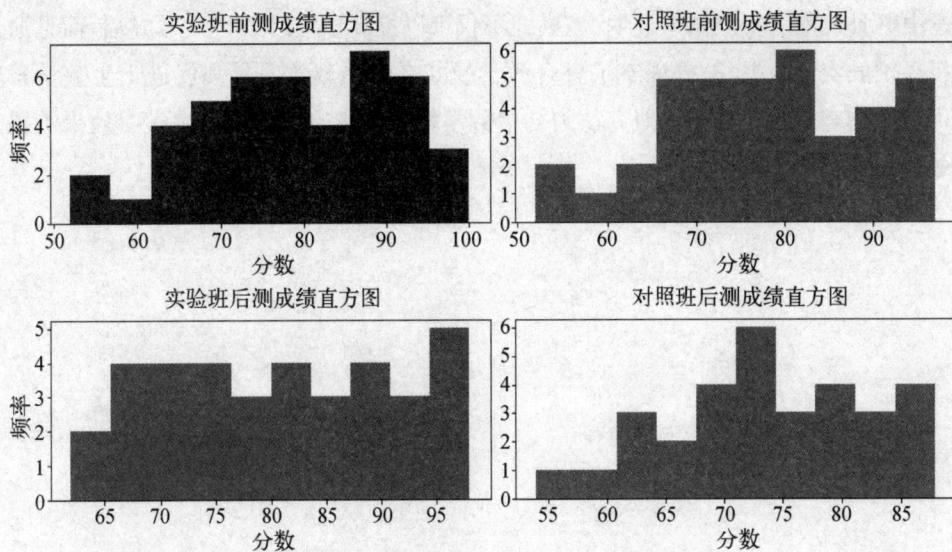

图 2　实验班与对照班前、后测成绩直方图

专题测试后的综合成绩高于对照班学生,表明融合教学模式在促进学生深入理解数学概念和提高解题技巧方面具有潜在优势。从实验结果来看,实验班学生的成绩提高明显,通过独立样本 t 检验,可以看到两个班级学生的成绩差异具有统计学意义($p<0.05$),这表明在线-离线融合教学模式能够有效提升学生的学习成效。实验班学生在课前通过线上资源进行自主学习,在课中通过互动教学深化理解,在课后通过线上平台巩固练习并加强记忆,这一连贯的学习过程对学生的成绩提高起到了关键作用。尽管本研究取得了积极的结果,但仍存在样本量、教学实施一致性、学生个体差异性三方面的局限性。

1. 样本量方面

本研究的对象共计 80 人,研究规模相对有限。未来的研究可考虑扩大样本规模,以提高结论的外推性。

2. 教学实施一致性方面

研究应确保对实验班和对照班的教学在非实验变量上保持一致性,其目的是减少其他因素对实验结果的潜在影响。

3. 学生个体差异性方面

学生的知识储备、学习风格和学习动机等个体差异性会影响教学效果。未来的研究可探究上述因素与在线-离线融合教学模式的相互作用机制。

五、结语

本研究通过教学活动设计与实施和实证对比研究,证明了在线-离线融合教学模式在数学教学中略具成效。实验结果表明,该模式不仅可以提高学生的数学学习成绩,而且通过定量分析提供的实证数据,充分证实了融合教学模式在增强教学效果和促进学生数学素养方面的可行性与有效性。期望本研究能为初中数学教学方法的创新和学生学习效果的提升提供新的视角和实践参考。

践行『双新』

"双新"背景下的初中化学专题复习策略探究

——以"金属冶炼与回收的工业流程题"为例

◎ 上海市实验学校南校　叶　子

【摘　要】 在"双新"背景下,教育改革要求初中化学教学注重学生综合素养和应用能力的培养,发挥学生课堂的主体性。本文以"金属冶炼与回收的工业流程题"为例,探讨提升学生知识应用能力和科学素养的化学专题复习课的教学策略。

【关键词】 "双新"背景　化学专题复习　金属冶炼与回收的工业流程题

《义务教育化学课程标准(2022 年版)》(以下简称"新课标")指出,要深化教学改革,强化学科实践,基于真实情境,培养学生综合运用知识解决问题的能力[1]。在新课标和新教材的推广与应用的背景下,初中化学教学面临新的挑战和机遇。作为初中化学的重要组成部分,金属冶炼与回收的工业流程题具有较强的实践性和综合性,能够有效培养学生的科学素养和实践能力。本文将以"金属冶炼与回收的工业流程题"为例,探讨提升学生知识应用能力和科学素养的化学专题复习课的教学策略。

一、深入理解化学课程标准,精确把握教学方向

"双新"背景下的教育理念强调以学生为中心,注重学生的全面发展和核心素养的培养。新课标和新教材提倡将知识的学习与实践应用相结合,鼓励学生在探究和实验中发现和解决问题,从而提高学生的科学素养和创新能力。金属冶炼与回收作为化学领域中与生产实际紧密相连的内容,不仅涉及化学反应原理,还融合了材料科学、环境科学等多学科知识,是培养学生综合素养的理想载体。

笔者参照新课标中的内容要求、学业质量描述、教材内容及学情等对教学内容进行了综

---

[1]　中华人民共和国教育部. 义务教育化学课程标准[M].2022 年版.北京：北京师范大学出版社,2022.

合分析,注重"教—学—评"的一致性,先明确教学目标,再设计教学环节,将评价方案融入教学过程,力求搭建知识结构体系,提高复习课的教学效率。

"金属冶炼与回收"是沪教版初三化学教材下册的内容,新课标对该主题提出的要求有:① 体会化学方法在金属冶炼中的重要性;② 知道金属具有一些共同的物理性质;③ 通过实验探究等活动认识常见金属的主要化学性质及金属活动性顺序;④ 了解废弃金属对环境的影响及金属回收再利用的价值。

通过前期的学习,学生已经积累了一些有关金属活动性的知识,能判断一些常见金属的活动性强弱,知道金属能与一些物质发生化学反应。但在实际应用中,学生还缺乏深入思考,面对生活情境中充分体现化学知识实用性的工业流程题这类问题,不能灵活运用所学知识进行解决。

基于新课标的要求和所执教的班级学情,笔者为该专题复习确定了以下学习目标,尝试结合工业生产实例,帮助学生构建解答这个题型的思考路径。

(一)基本目标

1. 理解金属、酸、碱、盐的性质和置换反应、复分解反应。
2. 通过实验探究等活动认识常见金属的主要化学性质及金属活动性顺序。
3. 掌握金属冶炼与回收的基本原理和流程。

(二)进阶目标

1. 能够运用所学知识分析和解决金属冶炼与回收的工业流程题。
2. 认识到金属是宝贵的自然资源,形成保护和节约资源的可持续发展意识与社会责任感。
3. 培养学生的科学精神、创新意识、实践能力和责任担当。

二、明确评价标准,制定评价方案

新课标在评价建议中指出,应全面、客观地评价学生的化学观念、科学思维、科学探究与实践、科学态度与责任等核心素养培养目标的达成情况,注重"教—学—评"一体化,特别强调要强化过程性评价,优化阶段性评价,要测评学生在课堂上的学习方式和学习表现[2]。因此,笔者在确立了学习目标后,确定了课堂评价方案(见表1)。

[2] 刘水峰."双减"背景下的初中化学专题复习教学设计与实施——以"酸、碱、盐的反应"为例[J].化学教与学,2023(06):40-42.

表1 "金属冶炼与回收的工业流程题"专题复习课堂评价方案

学习目标	表 现 性 任 务
学习目标1	通过问答复习金属、酸、碱、盐的性质和置换反应、复分解反应的知识
学习目标2	通过课堂实验探究判断金属的活动性强弱,认识常见金属的主要化学性质及金属活动性顺序
学习目标3	通过回收实验室废液中的金属,理解金属冶炼与回收的基本原理和流程。体会化学方法在金属冶炼与回收中的重要性,了解金属、金属材料在生产生活和社会发展中的重要作用
学习目标4	通过小组合作和课堂探究,运用所学知识分析和解决金属冶炼与回收的工业流程题
学习目标5	通过纸笔测验和小组汇报的形式,检测对金属冶炼与回收的工业流程题的答题思路与技巧的掌握情况,小组互评进行补充修正
学习目标6	阅读金属冶炼与回收的相关材料并写出心得体会,认识到金属是宝贵的自然资源,形成保护和节约资源的可持续发展意识与社会责任
学习目标7	分析实际问题和案例,培养科学精神、创新意识、实践能力和责任担当

三、优化教学策略,凸显素养导向

在确立了清晰的学习目标与评价方案后,笔者选择了在教学实施中用到的材料,设计了启发性问题,并思考如何运用高效的教学方法来促进学生构建稳固的知识框架,同步嵌入并强化核心素养的培育。在本课程设计中,笔者采用了以下教学策略[3]。

(一)知识回顾,题型介绍

笔者介绍了金属回收考查的重点知识及常见题型的呈现形式,并带领学生回忆和梳理了相关知识点,帮助学生巩固所学知识,形成知识网络(见图1)。

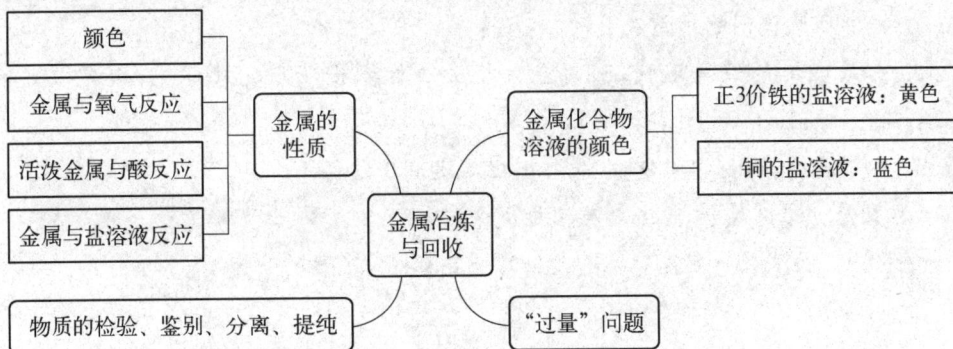

图1 金属冶炼与回收知识梳理的思维导图

---

[3] 季亚烽.以真实情境引领专题复习——《工业流程题专题复习》教学探索[J].教育研究与评论(中学教育教学),2022(11):94-98.

(二)创设情景,问题导入

笔者用图片展示实验操作后的废弃物,引导学生思考废液、废渣的成分。然后,从实际问题出发,进而改编成具体案例,引导学生分析并讨论金属冶炼与回收过程中的关键问题和解决方法,培养学生的分析能力。改编例题如下:

例题:在检验金属 M 为铁还是铜的实验操作结束后,叶老师从实验室中收集了一桶含有 $FeSO_4$、$CuSO_4$ 的废液,想从中回收金属铜和硫酸亚铁晶体。叶老师设计了如下方案(见图 2),请你从工程师的视角分析该过程中所加的试剂及得到的晶体成分。

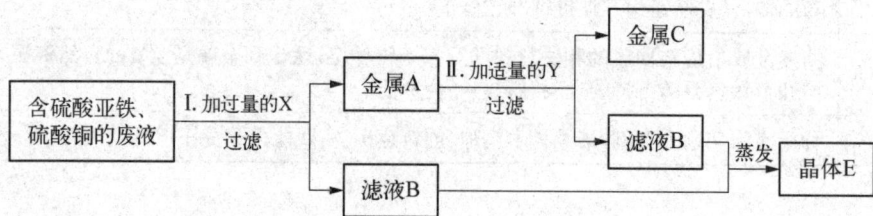

图 2 改编例题的工业流程图

(三)案例分析及解题策略

在金属冶炼与回收专题复习中,案例分析及解题策略是至关重要的一环。

首先,学生对改编例题进行了分析和讨论,笔者总结了解题策略如下:

> 1. 明确实验目的,审题时看流程的头和尾,从而分析出最终得到的物质和每一步所加的试剂。
>
> 2. 关注所加试剂的用量及目的。
>
> 3. 养成良好的做题习惯,随时在方框旁边标注出物质的化学式,以免做题时遗漏。
>
> 4. 分析滤液、滤渣的成分时,先写出化学反应的方程式。
>
> (滤液是可溶性成分;滤渣是难溶性成分)
>
> 注意:① 生成物一定有;② 不反应的一定有;③ 过量的一定有。

接着,笔者针对工业流程题,选取了一些与金属冶炼和回收相关的实际案例[4],结合中

---

[4] 朱丽武,艾进达.基于工业生产情境的初中化学深度教学——以"工艺流程专题复习课"为例[J].中学化学教学参考,2022(07):60-63.

考真题和模拟试题进行了案例分析及解题策略的讲解，引导学生从题目中提取关键信息，分析流程中的物质转化，运用所学知识及解题策略进行推理和判断。学生以小组讨论、师生互换角色等方式进行了多次练习和反馈，积极参与其中，提出了自己的见解和解决方案，从而掌握了解题技巧，了解了中考的命题规律和考查重点，提高了解题速度和准确率。

最后，笔者对学生的案例分析和解题策略进行了及时评价和反馈。通过表扬优秀表现、指出存在问题等方式，激励学生继续努力，提高学习效果。通过以上教学设计，可以帮助学生更好地理解和掌握金属冶炼与回收的相关知识，提高他们的实践能力和解决实际问题的能力，为未来的学习和生活打下坚实的基础。

（四）问题解决与拓展延伸

在问题解决环节，笔者设计了一些具有挑战性和实际意义的金属冶炼与回收问题，让学生运用所学知识进行解决。例如，如何优化金属冶炼流程以减少能耗和环境污染、设计一种高效的废旧金属回收方案等。通过引导学生分析、讨论和合作解决这些问题，不仅可以巩固他们的理论知识，还可以提高他们的创新能力和问题解决能力。

在拓展延伸部分，笔者介绍了一些前沿的冶炼技术和回收技术，让学生了解了当前工业界的最新进展和未来的发展趋势。

（五）丰富评价方式，多元评价

新课标要求教师实施促进发展的评价。优质的评价不仅能够引导学生从正确的方向反思，还能进一步提高学生的参与度，从而提升后续学习效果。在"金属冶炼与回收的工业流程题"专题复习中，笔者侧重合作学习以解决问题，因而注重过程性评价，并结合具体的任务完善了评价机制。

例如，在突破学习目标③时，笔者引导学生以工程师的视角，尝试设计回收废液中的金属这一流程。通过学生的自评，笔者了解了教学中的问题，从而进行了有针对性的改进。通过教师点拨，学生体会到了化学方法在金属冶炼与回收中的重要性，了解了金属、金属材料在生产生活和社会发展中的重要作用。

又如，在突破学习目标④时，通过小组合作、课堂探究、师生角色互换，"小老师们"应用本节课所学的策略为其他同学讲解了典型案例的解题思路。该活动具有较大的驱动性和挑战性，为学生提供了运用化学观念、提升实践能力、内化科学态度与责任、发展综合思维能力的平台，能够综合体现学生的核心素养水平。在学习结束时，笔者让学生评选出自己最欣赏的"小老师"并说明原因。得到他人的肯定可以让学生更加自信，也有利于增进同伴之间的感情。此外，教师作为整个教学过程中的引导者与合作者，其评价对学生也十分重要。既要做到客观真实地评价学生，指出他们的不足之处，又要在他们学习遇到阻碍时，通过评价为他们搭建学习支架。值得一提的是,正向鼓励学生能发挥评价的激励作用。

教师还可以在复习课后通过作业评价的方式完善评价方法。作业评价也有多种方式,如阅读金属冶炼与回收的相关材料并写出观后感,交流学习心得体会。除了活动的形式,还可以采用传统的测验来检验学生的学习效果。

总而言之,专题复习课要以核心素养为导向进行多元评价,注重过程性评价,使学习内容与评价内容统一,这样才可以为以促进学生核心素养发展为目标的教学保驾护航。

四、结语

在"双新"背景下,初中化学的专题复习课教学要基于新课标、学业质量标准制定明确的学习目标。通过任务驱动、探究式教学、案例式教学等教学策略的综合应用,能有效提高学生的学习兴趣和学习效果。同时,教师要充分调动学生的已有知识和经验,帮助学生建构完整的知识架构,通过"教—学—评"三者的有机结合提升学生的化学思维品质,实现核心素养的渗透。

"双新"背景下初中英语写作作业设计与
讲评的实践与探索

◎ 上海市实验学校南校　陆之浩

【摘　要】本文聚焦于"双新"(新课标和新教材)背景下,英语教学实践中作业设计与讲评的创新策略。本文以"Life in different seasons"英语写作作业的设计和讲评为例,详细阐述了如何通过作业设计、讲评和评价量表的应用,实现"减量提质",促进学生英语学科核心素养的发展,体现了"教—学—评"一体化的教育理念。

【关键词】"双新"　作业设计　讲评课　评价量表　"教—学—评"一体化

一、"双新"背景下如何进行作业设计和优化

在目前的英语教学中,教师对于英语作业设计过于注重语法知识和词汇量的积累,这导致了学生在解决实际问题时缺乏灵活性和创造性[1]。在"双新"背景下,作业设计的首要任务是确保学生的学习负担合理,促进学生的英语学习。作业设计也要创新作业的类型和形式,关注如何通过作业提升学生的思考、创新和实际应用能力[2]。

"Life in different seasons"英语写作讲评课的授课对象是六年级学生。六年级学生已经初步掌握了用英语描述日常生活和季节的变化。因此,作业的内容要融合日常生活要素和季节要素,共同构建综合写作素材。作业设计要重点明确,将便于学生识别并整合关键信息——包括但不限于天气状况、环境特点、人物服饰及行为活动——作为首要目标,这样做的意义在于培养学生敏锐的观察能力与信息整合能力。同时,作业设计应聚焦于通过科学合理的评价量表,引导学生对自己的习作与同伴的习作进行精准评价,在确保写作质量的同时,促进他们批判性思维的发展,为学生构建全面、深入的英语描述能力奠定坚实的基础。

[1] 黄晨阳."双减"背景下初中英语作业设计优化探究[J].中学生英语,2023(12):35-36.

[2] 李征娅,齐茹.核心素养导向的英语作业设计优化策略研究[J].西安文理学院学报(社会科学版),2023(03):88-92.

由此,笔者将作业设计布局为三大版块:第一,看图描述环节意在通过直观的图像引导学生辨识并描写不同季节的独特风貌,强化话题核心概念;第二,句子翻译练习聚焦于复习和巩固六年级学习的关键语法与句型结构,确保学生语言基础的扎实;第三,综合写作任务要求学生将所学知识应用于实践,创作反映季节变换的生活场景的文章。

二、"Life in different seasons"英语写作讲评课实践策略

六年级学生更愿意通过直观性的接触来学习写作。考虑到学生的兴趣,笔者在教学活动中将知识与娱乐融合在一起,以动态的形式展现出来,这样更符合六年级学生的生理和心理特点。

(一)多元感知与创意转化

在"多元感知与创意转化"环节,课程设计旨在唤醒学生对周遭世界的敏锐洞察力,不局限于视觉画面的捕捉,而是要综合听觉、嗅觉、触觉乃至味觉的全面体验,将二维的图片转化为立体生动的文字叙述。笔者在四季中选择了夏季,通过展示一系列精心挑选的夏日场景图片,如热闹非凡的海滩派对、静谧清凉的林间小径、傍晚时分的公园一角等,引导学生想象自己身在其中,感受每一处细节。例如,在描写夏日海滩时,学生不仅要描绘金黄沙滩与碧海交映的壮丽,还要思考:是否能听见海浪轻轻拍打沙滩的节奏?空气中是否弥漫着咸湿的海水味?脚下的沙粒在阳光下是否温热而细腻?这种多维度的感知训练,促使学生创造出层次丰富、引人入胜的场景描写。

(二)细腻观察与情感注入

在"细腻观察与情感注入"环节,课程聚焦于人物活动及环境细节的微观描写,强调在文字中融入细腻情感,使之充满生命力。学生被鼓励放慢脚步,用心灵的眼睛去观察那些容易被忽视的细节。比如,老人在树荫下悠闲地扇动着折扇的那份安详,孩子们追逐海浪时留下的一串串欢声笑语,冰激凌融化在手心里的甜蜜与凉爽,等等。通过这些细腻的笔触,学生的作品被赋予了情感的温度,让读者仿佛能够穿越文字,亲身经历那些或温馨或激动人心的瞬间。这种情感与细节的结合,使得夏日的生活片段跃然纸上,充满了共鸣与感染力。

(三)技巧融合与创意激发

在"技巧融合与创意激发"环节,课程通过一系列互动性强、实践导向的活动,促进学生将所学技巧融会贯通,碰撞出独特的创意火花。学生被分成若干小组,每组获得一张不同的季节主题图片,任务是运用之前学到的场景设定、活动描绘、细节捕捉、情感氛围营造及感官

语言等技巧,开展合作学习。在小组讨论中,组员们互相激发灵感、碰撞思想,共同探索文字表达的新颖角度。

三、"Life in different seasons"英语写作讲评课的多媒体实践与探索

在"Life in different seasons"英语写作讲评课中,多媒体技术被巧妙地融入了教学过程。它能做到图文并茂、音色俱全,能使教学更加生动、形象,使每个单词能够得到更直观的解释,让学生更加深刻地感受到英语的独特魅力。

(一)多媒体辅助场景构建

笔者借助多媒体教学工具,通过高清图片、视频片段甚至虚拟现实技术,将学生带入生动逼真的季节场景中。例如,笔者通过展示一段夏日清晨海滩的全景视频,让学生仿佛身临其境,感受阳光、沙滩、海浪的真实质感,为"看图描述"环节提供了超越传统图片的沉浸式体验。这样的多媒体应用,极大地激发了学生的想象力和感知力,使得他们在描绘夏季景象时能够更加细腻、丰富且具创意。

(二)实时互动与反馈

借助智能平板和交互式电子白板,教师可以实时展示学生的写作片段,邀请全班进行讨论和点评。学生可以在屏幕上直接标注出他们认为精彩的部分或提出修改建议。这种即时互动加强了同伴评价的效率和深度,同时,教师也能迅速捕捉到学生在写作中的共性问题和闪光点,及时给予个性化指导。这种多媒体互动不仅提高了学生的课堂参与度,而且让他们体验到了不同季节的魅力,促进了他们对自然的感知。

(三)创意写作软件

通过在线协作平台,学生可以分组进行创意写作。共享文档功能让小组成员即使身处不同地点也能协同工作,实时看到彼此的创作和修改。教师可以在平台上设置写作模板,提供关键词提示,引导学生按照"设定场景""描绘活动"等步骤有序进行写作,并利用评论功能即时给予反馈。这样的做法有利于学生在实践中不断调整和完善自己的作品,体现了"教—学—评"一体化的教学理念。

(四)多感官学习体验

教师结合音频和视频资源,如播放夏日的自然声效或轻快的夏日歌曲,能创造一个多感官的学习环境,帮助学生在写作中融入听觉元素,使得文字描述更加立体和真实。例如,学

生在描写夏日午后时,笔者播放了蝉鸣和轻风拂过树叶的声音,引导他们在写作中运用感官语言,提升作品的感染力。

在"Life in different seasons"英语写作讲评课上,通过多媒体技术的应用,不仅创新了传统的教学模式,也促进了师生之间及学生之间的互动交流,提高了学生的学习效率与质量,使写作教学变得更加生动、有趣且高效。

四、"Life in different seasons"英语写作讲评课教学评价的实践与探索

(一)实践活动评价

"Life in different seasons"英语写作讲评课教学设计遵循"教—学—评"一体化原则。笔者在教学讲评的各个环节注重使用与过程性评价相切合的教学方法,运用了演示法、头脑风暴法、讨论法等多样化的教学手段。教学过程中的学生实践活动遵循由局部到整体的原则,笔者分别设计了典型季节特征评价、词组与句型评价、段落评价,从评价单词到句子再到段落,确保教学目标的达成。各个环节的评价既锻炼了学生的语言应用能力,又促进了其批判性思维与自我反思能力的提升。

在典型季节特征评价中,笔者选取了看图描述的典型示例构建不同的季节场景,学生需要评价典型季节特征。在丰富多样的场景中,学生互相合作学习,充分交流思考,通过正确提取不同季节活动的关键信息,对不同季节进行了生动细致的描绘。

在词组与句型评价中,学生需要评价示例语句的准确性。学生由此进行知识复现,复习了与话题相关的词组和句型。同时,笔者创设了若干情景练习供学生巩固,使他们在之后评价文章时能够识别相关句型,并且能够在自己的习作中正确使用。

在段落评价中,学生需要评价综合写作示例的段落和整体结构,评估其内在逻辑。学生通过评价各类要素的顺序和关联度,明确了语篇结构和写作逻辑。段落评价能够促进学生进行有逻辑的写作。

(二)学生习作评价

评价量表在英语写作教学中有广泛的应用。评价量表的维度应该根据写作任务的重点和难点进行设置,这也是同伴之间进行互评的重要依据。根据写作话题内容,笔者设置了内容丰富度、语言表达、创新思维和想象力、逻辑结构这四个评价维度。各个维度与上述实践活动评价紧密关联。内容丰富度维度对应典型季节特征评价,语言表达维度对应词组与句型评价,创新思维和想象力维度对应写作内容的具象化,逻辑结构维度对应段落评价。通过评价指标描述的细化,教师的要求在评价量表的各条评价维度中得到了清晰的呈现,参与评价的学生能够充分理解评价量表涉及的内容和具体要求(见表1)。

表1 "Life in different seasons"英语写作讲评课评价量表

评价维度	评价指标	评分标准(满分5分)	自我评价	同伴评价	教师评价
内容丰富度	描述详尽性	描述全面,涵盖场景、人物、活动等多个方面,细节生动丰富			
	情感表达	情感真挚,能够引起共鸣,具有较强的感染力			
语言表达	准确性	用词准确,语法正确,无明显错误			
	流畅性	句式多变,过渡自然,整体表达流畅			
	生动性	运用比喻、拟人等修辞手法,使描述形象、生动			
创新思维与想象力	创意新颖	视角独特,构思新颖,展现了个人见解与创意			
	想象力丰富	能够超越画面,合理拓展,创造出令人印象深刻的场景			
逻辑结构	条理性	结构清晰,逻辑严密,段落划分合理			
自我反思与改进建议	反思深度	自我评估学习过程中的收获与不足,提出具体改进建议			
同伴互助与合作	合作态度	积极参与小组讨论,乐于助人,尊重他人意见			
	反馈质量	提供建设性反馈,帮助同伴改进作品			
建议:					

说明:

自我评价:鼓励学生根据上述标准,诚实地评估自己的作业表现,进行自我反思。

同伴评价:通过同伴互评,促进学生之间的相互学习与支持,提高评价的多元性。

教师评价:教师基于学生作业的实际表现,结合评价量表给出专业评分,并提供个性化建议,帮助学生明确成长方向。

学生先参照评价量表,评估示例作业是否包含所有要素。然后,笔者邀请学生根据评价量表对各自的习作进行评价,这能激励学生思考自己的写作中是否包含所有要素。学生会思考如何改进写作,并生成习作的第二稿。本评价环节引导学生运用所掌握的语言知识和技能提高了写作水平,培养了学生在生活中的观察力。评价量表的引入,为学生提供了清晰的评价标准,提升了评价的客观性和准确性。学生通过解读评价量表,对自己的习作与同伴的习作进行了比较、分析和评判,从而形成了更为完善的写作理念,切实提高了自己的语言能力、思维品质和学习能力[3]。

上述评价量表的使用,旨在构建一个全方位、多维度的评价体系。教师应在教学中运用

[3] 吴玮.实践英语学习活动观 运用评价量表引导学生评价——以高中英语写作教学为例[J].现代教学,2023(9):74-75.

不同的语言活动形式,鼓励学生进行语言输出,并提供反馈,让学生能够及时发现错误、修正错误。通过不同阶段的评价,教师不仅解决了教学中的重点和难点,而且激发了学生主动学习的兴趣。

五、教学效果与反思

经过"Life in different seasons"英语写作作业设计与讲评的系统实践,教学成效斐然,学生多个方面的能力得到了显著提升。第一,学生对于季节特征的敏锐捕捉和细腻描绘能力显著增强,他们能够从日常生活的细微之处挖掘素材,生动展现不同季节的独特风情;第二,在语言知识的应用方面,学生不仅掌握了丰富的词汇和句式结构,还能灵活运用于不同语境之中,增强了语言表达的准确性和多样性;第三,学生的逻辑性写作技巧获得了长足进步。他们学会了如何构建清晰的文章框架、合理安排段落,确保文章条理分明、逻辑严谨;第四,学生情感表达的深度和真挚性也是本次教学的一大亮点。学生的作品充满了对生活的热爱与感悟,能够触动人心,展现了较强的文学感染力。

尽管教学成效喜人,但笔者也深刻认识到持续改进的重要性。根据学生对评价量表的使用反馈及自身的感受,笔者发现评价标准虽全面,但在某些具体领域尚缺乏细致入微的指导。因此,笔者下一步将对评价量表进行优化,细化各项指标,确保每个评价点都有具体的评判细则和实例,从而增强评价的针对性与实操性,帮助学生更精准地定位自身的进步空间。

同时,笔者还深刻意识到,信息技术的融入对提升教学效果至关重要。鉴于此,在今后的教学中,笔者计划引入更多信息技术手段,如数字化写作平台、在线同伴互评系统、智能化反馈工具等,以期实现以下三个目标:一是增加课堂的互动性,通过即时投票、在线讨论等方式,激发学生的参与热情;二是提供个性化学习路径,利用大数据分析学生的学习行为,为每一位学生定制适应其水平和兴趣的学习资源;三是利用多媒体和虚拟现实技术,创设更加沉浸式的写作情境,使学生能够在接近真实且富有创意的环境中展开想象,进一步激发创作灵感。

六、结论

"Life in different seasons"英语写作作业设计与讲评的教学实践,充分展示了在"双新"背景下,通过科学的作业设计与讲评策略,不仅能够有效提高教学质量,还能促进学生学科核心素养的全面发展。持续探索教学方法的创新、加强教育技术的应用,将是提升英语教学效果的重要途径。

指向核心素养的初中英语试题讲评课
"教—学—评"一体化教学实践

◎ 上海市实验学校南校　曹　沁

【摘　要】 本文通过收集上海市初中英语模拟考试题目,实施细致分类,并整合成课前、课中及课后练习,采用课前质疑、小组合作、课中深入讲解和变式巩固等策略,构建了以形成性评价为核心的教学模式。在该教学模式下,学生的主动学习能力、语言能力和批判性思维能力得到了有效提高,同时增强了教师教学的针对性和互动性。形成性评价的融入,促进了教学流程的系统化和连贯性,为学生的终身学习奠定了坚实的基础。

【关键词】 初中英语　核心素养　"教—学—评"一体化教学　试题讲评课

一、英语学科核心素养与"教—学—评"一体化教学

自 2017 年教育部发布《普通高中课程方案(2017 年版)》起,我国基础教育课程改革便以核心素养为主导,开启了新的篇章。到 2022 年 4 月,随着《义务教育课程方案和课程标准(2022 年版)》及各学科课程标准的发布,基础教育课程改革全面进入了以核心素养为导向的新时代。前者明确强调了教师应准确理解课程标准和教材内容,以培养学生的核心素养为目标进行教学和评价;而后者则进一步强调了教学、学习与评价三者之间的有机结合。因此,基于核心素养的"教—学—评"一体化教学已成为当前基础教育课程改革的关键议题。这种一体化的教学模式更加注重学生全面学习目标的实现、学习过程的完整性,以及形成性评价的一致性。

然而,在当前的教学实践中,尤其是在试卷讲评课上,教师往往倾向于采取直接对答案、针对题目进行讲解的方法[1]。虽然这种方法在表面上看起来能够快速推进课堂进度,提高效率,但实际上它忽视了学生主动参与的重要性。这种授课方式限制了学生深入理解和消

---

[1] 凌和军.构建高效的英语复习试题讲评课模式研究[J].成才之路,2016(07):51.

化知识的能力,从而影响了他们学习能力的提升。在试卷讲评结束后,学生往往只是机械地记忆一些零散的知识点,这种做法不仅不利于构建一个系统化的知识结构,也不利于培养学生的批判性思维和解决问题的能力。

二、指向核心素养的初中英语阅读试题讲评课"教—学—评"一体化教学实践

针对上述教学中存在的问题,笔者收集了上海市各区 2023 年和 2024 年初中英语模拟考试(一模和二模)中的 D 篇阅读理解题。这些题目主要涉及对事实信息的获取和信息的转换。笔者将这些题目根据 when、where、who、whose、why、what、how 等不同的疑问词进行了分类,并将它们整合成一份课前、课中和课后练习卷。三份试卷的设计目的是将基于核心素养的"教—学—评"一体化的理念应用于实际教学中。

(一)课前质疑

初中英语阅读的任务型阅读题型不仅检测学生的阅读技巧,还考查学生在理解文章内容的基础上,是否能够使用恰当的词汇和短语进行准确且简洁的回答。学生在初三复习阶段已经熟练掌握了阅读技巧,能够根据题目快速找到语篇中的细节信息,但有时会因为答题不规范而遗憾失分。因此,教师在讲解获取事实信息类的题目和需要进行信息转换的题目时,不应直接给出答案,而应进一步指导学生掌握正确的解答技巧并学会归纳答题方式。为了帮助学生将自身的思考路径可视化,教师在试卷讲评前可以设计一份"学生自查自纠表",指导学生根据教师的批改反馈,对试卷中的错题进行梳理和归因分析。笔者在实际的课堂实践中设计的"学生自查自纠表"包括错题序号、错题分析、正确答案和反思归纳四个部分。通过填写这张表格,学生能够将自己的纠错过程和结果以书面形式呈现出来,从而促进他们的深度思考。这种做法不仅改变了学生以往被动接受知识的习惯,还有助于提高他们思维的逻辑性和批判性,进而提升他们的核心素养。表 1 是一位英语成绩中等偏上的学生自主纠错后的反馈。

表 1 学生自查自纠表 1

错题序号	错题分析	正确答案	反思归纳
3	介词用错	From Japan	要根据具体情况使用介词
4	直接将复合型形容词用作表语,没有进行词性转换	When he was five years old	不能直接照抄原文
8	refer to 不会用	It refers to wearing the same suit and hat to school	refer to 是介词

续　表

错题序号	错题分析	正确答案	反思归纳
9	没有怎么问怎么答	Excited	不要照抄原文
12	看到 how long 就直接用 for＋一段时间	An hour and fifty-nine minutes	要看清楚题目
13	题目不理解		

通过这一过程可以发现，英语成绩处于中等偏上水平的学生往往能够在"课前质疑"阶段解决大部分的错题。这一情况不仅展现了他们在自主学习方面的能力，而且为接下来的"小组合作"环节打下了坚实的基础。

（二）小组合作

在完成了"课前质疑"环节后，对于那些无法自己独立解决的问题，学生能够通过组成学习共同体，共同讨论存在的困惑和问题，聆听、学习不同的观点和思考方式。这不仅能够深化学生对语篇内容的理解，提高学习效率，还能够培养他们的高阶思维能力。

在小组合作学习过程中，小组长需要负责梳理和记录三类题型，分别是小组内普遍存在的问题、通过小组内部讨论解决的题目，以及那些讨论后仍然无法解决的难题。同时，小组长需要确保每位小组成员都有担任"小老师"的机会，能够分享自己的思考方式和解题方法。教师在学生讨论的过程中需要担当观察者和指导者的角色，密切关注各小组的讨论情况，倾听学生的思考路径，评判讨论的结果是否正确，并记录普遍存在的疑问，以便进行全班讲解，确保小组合作的效率和质量。通过这种方式，教师能够及时地为学生提供帮助，促进他们更有效地进行团队协作和学习。

小组讨论往往无法解决所有问题，且不同小组面临的疑问也各有不同。因此，在组内合作讨论结束后，教师还应根据各小组长的汇总信息，将那些仍然存在疑问的题目序号标注在黑板上（如表 2）。然后，根据黑板上呈现的情况，教师可以组织其他小组参与到互助解答中来。这种组间的互助不仅能丰富课堂的互动性，更重要的是，它还能促进不同思考方式的交流，有助于激发学生的思维活力，推动他们的思维能力向前发展。

表 2　错题统计黑板记录

Group 1	Group 2	Group 3	Group 4
2,3,4,5,8,10,11,12,13	3,4,5,7,11,12,13	3,5,8,12	3,4,5,6,9,11,12

（三）课中讲解

在小组活动结束后，教师除了需要讲解班级学生普遍存在的问题之外，对于那些在小组合作中仍然存在的疑问和错误率较高的题目也要进行深入讲解。由于"学生自主纠错表"的使用提高了小组合作的效率，节省了宝贵的课堂时间，笔者在"课中讲解"环节便拥有了更多的时间来针对学生的薄弱点进行细致的指导。以第 5 题为例，该题考查了学生对 why 疑问句的回答能力。笔者不仅总结了所有针对此类题型的简答方式，还帮助学生复习了表达"因为"和"所以"的英语句式。这样的教学方法能够帮助学生在知识点之间建立联系，实现触类旁通，构建起完整的知识体系并提高他们的综合运用能力。

此外，教师还可以结合阅读篇章的内容，通过构建具体的语境，为学生提供实际运用语言的机会。以课前练习卷的第 13 题为例，该题主要考查学生对"how do you like sb. / sth. ?"这一表达方式的理解和回答能力。在分析了这道题的错误原因和正确答案后，笔者设计了微型语境（mini-context），让学生在具体的情境中复习和巩固相关知识点。这种教学策略不仅能够提高学生的语言运用能力，还有助于加深他们对知识点的理解和记忆。

T：How do you like the idea of establishing a shelter for stray cats on our school campus?

S1：I think it would be great for teaching us about responsibility and empathy.

T：How do you like the arguments presented by him?

S2：I understand his points，but I worry about the potential health risks for students with allergies.

教师在进行讲评时，不应局限于对题目的直接讲解，而更应注重于对题目的深入分析、不同观点的对比、关键信息的归纳及综合知识的运用。同时，教师应充分利用情境设计，以帮助学生更好地理解和记忆知识点并将所学知识应用于实践中，为他们提供更多机会去综合运用语言技能。

（四）变式巩固

根据《义务教育英语课程标准（2022 年版）》的要求，教师在设计课堂活动时，应遵循由基础到深入、由简单到复杂、由单一到多元的教学逻辑，确保学习活动既连贯又富有层次，同时采用多样化的教学形式[2]。在进行试题讲评时，教师应从不同维度挖掘试题的内在价值，充分利用这些材料来促进学生对学科知识的深入理解，同时培养学生的学科核心素养和综合能力。

---

[2] 中华人民共和国教育部. 义务教育英语课程标准[M]. 2022 年版. 北京：北京师范大学出版社，2022.

教师可以依据试卷中的阅读材料特性,创造性地对试题进行再利用,促进学生的深入学习和能力提升。例如,教师可以对阅读材料重新构思问题,引导学生进行二次解答。这种方法有助于学生从不同视角理解阅读材料,加深对文本内容的理解和掌握。教师还可以鼓励学生使用思维导图工具,围绕 who、when、where、what、how、why 等关键疑问词,自行构建问题,并帮助学生以结构化的方式组织信息,清晰地呈现文章的框架和要点。自编问题的过程还能够激发学生的创造性思维,促进他们主动探索和解决问题。学生在设计问题和与同伴交换作答的过程中,能够进行自我评估和反思,提高自我监控能力。同时,通过与同伴的交流和讨论,学生能够学习到不同的思考方式和解题策略,他们的沟通和表达能力也能够得到锻炼和提升。

本次练习卷的第 4 题考查学生对 where 疑问句的回答能力。在详细讲解了原问题 "Where did they start their journey?"之后,笔者在不改变原文材料的前提下,巧妙地重新构建了问题"Where did they plan to go?"。新问题的提出激发了学生进行再次思考,促使他们更深层次地挖掘和理解文本内容,从而加深了对文章细节的理解。通过这种二次思考和解答的过程,学生能够更加全面地掌握语篇的细节信息,还能够提高他们对 where 疑问句的回答能力。

除了"一题多用"外,教师还可以为学生提供与试题相似但内容不同的阅读材料,帮助他们不断练习和巩固特定题型的答题方法,通过针对性的练习提高答题效率。教师也可以选择与语篇主题相近的其他文章,让学生进行阅读,这将有助于学生多次接触同一主题下的词汇、语法结构和语篇特征,从而加深对这些语言要素的理解和记忆;或鼓励学生比较不同文本中的相似题型,分析它们之间的异同,从而更好地理解题型的特点、掌握答题的关键点。

本次练习卷的第 11 题和第 12 题考查学生对"how long...?""how long... take/spend?"这类问题的回答能力,同时考查学生转换复合型形容词的能力。这两题是学生普遍感到困惑且错误率较高的题目。为了帮助学生更有效地巩固知识点并提升答题技巧,实现课内到课外的迁移,笔者特意挑选了其他语篇中的类似问题,以便学生进行进一步的练习和巩固。相关拓展阅读任务如下:

拓展阅读任务 1:

It is often said that you cannot "teach an old dog new tricks", but three New Zealand dogs have decided to prove it wrong by learning a skill — driving a car!

The dogs have become good drivers in just eight short weeks. They are not even special dogs that belong to some rich owners, but some street dogs at New Zealand's SPCA.

To get their training started, 10-month-old Porter, 18-month-old Monty and one-year-old Ginny were selected from a pool of seven potential candidates and moved to Animal Q, a talent agency that teaches animals tricks for movies and television shows.

The two-month driving classes were taught by trainer Marke Vette. He began with teaching the dogs some basic driving techniques like turning the steering wheels (方向盘) and applying the brakes. After that, the dogs practiced everything they had learnt behind the wheels of a motorized (装上发动机的) car. Then finally, it was time for the big test — driving a real car!

Q: How long did it take for the dogs to learn to drive?

_____. [3]

拓展阅读任务2:

Help Line Volunteers

Every year, thousands of old people are in need of our help. The Help Line provides a heartwarming, helpful, kind support and information service for the English-speaking aged people. We are in need of volunteers who are:

- good listeners, warm-hearted and patient
- excellent English speaker
- can work 10 hours every week

Please call us at 0241 - 85902 or e-mail us, helper@lineservice.com.

How long does the Help Line ask volunteers to work every week?

_____. [4]

(五) 反思归纳

依据艾宾浩斯遗忘曲线,知识的遗忘过程通常呈现先快后慢、遗忘量由多到少的趋势。如果不进行及时和深入的复习,学生将很容易混淆或遗忘所学知识。在试卷讲评结束后,笔者指导学生填写了"学生自查自纠表"中的"反思归纳"部分,以此作为主动学习的一部分。通过反思,学生能够内化课堂上学到的知识,实现高效率的学习。此外,学生主动、持续且批

---

[3] 本书编写组. 初中英语教学与评估[M]. 北京:光明日报出版社,2012.

[4] 2011 上海市徐汇区英语二模试卷[EB/OL]. [2012 - 07 - 04]. https://wenku. baidu. com/view/6a20891cff00bed5b8f31d04. html? _wkts_=1718176415813.

判性地审视自己的错误,不仅有助于拓展他们的思维深度,还能增强他们的逻辑性和批判性思维能力。这种自我反思的过程是提升学习效果和认知能力的重要途径。表3是填写了表1的同一名学生在试卷讲评完成后完善的自纠表。

表3　学生自查自纠表2

错题序号	错题分析	正确答案	反思归纳
3	介词用错	From Japan	要根据具体情况使用介词
4	直接将复合型形容词用作表语,没有进行词性转换	When he was five years old	不能直接照抄原文,要注意词性转换
8	refer to 不会用	It refers to wearing the same suit and hat to school	refer to 是介词,用法是"It refers to (doing) sth."
9	没有怎么问怎么答	Excited	不要照抄原文,要注意词性转换
12	看到 how long 就直接用 for＋一段时间	An hour and fifty-nine minutes	要看清楚题目,"How long...?"的回答是 for＋时间段;"How long... take/spend?"直接回答时间段
13	题目不理解 知识点遗忘了	They are smart	"How do you like sth.?"等同于"What do you think of sth.?",都是在询问对方的观点

学生在自主纠错反思过程中的转变——从自我发现错误到深入反思,标志着他们学习能力和思维能力的成熟。"学生自查自纠表"不仅是学生自我监控和改进的工具,也是他们未来复习的有力依托。教师可以利用学生在自纠表中所呈现的问题,来优化自己的教学策略,或者根据学生的具体情况,提供个性化的指导和支持。

三、初中英语试题讲评课"教—学—评"一体化实践反思

(一)评价前置,深化"教—学—评"一体化思维

在初中英语复习试题讲评课上实施"教—学—评"一体化教学模式,是对传统教学方式的一次革新,它专注于学生核心素养的全面发展。这种课堂教学模式能够激发学生的主动学习热情,促进学生间的深入交流,并增强教学的精准度和效果。为了实现这一教学模式,教师需要深化对试卷讲评课重要性的理解,打破传统教学的局限。教师应在日常教学中积极收集并分析学生的常见错误,探究其成因。在课前,教师要明确建立和传达评价标准,构

建一个全面的评价体系,并向学生清晰地说明评价的期望和要求。这种明确的评价导向有助于学生更有目标地参与语言技能训练,从而实现有效提升。同时,学生可以根据这一评价体系,不断检验和修正自己的认知,识别自身的知识缺口,培养正确的答题思维和习惯。通过这种方式,教师能够更有针对性地指导学生,帮助他们搭建系统的知识和技能框架,为学生的终身学习奠定坚实的基础。

(二)评价驱动,构建"教—学—评"一体化设计

在初中英语复习试题讲评课中,教师可以采用"教—学—评"一体化教学模式,以形成性评价为关键驱动力,全面指导学生学习过程的构建与发展。评价不是课后的附加环节,而是与教学内容和学习活动紧密交织在一起的。教师需要通过持续的观察、提问和深入的追问,运用恰当和科学的评估手段,来捕捉学生学习过程中的实际表现以判断学生学习的真实情况。评价的重点应当聚焦于学生的理解层次、表达的清晰度及语言技能的运用。此外,教师需要及时识别学生在学习过程中遇到的难题,根据学生的具体需求提供适当的支持和及时的反馈。这种评价机制不仅能为学生指明学习的方向,也能促进他们对知识的进一步掌握。通过这种评价机制,教师能够精准地把握学生的学习进展,引导学生朝着既定的学习目标前进,同时也能确保教学和评价相互促进,形成积极的互动循环。

(三)前置评价再利用,形成"教—学—评"一体化闭环

学生需要在课后对课前的评价体系进行再次审视和深入思考。通过这一过程,他们能够回顾并吸收课堂所学,明显地认识到自己的成长和进步。形成性评价的及时反馈为学生提供了一面镜子,使他们能够直观地观察到自己的学习收获和成长的路径。这种评价机制超越了对学生学习成果的简单检验,它能记录学生在学习旅程中的每一小步,并给予他们积极的激励和支持。通过反思课堂学习体验,学生得以识别自己的优势所在,并能诊断出需要得到进一步强化的技能或概念,使他们能在后续的学习中有的放矢。前置评价可以作为"教—学—评"一体化的起点,通过课后的反思和评价,形成一个闭环系统,使教学活动更加系统化和连贯。

四、结语

随着教育改革的不断深入,"教—学—评"一体化教学模式在初中英语复习试题讲评课中的应用展现出了其独特的价值和意义。本文的探讨和实践表明,这种模式能够有效地促进学生核心素养的培育,提高学生的主动学习能力和批判性思维,同时也为教师提供了更为精准和有效的教学策略。通过本次"教—学—评"一体化教学设计,本文为初中英语阅读试题讲评课的教学实践提供了富有成效的指导,有助于推动学生英语学科综合素养的全面提升。

以核心素养为导向的初中语文教学

——以部编版七年级语文上册《荷叶·母亲》的教学为例

◎ 上海市实验学校南校　鲁　力

【摘　要】《荷叶·母亲》是名家冰心的一篇清新隽永的短文。作者在看到荷叶保护荷花时联想到母亲爱护自己，进而发出对母亲的赞颂。本堂课通过品味典雅的语言，引导学生细细体会其中的情感，希冀学生对自己的生活也能多一些观察、多一些感恩。初中是培养中学生树立正确三观的重要阶段，这个阶段的成长至关重要。作为教师，我们应该关注学生对世界的认知，关注他们对情感的表达。在本堂课的过程中，也落实了语文学科核心素养的培养。

【关键词】核心素养　语文教学　散文诗

《义务教育语文课程标准（2022 年版）》（以下简称"新课标"）将语文核心素养引入了义务教育范围内，具体分为文化自信、语言运用、思维能力、审美创造四个方面[1]。核心素养解决的是"国家培养什么样的人"的问题。我们需要培养个性和谐、全面发展的人，这样的人才能适应不断发展和变化的时代要求。核心素养是人才培养从国家宏观层面转为中观层面的具体要求，核心素养与各个学科相融合，形成的更为具体的培养人才的方式，便是进一步对"培养什么样的人"的阐释。

语文核心素养的提出是语文学科在新时代为了实现人的全面发展做出的重大突破和改变。新课标提出了语文核心素养的概念和目标，不仅能够促进学生核心素养的发展，而且肯定了学生在语文教学中的主体地位。义务教育语文课程以立德树人为中心任务，注重培养学生的核心素养，以充分发挥语文在人格培养方面的作用。作为一线初中语文教师，我们应该以核心素养为指导开展日常教学，将德育落实到语文学科教学中，探寻文本中包含的丰富意蕴，培养学生成为具备优秀品质、美好情操、博大情怀的新时代青年。

---

[1]　中华人民共和国教育部.义务教育语文课程标准[M].2022 年版.北京：北京师范大学出版社，2022.

本文将结合《荷叶·母亲》的教学,谈一谈如何引导学生体味文学作品中蕴含的丰富意蕴,提高学生的核心素养。

一、了解作者,抓住文本细节,增强文化自信

文化自信是指对中华优秀传统文化的历史自豪感,对社会主义核心价值观的价值认同。在语文学科中,通过经典文学作品的学习,学生能够感受到中华民族悠久的历史、灿烂的文化和独特的价值观,从而增强对中华文化的认同感和自豪感。教师应引导学生深入剖析文本背后的文化意蕴,理解并尊重多元文化,同时明确自身文化身份,形成坚定的文化自信心。

新课标将文化自信提到了核心素养的首位,充分体现了语文课堂传播中华文化、树立文化自信的重要性。初中是培养中学生树立正确三观的重要阶段,作为教师,我们应该增强学生的文化自信,提升学生对中华文化的自豪感、对本土文化的热爱度,进而真正成为新时代的建设者和接班人。

(一) 了解作者,激发学生对文化的自信

冰心是我国现当代著名作家,她在文学上取得了巨大的成就、获得了高度的赞誉,其作品也深受广大读者的喜爱。在冰心先生的作品中,"爱"与"美"是构成其散文或散文诗的鲜明特色和艺术魅力。《荷叶·母亲》是冰心先生作品中的典型代表,教师在教学中应带领学生理解作者对母爱的感悟及将之与荷叶联系起来的写法,体会作者内心真情的流露。

在介绍本文作者时,笔者先带领学生回顾了前一篇《金色花》的作者泰戈尔的信息。泰戈尔是第一位获得诺贝尔文学奖的亚洲人,而教材组在编本课"散文诗二首"时,将冰心的《荷叶·母亲》也编了进来。这既考虑了文体、语言风格等方面的因素,也是对冰心及其作品的高度肯定。在课堂伊始,笔者通过对作者及其作品的简要介绍,激发了学生学习本文的兴趣,也增加了他们对文学作品的热情,更是增强了他们对中华文化的自信。

(二) 抓住词语细节,增强文化认同感

本文篇幅不长,主要围绕作者看到倾盆大雨中荷叶倾盖红莲的画面,从而联想到母亲对自己的爱护,进而借景抒发对母亲的感恩之情。在描写荷叶之前,作者花了不少篇幅介绍红莲、交代红莲的来历,让读者产生了对红莲与"我"相关联的认识。

在分析第1—4段时,笔者让学生关注了其中几个词,如"园院""花瑞""菡萏"等,让他们感受语言之中的文化韵味。在写到地点时,作者并未使用现代化的词语,如"院子""园里"等,而是使用了"园院"一词,"古典园林,曲折通幽"的画面感自然而来,给文章增加了古典韵味。在写到爷爷的话时,作者的爷爷提到了"花瑞",其含义是"花带来的好兆头"。一方面,

这个词暗含着三姐妹的出生与红莲有着某种联系,自然"我"的命运与红莲也产生了千丝万缕的联系;另一方面,这个词尽显中华传统文化,代表着古代农民对美好生活的向往,为植物赋予了美好意义。在写到花开的状态时,作者所用的"菡萏"一词既是双音节词,又有两个同样结构的字,不仅富有文学韵味,而且典雅又美好。

在本环节中,笔者通过抓住文中的几个词语,恰当地植入了传统文化教育。学生在今后遇到此类词语时,也可以采用这样的品析方式。学生在之后的阅读体验中,若能有意识地吸收此类词语,并适当运用在自己的写作之中,便能增加自己文章的文化韵味,自然而然形成文化自信的印记。

二、品读文本,随文仿写,落实语言运用

语言运用是指学生在实际的语言活动中,灵活运用语言要素和语用规则,以达到有效沟通、表达思想、传递信息和激发情感的目的。学生通过主动的积累、梳理和整合,能初步培养良好的语感;了解国家通用语言文字的特点和规律,形成个体语言经验;具有正确、规范运用语言文字的意识和能力,能在具体语言情境中有效交流沟通;感受语言文字的丰富内涵,对国家通用语言文字产生深厚感情。语言运用作为核心素养的基石,对学生的语文发展和综合能力的培养起着至关重要的作用,语文教学须以语言运用为出发点和落脚点,落实语言运用离不开朗读与写作[2]。

(一)朗读文本,加强语言感受力

朗读是语文学习过程中不可缺少的方式。进行有效的阅读能够提升学生的语感,让学生从朗读之中读懂作者的思想情感,理解文章语言的深刻内涵,培养学生的共情能力。

在执教《荷叶·母亲》一文时,笔者将学生分为三个小组,先请第一小组的学生读第1—3段,其他学生思考作者交代了什么内容。然后,第二、第三小组分别读第5段与第6—8段,试着比较白莲与红莲不同的遭遇。笔者提醒学生在读的时候需要注意不同的情感表达,读到白莲在风雨中凋零的句子时,应带有些许惋惜的语气;而在读到红莲被荷叶保护的句子时,应表现出惊喜和感动。最后,学生齐读第8段,体会作者此时的心境,再一直读到结尾,将作者内心的感动和对母亲的感激充分表达出来。在反复的诵读过程中,学生对文章的理解逐层深入,从开始的初步了解到理解"我"的感动,再到最后的直抒胸臆,培养了学生对文本的感知能力,也加强了学生的情感感受力。

---

[2] 张丽.学习新课标,践行新理念——以核心素养为导向的初中语文教学尝试[J].安徽教育科研,2024(08):28-30.

（二）随文仿写，提升语言运用能力

随文仿写是指让学生借鉴一篇文章中的好词好句或者模仿文章构思，体会作者是如何通过遣词造句表达内心情感的。通过模仿训练，学生能将其中的精华迁移到自己的写作中，从而提高语言运用和表达能力。

《荷叶·母亲》一文中，最为明显的写法是将母亲比作荷叶。作者在观察到自然现象之后，想到了自己的生活，形成了一种发自内心的认识，并且由此表达了对母亲真挚的情感。在课堂中，笔者明确了仿写点，让学生随文仿写。题目如下：假如你来写一篇赞美母亲的文章，你会选择用什么花来比喻母亲？仿照本文，写出母亲与花之间的相似点，字数不少于200字。学生在仿写、构思语言的过程中，再次理解了本文的内容，提升了自己的语言运用能力，收获了写作的成就感。

三、巧妙设问，小组合作，提升思维能力

思维能力是指学生在语文学习过程中的联想想象、比较分析、归纳判断等认知表现，主要包括直觉思维、形象思维、逻辑思维、辩证思维和创造思维。思维能力强的学生有好奇心、求知欲，崇尚真知，勇于探索创新，养成积极思考的良好习惯[3]。

在课堂中，笔者引导学生深入理解文本，帮助学生提升思维能力。学生通过不断总结与归纳、分析与推理，拓展了思维空间，更深刻地理解和领悟了所学知识。

（一）通过巧妙设问，锻炼学生的思维能力

问题是启迪思维的有效方式。巧妙设问，能让学生产生清晰的思考路径，激发学生深入理解文本内容，理清思路，也能让教学过程顺畅地进行。

在执教《荷叶·母亲》一文时，笔者以荷叶与母亲之间的关系作为主要教学方向，巧妙设计了以下四个问题：母亲像怎样的荷叶？作者为何写白莲？红莲与"我"有何关联？本文是如何将荷叶与母亲联系起来的？这些问题逐渐深入，激发了学生的探究欲望，让学生清晰地把握了行文思路，使他们的思维能力得到了一定的锻炼和提升。

（二）小组合作探究，激发学生的思维创造力

在语文课堂中，学生讨论、师生互动等方式有着十分重要的作用，既能带动课堂氛围，也能使学生的注意力更加集中。学生通过课堂互动，能够分享自己的独特见解及生活经历，从

---

[3] 张丽.学习新课标，践行新理念——以核心素养为导向的初中语文教学尝试[J].安徽教育科研,2024(08)：28-30.

而更好地理解和运用所学的知识。这也有助于激发学生的思维创造力,让他们形成更具活力和创造力的语文思维。

在执教《荷叶·母亲》一文时,笔者将学生分为四人一小组,以小组为单位默读课文,合作完成记录作者心理活动变化的表格。在学生的讨论过程中,笔者走到每一个小组旁边,认真听他们讨论的内容,在他们遇到问题时,适时给予指导。学生讨论热烈,各抒己见,并且认真记录了表格所要求填写的内容。在填写"不宁的心绪散尽了"的原因时,学生找到了"荷叶覆盖在红莲上面"。笔者提示学生可以再找找:"还有别的原因吗?与'我'直接相关的?"此时,学生进一步思考,将荷叶与母亲联系了起来,他们发现原来作者看到的自然景象在实际生活里也有照应。通过表格梳理,作者的心理变化清晰可见,"我"的心理变化均对应着眼前的自然景物,而身边母亲的呼唤让"我"的心绪得到了安宁,足见母亲对"我"的爱护正如荷叶对红莲的保护一般。从心理活动变化的梳理过程中,学生逐渐理解了其中的对应关系。小组合作不仅有助于激发学生的思维潜能,也提高了他们的思维创造力。

四、把握散文诗特点,品鉴表达,提升审美创造力

审美创造是指学生通过感受、理解、欣赏、评价语言文字及作品,获得较为丰富的审美经验,具有初步的感受美、发现美和运用语言文字表现美、创造美的能力;涵养高雅情趣,具备健康的审美力和正确的审美观念[4]。

(一)把握散文诗特点,增加审美体验

对七年级学生而言,散文诗是第一次概念上的接触。因此,在课堂上对这一文体的认识、对散文诗文本的解读、对语言赏析的初步训练,就显得尤为重要。

散文诗是具有艺术性的书面散文。当散文越来越有文学味时,就过渡到我们所说的散文诗了。散文诗和自由诗一般都可以是无韵的。自由诗最大的特征是分行,而散文诗则依然采用与散文写作一样的方式。在教学过程中,教师要让学生明白散文诗的基本特征并加以辨识。通过对《荷叶·母亲》的学习,学生对散文诗的认识得到了进一步的巩固与强化。

(二)品鉴表达,提升审美创造力

既然散文诗与散文的区别在于更具文学味,那么,应该如何让学生从文本中感受到这一点呢?笔者带领学生品鉴了文中的表达。除了一些具有文学性的词语之外,如"园院""花瑞""菡萏"等,句式与句意等方面的赏析也能使学生发现美、感受美、品鉴美。尤其是那些精

---

[4] 张丽.学习新课标,践行新理念——以核心素养为导向的初中语文教学尝试[J].安徽教育科研,2024(08):28-30.

言妙语和情韵深藏的句子,教师更要引导学生仔细欣赏,揣摩体味其中的语言文字之美,培养学生的审美创造力。

在执教《荷叶·母亲》一文时,笔者引导学生关注关于白莲与红莲的描写。白莲:"那一朵白莲已经谢了,白瓣儿小船般散漂在水面。梗上只留个小小的莲蓬和几根淡黄色的花须。"红莲:"今晨却开满了,亭亭地在绿叶中间立着。""红莲旁边的荷叶默默地倾侧下来,正覆盖在红莲上面。""雨势并不减退,红莲却不摇动了。"关于白莲的描写,字里行间无不透露着惋惜,"谢了""散漂""只"等词语都可体现。此外,文中长句与短句相结合,语言句式活泼,读起来自由如诗,让白莲如在眼前,虽已凋谢却有着别样的美。关于红莲的描写,透露着作者的欣喜、激动。"却""立着"展现出红莲的生命力,红莲与白莲在风雨过后的形态形成鲜明对比。红莲能在风雨中得以安然无恙正是因为荷叶"默默地倾侧""正覆盖",语句间体现出作者看到这番景象时的赞叹。

五、结语

在遣词造句、品鉴表达等活动中,学生细细品味了散文诗的独特魅力,并对自己写作时可以选用的词语、运用的句式、采用的写法等也有了新的启发,学生的审美创造力得到了一定的提升。

总之,在初中语文课堂上,教师应充分点燃学生的学习欲望,挖掘教材更多的内容,通过朗读、探究、品析和写作等方式培养学生的语文核心素养,全面提升学生的能力。

核心素养导向的学生提问能力培养[1]

◎ 上海市实验学校南校　蒋　来

【摘　要】数学课程要培养的核心素养包括用数学眼光在实际情境中发现和提出有意义的数学问题。为培养学生发现问题、提出问题和解决问题的能力，在二次函数的单元教学中，本文以"特殊的二次函数图像"为例，阐述如何设计导学单引导学生进行课前预习，并探究二次函数 $y=x^2$ 和 $y=ax^2$ 的图像。通过由特殊到一般的思想方法，让学生了解二次项系数对图像的影响。问题导学单给学生学习带来的优势，能助力学生提问能力的培养，并深刻揭示函数单元学习的教育价值。

【关键词】函数图像　导学单　提问

一、引言

爱因斯坦说过：提出一个问题往往比解决该问题更重要。解决一个问题，可能只不过是一种数学或实验技能；但要提出新的问题、新的可能性，从新视角看旧问题，需要创造性的想象力，这标志着科学的真正进步。

《义务教育数学课程标准（2022 年版）》提出了从以下三个方面培养学生的核心素养：① 会用数学的眼光观察现实世界；② 会用数学的思维思考现实世界；③ 会用数学的语言表达现实世界[2]。

在用数学的眼光观察现实世界的过程中，学生的好奇心、想象力逐步提升，并伴随着问题的产生；在使用数学的符号语言、逻辑推理等分析、解决问题的同时，又会经历"再发现"的过程，发展质疑问难的批判性思维，最后通过数学语言合理表述、有效交流。

教师在日常教学中遇到的难处有：学生因无法合理表述自己所遇到的问题而造成自认

---

［1］　本文为曾文洁主持的 2022 年度上海市教育科学研究项目"基于初中数学课本设计问题导出单，培养学生问题提出能力的实践研究"（立项编号：C2022246）的研究成果之一。

［2］　中华人民共和国教育部. 义务教育数学课程标准［M］. 北京：北京师范大学出版社，2022.

为没有问题的假象;学生因课堂时间的限制及个体差异性导致对于新授内容的理解程度不同,久而久之造成学生之间的差距增大。

为解决上述问题,笔者在教学实践中,尝试设计导学单帮助学生进行课前预习,并且以3+1模式(3个精心设计的与新课相关的问题+1个认真预习新课后所提出的疑问)让学生带着问题进行预习,在边预习、边思考的过程中学会该如何提问,逐步提升学生提问的能力,提高学生提问的积极性,使他们从被动提问逐步转变为主动提问,成为学习的主人。

以"26.2(1)特殊的二次函数图像"为例,本节课是沪教版数学九年级第一学期的内容,主要研究二次函数 $y=x^2$ 和 $y=ax^2$ 的图像。笔者以"问卷前测—课前预习—复习旧知—新课引入—自评互评—规范作图—观察概括—自主探究—归纳总结"为流程开展教学,借助希沃白板、网络画板等信息工具,实施助力学生提问的探究式教学。

二、教学实践

(一)问卷前测

在探究预习导学单助力学生提问能力之初,为研究学生是否能有效进行预习、在预习过程中是否能提出疑问,笔者进行了问卷调查(问卷共 32 人有效填写),情况如下:

问题1:在预习数学课本进行提问时,你时常会遇到以下哪些困难(多选题)?

选 项	人次	占 比
不知如何提问	18	56.25%
不会表述问题	16	50%
问题表述不清	15	46.88%
没有提问的自信	3	9.38%
没有时间看课本	4	12.5%
提问时间不够	3	9.38%
其他(请填写具体理由)	4	12.5%

问题2:你在数学学习中遇到疑惑的频率是?

选 项	人次	占 比
从不	0	0%
偶尔	16	50%
经常	13	40.63%
每天	3	9.38%

（二）课前预习

鉴于此，为了更有效地让学生开展"特殊二次函数的图像1"课前预习，笔者制定了该课时的预习导学单，设计如下：

预习课本第86～88页，并完成下列问题。

1. 用描点法画出函数图像的步骤是什么？

2. 已知二次函数 $y = ax^2$，当 a 分别取 $\frac{1}{2}$、1、2、$-\frac{1}{2}$、-1、-2 时，请用描点法画出这六个函数的图像，并观察这些图像和对应系数之间的联系是什么？

3. 已知二次函数 $y = ax^2$，根据第2题所画的函数图像，你认为二次函数 $y = ax^2$ 的特点有哪些？

4. 在预习过程中，你还有哪些疑问？

根据 SOLO 分类理论，处于13～15岁的学生属于概括型具体思运，可观察的学习成果结构（简称 SOLO）属于关联结构，能在设定的情景或已经历的经验范围内利用相关知识进行概括[3]。因此，学习单中的前三个问题，既用于考查学生预习后所回答的问题是否具有一致性，又可以让学生有一个参照，为其在预习过程中表述自己所遇到的问题打下基础。

笔者在课前下发了导学单，全班37名学生共有34人完成了导学单，回答情况如下：

问题1：

24名学生回答正确，占比64.9%；3名学生只是描述了描点法中的第2步——描点的具体步骤，占比8.1%；1名学生取顶点、与 x 轴的两个交点和另外两个点，画出函数图像，占比2.7%。

问题2：

共有2名学生回答出5种，例如：图像是一条光滑的曲线（抛物线）、过原点和第一、第二象限（与外轴交点 O 为最低点，左右两侧向上延伸，开口向上）、是一个以 y 轴为对称轴的轴对称图形、O 点是抛物线的顶点；5名学生回答出4种，如：以 y 轴为对称轴、开口向上、无限延伸、顶点为最低点；5名学生回答出3种；11名学生回答出2种；4名学生回答出1种。

问题3：

共有2名学生回答出5种，如：是以 y 轴为对称轴的轴对称图形，顶点都是原点、当 $a > 0$ 时，开口向上，并向左上方和右上方无限延伸，顶点是抛物线的最低点、当 $a < 0$ 时，开口向下，并向左下方和右下方无限延伸，顶点是抛物线的最高点；有2名学生回答出4种，如：以 y 轴为对称轴、无限延伸、顶点为最低点、若 $a > 0$，开口向上、若 $A < 0$，开口向下；10名学生回答出3种；7名学生回答出2种；5名学生回答出1种。

[3] 彼格斯 J B，科利斯 K F.学习质量评价[M].高凌飚，张洪岩，等，译北京：人民教育出版社，2021.

问题 2 中学生所绘制的二次函数图像如图 1、图 2、图 3 所示。

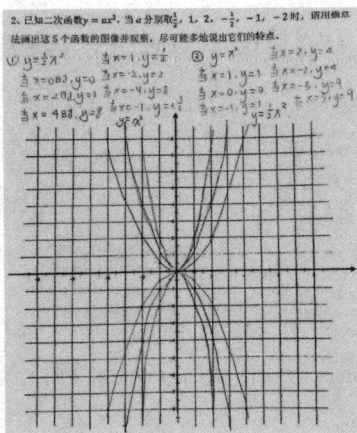 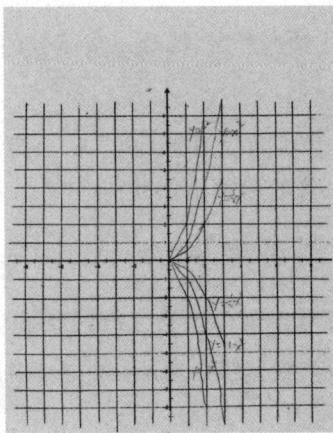 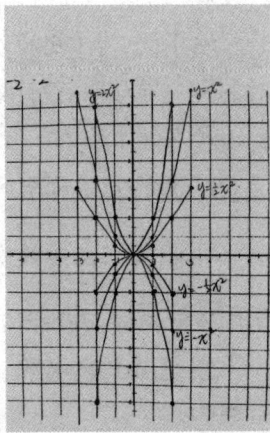

图 1　　　　　　　　　　　图 2　　　　　　　　　　　图 3

问题 4：

共有 14 名学生提出了预习新课后的疑问：

高同学：所有二次函数图像都是以 y 轴为对称轴的轴对称图像吗？

姚同学：一般画二次函数需要描几个点？

薛同学：取几个点才能画出较为完整的抛物线？

管同学：为什么说二次函数图像像喷水柱？

陈同学：二次函数也有单调性吗？

何同学：是否表达式为 $y = ax^2 + bx + c$ 都是轴对称图形，那么列表是否只用列一半？

张同学：抛物线到底是什么意思？如果从字面上理解就是抛出物体在空中运动的轨迹，但是抛物线一定是有一条对称轴的吗？可如果是这样，我又看过很多的物体被抛出去后运动的轨迹不是对称的。

闫同学：二次函数图像一定有对称轴吗？

孙同学：二次函数图像只能处于两个象限之内吗？

陆同学：二次函数图像为什么会被称为抛物线？它一定会在翻折之后重合吗？

张同学：二次函数的图像为什么要用曲线绘制？

谢同学：二次函数的图像绕原点旋转会得到什么函数？

邹同学：对于任意一个二次函数需要知道哪些条件才能确定开口方向？

荣同学：系数 a 与二次函数图像的形状有什么关系？

提问学生占全班人数的 37.8%。上述问题,学生分别从二次函数的形状、绘制图像、对称性这三个方面进行了提问,与我们学习函数的三个方面——概念、图像、性质非常接近。因此,笔者结合上述 14 名学生所提出的问题,将其融入教学中,贯穿教学的各个环节,既能帮助学生有效解决预习时遇到的困难,又能提高学生提问的积极性,对他们今后如何在预习中进行提问有着借鉴作用。

从学生的预习情况来看,大多数学生能有效阅读数学书中的相关内容,并能找出正确的信息,但是大部分学生在还未学习二次函数图像时所绘制的特殊二次函数的图像存在非常多的问题。笔者根据学生的预习情况,制定的教学目标如下:

1. 知道二次函数的图像是抛物线,会利用描点法画出解析法表示的二次函数大致图像。

2. 经历观察、分析和归纳二次函数 $y=ax^2$ 的图像,掌握二次函数 $y=ax^2$ 的基本性质并加以直观描述(顶点坐标、开口方向、开口大小、对称性)。

3. 在运用图像研究二次函数性质的过程中,领会和运用数形结合的思想方法,培养学生通过独立思考,归纳、概括、提炼数学知识的方法。

本堂课教学流程设计如图 4 所示:以导学单为媒介,通过让学生阅读课本、回答问题、提出问题和收集问题,将收集的学生作答及所提出的问题融入课堂教学的九个环节中,以学生的问题串联起整堂课,让学生在实践中体会提出问题和解决问题对于数学学习的重要性,以期通过函数教学,培养学生的抽象思维能力,体现核心素养的价值。

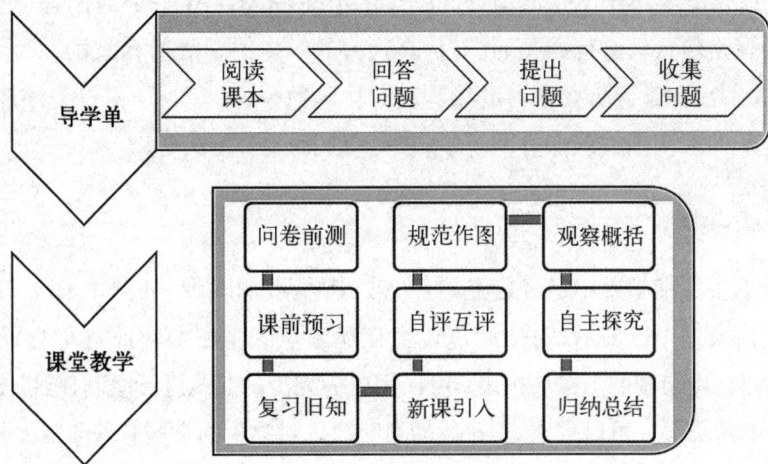

图 4

（三）复习旧知

在上新课前,笔者围绕着初中阶段研究函数的三个方面——概念、图像和性质,带领学生一起通过思维导图回顾二次函数的概念,并为接下来的新课做准备(如图5)。同时,函数的概念、图像和性质这三方面与学生所提出的问题息息相关,能为新课引入埋下伏笔。

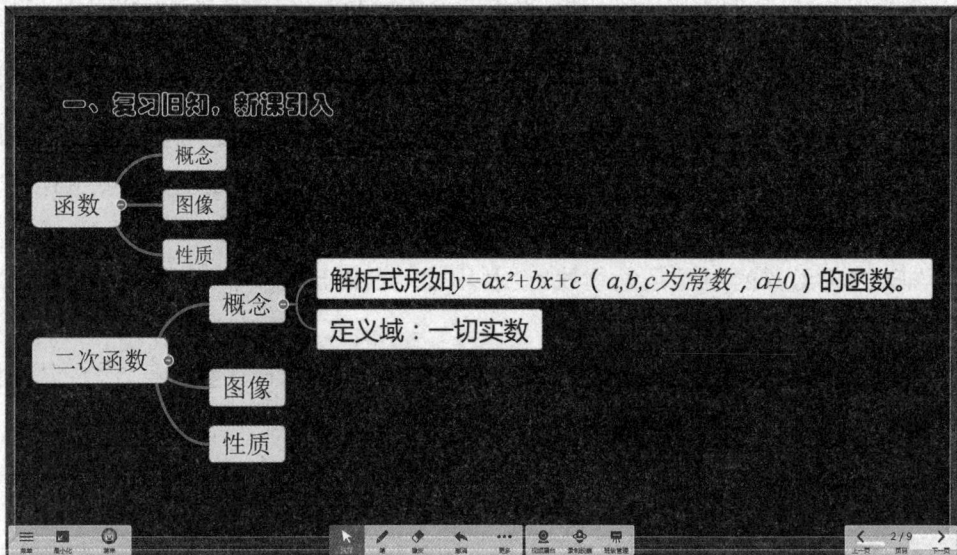

图 5

(四)新课引入

笔者结合预习导学单中学生反馈的问题1的情况,带领学生一起对问题"用描点法画出函数图像的步骤是什么?"进行回顾,并对认真预习的学生给予赞扬和鼓励,对个别回答的问题予以纠正,并引出本堂课将要学习的特殊的二次函数 $y = x^2$ 和 $y = ax^2$。该环节为接下来课堂中绘制特殊的二次函数图像打下了坚实的基础。

(五)自评互评

笔者针对学生在导学单中已经绘制的特殊二次函数的图像(如图1、图2和图3),在课堂中选取了三份典型予以展示,对比后请学生在还未正式学习前对此进行自评和互评。有学生再次观察自己所绘制的图像后指出:可以用更为光滑的曲线进行绘制、函数图像要展现其可以无限延伸的特征等。可以看出,对比后的及时反思对学生的学习有着非常大的帮助。

(六)规范作图

笔者在检查学生的预习情况之后发现,学生在学习中遇到的问题往往是大家共同的问题。结合自评和互评环节,笔者此时展示三名学生预习时所提问题:

姚同学:一般画二次函数需要描几个点?

薛同学：取几个点才能画出较为完整的抛物线？

张同学：二次函数的图像为什么要用曲线绘制？

针对原本的一次函数图像，我们取两个不同的点便可完成作图；而反比例函数图像每个分支均需要取 10 个点。因此，学生观察预习中所画的图像后，自然会有这样的疑问。

该环节，学生借助知识的迁移，将之前所学用于新知，并且结合新知创造了和以往不同的学习过程。

在进行课堂的实际操作之后，学生得出的结论是：描点法画函数 $y = x^2$ 的图像时，要以原点为中心，利用列表法，左右各取 3～4 个点，在坐标系中描点，顺次联结成光滑曲线。在实践中，学生逐渐能自己解决所提出的疑问，如：取 7 个左右的点可以画出较为完整的抛物线；二次函数不同于一次函数，从绘制的图像上来看，用光滑的曲线依次联结各个点，会让图像看上去更加美观。

该环节证实了实践是检验真理的唯一标准。学生也能通过该环节明白动手操作和规范作图的重要性。

（七）观察概括

在学生规范画出函数 $y = x^2$ 的图像后，笔者请他们观察该图像，并结合自己预习的成果再次试着概括该函数图像的特征，然后展示以下三名学生的课前预习提问：

闫同学：二次函数图像一定有对称轴吗？

高同学：所有二次函数图像都是以 y 轴为对称轴的轴对称图像吗？

张同学：抛物线到底是什么意思？如果从字面上理解就是抛出物体在空中运动的轨迹，但是抛物线一定是有一条对称轴的吗？可如果是这样，我又看过很多的物体被抛出去后运动的轨迹不是对称的。

结合学生所提出的问题，各个小组开展讨论，并尝试归纳出了六条函数 $y = x^2$ 的图像的特征：

1. 开口向上。

2. 轴对称图形，关于 y 轴对称。

3. 与 y 轴的交点是原点。

4. 与 x 轴的交点是原点。

5. 原点是这个抛物线的最低点。

6. 抛物线与它的对称轴的交点叫作抛物线的顶点。

这同时也相应解决了以上三名学生提出的问题。

在新授概念学习中，观察能力和概括能力尤为重要。本环节教师积极引导学生用数学的眼光去观察身边事物，并使他们能运用数学语言表述所观察得到的结果，既能展现数学核心素养的重要性,同时对建构函数知识体系也起到了至关重要的作用,有助于今后学生通过对知识的迁移,学习其他相关的函数知识。

（八）自主探究

有了初次研究特殊二次函数图像的经验之后,笔者请学生再次尝试,认真画出 $y=x^2$、$y=-x^2$、$y=\frac{1}{2}x^2$、$y=-\frac{1}{2}x^2$、$y=2x^2$、$y=-2x^2$ 的图像。然后,笔者让他们仔细观察,可以任取上述六个二次函数中的任意两个或三个,说一说它们之间的特征和联系。在学生自主尝试过后,笔者将学生所绘制的图像汇总在同一个平面直角坐标系内（如图 6）。

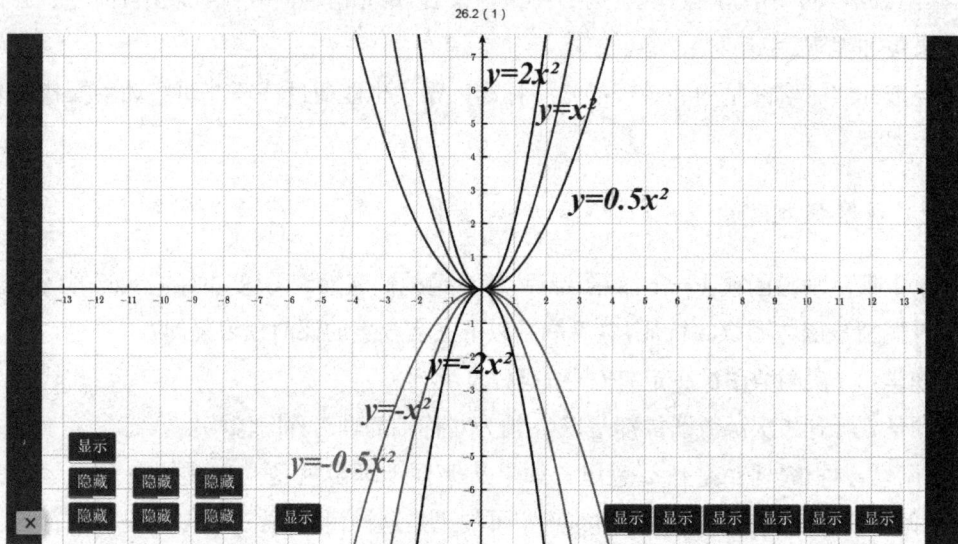

图 6

随后,笔者给出了三位学生的预习问题：

孙同学：二次函数图像只能处于两个象限之内吗?

邹同学：对于任意一个二次函数需要知道哪些条件才能确定开口方向?

荣同学：系数 a 与二次函数图像的形状有什么关系?

此时,课堂的气氛达到了本节课的最高潮,小组之间互相争论、互相补充,每位参与的学生都成了本堂课的主角。再加上结合本堂课的课前预习,让学生对于新授知识的掌握更加熟练、更加深入。

（九）归纳总结

最后,结合上述给出的二次函数图像和之前探究的 $y=x^2$ 的图像特征,笔者引导学生总

结了二次函数 $y=ax^2$ 的特征如下：

一般地，抛物线 $y=ax^2$ 的对称轴是 y 轴，即直线 $x=0$，顶点是原点。当 $a>0$ 时，它的开口向上，顶点是最低点；当 $a<0$ 时，它的开口向下，顶点是最高点。

1. a 的符号决定图像的开口方向。

2. $|a|$ 的大小，决定着图像的开口大小。$|a|$ 越大，抛物线的开口越小；$|a|$ 越小，抛物线的开口越大。

3. 若 a 互为相反数，则它们的图像关于 x 轴对称。若函数 $y=ax^2$ 的图像绕着顶点旋转 $180°$（或沿 x 轴翻折）则可以得到函数 $y=-ax^2$ 的图像。

在归纳总结过后，笔者给出了以下三名学生的预习提问：

何同学：是否表达式为 $y=ax^2+bx+c$ 都是轴对称图形，那么列表是否只用列一半？

陈同学：二次函数也有单调性吗？

谢同学：二次函数的图像绕原点旋转会得到什么函数？

这三名学生的问题在本堂课起到了承上启下的作用，为之后二次函数的学习埋下了伏笔。学生在预习过程中很容易结合之前学习的相关内容进行类比，或者提前翻阅新课的知识，此时不应该磨灭学生的好奇心，而应该给予相应的鼓励，帮助其在今后的学习之路上走得更远。

三、学生反馈

课后，笔者针对本节课学生课前预习和课堂探究的效果进行了问卷调查，全班 37 名学生中共有 35 名学生参与。31 名学生认为经过本堂课的学习，自己在预习中所遇到的问题均已解决；有部分学生表示看到别的同学能问出这样高质量的问题，自己也愿意在接下来的学习中，尝试去挖掘问题、提出问题、解决问题。

本堂课的教学充分体现了课前有效的预习对于学生课堂学习新知有着非常大的作用，既提升了学生自主看书、预习新知的能力，又大大提高了课堂的效率，同时在自评互评环节也极大地鼓舞了学生积极参与的热情，促进了学生多提问、提好问，而提问的前提便是认真预习、认真看书。

四、提问的价值

在过往的函数教学过程中遇到的问题有：① 教学内容过于抽象；② 教学题材缺乏生活化；③ 忽视培养逻辑思维能力；④ 教师地位过于主导；⑤ 课堂活动欠缺，学生之间缺少互动交流；⑥ 过于就题论题，缺乏举一反三的能力。针对上述情况，有效的课前预习能将学生的学习化被动为主动,与其让教师一言堂,不如将学生的问题串联成一堂课,真正让学生成为课堂的编剧和导演,让学生自主提问、自主探究、自主归纳,而教师只须从旁协助,对一些专业性较强的知识及时归纳小结便可。这样的学习模式比起教师提问,学生回答所带来的效果更显著,课堂氛围也更加热烈。

美国芝加哥大学心理学家 J. W. 盖泽尔斯把学生的问题大致分为三类:呈现型、发现型和创造型。我们这里所说的问题主要指发现型和创造型问题,包括数学概念、数学规律及学生头脑中出现的各种疑难问题等。

呈现型:由教师或教科书提出的问题,答案、求解思路均是现成的,学生只须照章办事、按序求解就能获得与标准答案相同的结果,无须想象与创造。

发现型:它们有的虽有已知答案,但是由学生提出或发现,而不是事先给定的。对于学生来说是独立探索。

创造型:之前未提出过,属于原创问题。

在不断坚持以 3+1 的模式进行课前预习后,相信学生能逐步提升数学思维,所提出的问题会渐渐由"呈现型"发展到"发现型",再到"创造型";同时也能在比较复杂的情境中,提升学生发现问题、提出问题、分析问题和解决问题的能力,以及有逻辑地表达与交流的能力。

五、结束语

提出问题是解决问题的重要手段,提出问题可以促进学生的交流能力,提出问题有助于增强学生的数学自信心,提出问题有助于提高学生的数学创新力。

问题是教师和学生传递思想情感的纽带,是沟通师生认知活动的桥梁。学生能否在教学中真正主动参与,完成交互的、和谐的、高效的、完整的学习过程,问题起着至关重要的作用。

基于核心素养的初中物理生活化教学实践

——以"连通器"一课为例

◎ 上海市实验学校南校　杨　慧

【摘　要】本文旨在以"连通器"为例,探索基于核心素养的初中物理生活化教学实践。首先,介绍了物理核心素养、该核心素养的培养目标及生活化教学的理论基础。随后,详细阐述了"连通器"内容的生活化教学设计,包括教学目标的设定、教学设计思路、教学过程设计,以及跨学科整合与发展。最后,总结了基于核心素养的初中物理生活化教学的意义与价值。

【关键词】核心素养　初中物理　生活化教学　连通器

初中物理是一门根植于实验的学科,与高中物理相衔接,旨在帮助学生从物理视角出发认识自然,初步构建科学观念。同时,教师带领学生经历科学探究过程,并引导他们亲身经历科学探究的每一个环节,从而培养他们良好的科学思维习惯,为日后的物理学习、科学研究及创新活动奠定坚实的基础。新的时代背景下,为了顺应时代发展的需求,基础教育阶段的物理课程改革应运而生。《义务教育物理课程标准(2022年版)》(以下简称"新课标")指出,物理课程的教学应面向全体学生,致力于培养学生的核心素养,并倡导"从生活走进物理,从物理走向社会"的教学理念[1]。由此可见,现实生活与培养学生的物理核心素养密不可分。因此,教师应积极探索并实施生活化教学策略,将物理知识与学生的日常生活紧密结合起来,让学生在熟悉的生活场景中感受物理的魅力,进而培养他们的物理核心素养。

一、核心概念论述

(一)物理核心素养

新课标明确指出,物理课程的核心素养包含物理观念、科学思维、科学探究及科学态度

---

[1]　赵康.提高初中物理教师执教能力的对策研究[D].重庆:西南大学,2020.

与责任四个板块[2]。物理观念指的是从物理视角出发,对物质、运动、相互作用及能量等核心概念形成全面而深刻的认识[3]。科学思维则侧重于从物理学的视角揭示客观事物的本质特征、内在规律及其相互关联,它涵盖了构建物理模型、概括、分析及推理等过程,并倡导基于事实证据进行质疑、批判与创造。科学探究涵盖问题的提出、假设与猜想的形成、实验方案的设计、信息处理、结论推导及解释等多个环节,注重探究过程中的交流、评估与反思。而科学态度与责任则体现于对科学本质、科技社会关系的认知,倡导严谨求实、持之以恒的品质,并鼓励人们承担起推动可持续发展、实现中华民族伟大复兴的历史使命。

(二)物理素养的培养目标

物理核心素养的培养目标是通过物理教育,使学生具备对物理世界的基本认识和理解,掌握基本的物理知识和技能,并能够灵活运用所学的物理原理解决实际问题[4]。同时,要强化对学生的物理思维训练,培养学生的敏锐观察力、精确实验操作技能、严谨分析能力与灵活推理能力。此外,还要高度重视科学态度与创新精神的培养,激发学生的科学探究热情,进一步提升他们的问题解决能力。总而言之,物理素养的培养旨在使学生紧跟科技进步的步伐,提升他们的科学素养,同时培养他们作为未来社会成员所应具备的科学观念与责任感。

(三)生活化教学

生活化教学是指教学活动与学生的日常生活紧密相连,旨在加深学生对知识的理解和应用能力。在初中物理教学过程中,生活化教学的实践具体体现在:教师要深入了解学生既有的生活经验,并据此设计包含生活实例的教学活动,或者引导学生积极参与实践探究活动,以此来强化学生对物理与生活紧密联系的认识。除此之外,生活化教学具有生活性、发展性、体验性、开放性等特征,能够有效激发学生的学习动力。

与传统的物理教学模式相比,生活化教学则侧重于通过实例引入物理现象,让学生在观察、实验与探究的过程中直观地理解物理概念,从而激发他们对物理学科的兴趣与热爱。同时,生活化教学还有助于学生构建正确的科学观念,培养科学精神[5]。通过将物理知识与生活现象的融合,能深化学生对科学本质和科学方法的理解,从而全面提升学生的科学素养和创新能力。

[2] 卢燕.新课标背景下跨学科融合在初中物理教学中的应用探讨[J].数理天地(初中版),2024(06):78-80.
[3] 冯德妍.核心素养理念下激发高中生物理学习动机的策略研究[D].西宁:青海师范大学,2022.
[4] 陈妮妮.核心素养导向下初中物理生活化教学的实践——以"摩擦力"为例[J].数理天地(初中版),2024(06):108-110.
[5] 杨宏.初中物理生活化教学模式探究[J].数理天地(初中版),2023(10):76-78.

二、"连通器"的生活化教学设计与"教—学—评"一体化

(一)教学目标设定

"连通器"一课的生活化教学实践中,教学内容具体涵盖了以下四个方面:① 知道什么是连通器,并会识别连通器;② 鼓励学生学会观察、归纳、总结、敢于质疑与批判,并会运用建模的巧思分析、解决问题;③ 亲历连通器特点探究过程,从中汲取实践经验;④ 学会以科学的态度进行实验探究,学会运用所学知识解决实际问题,从而培养物理素养及社会责任感。其教学目标旨在促进学生对连通器的认识与应用,提升学生的物理核心素养及学习成效。

(二)教学设计思路

1. 教学内容的选择和创设

笔者在选择和创设教学内容时主要围绕连通器的概念、特点、应用展开。通过课前的预习,学生已对什么是连通器有一定的认识。因此,在课堂伊始,笔者组织学生寻找生活中隐藏的连通器,引导学生认真观察、分析,概括得出连通器的概念。

在课堂上,笔者引导学生以生活中常见的物品为媒介,亲身体验得出连通器的特点。在此基础上,进一步引导学生围绕连通器的特点展开思考,提出问题:为什么连通器中装有同种液体时,液面会相平?传统的解决这一问题的路径往往是构想一个位于 U 形管底部的虚拟液片,并假设其处于静止状态,进而推导得出 U 形管两端液面高度必然相等的结论。然而,这种高度抽象的建模思维对学生而言过于晦涩,难以激发他们的学习兴趣。但是假想的液片可以转化为真实可见的水流指示器,再借助一系列精心设计的问题激发学生深入思考,并辅以水流指示器呈现真实运动的演示实验。通过将实验与建模相融合,能使学生在轻松愉悦的氛围中,更加轻松地分析出连通器液面保持相平的原因。

为了让学生更加深入地理解连通器在现实生活中的应用,可以巧妙设置一系列创新性的学习任务。例如,鼓励学生发挥创意,亲手设计和制作一款简易的船闸模型、家用自动补水装置或污水处理装置。在这一实践过程中,学生不仅能够深入挖掘和牢固掌握连通器的相关知识和技能,还能显著提升他们自主学习的热情与动手实践能力。更为关键的是,这样的教学活动充分践行了"物理源于生活,又服务于生活和社会"的教学理念,让学生在亲身体验中深化对物理知识的理解与应用,实现知识与生活的无缝对接。

2. 实验器材

教师实验器材:透明塑料瓶、不透明塑料瓶、水流形成演示器(将两个塑料水桶固定在砧板上,两个水桶的下端分别接上软管,软管的中间接上水流指示器)、自制的水位计(套有

黑色塑料薄膜的塑料玻璃瓶,黑色塑料薄膜可套上和取下)、玻璃茶壶、上部细管形状不同的连通器。

学生实验器材:三个自制茶壶(用塑料水杯和吸管制成,壶嘴分别比壶口高、低、相平)、自制连通器(将透明玻璃管的两端接上透明的塑料软管)、酒精、水、烧杯。

3. 教学过程设计

(1)活动引入,激发学生学习兴趣

课堂导入环节虽然短暂,但它对整节课的教学效果起着至关重要的作用。一个成功的导入不仅能迅速吸引学生的注意力,激发他们的学习兴趣,还能促进他们的思维发展。为了让学生尽快投入本节课的学习,可以依据学生的学习特点和认知水平,从他们熟悉的现实生活场景出发,设计合理的活动,让学生在参与活动的过程中增强科学探究意识。

课前,教师布置预习任务,并组织"寻找生活中的连通器"活动,旨在让学生通过自主学习,对什么是连通器有一个初步的认识。然后,鼓励他们利用这一初步认知寻找一些生活中隐藏的连通器。上课时,教师组织学生展示收集到的连通器图片,提出问题:这些形态各异的连通器在结构上存在哪些共同点呢?以此引导学生仔细观察这些连通器的图片,并在小组内相互交流。通过观察与讨论,学生发现图片中的物品上端都是开口的,且底部相互连通,但形状却各不相同。这一发现加深了学生对连通器概念的理解与认知。

(2)设计实验,提高学生的实践能力

了解连通器的基本概念后,学生已对其有了初步的掌握,并在此基础上学习连通器的特点。教师首先引导学生观察玻璃茶壶和课前自制的三个形状各异的茶壶,在每个茶壶中注入水后,让学生观察并记录实验现象,然后提出问题:三个自制茶壶与玻璃茶壶相比有何不同之处?若在三个茶壶中注满水后尝试倒水,又会出现哪些不同的现象?通过细致观察,学生发现这三个茶壶与壶口的位置关系各异,壶嘴分别比壶口高、低、相平。进一步进行实验,学生发现壶嘴比壶口高的倒不出水,壶嘴比壶口低的又装不满水,只有壶嘴与壶口相平才能正常倒水。结合此现象,小组交流得出上述现象出现的原因是连通器内部装有同种液体且液体静止时,液面总是保持相平。

为了深化学生对连通器特点的理解,教师又引导学生在自制连通器的一端注入酒精,另一端注入水,同时提出问题:当液体静止后,液面是否还会像茶壶实验那样保持相平?学生按要求操作后,发现液体静止后,液面不相平。随后教师展示几个上部细管形状各异的连通器,并向其中注入水。结合三个实验,学生不难得出结论:所有的连通器,无论形状、粗细是否相同,只要其内部盛有同种液体且液体处于静止状态,液面就会保持相平状态。

(3)演示实验,提升学生的应用能力

了解了连通器的特点后,为了增强学生的知识应用能力,教师展示盛有水的不透明塑料瓶,并提出问题:根据连通器的特点,如何确定这个不透明塑料瓶中水的水位?为了帮助学生解决这一问题,教师两次展示自制水位计,一次在透明塑料瓶外套上黑色塑料薄膜,另一次去除了薄膜。学生仔细观察后,很快发现水位计两侧的液面是保持相平的。借助这一发现,学生很容易就能设计出确定不透明塑料瓶中水位的方法。在此基础上,进一步解释锅炉水位计的工作原理就会容易许多。

学生知道了连通器的特点及其在生活中的应用,但是并不知道连通器中装有同种液体,且液体静止时,液面相平的原因。为了解决这一问题,教师继续展示自制水位计,并提出问题:为什么水位计中盛有同种液体,且液体处于静止状态时,液面保持相平?为了帮助学生找到原因,教师展示自制的水流形成演示器,随后提出一系列问题:① 如果在一侧水桶中加水,会观察到什么现象?原因何在? ② 如果在另一侧水桶中也加入水,又会出现什么现象?原因又是什么? ③ 要使水流指示器停止运动,需要满足什么条件?为什么?学生经过细心观察,不难发现在向两侧水桶加入水时,水流指示器起初会运动,但当两侧液面相平时,指示器便停止了运动。这一发现启发学生通过类比推理,假设在连通器的底部安装水流指示器,当液体静止时,水流指示器也是静止的,同时液面呈现相平状态。结合之前学过的液体内部压强的相关知识,学生推断出在连通器中装有同种液体且液体静止时,液面之所以保持相平,是因为左右两侧液体的压强相等。

(4) 组织活动,检验学生掌握程度

深入教学连通器的相关知识后,为了检验学生对连通器内容的掌握程度,教师组织学生参加"我是小小发明家"社会实践活动。活动要求学生利用所学的连通器的相关知识,制作一款简易船闸模型。"教、学、评一致性"这一核心理念引领下的教学设计,不仅促使学生扎实掌握了知识,更在潜移默化中增强了他们的实践能力。在此框架下,学习目标、评价活动、教学活动及学生活动被巧妙地编织成一个和谐统一的整体,展现出高度的内在一致性,让学习过程既充实又高效。

4. 跨学科整合与拓展

将物理知识与其他学科的教学紧密结合,可以实现跨学科学习的教学目标。例如,组织学生参加"我是小小发明家"社会实践活动时,不仅可以设计物理学科与生命科学相结合的活动,还可以设计物理学科与化学学科相结合的活动。比如,结合生命科学相关知识,学生知道生活中某些水养植物的成活需要水位保持一定高度,借此可以要求学生利用连通器的相关知识,为这种植物设计一款家用自动补水装置。除此之外,结合化学相关知识,学生知道如何通过化学方法去除水中的污染物,借此可以要求学生利用连通器的相关知识,设计一款简易的污水处理装置。这种巧妙地将连通器知识与其他学科融合的教学方法,不仅能够加深学生对连通器知识的理解,还能有效激发他们的跨学科思维,同时还有效拓宽了学生的知识视野,帮助他们构建起一个更加全面、立体的知识体系。

三、结语

在核心素养的引领下,初中物理教学通过生活化的实践策略,能够使学生更加深刻地领悟与应用物理知识,从而有效提升其科学素养与综合能力。以"连通器"为核心的生活化教学设计实例,给初中物理课堂带来了新颖的教学思路与方法,极大地丰富了教学手段。未来,我们应当持续深化并优化这一生活化教学模式,致力于培养出更多具备卓越核心素养的杰出人才,为社会的发展与进步贡献力量。

初中语文情景任务写作初探：以物载情，化无形为有形

◎ 上海市实验学校南校　付　雨

【摘　要】《义务教育语文课程标准(2022年版)》(以下简称"新课标")指出："写作要有真情实感，内容要具体充实。"但在以往的写作教学中，笔者发现大多数学生很难做到这一点。这不仅与学生生活经历和阅历有关，也与教师的写作指导有很大的关系。在以往的写作教学中，教师缺乏有针对性的写作教学指导方法，很少帮助学生创设写作情景，且评价方式单一，缺乏过程性评价。这就导致学生缺乏写作兴趣，在写作中找不到抓手。因此，笔者以新课标等为指导，进行了一次亲情类写作的教学实践探究，旨在寻找有效的教学方法来改善当前初中语文写作教学状况，并为一线教师提供写作教学和研究方面的参考。

【关键词】初中语文　情景任务　写作教学

　　初中语文写作教学是培养学生语言表达能力和创造力的重要环节。新课标要求初中生能够多角度观察生活，发现生活的丰富多彩，能抓住事物的特征，为写作奠定基础。写作要有真情实感，表达自己对自然、社会、人生的感受、体验和思考，力求有创意。同时，写记叙性文章，应表达意图明确，内容具体充实[1]。

　　但在平时的写作教学实践过程中，笔者发现所执教的班级学生写作主要存在以下问题。首先，选材老套，如下雨送雨伞、晚上父母送牛奶、考试失败父母鼓励等。这和学生生活的经历和阅历有关，可以慢慢积累。其次，缺乏真情实感，如习惯对父母"歌功颂德"、对自然美景抒发"假大空"的情感。以"亲情"主题为例，学生在作品中大多泛泛而谈，情感表达没有依托，无法借助具体的小事或事物来体现亲情。这样的文章读起来不但平淡如水、乏而无味，甚至令人啼笑皆非。所以，针对学生缺乏实际应用情景的写作思维，教师必须改进写作教学的模式，给予学生情景任务，让学生有一定的写作内驱力。

[1]　中华人民共和国教育部. 义务教育语文课程标准[M]. 2022年版. 北京：北京师范大学出版社，2022.

情景任务写作是以情景为基础、以任务为核心内容的写作实践。情景任务设计的目的是为学生的写作任务提供类似的写作真实应用场景,以利于真实写作能力的迁移。任务情景要合理,知识技能要精准,方法、策略、支架设计要协调。这是一项富有创意且专业性很强的工作,同时能带给我们无穷的写作乐趣。基于以上理论,笔者进行了一次亲情类写作的教学实践探究。

本次授课的对象为八年级学生,共有 38 人,其中 22 名男生、16 名女生。大多数学生笔下的亲情都是无形的、抽象的,他们往往找不到细节刻画的落脚点,甚至部分学生在提起亲情时无事可写。因此,如何让学生把抽象的亲情写得更加具体感人,是笔者最关注的问题。于是,笔者想到引导学生创设具体的物象。如果能够让学生在写作时找到一个具体的抓手,将抽象的亲情具体化,那么就可以避免出现"假大空"的问题。因此,笔者把本节课的教学目标定为:① 通过研读亲情类例文,归纳借助具体事物描写亲情的方法;② 能根据具体的物,选择合理的情景进行片段写作,提升读写结合的写作思维。笔者期望通过"以物载情"的任务方式,为学生提供一种写作思路,提升写作思维能力,并让学生在写作中找到抓手,通过创设合理的情景,由点到面,将亲情这一抽象的话题变得可观可感、真实动人。基于以上教学目标,笔者设计了以下教学活动。

一、巧用物象,传递亲情

王国维在《人间词话》中说:"以我观物,故物皆着我之色彩。"生活中一枝一叶都可以入文,一草一木都可以抒情。通过描绘客观事物某一个方面的特征来表达作者情感或揭示作品的主旨,是中国文学中常用的传统手法。但是,在具体的写作实践中,选择怎样的物象,以及这个物象和要描写的人或事怎样有机融合、怎样传递亲情,是写作中要重点关注的问题。

亲情类文章中物象的选择和确定能够很好落实亲情的目标。学生能够有意识地观察身边的具体事物,并发挥想象,在写作过程中提高语言表现力和创造力,提高形象思维能力。在上课之初,笔者先让学生交流自己对"以物载情"的理解。学生能够说出这是把情感寄托在具体的事物上。而对于"物"的理解,大部分学生还是初步停留在某一具体的实物上。因此,为了让学生明白写作物象有哪些选择,笔者做了如下设计:

首先,笔者让学生通过梳理三篇文章总结可以作为物象的事物,"从新课标的指向性中可以看出多角度阅读、鉴赏,最终指向的是学生的语言表达与写作,也就是说阅读与写作是可以互相联结的"[2]。因此,在这一环节,笔者运用以读促写的方式,借助几篇文章先让学生明确物象可以有哪些选择。

---

[2] 郭莉.基于群文阅读的"以读促写"教学研究——以统编初中语文教材为例[D].济南:济南大学,2023.

第一篇文章《油果子》是最为常见的把具体的实物作为物象。而另外两篇是课内已经学习过的《秋天的怀念》《背影》。因此，学生能够迅速找到文章中亲情的物象。通过对三篇文章物象的梳理，学生明白"物象"并不局限于实物，也可以有很多其他的选择。他们明确了写作中的物象可以是不同类型的，实物、人物特征、语言都可以作为物象（如表1）。

表1　课前预习任务单1

请阅读以下三篇文章，并找出文中表现亲情的物象，并判断物象的类型。

文　章	表现亲情的物象	物象类型
《油果子》	油果子	实物
《背影》	父亲的背影	人物特征
《秋天的怀念》	"北海的菊花开了"	人物语言

其次，通过对学生以往作文中选取的物象的分析，笔者引导学生明白了什么样的物象是比较好的。课上笔者举了一些学生常写的物象，如大雨中永远向我倾斜的雨伞、生病时妈妈为我做的饭菜等。通过例子，部分学生能够认识到这些选材较为老套，不是亲情类文章最佳的物象选择。因此，通过引导，学生分析出物象的选择要新颖、真实、贴切等。在前面的基础上，笔者让学生联系生活实际，为自己的写作确定好物象（如表2）。

表2　课堂学习任务单2

联系生活实际，请为你想体现的亲情选择合理的物象。

亲　情	物　象
父母的爱	
祖孙情	
其他	

二、创设情景，实践写作

学生在真实的情景中进行创作，可以提高写作兴趣和积极性。在作文教学中，教师可以给学生一些日常生活中常见的场景，如家庭、学校、社会等，让学生根据这些情景展开想象，并进行作文创作。通过创设生活情景，学生能更好地理解写作任务。

在创设生活情景时,教师可以运用多种教学手段,如图片展示、情景模拟、问题引导等,引导学生融入情景,激发写作兴趣。创设生活情景也能培养学生的观察力和思考能力,帮助他们更好地捕捉细节和描绘情感,提高作文的表达能力和写作水平。

但是,在写作实践中,由于物象只是一个具体事物,仅仅让学生找到它还是不够的。写作需要由点到面,因此,就要从一个物象进一步扩展为一篇文章。学生该如何去进行写作才是最重要的。所以,笔者将这节课的重点放在为物象创设情景上,其实就是让学生围绕这个物象,运用恰当的描写把故事叙述得生动感人。

笔者再次利用《秋天的怀念》《背影》的描写让学生去分析可以从哪些角度来创设情景。在《秋天的怀念》中,笔者让学生主要分析环境描写及母亲的动作神态描写的作用;在《背影》中,主要分析经典片段"背影"的一系列动作描写的作用。通过分析,学生认识到描写对于表达亲情可以发挥重要的作用。在学生的分析基础上,笔者告诉他们这些环境描写、人物描写统称为写作的"情景";描写情景的要素包括:地点、季节(时间)人物、环境等;情景的要点为:刻画要与"物"有密切关联,要对物、对人进行描写。

最后,笔者整合这节课所学内容,让学生进行片段写作并交流展示。学生在完成片段写作后,笔者请学生进行分享,学生均能够有意识地在亲情类文章写作中选取载体并为其创设合理的情景,且载体都比较新颖、真实、贴切。以下为某位学生的作品:

那串风铃早已失去它曾经的光洁,一个破碎的小缺口现在底部,铃舌摇摇欲坠,曾经那清脆的声音也不复存在。它挂在窗口,我用手轻轻抚摸着它,却仿佛还能听见当年那如清泉叮咚的乐声。阳光透过那透明的铃体,在地上散成点点光斑,色彩的光晕仿佛映出外公骑车带我去公园的日子,热烈而绚烂。铃声在笑,那时的我也在笑,身旁的外公也一样在笑,这一切都仿佛定格在这风铃的映影中了。回忆在脑中浮现,我不禁松开了手,风铃再次随风摇动。

从学生所写的片段中,可以看出"风铃"是本文的物象。但是风铃和亲情的联系是什么并没有写清楚。课上笔者对此提出了疑问。学生解释是由于篇幅的限制,没有把要传递的情感写出来。"风铃"是曾经外公带着自己在集市上购买的,并从此挂在外公的自行车上,它见证过"我"和外公的很多美好时光。而如今外公不在了,风铃也变得破旧。文章表达的是对外公的怀念之情。学生将全篇的构思讲述后,同学们纷纷表示明白了物象所传达的情感。因此,如何平衡片段写作和成篇写作,是笔者在今后的备课过程中需要优化的部分。

本节课,笔者让学生以读促写,借助课内的文章,引导学生在语文实践活动中,通过整体感知、联想想象,感受文学语言和形象的独特魅力,使他们获得了个性化的审美体验。他们欣赏和评价了语言文字作品,表达了自己独特的体验与思考,尝试创作了文学作品。

整体而言,本节课完成了教学目标,教学效果较好。但这节课还是存在很多不足之处,比如只涉及了内容和语言的训练;由于时间的限制,课上只让学生进行了片段写作。但写作往往需要一个整体的构思，在这一方面还是有些欠缺。

三、写作评价，反馈提升

新课标提倡教、学、评一致性，要求教学评价应"重点考查学生在语文学习过程中表现出来的学习态度、参与程度和核心素养的发展水平"。同时，教学评价的过程亦应成为促进学生核心素养培育的过程，即"为了核心素养的评价"。而单一的评价方式无法满足基于学业质量标准的观察和测量，因而新课标着重强调了过程性评价，"要关注学生的思维过程和发展深度，而非单一的答案结果"[3]。因此，笔者为本节课设计了过程性评价单（如表3），帮助学生将自己的学习结果量化，以便更好地让学生检验自己的听课效果。同时，此过程性评价也是对教师课堂教学目标是否达成的一个检验。

表3　课堂过程性评价表

教学环节	评价内容（满分2分）	得分
一、巧用物象，传递亲情	能否通过阅读文章找出文中的物象	
	能否明白文章中对情景描写的作用	
二、创设情景，实践写作	以上环节是否让你对亲情类文章写作有了方向	

而学生的作品是检验学习成果的重要依据。因此，在本节课结束后，笔者又利用课后时间，让学生按照互评表的评分细则，从四个维度进行作品互评，分别为：是否选取了恰当物象？是否抓住了典型细节，创设了情景？是否在情景创设中合理运用了外貌、动作、神态、心理、语言描写等方法进行描写？表达的情感是否真挚？学生不仅可以在互评中取长补短，而且还可以进一步检验自己的学习效果（如表4）。

表4　写作互评表

评价内容（满分2分）	得分
是否选取了恰当物象	
是否抓住了典型细节，创设情景	
是否在情景创设中合理运用了外貌、动作、神态、心理、语言描写等方法进行描写	
表达的情感是否真挚	

[3]　张秋玲，牛青森，等.新版课程标准解析与教学指导（2022年版）初中语文[M].北京：北京师范大学出版社，2022.

同时,为了更好地检验本节课的课堂效果,以及"以物载情"写作方法对学生的写作实践是否有实质性的帮助,在本节课结束之后,笔者对学生进行了一次调研,通过问卷调查及访谈的方式询问了学生本节课的收获。调查问卷针对这节课的两个版块分别设计了对于亲情类写作中的"物象"是否有进一步的认知,以及能否明白物象和情景创设的内在关系这两个问题。此次参与问卷调查的学生共 37 人,结果如表 5 所示。

表 5　课后学习反馈表

教学环节	学生学习程度	更加清晰	有一点	还是不懂
一、寻找亲情的物象	是否对亲情类写作中的物象有进一步认知	32 人	5 人	0 人
二、为物象创设合理的情景	是否能明白具体事物和情景的内在关系	28 人	9 人	0 人

问卷结果显示,86％的学生能够通过本节课对亲情类写作中的"物象"有更加清晰的认知,14％的学生有一点儿认知。76％的学生能够更加清晰地明白物象和情景创设的内在关系,24％的学生对情景的创设有一点儿理解。因此,通过调查结果可以看出,本节课基本实现了教学目标。

同时,笔者在课后对学生在课堂上所写的片段写作进行了整理分析。其中有 23 名学生在写作中能够明确地找到亲情物象,10 名学生的作品中物象不明确,或与亲情无关,4 名学生的写作中没有出现物象。此外,28 名学生能根据物象借助描写创设合理的情景,9 名学生没有为物象创设合理的情景。

综上所述,学生通过本节课的学习,基本掌握了运用"以物载情"的方法进行亲情类文章的写作。同时,多数学生可以在写作实践中运用此方法。将无形的亲情有形化,能减少亲情类文章写作中缺乏真情实感的现象出现。但仍有少量学生没有掌握创设情景的方法。因此,笔者需要在日后的教研与实践中进一步对本节课进行优化。情景任务写作法通过创设真实的情景,使学生能够在真实的情景中进行写作练习,培养他们的思维能力、表达能力和创造力,并能让他们更好地理解写作目的,将所学的语文知识应用到实际的写作中。这种写作方法,能让学生的写作更加贴近实际,提高他们的写作思维。

高阶思维　高效课堂

——初中数学高效课堂策略

◎ 上海市实验学校南校　夏一秀

【摘　要】"双新""双减"的提出和发展为教育教学注入了新的动力,教师构建高效课堂、培养高阶思维也越来越受到广泛重视。传统初中数学课堂教学对教师讲授的依赖性较大,容易忽视学生的主体作用,导致课堂单调乏味、效率低下,学生的思维也得不到充分发展。因此,高效课堂的建设是众望所归的。本文从学情分析、学生学习兴趣、课堂互动提问策略、作业设计等方面探讨了如何在"双减"政策和新课标的推动下构建初中数学高效课堂,促进学生高阶思维的发展。

【关键词】初中数学　高阶思维　高效课堂

随着"双新""双减"的提出,初中数学课堂迎来了新一轮的改革。寻求不同于传统低效的课堂,以及如何培养学生的核心素养,建立高效课堂是值得深入研究的问题。初中数学相较于小学数学,其难度系数增加,更注重对学生思维能力的培养,往往要求学生拥有较高水平的学习能力和知识素养,即高阶思维。但是传统的数学课堂是以教师的讲授为主,更注重知识传授的结果,而忽视了在教学活动中学生的感受、学生思维的转变、学生解决问题的能力等。这种教学往往是枯燥的、单一的、低效的,不利于学生自身的发展,以及自主学习能力和创新思维品质的培养。本文旨在建立的高效初中数学课堂是指在初中数学课堂中,面对教师提供的数学学习任务,学生在数学学习活动中能为完成教师提出的学习要求而表现出来高水平的心智活动。本文以沪教版七年级下册第十四章第七节"等边三角形"一课为例,来探索初中数学课堂更高效的策略。

一、重视学情分析,做足课前准备

俗话说"知己知彼,百战不殆"。为了掌握学生学习的真实情况、认知水平,并调动学生的积极性,使教学更高效,必须对学生的学情进行分析。笔者在课前采用了测试法进行学情的调研。笔者根据"等边三角形"一课的教学目标、教学重难点和班级学生的基本情况设计了一份导学单(见表1),并于课前发放。收集上来的数据显示,课前的三道问题中有90%的学生能够答出第一个问题,有近85%的学生可以答出第二个问题,说明前面几节课的基础知识学生已基本掌握,个别学生还不太熟练,课后可有针对性地点播。对于第三个开放性问题,有63%的学生回答出了等边三角形都是等腰三角形,反之等腰三角形不一定都是等边三角形,揭示了等边三角形是特殊的等腰三角形这一关系。这说明大部分学生对于等边三角形有一定的了解,对于学习本节课的内容有一定的知识储备。

表1 "等边三角形"课堂导学单

	内　　容	设计意图
课前问题	1. 三角形有哪些分类? 2. 等腰三角形有哪些性质和判定? 3. 你认为等边三角形和等腰三角形有怎样的关系?	1. 复习旧知,串联新知,了解学生对核心概念的掌握情况。 2. 引发思考,激发兴趣,了解学生目前的认知水平。 3. 联系经验,开拓思维,优化新课的教学目标。
课堂笔记	1. 等边三角形的定义: 2. 等边三角形的性质: 边: 角: 特殊线段: 对称性: 3. 等边三角形的判定: (1) (2)	1. 集中学生的注意力,培养学生良好的听课习惯。 2. 提炼本节课的重点内容,方便学生复习回顾。 3. 培养学生梳理知识、归纳整理的能力。
课堂练习	例题:如图,在等边△ABC的边 BC 上任取一点 D,以 CD 为边向外作等边△CDE,联结 AD、BE,试说明 BE=AD 的理由。 变式:若把例题中的△CDE绕着点 C 转动到任意位置,△ADC 与△BEC 还全等吗? BE=AD 还成立吗?	1. 运用新知,充分锻炼,了解学生对新知识的掌握情况。 2. 巩固新知,形成技能,培养学生解决问题的能力。 3. 延伸知识,提升思维,挖掘学生的创新潜能。

由于是班级课堂教学,教师不能时刻掌握每一位学生的听课情况和进度。因此,笔者在设计导学单的时候把课堂笔记、课堂练习的记录部分也融入进去,这样就形成了课前预习—课堂笔记—课堂练习三部分内容。这能让学生更直观地理解本节课的重点内容,培养他们良好的学习习惯,也便于课后教师对学生本节课学习情况的检查和反馈。通过这种方法,教师不仅能够把握学生的学情,为后续教学做铺垫,也能激发学生的学习兴趣,产生学习欲望,集中注意力,还可以促进学生思维的发展,培养他们的核心素养,从而提高课堂效率。

除此以外,教师也可以充分利用网络资源制作微课,在课前给学生播放,也可以达到高效的预习效果。

二、激发学习兴趣,提升学生专注度

教育家孔子曾说过"知之者不如好之者,好之者不如乐之者"。由此可见,兴趣是推动学习的强大动力。激发学生的学习兴趣是新课标一直强调的教育教学基本要求,也是提升学生高阶思维、构建高效课堂的基础。传统的教学模式是以教师和教材内容为主导的,知识的传授浮于表面,而且往往速度比较快,留给学生思考的时间比较少。这使得有些学生可以跟上教学内容,有些学生则完全无法跟上教师的节奏,注意力会逐渐消散,产生枯燥乏味之感,影响听课效率。为了避免或者减少此类现象发生,教师就应该转变教学理念,充分发挥学生的主观能动性,以学生体验为导向,调动学生的学习兴趣,吸引学生的注意力,提高学生课堂的参与感,使教学更高效。

初中数学教师在探究激发学生数学学习兴趣的方法时,可合理利用多媒体教学,通过创设教学情境,在调动学生视觉、听觉、触觉等感官的同时,高效达成教学目标。如在"等边三角形"一课的新知引入环节中,笔者利用多媒体进行动态演示,将一个等腰三角形变成一个等边三角形,从而引出课题,也揭示出等边三角形是特殊的等腰三角形这一事实。通过展示动画,能吸引学生的眼球,激发他们的好奇心和求知欲,推动学生主动参与课堂,提升他们主动探究的思维能力。在例题讲解时,笔者充分利用 PPT 动画、色彩标注等功能,将几何图形与已知条件结合起来,有助于学生寻找解题思路、提升专注度。在变式训练"若把例题中的 $\triangle CDE$ 绕着点 C 转动到任意位置,$\triangle ADC$ 与 $\triangle BEC$ 还全等吗? $BE=AD$ 还成立吗?"一题中,由于涉及图形的运动,为了便于学生观察到图形变化的细节,笔者借助几何画板,更形象直观地为学生呈现出几何图形的旋转过程,有利于学生分析和理解问题,提高学习效率,推动学生认知水平的发展。

三、加强课堂互动,培养高阶思维

教学互动可以增强师生的情感交流,提升学生的课堂参与度。新课标多次强调课堂互动的重要性,强调教学要注重学生能力的展示和学生思维的跃迁,而教师只是起到引导和桥梁作用。一节缺乏互动的课堂就像是一潭死水,没有生机,教学效果不言而喻。如何开展有效的教学互动,培养学生高阶思维是值得深入思考的。教师的优质提问、学生的有效回答、师生情感的积极交流都可以使一节课生动起来、高效起来。

提问是除讲解外第二重要的教学方法。一节课下来,教师要提出很多问题。但是这些问题不一定都是有效的,甚至有的是浪费时间、耽误教学进度的,也不利于学生逻辑思维的培养。因此,教师要学会有效提问。

首先,在问题的设计上要考虑四个维度:与教学标准和学习目标一致的重点学习内容、仔细研究过的教学目标、帮助学生在合适的认知水平上进行思考、清晰准确的措辞让学生明白问题是什么。像这样精心准备过的问题才能真正成为一节课的驱动力。

其次,在进行提问时要营造课堂气氛、找准时机,巧用阶梯式提问方式,推动学生思维发展。如果教师只是生硬地提出教材中要求的问题,那么很难吸引学生的注意力,反而容易制造出一种压迫感、紧张感。在这样的课堂中,师生情感的交流会受到阻碍,教学效果自然也会降低。因此,教师在提出问题时可以用诙谐幽默的语言,轻松准确地表达问题,拉近与学生之间的距离,激发学生的分享欲,营造和谐宽松的课堂气氛。另外,教师在提问的时候要注意提问的时机和方式,避免因无人回答或回答者较少而使教师自问自答,导致学生被动接受信息,仅依赖于教师的讲解,缺乏深入思考。教师在提问时可以采用阶梯式的提问方式,从易到难、由浅入深,一步步引导学生积极思考,促使其思维不断提升。例如,在探索等边三角形的性质时,笔者提出了以下五个问题:① 等腰三角形有哪些性质? ② 等边三角形具备等腰三角形的这些性质吗? ③ 等边三角形还有哪些特殊的性质? ④ 如何证明等边三角形的三个内角都相等? ⑤ 等边三角形三个内角都为多少度呢? 为什么? 这五个问题难度明显是有梯度的,问题①是一个基本问题,比较简单,笔者请多名学生进行回答,用于活跃气氛,集中学生注意力,增进师生情感交流。笔者在学生顺利答出后顺势提出问题②,调动学生的学习兴趣,引发思考。问题③是一个探索型问题,笔者鼓励学生分组合作探究,让每一位学生都参与进来,通过小组讨论得出自己的想法,并进行分享。这种形式提高了学生的自主学习能力、团队合作能力及创新型高阶思维能力。问题④和⑤涉及说理和计算,用于培养学生的逻辑思维能力。

最后,在问题提出等待学生回应时要耐心,给学生留足思考时间,鼓励学生大胆发言、表达观点。数学作为一门内容复杂、逻辑严谨、思维抽象的学科,会使一些学生在思考数学题目时不太自信,对自己的答案比较怀疑,担心自己的答案不是正确答案,不是教师想要的答案,从而不愿意举手发言。这时候教师的态度就显得十分重要,在学生回答一个问题时,教师要"带着兴趣听",尊重学生的发言,给足学生思考回答的时间。教师要逐步建立与学生之间的信任,多鼓励学生回答问题、提出困惑,告诉学生即使回答错误也没有关系,一次积极的思考比答案本身更有意义。教师要帮助学生学会提问、勇敢质疑、反思总结,从而培养学生批判性思维这一高阶思维能力。

四、设计分层作业,注重反思总结

布置作业是检测学生听课效率、知识掌握程度的常规方法,"双减"政策也强调作业须是合理有效的。传统的作业往往是教材对应的练习册、试卷等,这些作业本身题目量大、难度参差不一、形式单一,很难调动学生的兴趣,甚至有量无质,增加了学生的负担。这也会导致当学生面对繁重枯燥的数学作业时一筹莫展,被动做作业或者不想做作业,乃至抄袭作业。因此,教师在布置作业时要考虑到学生的兴趣、学生知识水平的不同、学生数学能力的差异性和学生的主观能动性,并积极落实"双减"政策。例如,教师可以对日常的作业进行分类,通常分为基础题目、提高题目和拓展题目,对不同程度的学生布置不同难度的题目。这样既能减轻学生学习的负担,又能有针对性地锻炼学生的能力。另外,作业的反馈也十分重要,教师可以根据学生作业的情况直观了解到学生存在的问题,为后续教学提供帮助。比如,本节课笔者布置了一道画图题:你可以画出一个等边三角形吗? 说一说你是怎么做的? 这道题目答案不唯一,学生可以选择自己擅长的方法。课后笔者统计了学生的作图情况(见表2)。

表 2　学生作图结果调查

所作图形	所用工具	所用原理	结果统计
	直尺、圆规	三条边都相等的三角形是等边三角形	43%的学生采用此种作法
	直尺、圆规	有一个内角等于60°的等腰三角形是等边三角形	13%的学生采用此种作法

续　表

所作图形	所用工具	所用原理	结果统计
	直尺、量角器	三个内角都相等的三角形是等边三角形	20％的学生采用此种作法
	直尺	不清	24％的学生的作法

数据表明,近56％的学生选择尺规作图,20％的学生利用直尺和量角器作图,也就是说这些学生都可以结合本节课学习的等边三角形的判定,较为精准地完成图形。其余的学生可以画出相近的图形,但是作图原理阐述不清,作图不够准确。综合来看,大多数学生对于等边三角形的判定和性质有了一定的掌握和理解。另外,从数据上看,选择第一种尺规作图的学生人数明显多于第二种,表明学生对于"三条边都相等的三角形是等边三角形"这一判定的应用更加熟练;对于"有一个内角等于60°的等腰三角形是等边三角形"这一判定的应用不太熟练,而这个判定本身恰恰是一个难点。因此,在后续的教学中,对该判定的练习可相应增设,以提高学生的熟练度。

作业的设计需要教师精心研究、与时俱进,不断地反思总结,一步步提炼出有质量的、适合每一位学生的有效作业,为提高数学课堂的高效性、促进学生的思维发展提供助力。

五、结语

初中数学教师必须重视高效课堂的建构和学生高阶思维的培养。教师要在实际教学中,根据新课标的要求突破传统单一、枯燥的教学,把学生的体验放在第一位;要在课前充分了解学生的认知水平,精心备课;可以在课中合理利用多媒体动画吸引学生的眼球,调动学生的学习兴趣,要不断进行优质提问,增强与学生的互动,促进学生的思维发展;要在课后布置有效作业,分层提高学生的数学能力,注重反思总结,不断为日后的教学总结经验。

新课标下的初中英语阅读教学的方法探究

——巧用信息技术激活元认知

◎ 上海市实验学校南校　张　婷

【摘　要】义务教育新课标要求积极关注现代信息技术在英语教学应用领域的发展和进步,努力营造信息化教学环境,基于互联网平台开发和利用丰富的、个性化的优质课程资源,为学生搭建自主学习平台。在教学理念不断进步的过程中,对教师提出了更多的要求。将现代化的信息技术融入课堂教学中,是对传统教学模式的一种创新,教师需要提高自身教学水平,巧妙地运用多样化的信息技术探索高效的课堂教学模式,激活学生元认知行为,让他们在认知或学习活动中能自我意识和自我调节,提高学生的学习效率,帮助学生建立对英语学习的积极性和自信心,促进学生更好地发展。

【关键词】信息技术　初中英语阅读　元认知　义务教育新课标

近 20 年来,元认知成为心理学研究的热点之一,并对教育实践产生了一定影响。本文力图对元认知概念的产生,元认知的性质、结构、评定方法等有关研究进行概述,并对其中存在的问题进行分析,同时对未来研究提出展望。元认知(Metacognition)一词最早出现于美国儿童心理学家弗拉威尔(J. H. Flavell)在 1976 年出版的《认知发展》一书。所谓元认知,就是对认知的认知,具体地说,是关于个人自己认知过程的知识和调节这些过程的能力,即对思维和学习活动的知识和控制。元认知策略一般指学习者用以计划、管理、监控、评估学习的策略。大量的理论和实证研究发现元认知在与语言习得相关的各种认知活动中发挥重要作用,能够帮助学生提高学习效率,促进其对学习任务的完成及对知识的理解和记忆,并能影响学生对学习目标的选择、对学习结果的评估标准,以及学生的自我信念和学习技能的迁移能力等[1]。

而义务教育新课标的出现正反映了元认知的教育方向,其要求教师要把落实立德树人

---

[1] 刘慧君.元认知策略与英语阅读的关系[J].外语与外语教学,2004(12):24-26.

作为英语教学的根本任务,准确理解核心素养内涵,全面把握英语课程育人价值。七至九年级的课程目标要求学生善于通过多种渠道获取资料,尝试归纳学习素材中的语言和文化现象,从不同角度分析问题。

因此,为了激活元认知,促进学生核心素养的养成,义务教育新课标要求教师要充分认识到现代信息技术不仅为英语教学提供了多模态的手段、平台和空间,还提供了丰富的资源与跨时空的语言学习和使用机会,对创设良好学习情境、促进教育理念更新和教学方式变革具有重要支撑作用。教师要将"互联网+"融入教学理念、教学方法、教学模式中,深化信息技术与英语课程的融合,推动线上线下学习相结合,提高学生的英语学习效率。在利用信息技术开展教学时,教师要注意确保网站信息安全、健康、可用,引导学生关注网络资源使用的安全性;要合理、恰当地使用现代信息技术,避免完全代替师生课堂上真实而鲜活的人际互动、观点碰撞、情感交流的语言活动[2]。

一、微课引导单元化学习

随着微课的逐步兴起,教师可以利用微课引导学生进行单元化学习,自主选择学习内容,把控学习进度,激活元认知。教师可以借助微课视频的形式为学生准备线上的学习资源,将整个单元和主题相关的内容进行整合,鼓励学生自己在课下进行自主对照联系学习。学生可以对单元已学英语词汇和语句进行复习,也可以对新授内容和关联阅读材料进行拓展练习和打卡。通过这样的方式让学生在课前做好准备工作,可以在课堂教学中为教师节省更多的时间,从而有更富裕的时间留给教师进行其他知识点的讲解,进而提高课堂的教学效率。并且教师可以把微课视频作为基础的学习内容提供给学生反复观看和学习,从而及时地让学生进行查漏补缺[3]。

比如在居家学习的状况下,上海大部分学校的教师都会参考上海空中课堂1.0和2.0的微课资源。在课堂40分钟的学习中,根据学情,有的组织学生观看20分钟的空课,再对空课中名师的授课内容进行进一步解析和复习;有的则是自己剪辑空课片段,或者针对某个知识点录制自己的微课,大大提高了教学质量和效率。

尤其在进行线上阅读习题课教授时,教师可以利用视频制作软件(如EV录屏),结合本单元的内容为学生整理本单元重点(引导自主学习,查漏补缺)→提示学生定时定量完成相关题材的资料阅读和习题(提供更多针对性的补充和拓展)→在重点阅读习题中进行预设圈划和讲评(引导和搭建解题支架)→引导学生进一步互动答疑(鼓励同伴互助和团队合作)→

[2]　中华人民共和国教育部. 义务教育英语课程标准[M]. 2022年版. 北京:北京师范大学出版社,2022.
[3]　周迎春. 探究如何巧用信息技术打造初中英语阅读高效课堂[J]. 科学咨询(教育科研),2021(10):162-163.

提供答案自查并制作个性化分层的片段讲解视频供学生参考(检查阅读习题课的订正反馈)→继续总结和提炼(引导总结和思辨)。这既能节省教师翻阅纸张或演示文稿的时间,也使整个阅读讲解活动更加流畅完整。当然,微课视频的制作要求方式多样、整合各种信息元素、带有一定的趣味性,由此才可以更好地带给学生感官冲击,激活学生的学习兴趣,为学生在课上提供更多的内容。

笔者分别选取学生在线下和微课学习相同内容(检查阅读习题课的订正反馈)的片段进行了对比分析研究,以此来了解元认知是否和如何被激活,即学生是否在学习过程中有自主计划、管理、监控、评估的学习策略,具体如下表所示。

线下课堂学习设计	是否激活元认知	用时(分钟)	学习效果(如何激活)
教师根据批改错误归类和讲解	否	20	时间较长且枯燥;学生被动接受;个别学生能跟着教师思考、总结
学生检查答案订正,教师让学生现场针对个别题讲解解题思路,如上下文的含义和选项之间的差异	个别是	10	时间有限,问题有限;被提问的学生参与思考、总结和应用;不清楚其他学生是否在思考、总结
学生完成教师预设的少量新题目	个别是	10+	时间不确定;没有实效性
重复以上操作			

线上微课学习设计	是否激活元认知	用时(分钟)	学习效果(如何激活)
教师提前指导错误较少的学生订正答案、理清思路,制作包含详细笔记和讲解视频的微课片段并播放	是,但仅部分学生有自主计划、管理、监控、评估	10	分层设计,让班级中自主能力较强的学生做"小老师",这需要他们思考;理清整个单元复习内容,理清思路,有逻辑、有自信,妥善计划微课片段的拍摄,并且修改、监控、评估、晚上自己制作的视频和笔记
其他学生选取微课片段和笔记内容,进行自主学习和订正	是,全部学生都必须有自主管理、监控、评估	10	为了完成任务,所有学生必须主动管理、监督自己的订正,并且能够自主选取内容,调整学习进度,提高订正效率,并在过程中自觉反思和评估自己的选择和达成度
教师根据批改错误种类和学生讲解内容进行补充和评价	是,全部学生有自主评估	5	时间虽短,但是排除了学生自己能解决的内容;给学生真正提供高效引导,更上一层楼。所以,学生一定是爱听并且能自主评估自己的掌握情况的

续　表

线上微课学习设计	是否激活元认知	用时（分钟）	学习效果（如何激活）
学生自发在网上出新题,教师对网上作业(如问卷星选择题)快速批改校对	是,全部学生有自主管理、监控	10	满足了解决问题的实效性;满足了学生自发寻找问题和自主学习的内在需求
重复以上操作			

二、希沃白板帮助互动探究

教师可以利用希沃白板实现"教—学—评"一体化的课堂教学,帮助学生互动和探究,激活元认知。英语阅读教学并不是要简单地引导学生了解文章内容,或是机械地操练习题,而是要通过预测、泛读、精读等多种阅读策略对文章的方方面面都涉及。教师在进行文章讲解的过程中,无法及时观察到学生的学习状态和过程,很难给予高效的反馈和互动。但借助希沃白板,教师就可以将文章的全部内容呈现在黑板上(教),可以随时请学生一起到前面来参与各类学习活动(学),可以尽可能调动学生的学习积极性,随时观察学生的状态(评)。如此,可以帮助教师更为细致地进行知识点的讲解,进而提高课堂阅读教学的效率,帮助学生消化知识点,掌握当堂课学习的内容[4]。

比如在学习 8BU2 Reading:Water Talk 时,为了给学生提供更为细致的教学内容,教师可以借助希沃白板将文章相关内容和图片投放到白板上,让学生根据图片预测阅读话题和大致内容范围;再让学生对图片进行排序,了解故事脉络;然后逐段搭配图片,进行字词讲解和内容理解;最后通过流程图让学生重新总结提炼文章要点和主要内容。在这个过程中,所有学生抬头听讲和互动,教师可以不时让学生参与如"排序游戏""填词游戏"等学习活动。受益于希沃白板可以将教学内容呈现得更为细致,教师对重点知识的讲解可以强化学生的学习印象,努力做到当堂课的内容让学生当堂消化。易错的内容也可以借助希沃白板展示,减少学生的错误率,用尽量简短的时间为学生提供更细致的内容。

区别于我们已经惯熟的演示文稿(PPT),笔者在此具体列举希沃白板的三个特有功能,来展示它是如何在线上、线下教学中对激活学生元认知产生帮助的。

---

[4]　王中元.如何巧用信息技术打造初中英语阅读高效课堂[J].读写算,2021(27):7-8.

思维导图：备课端右侧栏可展开思维导图，插入故事中水龙头、下水道、污水处理厂、湖泊海洋的图片、视频；罗列重点词汇，如water、treatment等，让学生有"计划"地轻松梳理逻辑架构，"评估"是否真正理解和掌握了水处理过程。

U2 Water Talk **学习目标**：
1.通过阅读理解掌握水处理过程（学习理解）。2.找到节约水的方法（应用实践）。

蒙层功能：将表示流程的动词，如flow，选择"添加蒙层"，让学生先在白板上写答案，然后用橡皮擦掉即可自己揭晓正确答案。这是一种"尝试""探索""监测""反思"的自我元认知的激活行为。

课堂游戏活动：利用希沃的教学资源和云同步功能，让学生在白板上进行时时配对、排序、填词等各类游戏活动，用游戏化教学将学生带入真实生活情境，在游戏中评价学生的表现，实现课堂互动高效性。

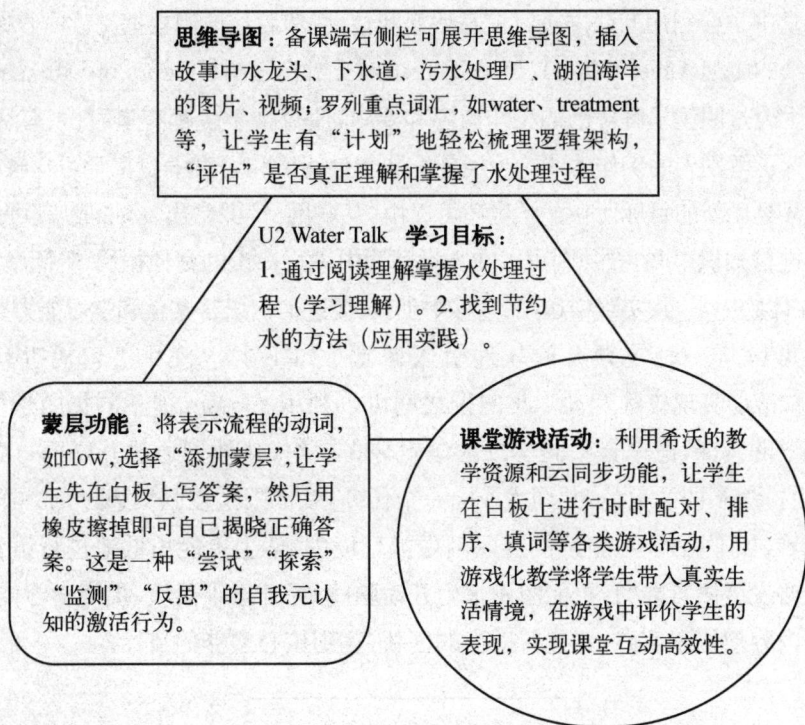

三、"互联网+"模式，落实活动观

教师可以拓展"互联网+"模式，落实活动观的课堂教学，为学生提供更多实践机会，激活他们的元认知。"互联网+"课堂的教育模式是当下较为流行的教学模式之一，是最适合当下义务教育新课标活动观要求的学习方式之一，即以育人为导向、以核心素养为目标、以学生为主体，由师生共同参与的一系列层层递进、相互关联的活动。活动观视角下的活动包括三类，即学习理解类（感知与注意、获取与梳理、概括与整合）、应用实践类（描述与阐释、分析与判断、内化与判断）和迁移创新类（推理与论证、批判与评价、想象与创造）[5]。教师要在一节阅读课中，把这些学习方式和内容全部涉及和整合，让学生真正成为学习的主人，就必须提供一个"互联网+"学习模式，让学生随时发表自己的头脑风暴，随地互动合作起来。教师可以用互联网呈现更多的阅读内容，创设更为真实的阅读体验，引导学生更为深入地了解英语文化，由此更高效地进行阅读的学习[6]。

比如在教学 8BU4 Reading：Newspapers 时，教师在课上可以将学生的 iPad 全部联网，

［5］ 王蕾,钱小芳,吴昊.指向英语学科核心素养的英语学习活动观——内涵、架构、优势、学理基础及实践初效[J].中小学外语教学,2021(44)：2-3.

［6］ 李晓君.巧用信息技术,打造初中英语阅读高效课堂[J].英语画刊(高中版),2021(26)：83-84.

让学生在课堂中学会利用互联网进行信息搜集和整理；然后让他们根据阅读内容按角色分组，分别扮演报纸的主编（Chief Editor）、秘书（Secretary）、专栏编辑（Editors of Different Sections）；再让每个学生通过阅读了解自己的工作内容和要求，使每个学生都有事可做、有话可说，同时必须通过阅读了解别人的工作才能给予配合。这才是阅读和语言学习在学习理解的基础上真正进行迁移甚至创新的目标所在。学生还可以由"互联网＋"课堂出发，形成互联网思维，由本单元的内容进行知识串联，教师则可以在文章阅读中进行知识的延伸拓展，巩固学生的学习成果，让他们在体验中学习、实践中运用、迁移中创新，促进他们语言文化和学习能力融合发展。

教师还可以将一些视频会议软件引入课堂。如不少学校在语音视听教室安装了Classin软件，帮助实现校际互动。集团校之间可以利用Classin把不同集团学校的学生加入同一节英语阅读课，把来自不同学校的学生分在一组，让他们通过互联网自我介绍和讨论，在小组中扮演不同的角色，共同完成同一个任务，就像围坐在圆桌边讨论一样，免去了长途奔波的困难（如下图）。在新鲜的互联网虚拟环境中，学生更能勇敢地进行语言表达。利用元认知策略发展语言能力，更能激发学生开动脑筋，提升思维品质，提高学习能力，把从阅读中提炼的内容应用于实践，并进行适当的创新，达到核心素养的目标。

```
                    ┌──────────────────────────┐
                    │ A校S1: Chief Editor负责分配 │
                    │ 任务（激活自主计划、管理、  │
                    │ 监控、评估）                │
                    └──────────────────────────┘

┌──────────────────┐                              ┌──────────────────┐
│ C校S3: Editor of  │                              │ B校S2: Secretary记下会议 │
│ Sports            │        ╭─────────╮           │ 问题和要点（激活自主监控） │
│ Section阅读总结如何写体│      │ Design a │          └──────────────────┘
│ 育新闻；负责体育新闻板│      │ newspaper│
│ 块（激活自主计划、管理、│      ╰─────────╯          ┌──────────────────┐
│ 监控、评估）        │                              │ E校S…            │
└──────────────────┘                              └──────────────────┘
                    ┌──────────────────────────┐
                    │ D校S4: Editor of Advertisement │
                    │ Section阅读总结如何写广告；   │
                    │ 负责广告板块（激活自主计划、   │
                    │ 管理、监控、评估）           │
                    └──────────────────────────┘
```

总而言之，义务教育新课标下，教育倡导学习理解、应用实践、迁移创新、学思结合、学用结合、学创结合、关联递进。在教学水平不断发展的过程中，教师也要对自身的教学方法进行相应的创新，合而不同，内化于心，外化于行。教师可以借助多样化的信息技术为学生呈现更为丰富的学习内容和学习手段，借助微课、希沃白板和各种互联网在线教学平台进行更为细致的教学设计，拓宽学生的视野，帮助学生掌握英语阅读学习的技巧，建立学生对英语学习的积极性和自信心。同时，教师也要注重不同学生学情的分析和个性化引导，培养学生自主利用各种信息技术进行学习的能力和思考能力。教师要不断在教学过程中激活学生的元认知，培养他们的核心素养，实现语言学习的工具性和人文性的统一，真正做到教育以人为本、培根铸魂、启智增慧。

"双新"背景下语文阅读素养的提升

——培养学生的主动阅读习惯方法探究

◎ 上海市实验学校南校　张　权

【摘　要】本文旨在探讨如何有效培养学生的主动阅读习惯,从建立良好的师生关系、营造班级读书氛围、提问艺术、课堂活动、课内到课外延伸的引导及共读一本书等方面,提出了一系列具体的方法和策略。这些策略旨在激发学生对阅读的兴趣,提高他们的阅读能力和综合素质。

【关键词】主动阅读　班级读书氛围　提问艺术　课堂活动

《义务教育语文课程标准(2022年版)》指出:"义务教育语文课程围绕立德树人根本任务,充分发挥其独特的育人功能和奠基作用,以促进学生核心素养发展为目的,以识字与写字、阅读与鉴赏、表达与交流、梳理与探究等语文实践活动为主线,综合构建素养型课程目标体系[1]。"阅读也是语文实践活动主线之一,足见阅读在义务教育阶段的重要作用和意义。

当下受自媒体等新型阅读形式冲击、社会发展变化、学习压力增大等诸多因素影响,传统阅读方式受到了巨大挑战。课外愿静下心来读书的学生人数逐渐减少。学生阅读兴趣降低原因是多方面的。本文试图从语文课堂教学和课外阅读指导两方面入手,综合考虑时代背景与家庭环境等因素,并结合教师在日常教育教学工作中所做的一些尝试,力图让学生喜欢阅读、掌握阅读的基本方法,期望培养学生的主动阅读习惯,使他们能持之以恒地快乐阅读。

阅读能力是影响一个人一生的素养。阅读在每名中学生成长中的重要性已经不言而喻[2]。从目不识丁到满腹经纶,从咿呀学语到口若悬河,阅读的重要性已广为人知,因为我们获取的绝大部分知识都来源于阅读。当今社会,阅读能力更是一个人不可或缺的重要能力,阅读素质的高低甚至在一定程度上决定了一个国家国民素质的高低。长期以来,语文被定位成"少慢差费""耗时多、效率低,学生学得苦、老师教得累"的学科。

[1] 中华人民共和国教育部. 义务教育语文课程标准[M]. 2022年版. 北京:北京师范大学出版社,2022.

[2] 于漪. 于漪全集9阅读教学卷[M]. 上海:上海教育出版社,2018.

在阅读教学的课堂上,教师讲解分析得过多,学生往往处于被动的位置。教师希望通过这样的教育,能提高学生的阅读水平,但往往适得其反。再加上如今的传播媒体对传统阅读方式造成了巨大的冲击,这一切让语文课变得索然无味,学生对语文慢慢失去了兴趣,自然而然也越来越不喜欢阅读。语文课是基础工具课,其基础工具的性质是由语文课的任务——培养学生的听、说、读、写能力决定的。可见,培养学生的阅读能力是语文教学的重要任务之一[3]。那么,如何培养阅读兴趣,让学生喜欢阅读,养成良好的阅读习惯,并让学生在阅读中提高听、说、读、写素养呢? 笔者通过近年来的教学实践,总结为如下六个方面。

一、建立良好的师生关系

在培养学生主动阅读能力的过程中,建立良好的师生关系是至关重要的第一步。一个和谐、尊重、信任的师生关系能极大地促进学生的阅读兴趣和积极性。教师不仅是知识的传递者,更是学生情感的支持者和引导者。良好的师生关系是激发学生主动阅读的基础。教师应通过关爱、理解和尊重每一个学生,建立起平等、和谐的师生关系。教师应扮演引导者和朋友的双重角色,关注学生的个体差异和需求,因材施教,提供个性化的阅读指导和支持。此外,教师还应注重与学生的情感交流,倾听他们的想法和感受,帮助他们解决阅读过程中遇到的困难和挑战。

(一) 尊重个体差异

每个学生都有其独特的阅读偏好和阅读速度。教师应尊重这些差异,并为学生提供多样化的阅读材料,包括不同题材、不同难度的书籍。通过了解每个学生的阅读需求和兴趣,教师可以更好地指导他们选择合适的阅读材料,从而激发他们的阅读欲望。

(二) 个性化阅读指导

教师应先了解学生的阅读需求,通过与学生进行个别交流,了解他们的阅读水平、兴趣爱好和阅读习惯。在此基础上,教师要根据每个学生的实际情况,制订适合他们的阅读计划,推荐合适的阅读材料,并提供反馈和支持——定期与学生讨论阅读进展和感受,给予及时的反馈和建议。

(三) 信任是师生关系的基石

教师应通过积极倾听、鼓励和支持,与学生建立深厚的信任关系。当学生感受到教师的

---

[3] 中华人民共和国教育部. 义务教育语文课程标准[M]. 2022年版. 北京:北京师范大学出版社,2022.

支持和理解时,他们更愿意敞开心扉,分享自己的阅读体验和感受。这种信任关系不仅能增强学生的学习动力,还能促进师生之间的有效沟通。

(四)平等对话

在阅读过程中,教师应与学生保持平等的对话关系[4],鼓励他们表达自己的观点和想法。通过讨论、交流和分享,学生可以从中获得新的见解和启发,进而提高他们的阅读能力和批判性思维。这种平等对话的师生关系有助于培养学生的自主学习能力和创新思维能力。

二、营造班级读书氛围

班级读书氛围是培养学生主动阅读的重要条件。教师应通过多种方式营造浓厚的读书氛围,激发学生的阅读兴趣,提高他们的阅读积极性。

(一)设置读书角

教师可以在教室中设立一个舒适的阅读角落,配备丰富的书籍和舒适的座椅,从而为学生提供一个安静、放松的阅读环境。这个角落应定期更新书籍,以满足学生的不同阅读需求。此外,在阅读角落放置一些软垫、抱枕等物品,可以增添温馨的氛围。定期更新书籍能保持阅读材料的新鲜感和吸引力。教师还可以鼓励学生借阅和分享自己的书籍,促进阅读资源的共享和利用。

(二)开展读书活动

定期组织读书分享会、阅读竞赛、读书报告等活动,可以极大地提高学生的阅读积极性和参与度。这些活动不仅能展示学生的阅读成果,还能促进他们之间的交流和互动。通过分享和讨论,学生可以从中获得新的见解和启发,进而提高他们的阅读理解能力。教师可以举办各种形式的读书比赛,如读后感征文比赛、读书知识竞赛等,激发学生的阅读兴趣;也可以通过让学生制作手抄报、读书笔记等形式展示他们的阅读成果,增强他们的成就感和自信心。

(三)鼓励家庭阅读

鼓励家长与孩子一起阅读,是营造班级读书氛围的重要手段之一。教师可以通过家庭

---

[4] 李百艳.对话:走进魅力语文[M].上海:上海教育出版社,2021.

作业、家长会议等形式,向家长传递阅读的重要性,并推荐适合孩子阅读的书籍;还可以邀请家长参与学校的读书活动,共同营造浓厚的家庭阅读氛围。

三、讲究提问艺术,激发学生阅读兴趣

提问是激发学生阅读兴趣的重要手段。教师应注重提问的艺术性,通过巧妙的问题引导学生深入思考,激发他们的阅读兴趣。

(一)开放式提问

教师可以提出能够引发学生思考和讨论的开放式问题,如"你觉得这本书最有趣的地方在哪里?""这个故事给你带来了什么启示?"等。鼓励学生从多个角度回答问题,培养他们的批判性思维和创新能力。教师要对学生的回答给予及时的反馈和鼓励,增强他们的自信心和积极性。例如,在《小王子》的阅读中,教师可以提出"你认为小王子为什么会离开自己的星球?"这样的问题,让学生自由发挥想象,进行深入的探讨。

(二)递进式提问

教师可以根据学生的实际情况,提出由浅入深的问题,逐步引导他们深入思考。通过一系列环环相扣的问题可以引导学生逐步深入文本,理解作者的意图和表达。教师也可以鼓励学生自己提出问题并尝试解答,培养他们的自主学习能力和探究精神。例如,在《红楼梦》的阅读中,教师可以先提出"贾宝玉和林黛玉之间的关系是怎样的?"这样的问题,然后逐步深入,通过"这种关系如何影响了他们的命运?""这种命运反映了什么样的社会现实?"等递进式提问,让学生逐步深入理解和把握文本的内涵和意义。

(三)情境式提问

情境式提问能够帮助学生将文本内容与现实生活联系起来。例如,在《鲁滨孙漂流记》的阅读中,教师可以提出"如果你像鲁滨孙一样被困在一个荒岛上,你会怎么做?"这样的问题,让学生结合自己的生活经验和想象进行回答。这样的提问方式能够激发学生的学习兴趣和创造力,帮助他们更好地理解和体验文本内容[5]。

四、以课堂活动激发学生的兴趣

课堂活动是学生学习的重要形式之一。通过设计有趣、多样的课堂活动,教师可以有效

---

[5] 曹刚.探索文本解读的路径[M].上海:上海教育出版社,2020.

地激发学生的阅读兴趣和学习动力。

（一）角色扮演

角色扮演是一种生动有趣的课堂活动形式。通过让学生扮演文本中的角色进行表演或对话，他们可以更好地理解和体验文本内容。例如，《哈姆雷特》中"生存还是死亡"的独白部分可以让学生进行角色扮演，《西游记》中"三打白骨精"的片段可以让学生分角色朗读和表演，等等。这样的活动能够帮助学生深入理解和感受文本中的情节和人物情感变化过程等核心内容及其背后所蕴含的文化背景知识等丰富的信息内容；能提高他们的语言表达能力和自信心水平，以及团队合作精神与组织协调能力等综合素质能力；有助于使他们对文学作品产生浓厚兴趣及热爱之情等。

（二）思维导图构建

思维导图是一种有效的工具，可以帮助学生梳理文本结构、理解文本内容。教师可以引导学生使用思维导图构建文本的主要内容、人物关系、情节发展等，以帮助学生深入理解文本。例如，在《三国演义》的阅读中，教师可以指导学生使用思维导图构建主要人物之间的关系，以及各个事件的发展脉络。这样的活动能够帮助学生理清文本结构，也能提高他们的思维能力和逻辑能力。

（三）创意写作

创意写作能够激发学生的想象力和创造力。教师可以鼓励学生根据文本内容进行创意写作，如续写故事、改写结局、创作同人作品等。例如，在《安徒生童话》的阅读中，教师可以让学生续写《卖火柴的小女孩》的故事，或者创作一个类似的童话故事。这样的活动能够帮助学生深化对文本内容的理解，同时提高他们的写作能力和表达能力。

（四）小组讨论

小组讨论是一种有效的课堂互动形式。通过将学生分成小组进行讨论和分享，可以促进他们之间的交流和合作。例如，在《简·爱》的阅读中，教师可以让学生分组讨论"简·爱的性格特点和成长历程"，并分享各自的看法和观点。这样的活动能够帮助学生拓宽思路，深化对文本内容的理解，同时提高他们的团队协作能力和沟通能力。

五、从课内到课外延伸的引导

课内阅读是课外阅读的基础，而课外阅读则是课内阅读的延伸和拓展。教师应通过从课内到课外的延伸引导,培养学生的阅读习惯和兴趣。将课内阅读与课外阅读相结合是培养学生主动阅读能力的重要途径之一。通过引导学生从课内阅读向课外阅读延伸,教师可以拓宽他们的阅读视野,提高他们的阅读能力和素养。

(一)推荐相关书籍

根据课内阅读的内容,教师可以推荐相关的书籍给学生进行课外阅读。例如,在《红楼梦》的阅读后,教师可以推荐《西游记》《水浒传》等古典名著让学生阅读。这样的延伸阅读能够帮助学生巩固课内所学内容,同时拓宽他们的阅读视野和知识面。

(二)设立阅读任务

教师可以为学生设立一些阅读任务,如每周阅读一定数量的书籍、每月完成一篇读书笔记等。这些任务能够帮助学生养成良好的阅读习惯、提高他们的自律能力。同时,教师还可以通过检查作业、组织分享会等方式检查学生的阅读进度和质量。

(三)鼓励自主阅读

教师应鼓励学生自主选择合适的书籍进行阅读。通过提供丰富的阅读材料、推荐优秀的文学作品等方式,教师可以引导学生发现阅读的乐趣和价值。此外,教师还可以与学生分享自己的阅读经验和感受,以激发学生的阅读兴趣。

六、师生共读一本书,共留一处记忆

共读一本书是一种有效的阅读推广方式,可以增进师生之间的情感交流,同时培养学生的阅读兴趣和习惯。教师应选择合适的书籍与学生共同阅读,并引导他们进行深入的思考和讨论。通过师生共同阅读一本书并分享感受和思考,教师可以增进与学生之间的情感联系和信任关系,同时也有助于培养学生的团队协作能力和沟通能力等综合素质。

(一)选择适合共读的书籍

教师可以选择经典文学作品作为共读书籍,如《红楼梦》《悲惨世界》等。这些作品具有深厚的文化底蕴和人文价值,能够引发学生的思考和共鸣。教师应根据学生的年龄和兴趣选择适合的书籍,确保他们能够积极参与并享受阅读过程。此外,选择具有教育意义的书籍,能够引导学生思考人生、社会和道德等问题。

(二)组织共读活动

教师可以制订详细的共读计划,包括阅读时间、讨论话题和分享方式等,确保每位学生都能够参与并充分表达自己的观点。在共读过程中,教师要引导学生进行深度思考和讨论,鼓励他们提出自己的见解和看法,同时也要注意倾听学生的意见和反馈,及时调整教学策略和方法。在共读结束后,教师可以组织学生进行分享和交流活动,让他们分享自己的阅读感受和心得。这不仅能够增进师生之间的情感交流,还能够培养学生的表达能力和自信心,同时也可以激发学生对未来阅读的期待和兴趣。

(三)运用共读成果

教师可以制作共读手册,记录学生在共读过程中的讨论内容、心得体会和感悟等。这既可以作为学生阅读成果的展示方式,也可以作为他们未来学习的参考和借鉴。教师可以让学生根据共读书籍的主题或内容,设计相关的共读项目,如文学创作、戏剧表演等。这些项目可以让学生在实践中加深对书籍的理解和感悟。

七、结语

综上,培养学生的主动阅读习惯是一个长期而复杂的过程,需要教师的耐心和智慧。通过建立良好的师生关系、营造班级读书氛围、讲究提问艺术、以课堂活动激发兴趣及课内到课外延伸的引导等策略,可以有效地培养学生的阅读兴趣和能力。而共读一本书则是一种有效的阅读推广方式,能够增进师生之间的情感交流,同时培养学生的阅读兴趣和习惯。在今后的教学实践中,教师应继续探索和实践相关的策略和方法,努力培养学生的阅读习惯和素养。

课堂实践

基于英语学习活动观的英语听说课堂教学实践

◎ 上海市实验学校南校　桑熠婷

【摘　要】英语学习活动观倡导在体验中学习、在实践中运用、在迁移中创新的学习理念，引领教师设计具有综合性、关联性、实践性特点的英语学习活动，发展学生的核心素养。现阶段，在初中英语听说教学中，仍存在以碎片化的、接受性的和脱离语境的语言输入和输出操练为主的听说课堂，难以契合学思结合、用创为本的课程理念。本文结合基于英语学习活动观的初中英语听说课教学实践，探讨初中英语听说课堂教学的关键问题，旨在提高初中英语听说教学的实效性，促进学生核心素养的形成与发展。

【关键词】英语学习活动观　初中英语　听说课堂　核心素养

一、引言

《义务教育英语课程标准（2022 年版）》（以下简称"新课标"）提出了践行英语学习活动观的课程理念，倡导在体验中学习、在实践中运用、在迁移中创新的学习理念[1]。听说课，作为上海初中英语课堂的基本课型之一，也在新的课程理念的推动下，迎来了基于英语学习活动观的教学实践探究，旨在摆脱以语言知识为本的教学理念，而要充分认识听、说、读、看、写等语言实践活动的目的与价值，进而深刻理解传授语言知识与培养语言运用能力之间的辩证关系。本文通过基于英语学习活动观的听说课教学实践，围绕明确听说学习目标、创设生活化的情境、丰富听说活动形式、强化活动的关联性，以及激发真实交流互动五个方面，探讨初中英语听说课堂教学的关键问题，旨在提高初中英语听说教学的实效性，促进学生核心素养的形成与发展。

---

[1]　中华人民共和国教育部.义务教育英语课程标准[M].2022 年版.北京：北京师范大学出版社，2022.

二、英语学习活动观的理论基础

(一)英语学习活动观的内涵

20世纪50年代,以布鲁姆为代表的美国心理学家提出了教学目标分类理论(Bloom's Taxonomy),将认知方面的目标分为知识(knowledge)、领会(comprehension)、应用(application)、分析(analysis)、综合(synthesis)和评价(evaluation)六级水平[2]。随后,安德森等人在2001年对该理论进行了修订,根据学习者认知行为复杂程度,由低到高分为记忆、理解、应用、分析、评价和创造六个层级,主张课堂教学根据认知层次来设计不同层次的教学目标和活动。

英语学习活动观在教学目标分类理论的活动框架基础上,进行了继承与创新,提出了适应我国义务教育英语新课标要求的教学理念:教学设计与实施要以主题为引领,以语篇为依托,通过学习理解、应用实践和迁移创新等活动,引导学生整合性地学习语言知识和文化知识,进而运用所学知识、技能和策略,围绕主题表达个人观点和态度,解决真实问题,达到在教学中培养学生核心素养的目的[3]。

学习理解类活动能引导学生感知与注意活动创设的主题情境,并在情境中激活已有知识经验,建立新旧知识之间的关联,为后续活动做好知识与情感上的铺垫;引导学生获取与梳理、概括与整合学习语篇中所涉及的语言知识和文化知识,在基于语篇的活动中结构化新知识,并加深对学习语篇的整体理解。

应用实践类活动能引导学生基于学习理解类活动中形成的结构化知识开展描述与阐释、分析与判断、内化与运用等深入语篇的语言实践活动,进一步内化所学语言和文化知识,加深对文化内涵的理解,初步形成语言运用能力。

迁移创新类活动能引导学生推理与论证语篇背后的价值取向与作者或主人公的态度和行为,批判与评价作者或主人公的观点和行为,并尝试在新情境中运用所学解决生活中的真实问题,促进能力向素养的转化。

(二)英语学习活动观的基本特征

《普通高中英语课程标准(2017年版)》指出,英语活动观具有综合性、关联性、实践性等特点,倡导在体验中学习,在实践中运用,在迁移中创新[4]。

---

[2] 陈琦,刘儒德. 当代教育心理学[M]. 2版. 北京:北京师范大学出版社,2007.
[3] 中华人民共和国教育部. 义务教育英语课程标准[M]. 2022年版. 北京:北京师范大学出版社,2022.
[4] 中华人民共和国教育部. 普通高中英语课程标准[M]. 2017年版. 北京:人民教育出版社,2018.

1. 综合性

英语学习活动的综合性体现在课程内容六要素的有机融合、语言知识与语言技能的整合发展，以及英语学科核心素养的全面提升。不同于以往以讲解语言知识为主的课堂活动，基于英语学习活动观的活动设计与实施旨在改变碎片化的、孤立的语言技能发展。学生在主题意义的引领下，通过学习、理解和产出语篇来学习和运用语言知识和文化知识。学生在综合运用听、说、读、看、写等语言技能，有效选择和使用学习策略的过程中发展语言能力、提升思维品质、建构文化意识和形成学习能力。

2. 关联性

英语学习活动的关联性体现在目标、活动、评价的统一性，学习活动与学生现实生活的相关性，活动之间的内在逻辑性。首先，教师基于学情和语篇研读设计关联递进的学习活动，以及与目标对接的评价活动，能帮助学生更好地达成教学目标。其次，接近学生现实生活的情境创设，能够帮助激活学生已有的知识和经验，有效地建立新旧知识的联系，并激发学生运用语言解决问题的欲望。最后，从学习理解，到应用实践，再到迁移创新，前一个活动为后一个活动做好铺垫，层层递进、环环相扣，由此能形成一个符合学生认知规律的活动链，循序渐进地帮助学生将知识向能力转变，促进能力向素养转化。

3. 实践性

英语学习活动的实践性体现在活动设计以学生为中心，知识技能、方法策略和思想观念可迁移在新情境中解决问题。学生是学习活动和主题意义探究的主体，是知识积极的建构者。学习活动要能体现学生具体做事情解决问题的全过程，而不是让学生被动地接受知识或是死记硬背。学生将在输入活动中发现、获取、概括出的语言知识和文化知识在输出活动中综合运用于解决陌生情境中的新问题，可以实现能力向素养的转化。

（三）英语学习活动观在听说教学中的实践意义

新课标对初中阶段学生听说语言技能提出了具体的内容要求，重视学生对听力语篇的整体性把握、对语篇内涵和意义的理解，以及在情境中，围绕相关主题，口头交流完成交际任务以解决问题的能力。然而目前，听说课多以学生完成听力练习为教学目标，以帮助学生扫除单词和句型障碍为导入，反复播放听力录音和让学生跟读或分角色朗读为过程，并以学生完成听力练习、根据对话模板完成对话、教师讲解正确答案来收尾。整个教学过程局限于语言、词汇、语法知识等，缺乏对学生文化意识和思维品质的培养。碎片化的、接受性的和脱离语境的语言输入和输出操练长期占据主导地位，难以契合新课标的要求，也不利于学生文化意识、思维品质、学习能力的养成。学生将会缺少综合运用、内化知识、建构新知的机会，缺乏对文本深层次的理解，在日常生活交际场景中难以恰当地应对不同话题和自如地表达自己的观点。上海市浦东教育发展研究院初中英语教研员王瑛老师根据大量的教学案例和课例,对初中英语听说学习活动设计中存在的问题进行了梳理,认为听说学习活动设计中的问题主要表现在活动目标不明确、语境不丰富、活动形式单一、从听到说的学习活动连接度不够、活动缺乏真正的交流[5]。

1. 目标模糊

传统的初中英语课堂中,听说教学很容易被处理成词汇或语法教学。教师往往对用听力文本教授何种听说技能缺乏充分的思考,很容易将听说课简单处理成语言知识教学。在听说课课时本就不多的情况下,听说活动目标模糊必然会影响对学生听说能力的培养。

2. 情境空洞

情境的创设是学习活动设计的重要环节。创设情境是要为学生的学习提供认知"停靠点",提高学生的学习力[6]。贴近生活的情境可以给学生提供运用语言分析、解决问题的机会。在日常的英语听说课中,由于在语篇研读时没有充分厘清主题与情境之间的关系,没有找到语篇情境与现实生活情境的共通之处,教师对情境的创设常常流于形式,缺乏逻辑性,呈"碎片化"[7]。因而,学生在情境中无法体验运用语言做事情的全过程。

3. 形式单调

丰富的活动形式是增加课堂活力的重要途径之一[8]。传统的听说学习活动以完成听力练习为目标,活动形式局限于个人。目前,越来越多的教师开始重视对学生听说技能的整合培养,但是形式也多局限于控制性或半控制性的句型操练或对话练习,缺乏对学生思维品质、学习能力的培养,很难激发学生参与活动的欲望。赵尚华老师在《初中英语课堂教学关键问题研究》一书中指出,"听说课输出活动最大的问题是活动的水平较低,活动形式低效,对思维的要求不够"[9]。针对这一问题,我们需要设计更具挑战性、更富层次性的活动,以提升学生的语言运用能力和批判性思维能力。

4. 听说脱节

听说学习活动以"听"为输入,以"说"为输出。听与说通过"话题"结合在一起,通过"听"的输入为学生的"说"搭建好输出的脚手架[10]。很多听说活动设计中"说"的活动设计没有紧扣"听"的话题,输入和输出不一致,从"听"到"说"没有足够的铺垫,活动间的关联度不高、逻辑性不强,导致学生在输出时缺少足够的支架,缺乏完成交际任务的信心。

5. 交流匮乏

传统的听说教学中,控制性或半控制性的听说练习较多,学生通常按照给定的句型结

[5] 王瑛. 初中英语学习活动:设计、实施与评价[M]. 上海:华东师范大学出版社,2021.
[6] 王瑛. 初中英语学习活动:设计、实施与评价[M]. 上海:华东师范大学出版社,2021.
[7] 王瑛. 关于听说那些事儿[M]. 上海:上海教育出版社,2020.
[8] 程晓堂. 义务教育课程标准(2022年版)课程式解读初中英语[M]. 北京:教育科学出版社,2022.
[9] 赵尚华. 初中英语课堂教学关键问题研究[M]. 上海:上海教育出版社,2020.
[10] 董亚男. 高中英语听说教学理论与活动设计[M]. 上海:华东师范大学出版社,2020.

构、语篇框架、对话模板进行听说活动。然而,现实生活中的语言运用目的是进行真实的信息、情感、经验的表达与交流[11]。控制性或半控制性听说练习因为缺乏开放性和挑战性,无法有效促进真实的交流互动。

具有综合性、关联性、实践性特点的英语学习活动能为学生提供更贴近生活实际的情境和使用英语表达真实情感或经验的机会。英语学习活动观能引领教师以学生自身的生活、经验、知识和情感为切入点,通过基于听力语篇的学习理解类活动,激活学生已有的知识和经验,结构化新知识,并加深学生对学习语篇的整体理解;通过深入语篇的应用实践类活动帮助学生内化所学知识,初步形成语言运用能力;再通过超越语篇的迁移创新类活动引导学生在新情境中用英语交流并解决问题,最终形成学科核心素养,更好地帮助学生在日常生活交际场景中恰当地应对不同话题和自如地表达自己的观点。综上所述,以英语学习活动观为指导实施英语听说教学,符合培养学生核心素养的需要。

三、基于英语学习活动观的初中英语听说课教学案例

笔者以《英语(牛津上海版)六年级第一学期》第八单元"The food we eat"听说课"Buying different food"为例,具体阐述如何在初中英语听说教学中落实英语学习活动观。教学主题衔接上一课时的"Dinner menu"展开,从"李太太为家人制定晚餐菜单"自然过渡到本课时的"李太太去市场和超市为晚餐购买食物"的情境,属于"人与社会"主题范畴,涉及"和谐家庭与社区生活"。

(一)明确听说学习目标

毫无疑问,单元、课时教学目标的达成需要一个个学习活动来落实。听说学习活动目标应在语篇研读和学情分析的基础上,与新课标对各阶段听说语言技能的具体要求相呼应,与教学目标一一对应。以目标为导向设计层层递进、具有逻辑关联的学习活动,能够有的放矢地引导学生一步步加深对主题意义的理解,循序渐进地发展思维。因此,笔者在设计听说学习活动时重视活动目标的设定,通过主动链接教学目标以确定活动的目标,使两者形成关联(见表1)。

三个教学目标分别对应学习理解、应用实践、迁移创新三类活动的目标。每个教学目标都通过几个活动目标的落实而达成。活动目标以教学目标为引领,反过来也促进教学目标的达成。

---

[11] 程晓堂.改什么?如何教?怎样考?义务教育英语课程标准(2022年版)解析[M].北京:外语教学与研究出版社,2022.

表 1　听说学习活动设计表

课时教学目标	学习活动设计	活动目标
① 在看、读、听、说的活动中,获取与梳理关于购买不同食材的相关信息(学习理解)	回顾上一课时所学,即李太太一家的晚餐菜单和购物清单。学生思考李太太去哪里能买到她需要的食材	复习旧知;引出话题
	学生阅读市场摊位图片和超市价目表,在情境中学习核心词汇的读音、意思及用法,并具体说一说李太太可以在市场的哪个摊位或超市的哪个区域买到需要的食材	在情境中扫除生词障碍
	通过看插图和读导语来预测对话内容	激发听的兴趣,培养听前预测能力
	听第一遍录音,勾选对话主旨大意	听录音,获取课文的主旨大意
	听第二遍录音,借助图表梳理食材类别、价格、购买地点等细节信息	听录音,获取与梳理细节信息
② 在语境中分角色表演对话,了解如何运用语音规则促进语篇意义表达(应用实践)	听录音,跟读对话,模仿语调、重音等	感知、模仿语音、语调
	借助表格中的笔记,复述听力材料内容	根据笔记梳理文本脉络
	在语境中分角色表演对话,借助语调、重音等变化促进语篇意义表达	内化与运用所学,巩固新知识结构
③ 在新的语境中,小组创编对话,询问和回答购买食物的相关信息(迁移创新)	针对对话中所反映的食材购买方式,进行口头评价,并说明理由	培养思维品质,主动思考并分享观点
	学生在新情境中,小组编创对话,针对食材类别、价格和购买地点等信息进行询问和回答;各小组根据检查清单进行自评和自我修正	建立本课学习内容与学生生活之间的关联,激发学生思考和表达
	以小组为单位展示对话,学生根据检查清单进行同伴互评	通过互评学习他人的长处,加深对教学内容的理解

学习理解类活动呼应教学目标①,引导学生基于语篇建立新旧知识间的联系,通过听前预测、初听听大意、再听听细节等一系列活动,训练学生整体理解听力语篇、获取细节信息的能力;应用实践类活动呼应教学目标②,引导学生在深入语篇的学习活动中感知和模仿语音、语调,借助表格复述听力内容,并在情境中运用所学完成对话,初步形成语言运用能力;迁移创新类活动呼应教学目标③,引导学生通过超越语篇内容的活动,在新情境中运用所学解决生活中的真实问题,促进学生能力向素养的转化。

(二)创设生活化的情境

创设情境是为了让学生看到知识和世界的某种联系,让学生有更多真情实感的表达。

创设情境是对语言知识与语言技能进行整合和提炼,让学生在情境中体验语言知识和听、说、读、看、写等语言技能在现实生活中是怎样被表现和相互作用的,并在情境中内化目标语言项目,从而能更从容地将情境中的语言运用和思维方式在现实生活中进行迁移,促进能力转化为素养。因此,笔者重视以主题为引领,为学生创设丰富的情境,帮助学生在体验中学习、在实践中运用、在迁移中创新,为真实的交际搭建平台(见表2)。

表 2　听说学习活动情境创设表

活 动 类 型	情 境 创 设
学习理解类活动	1. 李太太去哪里能买到晚餐需要的食材
	2. 在购买食材的情境中,通过对比超市和市场的食材价格,判断李太太在哪里可以买到更便宜的食材
	3. 听对话,获取李太太购买的食材类别、价格、购买地点等信息
应用实践类活动	1. 如何用英语询问李太太购买的食材类别、价格、购买地点等信息
	2. 假定你和妈妈在超市购物,通过对话询问食材的售卖区及价格
	3. 假定你在市场购物,通过对话询问食材的售卖摊位及价格
	4. 假定你的妈妈已经购物完回到家,通过对话询问她购买的食材类别、价格、购买地点等信息
迁移创新类活动	假定爷爷奶奶今晚要来你家吃饭,你和父母正在准备晚饭。两两合作编创对话,询问父母是否购买了爷爷奶奶爱吃的菜,以及购买地点、价格等

在学习理解类活动的设计中,笔者通过提问带领学生回顾上节课的主要学习内容,让学生快速进入上课状态。然后,从"李太太为家人制定晚餐菜单、列出购物清单"自然过渡到本课时"李太太去市场和超市为晚餐购买食材"的情境。四幅市场摊位图和一张超市的食品价目表帮助营造了贴近真实的、生活化的食材购买情境,引导学生注意不同地方的食材价格。学生在情境中准确地表述了比价的过程、做出了选择、预测了对话内容。最后,在听对话的活动中,学生获取并梳理了李太太购买的食材类别、价格、购买地点等信息。

在学习理解类活动设计中,笔者创设了"在超市或市场购物"的情境,让学生感受新学语言结构的应用场景及用法;又用"购物回家后"的情境,引导学生在语境中理解并正确使用现在完成时和一般过去时(见表3)。

在迁移创新类活动中,笔者创设了贴近生活的情境,让学生体验新学知识的真实运用方法,形成在所给语境中运用新学语言的能力。笔者通过创设"爷爷奶奶今晚要来你家吃饭"的情境,让学生运用核心句型来询问父母是否购买了爷爷奶奶爱吃的菜,以及购买地点和价格等信息：

Suppose your grandparents are coming to have dinner with you tonight. Your parents have bought some food for cooking. Ask about the food items they have bought and inquire about the place where they bought them and the price of them.

表 3 学习理解类活动情境设计

In the supermarket	In the market
S1：What would you like for dinner? S2：I'd like . . . for . . . S1：We need to buy . . . S2：Where can we buy . . . ? S1：It is/They are in the . . . section. S2：How much . . . ? S1：It is/They are . . . *yuan* per kilo. S2：OK. We can buy a kilo. Now let's go to buy some . . . S1：The . . . section is over there.	S1：Do you have any ideas for the dinner tonight? S2：What about . . . ? S1：That sounds great. We need to buy . . . S2：Let's go to the . . . stall. S1：How much . . . ? S2：It is/They are . . . *yuan* per kilo. S1：OK. We can buy a kilo. Now let's go to buy some . . . S2：The . . . stall is over there.
At home	
S3：Have you bought any . . . ? S1/S2：Yes, I've bought some . . . S3：Where did you buy the . . . ? S1/S2：We bought it/them in the supermarket/market, in/at the . . . section/stall. S3：How much was it/were they? S1/S2：It was/ They were . . . *yuan* per kilo.	

（三）丰富听说活动形式

大部分的听说活动,都会在"听"的环节采用个人类的活动形式,在"说"的环节采用合作类的活动形式。当然,活动形式不是一成不变的,而要根据不同活动的目的来调整。活动形式可以是个人、结对、小组、全班的。丰富多样的听说学习活动形式可以激发学生参与活动的欲望,提高学生的学习兴趣。教师应设计由浅入深、由易到难的活动,通过听前预测、补全对话、图片描述、分组合作、续说对话等多样化的活动来提高学生的语言技能和学以致用的能力。例如,笔者在导入环节,设计了食物说唱的活动。学生使用上节课的核心词汇 prawn、bacon、cabbage、strawberry 和句型"What would you like for . . . ?""I'd like some . . ."进行本节课的准备活动。随后,笔者引导学生结合自身经验,独立思考在哪里可以买到需要的食材。在应用实践类活动中,笔者引导学生在不同的情境中进行两两对话。在迁移创新类活动中,笔者引导学生针对对话中所反映的食材购买方式进行小组讨论和口头评价,并说明理由。学生先结合自身和家人的购物经验进行分享和交流;随后,根据"爷爷奶奶今晚来家吃饭"的情境,小组合作创编对话。为了让学生可以充分地进行听说练习,笔者邀请了几组学生向全班表演创编的对话;让其他学生集中注意力听,以学习他人的长处,养成倾听的习惯,并要求他们在认真听的过程中获取细节信息,做好笔记,为口头复述做好准备。

(四)强化活动的关联性

听说活动之间需要建立逻辑关系,以提高活动的关联性,避免碎片化的教学设计。如表1所示,学习理解、应用实践、迁移创新三类学习活动之间,以及同一类活动之间都应该存在联系和逻辑,前一个活动要为后一个活动做好铺垫,层层递进,让学生在活动中循序渐进地学习知识、掌握方法,形成听说技能和策略。学习理解类活动以"说"导"听",学生就购买的晚餐食材进行了讨论和预测,激活背景知识,扫清单词、句型障碍;以"听"助说,学生先听大意,再听细节,朗读感知了语音知识的表意功能。学生在应用实践类活动中,在回顾、整合本课所学知识内容的同时,也为后续在迁移创新活动中能更好地进行连贯的意思表达做好了充分的准备。在迁移创新类活动中,学生针对对话中所反映的食材购买方式进行了口头评价,思考了自己和家人的采购习惯,做到了与现实生活的联系,为后续小组创编能有更多真情实感的表达做好了铺垫,促进了真实交际。

(五)激发真实交流互动

现实生活中的语言运用目的是进行真实的信息、情感、经验的表达与交流。因此,听说活动的设计应以促进真实交流与互动为目的。笔者在设计听说学习活动时重视鼓励学生打开思路、联系实际、真正交流。笔者通过迁移创新类活动把学生从文本情境"李太太为晚餐购买不同的食材"带入生活的真实情境"爷爷奶奶今晚要来你家吃饭,询问父母晚餐购买的食材"中,让学生运用与主题相关的词汇和句型来询问父母是否购买了爷爷奶奶爱吃的菜,以及购买地点和价格等信息。活动任务体现了一定的交际性,体现了师生互动、生生互动共同建构主题和实践语言的过程,并引导学生多花点时间关爱家人、了解家人最喜欢的食物,从而促进学生能力向素养转化。

四、结语

在探讨基于英语学习活动观的英语听说课堂教学实践时,笔者深刻认识到,教学活动的设计不是按部就班的安排,而是教育理念的体现。

首先,明确而富有导向性的听说活动目标,如同灯塔般引领着教学航向,能确保每一个教学步骤都紧密围绕并促进听说教学目标的达成,确保教学的系统性和有效性。其次,贴近生活的情境是连接语言学习与现实世界的桥梁。建构生活化情境不仅能帮助学生认识到语言作为交流工具的实际价值,还能激发他们运用语言进行表达的内在动力,"做中学"和"用中学"让学习过程充满了意义与活力。再次,多样化的听说学习活动形式为课堂注入了无限生机,为学生提供了多样化的学习路径,促进了学思结合、学用结合、学创结合的深度融合。学生在参与这些活动的过程中,不仅能够提升语言技能,还能培养批判性思维、创新思维等思维品质。此外,教师通过精心设计听说活动,确保听说活动之间呈现出清晰的内在逻辑和连贯性,能为学生构建起从输入到输出的完整学习链。这种关联性不仅有助于学生更好地理解和掌握知识,还能为他们提供必要的支持和支架,助力学生顺利完成最终的语言输出任务。最后,以促进真实交流和互动为目的的听说活动设计不仅赋予了教学活动以生命力和活力,更使语言学习从书本走向生活,从静态走向动态。

在未来的研究中,笔者将继续探索如何进一步优化活动设计,使其更加符合学生的实际需求和学习规律。同时,笔者也将关注教育数字化在听说教学中的应用,利用现代技术手段提升教学活动的互动性和有效性,为学生创造更加丰富、生动、有效的英语学习环境,助力他们成长为更具国际视野和跨文化交际能力的新时代人才。

部编版初中语文整本书阅读策略初探

——以《朝花夕拾》和《红星照耀中国》为例

◎ 上海市实验学校南校　　肖钰榕

【摘　要】《义务教育语文课程标准(2022年版)》(以下简称"新课标")将"整本书阅读"归入了拓展型学习任务群,并对"整本书阅读"提出了新的要求。学生在进行整本书阅读的过程中往往缺乏阅读规划、阅读策略等,造成阅读效率低下、阅读兴趣不高。本文从新课标的要求和实际学情出发,以《朝花夕拾》和《红星照耀中国》为例,结合教学实践,从阅读前、阅读中和阅读后三个阶段探究整本书阅读的策略。

【关键词】部编版初中语文　整本书阅读　阅读策略

目前,随着新课标的施行,部编版初中语文教材名著阅读的重要性明显增强,整本书阅读由学生自主阅读为主转变为教师引领下阅读教学的重要内容。在整本书阅读教学中,教师需要统筹设计好阅读步骤,采用有效策略,引导学生读好、读懂整本书。本文将以部编版语文七年级上册整本书阅读书目《朝花夕拾》和八年级上册整本书阅读书目《红星照耀中国》为例,谈一谈关于初中语文整本书阅读教学策略的思考与探索。

一、认识阅读定位,明确指导方向

新课标将"整本书阅读"归入了第三层拓展型学习任务群,纳入了义务教育阶段语文课程内容,并从教学目标与内容、教学提示与教学建议、教学方法与评价等方面,对其进行了课程与教学的整体规划和学段定位。由此,整本书阅读从有名无实的"课外阅读"走向了有课时保障的"课内阅读",从无指导、无检测的"自由阅读"走向了体系化的"指导阅读"[1]。

---

[1] 张秋玲,牛青森,等.新版课程标准解析与教学指导(2022年版)初中语文[M].北京:北京师范大学出版社,2022.

二、分析实际学情，了解真实困境

初中阶段共有八本必读的整本书阅读书目，这些书目涉猎范围广，体裁也不尽相同，并且书中故事的时间、场景等有的离学生的实际生活有一定的距离，这就导致学生在阅读的过程中或多或少会遇到阻碍。以《朝花夕拾》和《红星照耀中国》为例，笔者在学生阅读前预设他们可能会存在以下阅读上的困难。

在阅读《朝花夕拾》时，学生可能会遇到的困难：首先，书中存在晦涩难懂的语言。一些语言表达与如今的现代汉语表达存在差异，导致学生在阅读时存在障碍；其次，《朝花夕拾》是一部回忆性散文集。学生在以往的学习中接触到的都是单篇散文，他们不能够准确把握散文集中篇章与篇章之间的内在联系。同时，散文的故事性较弱，学生的阅读兴趣不高；最后，《朝花夕拾》一书中鲁迅所回忆的事件发生的时间，以及他所生活的时代对学生而言较为遥远，学生对当时的时代背景等认知不够清晰，在理解作者要表达的深层次的情感上会存在障碍。

在阅读《红星照耀中国》时，学生可能会遇到的困难：首先，学生不能很准确地理解书中一些有特殊含义的词汇或是不能辨别书中一些相近的名词的含义，从而影响对故事情节的理解；其次，学生尚未学习过书中的这一段历史，对其了解不足，因此对书中叙述事件的把握会存在困难；最后，《红星照耀中国》是一部纪实作品，全书缺乏波澜起伏的故事情节，并且书中出现的时间、事件和人物很多，学生在阅读过程中容易产生畏难情绪。

总结下来，在《朝花夕拾》和《红星照耀中国》的阅读过程中，学生可能会在产生阅读兴趣和情感共鸣方面存在困难，如图 1 和图 2 所示。

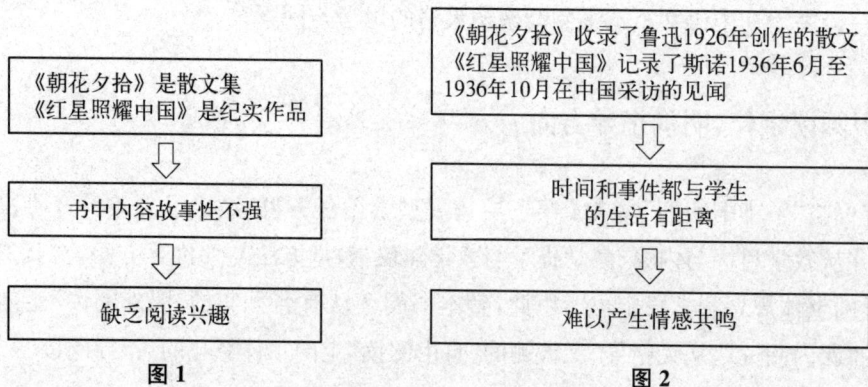

《朝花夕拾》是散文集 《红星照耀中国》是纪实作品
⇩
书中内容故事性不强
⇩
缺乏阅读兴趣

图 1

《朝花夕拾》收录了鲁迅1926年创作的散文 《红星照耀中国》记录了斯诺1936年6月至1936年10月在中国采访的见闻
⇩
时间和事件都与学生 的生活有距离
⇩
难以产生情感共鸣

图 2

基于以上对学情的分析，笔者在进行整本书阅读教学设计时，思考如何才能有效地让学生在克服以上困难的同时理解书中主要的故事情节，把握书中的人物形象特点，体会作者要传递的情感,感受这本书独特的魅力,由此产生了以下关于整本书阅读的教学设计。

三、分享阅读经验,探究阅读策略

在新课标中,关于第四学段学生"阅读与鉴赏"能力的要求为"要探索个性化的阅读方法,分享阅读感受,开展专题探究,建构整本书阅读的经验"。同时,新课标提出的拓展型任务群中关于"整本书阅读"学习内容的阐述有一条为"开展多样的读书活动,丰富、拓展名著阅读"。因此,笔者基于新课标中的要求并根据这两本书本身的特点设计了以下教学活动。

(一)提供阅读支架,细化阅读任务

为了缓解学生对于阅读一整本名著的畏难情绪,在阅读的过程中,笔者始终让学生进行小组活动。笔者在让学生阅读《朝花夕拾》和《红星照耀中国》前对他们进行了分组,给每一小组分配了阅读任务,细化学生在阅读时重点关注的角度,并从方法上对学生进行指导。例如,在开展阅读《朝花夕拾》前,笔者将学生分为三个小组,各小组分工如表1所示。

表1 《朝花夕拾》阅读分组安排

小 组 序 号	分 工
1	梳理书中的人物形象特点
2	梳理书中鲁迅的成长轨迹
3	搜集关于生活中的鲁迅资料

在开展阅读《红星照耀中国》时,笔者引导学生通过思维导图或时间轴等适合自己的梳理形式,整理书中的事件,建构自己的事件关系网。比如书中关于"长征"的部分,作者花了较多的篇幅进行介绍,在阅读时,学生可以用时间轴的方式将长征的路径和过程梳理出来。

(二)利用课外资源,丰富阅读体验

在阅读一本名著时,不仅要了解书中作者呈现的内容,还需要了解作者的相关经历,了解作者在创作背后的故事。在阅读名著的过程中,利用课外资源丰富学生对作者经历和著作创作背景的了解,能够在一定程度上帮助学生更加深刻地了解书中呈现的内容。

在学生阅读《朝花夕拾》的过程中,笔者带领学生参观了虹口区的鲁迅纪念馆,并设计了学习任务单"寻找身边的鲁迅"(如表2),让学生在鲁迅纪念馆中寻找《朝花夕拾》书中的印迹。

表2 "寻找身边的鲁迅——《朝花夕拾》中的印记"学习任务单

在参观的过程中,你发现了哪些与《朝花夕拾》相关的印记?		
相关的篇名及内容	鲁迅纪念馆中的呈现	你的思考
在参观过程中,你对鲁迅有了哪些更丰富的认识?		
生活方面	与人交往方面	思想方面

笔者设计这一活动的目的在于充分利用身边触手可及的课外资源,一方面丰富学生的阅读体验,让阅读不再枯燥,让学生将语文学习与生活结合起来;另一方面想让学生通过课外的资料加深对鲁迅人生经历的了解,帮助他们更好地理解书中内容。

在学生阅读《红星照耀中国》的过程中,笔者引导学生利用网络搜索了解书中提到的相关事件的背景发展和结果,观看相关历史事件的纪录片、电影,了解相关历史事件的过程。这样一方面可以激发学生的阅读兴趣;另一方面能帮助他们进一步了解书中重要的历史事件。

(三) 分享阅读成果,总结阅读方法

在开展阅读《朝花夕拾》和《红星照耀中国》前,笔者给学生分配了不同的阅读任务。为了检测学生的阅读成果,笔者让他们在课堂上就两本书的内容进行了不同形式的阅读分享。

在《朝花夕拾》的阅读分享活动课上,学生首先分享了对书中主要人物——阿长、衍太太、藤野先生、寿镜吾先生人物形象的梳理。鲁迅在书中回忆自己的成长经历时会重点回忆起这些人,说明这些人对鲁迅的成长有重要的影响。学生在分享中梳理了书中出现的这些人物与鲁迅之间的关系(如图3);接着在分析人物形象时,既关注这些人物的外形、行事风格等特点,又关注这些人物对鲁迅在不同方面的影响,多角度、全面地把握了书中这些人物形象的特点。

《朝花夕拾》虽是一部散文集,篇章与篇章之间的关联性较弱,但整本书依然体现出鲁迅较为清晰的成长经历。学生在课堂上分享时,以成长轨迹图的形式直观地展现出鲁迅成长过程中的几个重要节点,并对不同时间节点的相关故事情节进行了介绍(如图4)。

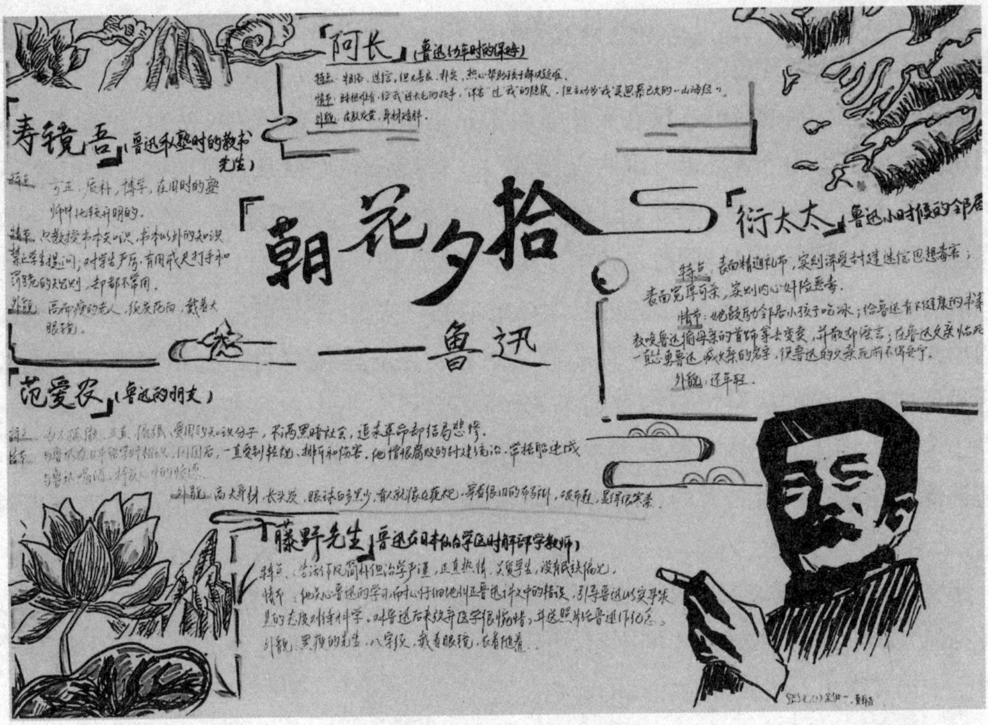

图 3 《朝花夕拾》人物关系网

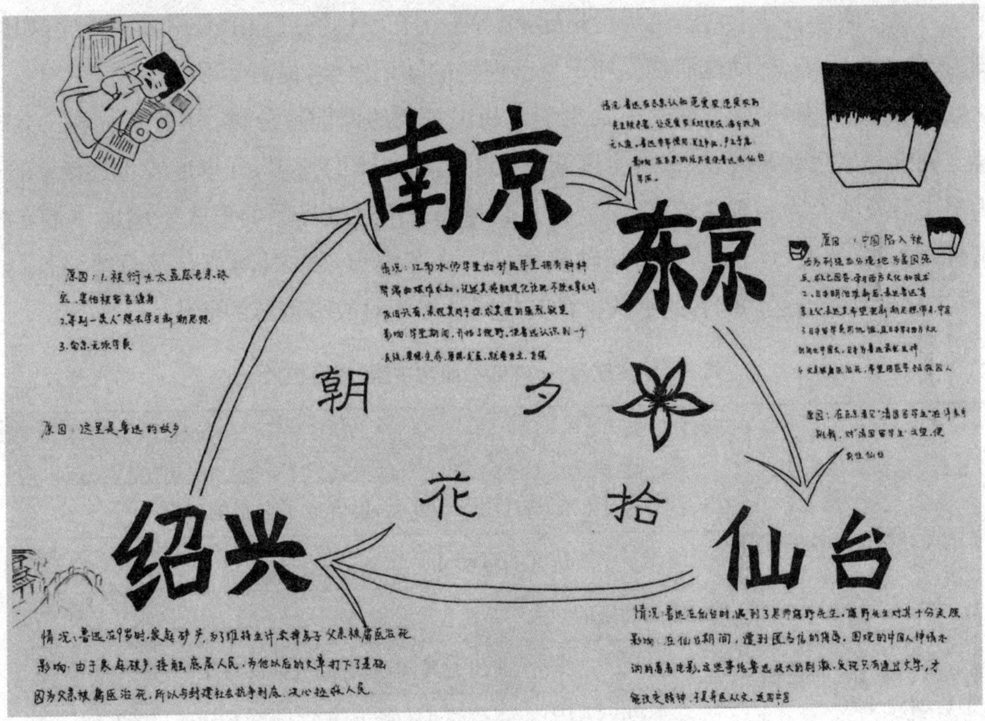

图 4 《朝花夕拾》中鲁迅的成长轨迹图

通过这一环节,学生一方面能够对书中的关键故事情节有更加深刻的印象;另一方面能够清晰地了解书中体现鲁迅成长的轨迹。

阅读《朝花夕拾》的目的不仅在于让学生了解书中关于鲁迅的成长故事,更重要的是让他们从多维度认识和了解鲁迅。因此,在课堂上,笔者结合课文《从百草园到三味书屋》和课外资料带领学生从鲁迅的兴趣爱好、文学之外的其他成就等方面综合了解生活中多面的鲁迅,激起了学生的学习兴趣,同时也让学生对鲁迅的认识更加全面。

最后,学生分享交流了参观鲁迅纪念馆的心得。学生在分享过程中能够将在纪念馆中的所见、书中的内容和自己的参观心得相结合。还有学生将自己到绍兴参观鲁迅故居的所见所闻与书中的故事情节结合起来,分享了自己对书中内容的认识。这一环节将学生身边与书本相关的课外资源与书本内容进行了联动。学生从书本走到现实的过程中,逐渐消除了在阅读前对名著的畏难情绪,寻找到了书中的乐趣,让书本上的文字变得鲜活起来。

课堂最后,笔者以他人对鲁迅的评价和臧克家的《有的人》结尾。这一环节旨在引导学生看见他人眼中的鲁迅,通过不同国家、不同时代、不同身份的人对鲁迅的高度评价,体会鲁迅对于中国文学史及中国社会深远的影响。

学生通过这节课能够对书中的主要故事情节和主要人物形象有更加深刻的印象,同时还通过课外资料丰富了对鲁迅的认识,体会到鲁迅对于中国文学史及中国社会的重要意义。教师还可以在阅读方法上对学生进行指导,引导学生在阅读的过程中采用多种形式,如思维导图、人物关系图等,辅助他们建立利于自己理解的知识框架,提高学习效率。

《红星照耀中国》的阅读教学模式为学生利用每天的课前三分钟,分享书中某一小节的内容。阅读分享活动开展以来,学生逐渐形成了主动阅读的意识,分享形式也逐渐多样化。因为书中涉及的人物和事件较多,学生在分享时或采用思维导图的形式呈现这一小节的主要事件及人物(如表3),或通过时间轴梳理这一小节中出现的时间节点及重要事件(如表4),或在分享时采用互动问答的形式帮助其他同学加深对故事情节的印象。

表3 学生成果——《红星照耀中国》内容梳理

革 命 的 前 奏		
毛泽东离开师范学校到北京工作	在长沙师范学校虽然只用了160元,但养成了读报的习惯	
	协助组织了学习法文的运动	
	介绍遇到的别的学生	
毛泽东离开北京,四处游历,最后回到北京	1919年初	前往上海,但只有到天津的车票
		一位同学借给毛泽东10元买到浦口的车票

续　表

革　命　的　前　奏		
毛泽东离开北京,四处游历,最后回到北京	到达浦口	从湖南老朋友那儿借了钱去上海
	回到长沙	组织反军阀运动
	1920 年	与杨开慧结婚

表 4　学生成果——《红星照耀中国》时间轴

国　民　革　命　时　期	
时　间	事　件
1919 年	陈独秀同志同共产国际建立联系
1920 年	第三国际代表马林到上海,安排同中国共产党联系
1921 年	毛泽东到上海出席中国共产党第一次全国代表大会
	中国共产党的第一个省支部在湖南组织起来了
1922 年冬天	中国共产党第二次全国代表大会在上海召开
1923 年	中国共产党第三次全国代表大会在广州召开
1924 年	毛泽东到广州出席国民党第一次全国代表大会
1926 年秋天	开始北伐
1927 年	第一次国共合作瓦解

　　学生根据书中的内容建构思维导图或时间轴,一方面可以锻炼自己抓取和提炼关键信息的能力;另一方面可以逐步形成自己的阅读习惯与方法。

　　在接下来《红星照耀中国》的阅读中,笔者打算带领学生对书中出现的领袖人物和红军将领的人物形象进行梳理,并通过绘制长征路线图的形式让他们深入了解长征这一重要历史事件,以此引导学生进一步体会书中呈现的革命信仰和精神。

四、未来阅读的方向

　　新课标对整本书阅读的教学提出了新的要求,结合教学过程中的实际情况和初中阶段整本书阅读的必读书目类型,在未来的整本书阅读教学中还可以有以下指导阅读的方向:

首先,通过带领学生进行《朝花夕拾》和《红星照耀中国》的整本书阅读,笔者发现在阅读教学与学生阅读分享的过程中,无论是教师还是学生,关注的重点主要是对书中内容的把握,真正对阅读方法的总结还有所欠缺。在未来整本书阅读的教学中,应该加强对学生阅读方法的指导,及时总结和归纳不同类型作品的阅读方式,让整本书阅读的过程更加高效。

其次,初中阶段整本书阅读的必读书目类型不尽相同,课本中对不同类型的书目导读的方法与方式也不同。在阅读过程中,对散文集类、小说类、科学类等类型的书应选择不同的导读过程与方法,而目前尚缺乏对不同类型书目阅读方法的总结。因此,在未来的教学中,可以尝试对不同类型书目的阅读方法进行归纳和总结,让阅读方法的传授可以更加系统。

总之,在初中语文整本书阅读活动中,教师需要认真组织与谋划切实可行且有实际意义的阅读活动,在阅读指导时遵循学生的阅读规律,循序渐进地推进阅读教学,及时总结阅读方法,有效发展学生的阅读能力与核心素养。

"教—学—评"一体化背景下的初中英语教学实践探究

——以牛津上海版八年级下册 Unit 6 "Travel"阅读练习讲评课为例

◎ 上海市实验学校南校　李逢源

【摘　要】新课标背景下,如何在日常教学中落实"教—学—评"一体化已成为大家热议的话题。要达成英语学科的核心素养目标,"教—学—评"一体化的教学模式势在必行。本文以牛津上海版八年级下册 Unit 6 "Travel"的教学内容为例,探索"教—学—评"一体化理念在英语阅读练习讲评课中的应用。

【关键词】"教—学—评"一体化　初中英语　课堂评价　练习讲评

《义务教育英语课程标准(2022 年版)》(以下简称"新课标")明确提出要推动"教—学—评"一体化的设计与实施,以发展学生的核心素养,落实立德树人根本任务。这是因为"教—学—评"一体化不仅是将新课标转化为现实的重要抓手,更是确保新课程改革成功的关键。然而在实际应用中,如何设计一堂合理有效、体现"教—学—评"一体化理念的英语课,却令大部分教师感到困惑。尤其是当前,一线英语教师的练习讲评课还存在不少问题。例如,教师对讲评内容的筛选主要基于自身多年的教学经验,讲解缺乏针对性;讲解形式过于单一,整节课下来基本是教师"一言堂",缺乏师生互动;讲解的内容以语法和词汇为主,缺乏解题方法的教授和思维方式的训练;等等。为探索以上问题的解决方法,笔者以培养学生的英语学科核心素养为导向,遵循"教—学—评"一体化中的目标性、主体性、过程性及多样性原则,尝试设计与实施了一堂师生共创、评价多元化的阅读练习讲评课。

一、"教—学—评"一体化的内涵与要求

"教—学—评"具体指教学、学习及评价,而"一体化"则强调要将这些要素进行关联、融合,达到三位一体的效果。新课标指出,"教"是教师基于核心素养目标而设计的教学目标和活动,决定了育人方向;"学"则学生在教师的指导下,作为主体参与语言实践活动,决定了育人效果;

"评"是教师在课内外教与学的活动中,采用书面、口头、肢体或符号语言等形式,引导学生参与设计并完成多种评价活动,起到了监控教与学过程与效果的作用[1]。

"教一学一评"一体化要求教师在教学设计中以核心素养为导向明确教学目标(目标性原则),并在教学过程中确保教师的教学行为、学生的学习行为与评价结果具有一致性。具体到操作层面,"教一学一评"一体化建议教师要依托诊断性评价进行课堂教学设计,同时以英语学习活动观统筹各个教学要素。此外,教师应注重对学生在日常学习活动中的素养表现进行评价,将教学评价贯穿始终,实现以评促教(过程性原则)。一方面,评价手段要多元化,将教师评价与学生评价相结合,既要有终结性评价,也要有形成性评价(多样性原则);另一方面,评价要以学生为主体,鼓励学生以自评、同伴互评的方式积极参与评价过程(主体性原则)[2]。如此才能实现"教一学一评"三要素的真正融合。

二、教学案例的呈现与分析

关于"教一学一评"一体化的设计与实施,王蔷提出了一套清晰明确的操作系统,将其归纳为"明确理念、把握内容、分析学情、制定目标、选择方法、评价效果"这六大步骤[3]。它们环环相扣,蕴含了坚持学科育人、发挥主题的引领作用、践行英语学习活动观等新课程理念。因此,笔者参考以上步骤对练习课展开了教学设计。

(一) 教学设计

1. 单元教学内容分析

本次阅读练习主要基于英语(牛津上海版)八年级第二学期 Module 3 Unit 6 "Travel"这一单元的内容。本单元模块主题为"休闲时光",单元话题为"旅行",主题范畴是"人与社会",涉及的子主题内容包括"跨文化沟通与交流""世界主要国家的文化习俗与文化景观"等。图 1 为笔者对本单元主题内容的分析。

在完成单元教学后,笔者选取了与本单元内容较为贴合的语篇让学生进行练习。总体来说,本次试题考查的知识点贴合教材内容,难度适中。阅读的四个语篇题型与中考题型一致,分别为阅读单选(A 篇)、完形填空(B 篇)、首字母填空(C 篇)和根据短文回答问题(D篇)。阅读语篇体裁以说明文为主,呼应了单元教学内容的体裁范围,话题则比较多样化,可以进一步激发学生的学习兴趣。其中,A 篇与科技生活和当下的科技发展趋势相关,具有较

[1] 中华人民共和国教育部. 义务教育英语课程标准[M].2022 年版. 北京:北京师范大学出版社,2022.
[2] 王蔷. 新版课程标准解析与教学指导(2022 年版)初中英语[M].北京:北京师范大学出版社,2022.
[3] 王蔷,李亮. 推动核心素养背景下英语课堂教一学一评一体化:意义、理论与方法[J]. 课程. 教材. 教法,2019(05):114-120.

```
                        ┌─────────────────────┐
                        │   单元主题：Travel   │
                        └─────────────────────┘
```

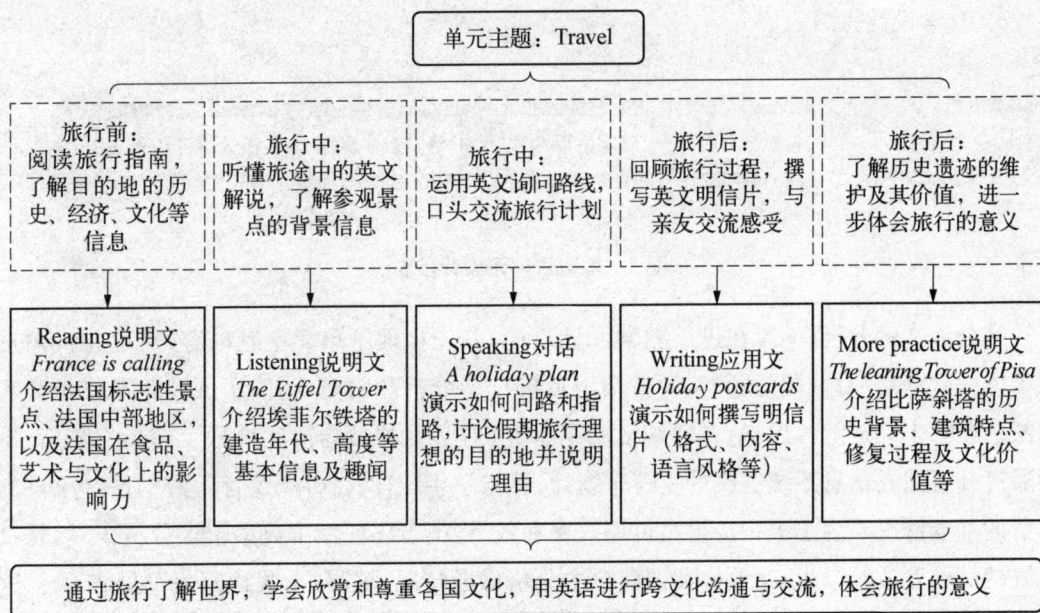

| 旅行前：阅读旅行指南，了解目的地的历史、经济、文化等信息 | 旅行中：听懂旅途中的英文解说，了解参观景点的背景信息 | 旅行中：运用英文询问路线，口头交流旅行计划 | 旅行后：回顾旅行过程，撰写英文明信片，与亲友交流感受 | 旅行后：了解历史遗迹的维护及其价值，进一步体会旅行的意义 |

| Reading说明文 *France is calling* 介绍法国标志性景点、法国中部地区，以及法国在食品、艺术与文化上的影响力 | Listening说明文 *The Eiffel Tower* 介绍埃菲尔铁塔的建造年代、高度等基本信息及趣闻 | Speaking对话 *A holiday plan* 演示如何问路和指路，讨论假期旅行理想的目的地并说明理由 | Writing应用文 *Holiday postcards* 演示如何撰写明信片（格式、内容、语言风格等） | More practice说明文 *The leaning Tower of Pisa* 介绍比萨斜塔的历史背景、建筑特点、修复过程及文化价值等 |

通过旅行了解世界，学会欣赏和尊重各国文化，用英语进行跨文化沟通与交流，体会旅行的意义

图1　单元主题内容框架

强的时效性，B、C、D三篇与 Unit 6 的单元话题"旅行"联系密切，但又各有不同，涉及了职业体验、文学作品、国家文化等角度，有助于加深学生对"旅行"这一单元主题内涵的理解（见表1）。

表1　阅读语篇的体裁与话题

语　篇	体　裁	内　容　话　题
A篇	说明文	Digital citizenship 数字公民
B篇	说明文	Travelling nurses 流动护士
C篇	记叙文	Gulliver's Travels 小说《格列佛游记》选段
D篇	说明文	France 法国

2. 学情分析

笔者的授课对象为初二年级学生，班内学生的英语水平参差不齐，存在两极分化的问题。水平较高的学生自觉性强，能够主动思考并有所创新，但是中后段的学生缺乏自我驱动，学习习惯不佳。结合学生的答题情况来看，大部分学生基本掌握了本单元的核心知识点，不过还是有不少学生存在做题习惯不佳、英语基础知识不扎实、综合运用英语的能力欠缺等问题。具体来说，在考查事实理解、细节查找的题型中，学生的正确率较高，但在词义推测、主旨题和判断题中，学生的正确率较低。这暴露了学生在阅读中分析、处理信息方面尚不理想的状态。

3. 教学设计思路

试卷考情分析	试卷学情分析	确定讲评内容	确定教学目标	设计讲评流程

图 2　练习讲评课设计步骤

结合上文的分析，笔者在进行教学设计之前，首先梳理了单元主题内容，从单元视角选取了阅读试题，并对试题的题型、所考知识点进行了分析和归类，明确了试题的考查角度和意图。在学生完成练习后，笔者仔细批阅了答卷，对学生的做题情况进行了诊断。随后，笔者通过分析阅卷信息系统提供的正答率统计、答错学生统计、得分率统计等数据掌握了试卷学情的基本情况。为了进一步提高讲评效率和效果，笔者还使用了典型错误分析工具，将批改好的试题发放给学生，让他们在课前自主分析做题情况，填写"自我诊断表"（见表 2）。这一方面可以督促学生做好课前准备；另一方面也可以帮助笔者确定好讲评内容及教学重点。基于以上对考情、学情的分析，笔者从英语学科核心素养出发进行了教学目标设计。

表 2　典型错误分析工具

自我诊断表

得分：＿＿＿＿＿＿	
题号	错因分析
需要老师讲解的题目（请按顺序列出题号）	

4. 教学目标设定

结合学情和教学内容,笔者在把握英语学科核心素养培养方向的基础上设定了以下教学目标。教学重难点则是学生能够通过自主分析和小组合作,巩固基础知识并掌握做题方法。

本节课学习后,要求学生能够:

(1) 改正错误,理清疑点,掌握题目对应的词法和语法知识点;

(2) 熟悉不同阅读题型的解题方法和技巧,提高自己的解题能力;

(3) 通过自主讲评,提高批判性和创新性思维,发展自主学习能力;

(4) 通过阅读语篇获取国外文化信息,理解不同文化现象,培养跨文化交流的意识。

其中,第一个目标重点关注英语课程六要素中的"语言知识",对应核心素养中的"语言能力",预期学生能通过阅读积累生词,辨识不同句式的结构特征,并对语法知识进行归纳;第二和第三个目标融合了"思维品质"和"学习能力"的培养,预期学生在小组合作中对遇到的问题进行主动探究,同时能独立思考,通过分析、比较、推断等方式把握语篇的深层含义;第四个目标主要培养学生的"文化意识",预期学生在语篇中进一步提升跨文化认知,树立国际视野。

确定好教学目标后,笔者将教学步骤分为三个环节:讲评前、讲评中、讲评后。讲评前向学生介绍考情与学情,然后呈现课堂教学目标。随后的讲评环节则采用教师讲评与学生自主讲评相结合的方式。教师讲评主要讲解学生预习的内容,并且提供学习支架,帮助学生梳理不同语篇的阅读方法,建构知识体系;之后的学生自主讲评主要以小组合作的形式展开。讲评完成后,教师对课堂学习情况进行总结,同时让学生对自己的课堂表现进行反思、评价。

(二) 教学实践

在实施教学的过程中,笔者始终关注学生在课堂中的主体角色和学习探索过程,通过学生对阅读题目的自我诊断和学生之间的小组讨论,促使学生主动寻找恰当的英语学习策略,提升他们的自主学习能力,从而发展他们的英语学科素养。以下是笔者在本节阅读讲评课中渗透"教—学—评"一体化理念的具体步骤。

1. 课前预习,明确学习任务

为帮助学生做好课前准备,笔者事先发放了阅读导学单(见表3),内容主要包括相关语篇的词汇和长难句分析。这一方面可以让学生提前预习和熟悉阅读题目的相关内容,做到有备而来;另一方面也能提升课堂效率,让教师讲授的内容更具针对性、重难点突出。课堂伊始,笔者首先呈现本节课的教学目标,指导学生明确自己的学习方向。随后再结合批阅后的导学单,对学生的作业情况进行反馈,并挑选典型作业进行讲解,以便及时解决学生预习中遇到的问题。由于学生是带着问题听讲的,他们的注意力十分集中,并且在听到与自己的错误高度相关的题目时,会主动记笔记,这体现了诊断性评价的重要性。

表3　阅读导学单(部分)

阅读 A

单　词	词性＋词义	单　词	词性＋词义
digital		permission	
citizen		bully	
secure			
词组/搭配	词　义	词组/搭配	词　义
behave well		click on links	
post a comment		download Apps	
长 难 句 分 析			

Digital citizens can use technology to communicate with others online **and** know how to use the Internet in a safe and responsible way. 该句为_____(简单句/并列句/复合句),因为 and 连接了两个_____(简单句/并列句/复合句)。
句中 use 有两种用法和搭配:1. _____　　　2. _____
句子翻译:_____

2. 教师讲评,构建知识体系

在课堂教学中践行英语学习活动观是落实"教—学-评"一体化的重要途径。笔者从出题角度和做题技巧两个角度入手,分析了阅读板块四篇文章的文本特征与主题,激活学生已有的知识和经验;随后以思维导图的形式带领学生梳理了阅读选择、完形填空、首字母填空、回答问题四类阅读题型的阅读方法,为之后学生在小组合作中进行互相答疑做好铺垫。这一环节属于学习理解类活动,主要目的是从语篇出发,引导学生重视文本特征,培养学生的篇章结构意识,从而帮助学生更深入地掌握阅读做题技巧,实现触类旁通。

3. 学生自主讲评,发挥主体作用

学生是语言学习活动的主体。为引导学生内化新知、促进知识向能力的转化,课堂的后半节主要为应用实践类活动,并以小组合作的形式展开。笔者事先按照学生的英语水平层次将全班 39 名学生分为 8 组,每组 4 至 5 人,分别包含 1 至 2 名高水平、中等水平及较低水平的学生,以确保每组的答疑可以有序进行。随后的小组合作遵循以下流程:自主分析错

题—组内互相答疑—班内展示—同伴点评(见图3)。具体操作步骤如下：

(1)自主分析错题。学生结合阅读导学单回顾错题,在订正错误的同时进行自主分析。在此过程中,笔者在班内巡视,观察学生的学习情况,提醒学生找出不理解的地方,并在试卷上做出标记。

(2)组内互相答疑。学生带着问题与组内成员一起讨论解题思路,结合上一环节的知识梳理,总结出解题方法和技巧。在此过程中,笔者继续在班内巡视,观察学生的讨论情况,指导学生分析错因,并提醒他们如遇到组内无法解决的问题,可派一人向教师请教,之后回到组内再讲给其他成员听。互相答疑结束后,学生要根据刚才的组内表现推选出一名"小老师"来代表小组进行班内展示。

(3)班内展示。展示前,笔者先明确每个小组负责的语篇及相关题目。由于时间有限,笔者指定了四组登台展示,而其余的四组则要认真聆听,在展示完毕后进行点评。代表小组进行班内展示的学生可使用手写笔在平板上进行圈画,题目和笔记可投屏到屏幕上,供全班同学学习、思考。其间,笔者根据展示者的表现对其给予针对性的肯定和指导,包括口头反馈和肢体语言反馈,并给学生更多的展示空间,使课堂氛围更加活跃、学生的专注度更高。

(4)同伴点评。每组展示结束后,相应的小组要派代表进行点评。点评内容要包括展示组的优点和不足之处。笔者会在恰当的时候给予反馈。学生互评这一环节激发了学生对于语篇的深度思考,既有助于他们集中精力聆听分享,也能培养他们的批判性思维和独立思考能力。

在小组合作环节中,笔者采用了多样化的评价方式,通过课堂观察、课堂反馈,及时评价学生的学习情况,激励学生主动探索。同时,笔者充分发挥学生的主体作用,指导学生开展互评活动,提高他们的评价意识。

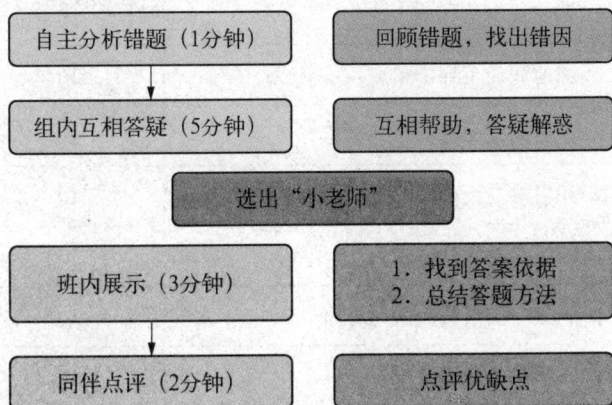

图3 小组合作流程

4. 学生自评,总结课堂收获

学生自评有助于促进学生的自我感知与发展。小组展示及点评结束后,笔者先对本堂课的学习情况进行了总结,然后提供"课堂收获表"和"课堂学习自评表"(见表4和表5),请学生对自己的表现进行反思、打分评价。这一环节可以督促学生及时反思课堂学习过程和学习效果,积累英语学习策略,从而发展自主学习能力。

表4　课堂收获表

我与同学分享了哪些知识点或阅读技巧	
我从同学那里学到了哪些词汇、知识点	
我从同学那里学到了哪些阅读技巧	

表5　课堂学习自评表

评 价 标 准		评 价 结 果	
		标准分	得　分
课前准备	1. 课前进行了试题自我纠错	10	
	2. 课前梳理问题,带着问题进课堂	10	
	3. 课前找出了不该丢的分	10	
	4. 课前完成了导学单	10	
课堂参与	1. 积极向老师提问	10	
	2. 积极参与组内答疑	10	
	3. 积极参与组内讲题	10	
	4. 积极与同学交流解题思路	10	
	5. 积极参与班级分享	10	
	6. 认真做好课堂笔记	10	

三、反思与总结

本节课注重"教—学—评"一体化的设计,笔者从培养学生核心素养的角度出发制定教学目标,在教学中及时诊断学生在学习过程中遇到的问题,根据需要提供必要的支架和指导。笔者在教学中将学生自评、生生互评与师评结合,努力实现以评促学、以评促教。不过经过实践,笔者发现本节课还有部分地方可以改进。首先,本节课是一堂阅读练习讲评课,考虑到讲评需要基于学生的试卷展开,笔者选择了在一节课内讲解四种阅读题型。虽然笔者准备了导学单让学生查词、预习,并对阅读题型的策略进行了梳理,但上下来仍然感觉深度不够。这一方面是因为题型过多;另一方面则是因为缺乏迁移创新类活动。要解决这一问题,未来还需要考虑以阅读专题的形式进行讲评,同时提供配套练习以便检验学生的学习成果。其次,上课的过程中,笔者注意到不少后进生在小组活动中比较沉默,要么是学习主动性不高,要么是不敢提问。因此,未来需要在课外建立更好的机制,比如长期的学习帮扶配对来督促后进生积极参与讨论,培养他们的自信心。经过实践,笔者发现"教—学—评"一体化为一线教师切实解答了如何整合课程内容、如何设计学习活动、如何引导学生参与探究活动等一系列问题。此外,在落实"教—学—评"一体化的过程中,教师可以依照要求很好地将单元整体教学、英语学习活动观、教学评价串联起来,有效践行新课程理念,最终实现学生学科核心素养的发展。

审美视角下中学古诗阅读教学实践探究

——以部编版语文六年级下册《马诗》吟诵教学为例

◎ 上海市实验学校南校　刘秀秀

【摘　要】古诗是提高学生文学素养和品鉴能力及审美情趣的珍贵文化资源。当今中学古诗课堂教学存在狭隘化、功利化、简单化等问题，往往以知识讲解为重点，审美教育层面存在一定的缺失。吟诵作为汉诗文的传统诵读方法，能够引领学生在反复吟诵涵泳中领略古诗文独特的美。本文以《马诗》吟诵教学为例，阐述如何引导学生感受古诗文的声律韵调与情感内容的水乳交融，为古诗文教学提供了一种新的文本理解方法和审美途径。

【关键词】审美　吟诵　古诗阅读教学　《马诗》

部编版中学语文教材收录的古诗都是广为流传、文质兼美的古代优秀作品，反映了语言美、意境美、情感美和哲思美。但是在考试的指挥棒下，语文课堂被禁锢于字词、文学常识的讲解之中，使得原本有深厚文化底蕴的诗文沦为了学生头脑中的生硬概念，遮蔽了其丰富的文学意蕴及审美价值。

吟诵注重从声音层面引导学生感悟诗意，体现了古诗文、声、义一体化的审美本质，是突破古诗教学逐字逐句支离破碎分析的樊篱的有效途径之一。下面笔者以《马诗》葛调吟诵教学为例，谈一谈如何通过吟诵教学法来引导学生感知古诗文的多重美感。

一、沉吟浸润，在吟诵中感知音韵美

古诗之美重在音韵和谐、平仄交替、节奏分明。困扰一线教师多时的难题是如何让学生读出诗歌的节奏和韵味。一般模式是先正音，再让学生标出停顿，读出诗歌的停顿。如此教学，节奏明了，朗读却变得索然无味。至于如何读出韵味和情感，更是没有行之有效的指导方法。吟诵还原了古诗的固有规律，于长短交替中，学生自然就能读出诗句抑扬顿挫的韵律，展现出它的美。

从先秦开始,吟诵通过私塾、官学等教育体系,口传心授,代代相传,流传至今。吟诵受方言、地方音乐、曲艺的影响较大,形成了多种吟诵调派别,如唐调、越调、华调、葛调、叶调等[1]。葛调是我国语言学之父赵元任先生的入室弟子葛毅卿先生传下来的吟诵调,以葛先生的姓氏命名。此调专门为吟诵格律诗而制,属于南调,深受越剧曲调的影响,具有婉转优美的特点。

《马诗》是部编版语文教材六年级下册第三单元"古诗三首"的第一首,是典型的五言绝句,非常适合采用葛调吟诵的方式。尽管《马诗》是一首学生已经会读、会背的诗歌,可是吟诵的形式是学生从未接触过的。课堂一开始,笔者通过展示扎实的吟诵功底和吟咏之声,或铿锵有力,或柔婉绵长,带给学生新颖的听觉体验,同时激发他们的学习热情。

吟诵的基本规则是"平长仄短、入短韵长",这就需要向学生简单地介绍古代汉语声调。古汉语有"平上去入"四个声调,平声对应着普通话声调的阴平和阳平,上声、去声不变。在基础音韵知识的铺垫下,学生能够迅速地判断出诗歌的平仄。五言绝句讲究"二四分明",笔者让学生将每句第二字和第四字节奏处的平仄划一下,阴平和阳平用横线表示延长,上声和去声用斜线表示短音。

所谓"删繁就简三秋树,领异标新二月花",入声字难度最大,可以将其作为吟诵要点切入学习。尽管在普通话中,入声已经派入另外三声之中,但是闽语、粤语、客家语、平话、赣语、新湘语、徽语、晋语、吴语、江淮官话、部分西南官话及极少数冀鲁官话里仍然保留了入声调。沪语是一种吴语方言,也保留了部分入声调。学生用方言朗诵,教师再次吟诵,其中短促、一发即收的字即为入声字,由此可以找出《马诗》中的入声字为"漠""雪""月""络""踏"。吟诵知识不一定要讲授很深,在本有的认知基础上适度地教给学生能够接受的超领域知识,能起到自然融入、润物无声的效果。

之后,笔者反复带领学生吟诵,同时用手势指挥声调的升降,渐渐地就把这首诗吟出韵味儿来了。学生在课堂上从羞涩腼腆、默不敢言,转变为仪态大方、吟咏有调。一首合辙押韵的格律五绝的音韵正是如此,所以在这样的吟诵过程中,学生也就明白了五绝的声律节奏。在平时的古诗教学中,同样可以让学生按照葛调吟诵其他的格律诗。在短时间内就掌握一种吟诵调,给予了学生很大的成就感。这样的创新教学,不仅从形式上带给学生不一样的体验,更在学生内心植入了古典文化的种子,让他们感受到了诗词文化的魅力。

二、依情入境,在涵泳中赏析意象美

(一)平声"重长"

在展现音律美的同时,更重要的是我们还要通过声音来体会诗歌的意境,触摸诗人心中

---

[1] 徐健顺.普通话吟诵教程[M].桂林:广西师范大学出版社,2018.

的情感。严羽在《沧浪诗话》里讲到,古诗有两种诗体最难写,一种是五绝,一种是七律。五绝篇幅特别小,要写出美的意境,同时又有丰富的言外之意[2],这无疑是对诗人创作技巧的极大挑战。

李贺的《马诗》可以说是其中的佼佼者。他选取的意象"大漠""燕山""清秋"都是大远景,勾勒出了一幅广袤、辽阔、空寂的宏大画面,情感随目光向远处延伸,越是遥远,越是有凝神观照之美。有趣的是,其中描写景色的字词大多是平声字,比如"沙如""燕山""清秋"。这并非巧合,吟诵时,平声字的延长在听觉上会被放大、突出,给人一种空间上的延展之感。学生一边吟诵诗句,一边闭上眼睛放飞想象,仿佛来到了一个月色清朗、平沙万里、连绵燕山的辽阔沙场。

(二)仄声"急促"

值得注意的是入声字"雪"。古人写"沙如雪"往往和月亮有关,比如李益的名句"回乐烽前沙似雪,受降城外月如霜"。李贺也不例外,将沙比作雪,写出了沙子又密又厚又多,紧接着的"月似钩"告诉我们沙之所以为白色,是反射了皎洁月光,清冷月色自然而然让人联想到寒冷的感觉,原本残酷厮杀的酣热战场,此刻却好像成为空灵美妙、恍若月宫的仙境。这也是为何有人抨击李贺并未上过战场,而将边塞写得如此诗情画意。但是反复涵泳"雪",则会得到另一番解读。"雪"在吟时急促有力,之前轻飘飘、白茫茫的雪花立刻化为闪着寒光、带着血光的锋利武器,带来了凄冷、肃杀之感,在诗歌的意脉上又紧扣战场,与"大漠""燕山""吴钩"等意象相呼应。

在此情此景之下,战马的形象呼之欲出。值得注意的是,直接描写马的形象几乎都用仄声字。"络脑"是马笼头,代指马;"快走"表现出马蹄轻快、身形矫健;"踏"显示出力度,展现了马的健壮和气势非凡。仄声吟咏时,顿挫感尤其突出,这就能表达出停顿时或断然决绝或跳跃轻快或幽咽急促等言外情、音外意。这里的一连串仄声字可以让我们体会到马的身形轻快及精神振奋,侧面凸显出马想要驰骋战场的愿望有多么急切、迫切而热切。

(三)韵字"悠长"

清代沈德潜在《说诗晬语》中指出:"诗中韵脚,如大厦之有柱石,此处不牢,倾折立见。"韵不仅是为了使全诗韵律和谐、节奏鲜明、有回环往复的音乐美,更是整首诗情感的体现。一般开口度越大,情感越激昂;开口度越小,情感越低落。笔者在教学中举了两个例子,杜甫的《闻官军收河南河北》的韵脚"裳""狂""乡""阳"都是开口度最大的阳韵,充分表达了作者听说朝廷军队打了大胜仗的欢欣鼓舞之情;而《迢迢牵牛星》中的韵脚"女""杼""雨""许"

---

[2] 孙邵振.审美阅读十五讲[M].北京:北京大学出版社,2013.

"语"开口度很小,抒发了织女被迫与爱人别离的苦闷愁恨。

本诗韵字"钩""秋"开口度中等,给人舒缓、悠长之感。格外拉长韵字再次吟诵,让人感觉这首诗充满了深深的忧思、愁绪、愤懑。究竟愁闷什么?"钩"指的是吴钩,吴钩是春秋时期流行的一种弯刀,以青铜铸成,是冷兵器里的典范,充满传奇色彩,经常被历代文人写入诗篇。在众多文学作品中,"吴钩"已经超越兵器本身,成为驰骋疆场、立志报国的精神象征,上升为一种骁勇善战、刚毅顽强的精神符号。李贺的《南园十三首》(其五)中就有"男儿何不带吴钩,收取关山五十州"的诗句。屈原、李白、杜甫、王昌龄、王维、辛弃疾等人,都曾借"吴钩"表达报国之志:屈原《国殇》中的"操吴戈兮披犀甲",李白《侠客行》中的"赵客缦胡缨,吴钩霜雪明",辛弃疾《水龙吟·登建康赏心亭》中的"把吴钩看了,栏杆拍遍,无人会,登临意"。"秋"是庄稼成熟的季节,也是草木凋零的时候。从文化角度上,"秋"具有双重象征意义,给人以苍凉衰老之感。再加上秋时的战争带有浓烈的肃杀之气,塞外之秋远比中原之秋更让人感到肃杀和凄凉,所以"秋"往往带有愁意。

韵字的读音是最长的,笔者在吟诵教学时,让学生对比读,分别把韵字拉长音来读和没有区分韵字来读,找一找感觉,体会原来战场杀敌不过是一场春秋大梦,在奋发与渴望中藏着作者深重悠长的忧思、愁闷。

这一环节的教学,笔者引导学生在吟咏中明白了更深层的诗意,通过抓住平声"重长"、仄声"急促"、韵字"悠长"[3],使诗歌的意境和马的形象随即生动鲜明起来,这是一匹盼望在广袤沙场驰骋却怀才不遇的战马。

三、迁移运用,在吟诵中体悟志向美

古诗教学的关键是体会诗人表达的情感。就诗解诗是远远不够的,还需要借助资料全面了解诗歌的创作背景,努力还原作者的创作意图,与诗人心同此情、意同此理。笔者在课前布置学生收集与李贺有关的资料,在课上又拓展了《马诗二十三首》中的另外几首,特意选取了与教材中的《马诗》格律相同的三首仄起首句不押韵的五言律绝——《马诗二十三首》(其二)、(其九)、(其十五)。学生按照格律做好吟诵标记,运用葛调尝试吟诵诗歌,体会了不同诗歌中马的心志。这样不仅将声律知识再次内化,有触类旁通之效果,而且让学生真正感受到了诗中的情——马的心志就是作者李贺的情志。

如果说"何当金络脑,快走踏清秋"是骏马最一般的梦想,那么它最大的梦想便成为天子的骑乘。《马诗二十三首》(其十五)中的马是骏马中的骏马,是能食虎豹的"駃",荣幸地成为

---

[3] 刘敏威.以声立诗 以音塑诗 以律筑诗——以统编版语文六年级下册《马诗》的教学为例[J].小学教学研究,2022(33):75-77.

齐桓公的坐骑,更幸运的是,桓公及时发现了它的异能之处,使它最终脱颖而出。"一朝沟陇出,看取拂云飞"是骏马对君王的宣言书,也是它实现自身价值的梦想。骏马之梦亦是李贺之梦,是诗人渴望振兴家国,为李唐王朝贡献自己力量的理想的体现。

《马诗二十三首》(其九)塑造了一匹困顿不堪、折于西风的良马,尽管才华出众,奈何飂叔已逝,无人豢龙。骏马就像中国的诗人,没有几个是有好运气的。诗人要出人头地,只有做官一条路。他们除了要有足够的实力在竞争激烈的科举考试中取得胜利,还要有贤明的皇帝和公正的官僚机构作为保障。现实生活中,中唐政治十分腐败,李贺不仅因父亲的名字为"晋肃",失去了参加进士考试的机会,而且他天生体弱多病,从军报国也是一条走不通的道路。

吉新宏认为,骏马最悲惨的处境是"双重剥夺":首先被剥夺效力明主的机会,失去"自我实现"的可能性;其次是食物被剥夺,自体保存受到威胁[4]。《马诗二十三首》(其二)中的这匹骏马就是如此,"腊月草根甜,天街雪似盐",草根干枯难食,它却觉得甘甜;腊月大雪冰冷刺骨,它却觉得像盐,"蒺藜"浑身带刺,它却要经受着强烈的肉体痛苦,毫不畏惧地咀嚼。良骏被逼到如此境地,走投无路,真让人唏嘘不已。元和八年(813年)春,李贺由于迁调无望,功名无成,哀愤孤激之思日深,加之妻又病卒,更是忧郁病笃。之后,他辞去奉礼郎之职,在友人张彻举荐下,为昭义军节度使郗士美的军队帮办公文。元和十一年(816年),郗士美因讨叛北方藩镇无功,告病到洛阳休养,张彻也抽身回长安。李贺无路可走,只得强撑病躯,回到昌谷故居,不久病卒,时年27岁。

联读这三首古诗,学生自然体会到了李贺的借物抒怀和他为何如此钟爱写马。因为马就是他自己,其中的骏马是诗人对自我才华的肯定,瘦马、羸马、病马是诗人自身经历的体现。《马诗》里所有描绘的骏马驰骋疆场的场景,不过是李贺终其一生都无法实现但又不断做着的美梦,在充溢着理想美的同时还笼罩着一层现实的悲凉。李贺的境遇无独有偶,安史之乱后的唐人绝大多数都处于相同的困境,苦心孤诣,难以破局。《马诗》不仅寄托了李贺个人的承恩情结,背后也承载了一个时代文人的盼与怨。

"吟诵,对于探究所得的,不仅能理智地了解,而且能亲切体会。不知不觉之间,内容和理法就变为自己的东西[5]。"用吟诵的方式来唤醒古诗的灵魂和神韵,能够有效地引领学生解开古诗韵律的密码,体察古诗语言的精妙,领悟古诗完整的意涵。同时,吟诵教学充分发挥了古诗文的音乐性,用声音去诠释古诗文的音乐之美,能让学生在不知不觉中感受古典诗词中蕴含的美感和情意,促进他们审美情趣的发展,让他们在亦歌亦舞的吟咏中爱上古诗文,让古诗的美缱绻绵远地流传下去。所以,古诗文吟诵的教学模式相较于其他的教学模式,是一种更为行之有效的教学模式。

---

[4] 吉新宏. 双面缪斯:李贺诗学研究[M]. 北京:中国社会科学出版社,2019.
[5] 朱红甫. 在诵读中品味古诗之美——评王继聚老师《马诗》一课的教学[J]. 教育视界,2021(14):36-37.

博物馆跨学科项目案例设计实施研究

◎ 上海市实验学校南校　王　萍

【摘　要】践行核心素养的博物馆跨学科项目案例,既激发了博物馆教育跨学科的天然优势,又满足了教学改革所需要的真实情境、优质课程资源等条件。博物馆跨学科项目主题主要源自三个方面:现实世界、学科内容、馆藏资源。其设计理念遵循"以终为始"的逆向教学设计,围绕主题确立目标、设计驱动任务、进行多元评价。实施策略主要阐述了博物馆课程资源的转化,可以通过创建跨学科项目资料包和设计场馆活动任务单来实现。期待未来博物馆跨学科项目能够培养出更多具有核心素养的复合型人才,以及具有项目化学习设计实施评价素养能力的研究型教师。

【关键词】博物馆　跨学科项目　设计策略　实施策略

2024年国际博物馆日主题为"博物馆致力教育和研究"。这一主题充分发挥了博物馆作为收藏、保护、展示、研究自然历史和人类文化的社会教育机构的功能。博物馆跨学科项目学习能激发出博物馆教育跨学科的天然优势,在博物馆的开放拓展空间中赋予文物展览全新的跨学科表达。而跨学科教学方式变革所需要的真实学习情境、优质课程资源恰能在博物馆教育环境中得到满足。二者的融合突破了以往重知识技能、重物质层面的局限,全面转向关注人的发展。博物馆跨学科项目学习,引入博物馆课程资源,关联学科课程标准,依托学生真实视角选择主题、确立项目目标、设计驱动任务和评价标准,通过持续的合作探究活动,最终形成表现性产品。学生在项目实践中能丰富人文底蕴和科学精神,产生健康的生活学习方式,最终培养社会责任感和爱国情怀[1]。

一、博物馆跨学科项目主题选取

笔者以"博物馆教育"为关键词在中国知网平台检索到文献1151篇,以"博物馆＋跨学

---

[1]　核心素养研究课题组. 中国学生发展核心素养[J]. 中国教育学刊,2016(10):1-3.

科"为主题词检索到文献 143 篇。这些主题词主要聚焦在"现实世界、学科内容、馆藏资源"三个方面,而可持续合作探究的博物馆跨学科项目主题恰是这三方面的融合。学科内容和馆藏资源作为"输入空间"(Input),以学生视角的真实问题驱动在"类属空间"(Generic Space)形成项目主题,最终在融合空间(Blend Space)产生指向跨学科理解的新的知识和意义,形成可迁移的高阶思维和终身发展素养,共同构成"概念整合网络"[2](见图 1)。

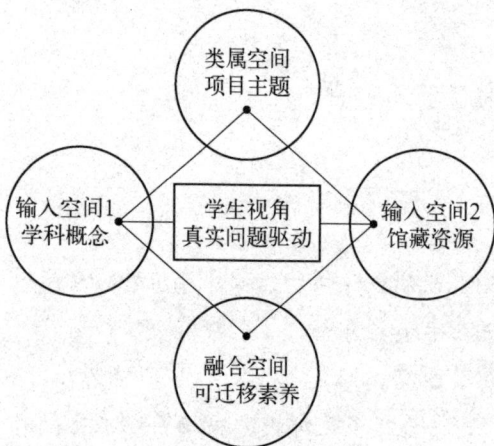

图 1　博物馆跨学科项目主题选择图示

所谓"博物馆跨学科项目主题",指的是在博物馆的真实情境中,面向学科目标和馆藏资源、依托学生的核心素养发展所产生的综合问题。其主要源自三个方面:

一是源自现实问题。2015 年,联合国制定了 17 个全球可持续发展目标(SDGS),旨在解决社会、经济和环境方面存在的问题,使其走向可持续发展道路。比如第 14 项"保护和可持续利用海洋及海洋资源以促进可持续发展",内容包括海洋资源的重要性、保护和管理现状等问题。鉴于此,在"船长的一天"博物馆跨学科项目中,笔者结合语文、历史、地理、科技等学科,利用中国航海博物馆的馆藏资源,让学生了解人类航海技术的发展历史,并让他们结合想象设计一艘"海底两万里"号海洋工具;了解"新航路"的开辟过程,结合阅读资料撰写《船长航海日志》;了解人类在海洋探索方面的技术和演变过程,体会航海家勇敢探索的开创精神;考察当时的海洋生态状况,树立保护海洋资源的意识。

二是源自学科内容。英国《区域文艺复兴计划:对英国博物馆的新视野》的研究报告呈现了各学科在博物馆跨学科学习中的比重[3]。在此基础上,笔者提炼出跨学科项目学习的主题范围,占 70% 的历史学科包含"优秀传统文化、红色革命文化、社会历史发展、英雄历史人物"等主题;占 15% 的艺术学科包括"世界艺术、爱国主义、民俗文化、古代历史等绘画、音乐、戏曲作品的鉴赏创作"等主题;占 7% 的科学技术学科,可开展"科技创新、环境保护、可持续发展"等主题活动;占 2% 的语文学科,可开展"古代典籍、革命文学作品、伟人书信"等主题活动。比如在"校园电影周"博物馆跨学科项目中,融合了历史、艺术、语文等学科,以"电影博物馆"为资源,引导学生选取反映中国近代历史发展大事件的影视作品,在校园电影周举行推介博览会。

三是源自馆藏资源。博物馆是一座立体的百科全书,怎样传承保护、开发利用文物资源

[2] Fauconnier, G. Mental Spaces: Aspects of Meaning Construction in Natural Language[M]. Cambridge: MIT press, 1985.

[3] 胡珀-格林希尔 E. 博物馆与教育——目的、方法和成效[M]. 蒋臻颖,译. 上海:上海科技教育出版社,2017.

是博物馆的终极挑战问题。拿"优秀传统文化"来说，民俗节日、传统文化、物质文化和非物质文化等内容，都面临一个普遍问题：学生对其缺乏了解，需要引发学生的兴趣和重视，才能切实做好保护、传承工作，赋予传统文化在当今时代的价值，并且平衡和当代社会发展的关系。笔者从这一大主题切入，再逐步聚焦某一具体传统文化，关联这一传统文化所涉猎的学科大概念，结合相应的馆藏资源，转化成学生感兴趣的、具有真实意义的现实问题来确定主题，加强学生对中华传统文化的认同理解。比如在"校园民俗街"跨学科项目中，学生结合博物馆资源了解了民俗文化。首先从众多的民俗文化中选取想要开设的民俗店铺主题；然后准备陈列或出售能够体现该民俗文化的代表物件；最后美化装饰店铺、宣传民俗文化、吸引招揽顾客，以此提升弘扬传统文化的社会责任感、民族自豪感和国际理解力。

二、博物馆跨学科项目设计策略

威金斯和麦克泰格在《追求理解的教学设计》一书中提出"以终为始"的逆向教学设计理念，分为三个阶段，即"确定预期结果—确定合适的评估证据—设计学习体验和教学"[4]。博物馆向观众传递文化信息的价值观、有效性，而教学变革所倡导的实践性、体悟性等需求，为博物馆跨学科项目学习的目标、任务、评价设计的一致性提供了双向前提。其教学设计流程既遵循跨学科项目的原则，又具有其独特性（见图2）。

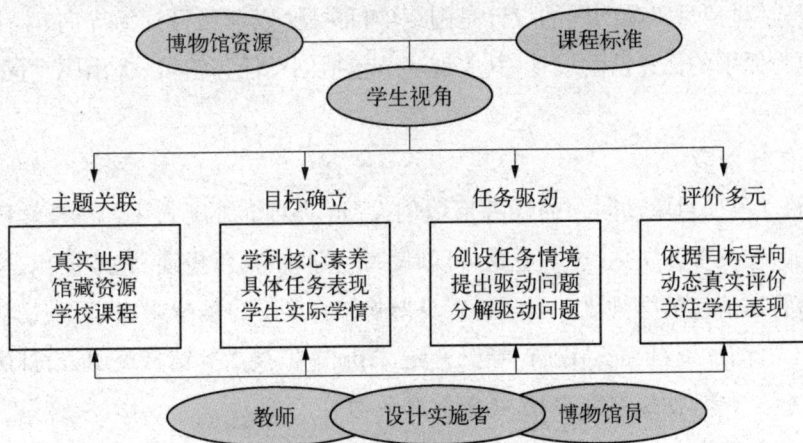

图 2　博物馆跨学科项目设计流程图

（一）目标确立

博物馆跨学科项目目标的依据同样遵循"学生核心素养、跨学科主题学习任务、学生学

---

[4]　威金斯 G，麦克泰格 J. 追求理解的教学设计[M]. 闫寒冰，宋雪莲，赖平，译. 上海：华东师范大学出版社，2017.

情"等方面,大致流程为:确定博物馆跨学科项目学习的素养表现要求;关联引领性项目任务,具化素养表现;分析学情,调整学生素养表现;呈现具体目标阐述[5]。这是一个从宏观到微观、从抽象到具象、从确立表现素养到语言具体表述的过程。

首先,在博物馆跨学科项目学习中确定关联学科在核心素养方面的共通点。比如在"荒石园昆虫博物馆"跨学科项目中[6],通过整合生物、语文、美术三个学科的核心素养共通点,提炼出共通的上位概念——生命观念、科学思维、审美表达、社会责任,因此,其跨学科项目目标确定为:通过学科融合的审美表达任务活动,在科普阅读、科学实践中形成科学思维,树立敬畏自然、平等和谐的生命观念,提升可持续发展的社会责任感。

然后,以具体的博物馆跨学科项目学习任务为引领目标,确定跨学科项目中的具体知识技能,具体阐述采用哪些馆藏资源、策略和工具,以及开展什么任务活动,结合实际学情将抽象的素养表现目标具化、细化为表现性成果目标,并指出目标达成的标准。在"荒石园昆虫博物馆"项目中,任务目标可具体表述为:① 通过阅读《昆虫记》,梳理昆虫知识,掌握科普文章阅读策略,绘制思维导图;② 通过科学实验,认知生物多元性和复杂性,树立正确的生态理念,完成《昆虫实验室》等展品制作;③ 了解博物馆策展流程和基本要求,完成"荒石园昆虫博物馆"的展览策划、展览布置、展览宣传等任务,提升创意表现和审美实践能力。

(二)任务驱动

博物馆跨学科项目驱动问题的设计是围绕项目主题,以项目目标为导向、学生学情为基点、馆藏资源为抓手的任务活动设计,其关键环节包括创设任务情境、提出驱动问题、分解驱动问题。

1. 创设任务情境

博物馆跨学科项目驱动问题的任务情境创设,可从两个维度入手:一是学科情境的博物馆化。比如"保护多元文化"这一主题,可创设时空穿梭、角色扮演、剧本演出、文物修复等情境;二是博物馆情境的学科化。当学生置身博物馆真实学习场景中时,可利用场馆的真实文物、艺术作品、图片资料、互动设备、导览音频、App 虚拟技术等馆藏资源,设计融入学科素养实践的任务学习单、侦探寻宝游戏、场馆教育活动等。

2. 提出驱动问题

驱动问题的提出主要源自两个方面:

一是具化大概念问题。比如对"可持续发展"大概念的理解,以"法布尔昆虫学校"博物馆跨学科项目为例,从"昆虫"主题着手,拆分《义务教育科学课程标准(2022 年版)》生物学

[5] 郭华,等.跨学科主题学习:是什么? 怎么做? [M].北京:教育科学出版社,2023.

[6] 王萍.《昆虫记》跨学科学习的设计与实施[J].中学语文,2023(10):60.

科提出的"生命观念、科学思维、探究实践、责任态度"四个学科大概念,以跨学科学习的方式将零散的学科知识整合起来,以学生的知识、兴趣、经验为出发点,提出驱动问题"《昆虫记》百年来一直深受喜爱,但市面上的昆虫立体书不仅价格昂贵,而且不能完全满足学习需要。你能面向不同年龄儿童设计制作一本昆虫立体书吗?"。其本质问题源自"怎样在阅读表达、数学思考、科学探索中建构昆虫知识体系,树立正确的生命观念,培养科学思维,提升人和自然可持续发展的社会责任感"。

二是深化学生问题。比如学生提出"中国的陶瓷是怎样的?"这一现实问题,教师可以按照课程标准、教材内容、馆藏资源,通过深化问题、创设情境,转化为学生可持续合作探究的驱动问题"中国的英文为China,为什么西方人会用陶瓷代表古老的东方文化? 假设你是一位文创设计师,怎样用中国的陶瓷艺术设计制作文创产品,向外国友人展示中国陶瓷文化的魅力?",进而引导学生挖掘陶瓷的发展演变、美学元素和文化内涵,再将其和文具用品、日用品、装饰品等实物关联,设计能够凸显陶瓷美学元素的现代文创产品。

3. 分解驱动问题

博物馆跨学科项目学习任务的设计遵循"以终为始"的成果路径,分解驱动任务的过程也是解构成果的逆推过程。按照和现实世界的关联程度,项目成果可划分为"真实—半真实—非真实"的连续统。

(1) 成果指向真实场景。比如为博物馆设计导览手册、参观路线,面向儿童设计讲解词,设计文物说明牌、文创产品等。在"我为X博物馆设计导览手册"的项目中,学生逆推导览手册的设计流程,了解X博物馆的参观路线及特色亮点,通过创意表现和审美实践,绘制面向不同观众且具有吸引力的导览手册,最后分享交流并发布导览手册。

(2) 半真实成果。以学校博物馆展示空间打造方案或虚拟VR展览为例,学生以策展人的身份体验从展览策划、展品制作、布置展览,到宣传导览、反思复盘等工作流程。在策展过程中,学生通过多样化的艺术审美表达形式,将整个展线清晰有序地呈现,将展览所涉及的学科知识技能、跨学科大概念、高阶思维、核心素养等内容转化为展览策划任务,通过策展构建自己的学科概念体系,深化对"文化理解、策划创意、审美实践、技术创造、沟通表达"等大概念的理解。

(3) 非真实成果。比如以馆藏文物为资源库,创设驱动问题"文物小剧场的经理需要选取戏剧故事参加莎士比亚文物戏剧节的演出,你能发挥想象创编反映中华优秀传统文化的剧本故事,并选取文物演员参加舞台演出吗?"。要完成"文物剧本"的项目成果需要完成四个子任务:一是鉴赏剧本文体,制定剧本招收标准;二是确定优秀传统文化主题,塑造合适的"文物演员"形象;三是按照戏剧文体语言特点撰写剧本,发挥想象创设戏剧表现;四是动手制作道具布景,完成舞台表演的视频拍摄。该项目将传统文物和大概念建立关联,旨在激发学生了解文物的历史价值,通过想象赋予文物新的时代价值。

（三）评价多元

虽然博物馆不作为提高考试成绩的主要手段，但近年来，一些大型的学业等级考试多次出现和博物馆有关的纸笔评价题目。2024年上海高考历史卷以"瓷器"考查新航路开辟以来的"全球流动"，题目从"瓷器销售"的角度考查不同时代、不同类型的中外交通路线，以及对"瓷器流动中的文化交流"的理解。该题目不仅考查了学科知识，而且融合了传统文化素养，体现了博物馆教育拓宽学生学科视野的价值。

除此之外，博物馆的跨学科项目成果更多的是采用表现性的评价方式，即教师依据项目目标，设计博物馆真实情境中的表现性任务，制定判断学生表现的评分细则，动态监控学生在博物馆项目中的成长和收获[7]。由此可知，表现性评价的要点体现在：一是依据项目目标。博物馆跨学科项目所依据的评价目标，不仅需要体现学科知识、技能、价值目标，还要体现跨学科的大概念理解、跨学科思维能力的养成，以及解决复杂问题的能力；二是依据博物馆真实情境。博物馆跨学科项目评价需要面向博物馆真实驱动任务目标，从问题的提出、问题的分析，到问题的解决，这是面向每一个活动环节的动态评价过程，也是使目标、过程、评价相一致的、贯穿始终的评价过程。在这个过程中，能考查学生在真实的任务情境中对驱动问题的理解、对分析解决问题的方案设计、对解决问题的成果完成情况；三是关注学生表现。学生是自我评价的主体，要激发其评价意识，使其主动参加评价，并在评价中反思复盘，形成可迁移的评价素养。另外，多元化的评价主体还包括可促进小组合作探究能力的同伴评价、可帮助学生搭建学习支架的教师评价。博物馆跨学科项目中还有一类评价方式——帮助收集证据、完善展览的观众评价。学生作为策展人，面向的观众群体主要是同学，但随着展览的不断迭代深化，可逐渐拓展到家庭、社区甚至社会，以进行更专业的展览评价。

面向不同类型的博物馆跨学科项目，笔者所采用的评价目标、依据、方式、时机各有不同（见表1）。

表1　博物馆跨学科项目类型评价表

博物馆跨学科项目类型	评价目标	评价依据	评价方式	评价时机
学科内容的概念式融合	达成对概念的理解迁移	理解性、批判性、应用性	教师、同伴、个人评价	形成性评价总结性评价
展览要素的结构式融合	策展内容的形式转化	创造性、审美性、合作性	教师、同伴、个人、观众评价	形成性评价总结性评价
真实情境的场馆式融合	对场馆资源的理解应用	理解性、实践性、社会性	教师、同伴、个人、专业评价	形成性评价总结性评价

［7］　周文叶.中小学表现性评价的理论与技术［M］.上海：华东师范大学出版社,2016.

三、博物馆跨学科项目实施策略

2020年,我国颁布了《关于利用博物馆资源开展中小学教育教学的意见》,文件指出"开发博物馆系列活动课程,各地文物部门和博物馆要连同教育部门和学校,结合学校教育需求和学生认知规律,充分挖掘博物馆资源,研究开发自然类、历史类、科技类等系列活动课程,丰富学生知识,拓宽学生视野"。截至2022年,全国博物馆总数达6565家,无论是国家政策扶持,还是博物馆数量,都为博物馆跨学科项目的开展提供了得天独厚的条件。将丰富的博物馆课程资源引入学校教育,大量的文物、模型等实物资料能使学生更易接受所学知识、加强概念理解、促进素养提升。有效开发利用博物馆资源,将其转化为教学资源,是博物馆跨学科项目重要的实施策略。

(一)创建跨学科项目资料包

博物馆的首要资源是以陈列、展示、收藏、研究等形式存在的文物。怎样将文物传递的信息活化,将其转化为博物馆跨学科项目所需的教学资源?策略之一是教师在跨学科项目学习的过程中以学生为本创建课程资料包。教师需要了解不同类型博物馆资源,在具体展品的基础上和相关学科建立关联点,继而创设富有挑战性的成果场景,引导学生合作探究完成相关任务,产出相应类型的成果(见图3)。

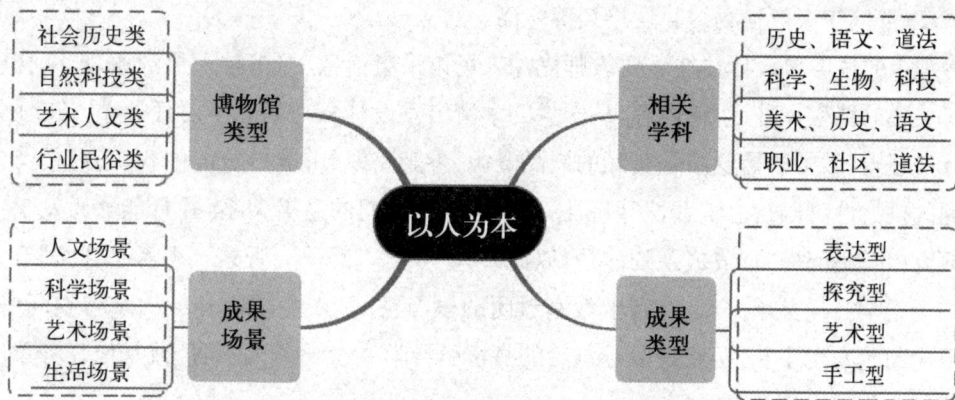

图3 博物馆类型和跨学科项目成果对应图

以"社会历史类博物馆"来说,此类展览通常按历史的时空线索展示中华传统文化的珍贵器物,比如青铜器、陶瓷、书画、雕塑、货币、玉器等。这些文物积淀着多重文化信息,既包括文物自身所承载的古代社会文化信息,也包括出土年代地域信息,更包含时代发展所赋予文物的阐释信息,以及不同文化背景的观众对文物的多样解读信息。可以通过创建跨学科项目资料包,将文物千百年来所沉淀的多样文化信息,以及整个展览、场馆的文化理念等转化为项目资源传递给学生,继而在项目开展的过程中动态内化为学生的核心素养。以"上海历史博物馆"来说,可构建人文场景的驱动问题"2024 年是中国建党 75 周年,假设你是_____,你会通过_____的方式向_____讲述近代上海的革命故事?"。教师引导学生在场馆中以文物展品为线索,建构上海近代历史时间轴,再挖掘文物事件背后的学科关联点,在文物价值地位和学科知识素养之间建立联系,创建指向目标成果的跨学科项目资料包,最终产品可以是表达型的"文学报告"、艺术型的"戏剧、绘画作品"、手工型的"展览陈列"等,以地方红色革命文化深化学生对爱国主义的理解。

(二)设计场馆活动任务单

博物馆并非正式学习场所,以往学校组织的博物馆参观活动以教师维持秩序、学生自由参观的打卡式参观为主,缺少教师的有效教学引导。展览的信息多由展品传递,学生往往在无意中获得或忽略展览的设计意图、策展信息,以及场馆理念等。怎样才能确保博物馆跨学科项目有效开展?除了客观物理环境的有效支持、人力资源的多方配合,合理设计参观前、中、后三个阶段的"学习任务单"也是重要的馆藏资源转化途径。以"实地参观"为分水岭,博物馆跨学科场馆活动可以相对地划分为参观前、参观中和参观后三个阶段,三个阶段的活动以"参观中活动"为主体,相互关联、逐层推进,形成一个大的连贯系统[8]。

参观前的任务单设计主要聚焦在熟悉主题内容、了解场馆信息并关联主题学习、前测学生学情,以及低年级学生场馆礼仪培训等方面。

参观中的任务单设计往往需要教师先深入场馆采集信息、与馆教人员沟通,再结合项目主题所关联的课程标准、学科内容,从学生的学情出发设计驱动问题学习任务单。在任务单的设计过程中,教师既需要结合实际的展品资源、参观路线、讲解导览等内容,还需要考虑驱动问题的挑战性、开放性、实践性等特征,以及问题链之间的逻辑关系,并且能够激发学生在合作探究中解决问题、形成成果的热情,以此设计"导览—阅读—观察—思考—合作"等元素丰富的场馆学习任务单[9]。有别于教室封闭的学习空间,在博物馆开放的学习空间中,教师的身份角色发生了转换,或是以导览者的身份引导学生参观场馆学习,或是以任务单支架提供者的身份辅助学生自主探究。

参观后的任务单设计主要针对成果发布和项目评价。在任务单的驱动下,学生能交流分享参观后的学习成果,个人、同伴、师生之间进行项目评价,并进一步修订完善成果、复盘反思迁移,为其他跨学科场馆项目积累经验。

［8］ 郑奕.博物馆教育活动研究[M].上海:复旦大学出版社,2018.
［9］ 吴莎.博物馆学习单设计元素分析[J].自然科学博物馆研究,2021(5):76.

四、博物馆跨学科项目成效反思

博物馆跨学科项目学习作为一种教育理念、课程样态、教学方式,不仅在课堂研究领域取得了丰硕的成果,更是深入了一线课堂:无论是课堂教学的目标落实、设计实施、内容评价,还是落实学生核心素养、重构教师教研平台、建构校本课程体系,都带来了前所未有的全新体验。

(一)落实学生核心素养

随着后工业时代信息技术的突飞猛进,世界各国普遍重视复合型人才的培养,关注的重点主要聚焦在学生的核心素养上。博物馆作为一所百科全书式的"大学校",其丰富的实物资料、浸润式的学习情境、合作探究式的学习方式,能促进学生深入理解(跨)学科大概念、合作策划展览方案、实地完成场馆任务,是落实学生核心素养的重要路径。具体说来,可组成"三维十二面"的博物馆跨学科项目终身发展核心素养架构,即文化科技(文化艺术、语言表达、科学技术、数字空间)、社会道德(人格特质、人际合作、道德价值、国际理解)、终身发展(健康环保、学习思考、规划决策、创见进取)(见图4)。

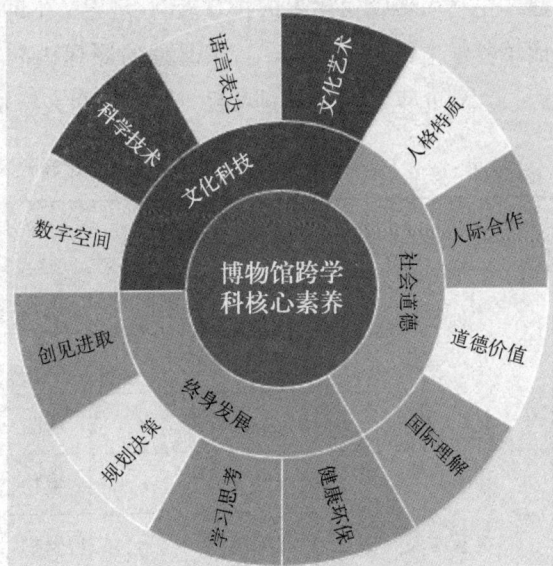

图 4　博物馆跨学科核心素养

(二)重构教师教研平台

在跨学科项目学习中,教师不仅需要发展学生的核心素养,更要促进自身多元角色的发展,教师不再是知识的权威者、课堂的主宰者、学生的代言者,而是终身的学习者、课程的设计者、问题的解决者、评价的反馈者。博物馆跨学科项目打破了常规的学科教研模式,重构了跨学科教师教研平台,不同学科背景、知识结构、兴趣特长的教师因为共同的博物馆跨学科项目任务进行教研对话、分享经验、贡献智慧、解决问题,构建更加全面的博物馆跨学科学习资源库,合作完成跨学科项目的设计、实施、评价等环节,使课堂学习从学科走向学科的融合,有效避免了"拼盘式""摆盘式"的跨学科学习模式,使学科真正融合成为一杯营养丰富的果汁,或是一道创意十足的菜肴。跨学科教研为教师提供了全新的专业发展情境,使教师的学科素养、教学素养、信息素养、学习素养、社会素养、公民素养等不断完善,从而构建跨学科项目"教师素养体系"[10]。

(三)建构校本课程体系

本校自 2018 年建校以来,参加了上海市浦东新区的"博物馆+"课程项目。浦东新区教育科学研究课题"基于学科的博物馆课程开发和实施研究"已顺利结题,已开发出博物馆跨学科项目课程"博物馆奇妙夜"。该课程的课程目标指向"依据学校的育人目标和教育理念,紧密结合国家课程、地方课程与学校课程,通过开发和实施基于(跨)学科的博物馆课程,构建学生利用博物馆学习的长效机制,培养学生的探究能力、合作能力,以及实践创新能力,从而培养学生的综合素养"。该课程的课程内容框架,涵盖了《义务教育课程标准(2022 年版)》六到九年级的跨学科项目,形成了"两大模块六大主题"的课程框架体系(见表2)。

表 2 博物馆跨学科项目课程框架体系

课程模块	课程主题	关 联 学 科	面向年级
人文历史类	中华优秀传统文化	历史、语文、美术、英语、劳技、数学等	六、七年级
	红色革命文化	历史、语文、美术、音乐、地理等	七、八年级
	社会主义先进文化	道法、语文、美术、音乐等	八、九年级
科学技术类	健康发展	生物、体育、物理、化学	六、七年级
	自然环境	生物、物理、化学等	七、八年级
	科技发展	物理、化学、数学等	八、九年级

本课程采用"家—校—馆"联动的博物馆课程实施方式,已取得多项成果:多篇研究论文获奖及发表,其中教学案例《"青"春攀登,"铜"你向美——纪念建校 6 周年校园青铜展览》收录到《项目式学习实践指导丛书》(北京师范大学出版社);多名教师获得上海市的"博老师"称号。同时,本课程获得了多方好评。

---

[10] 叶碧欣,桑国元,王新宇.项目化学习中的教师素养:基于混合调查的框架构建[J].上海教育研究,2021(10):23.

以核心素养为导向的随机事件概率的课堂探究

◎ 上海市实验学校南校　辛　波

【摘　要】为了顺应大数据时代的社会特点,建立随机观念、聚焦数据观念已成为初中阶段数学核心素养不可或缺的培养目标。随机事件的概率就是用定量的方法描述随机事件发生的可能性大小,从而表达生活中随机现象发生的规律。掌握这一概念有助于提升运算能力并逐步形成理性思维。本文旨在探究初中数学核心素养,针对沪教版初中数学第二十三章的内容——事件的概率,阐明如何使用科学有效的课堂活动策略来提高学生的学习兴趣、课堂效率,并且达到一定的德育的效果。

【关键词】核心素养　随机事件　概率　课堂活动策略　跨学科

《义务教育数学课程标准(2022年版)》(以下简称"新课标")中指出:"有效的教学活动是学生学和教师教的统一,学生是学习的主体,教师是学习的组织者、引导者与合作者。"因此,为实现提高学生核心素质的培养目标,教师在教学过程中要利用适当且有效的课堂活动策略,鼓励学生大胆尝试,积极参与到活动中来,敢于创新、不断突破,从而营造轻松、愉快、民主、和谐的课堂环境,真正达到"新课标"提出的"使人人都能获得良好的数学教育,不同的人在数学上得到不同的发展,逐步形成适应终身发展的核心素养"[1]。

大数据时代,归根结底是对数据的整合处理及对不确定性问题的积极应对,"统计与概率"的学习不仅可以促进学生会用数学的眼光观察现实世界,会用数学的思维思考现实世界,会用数学的语言表达现实世界(以下简称"三会")素养的形成,还能培养学生的合作精神、批判精神,同时还能鼓励部分学生形成跨学科学习小组,推动数学与信息技术、地理等学科的融合,提高学生的认知效率及解决问题的能力。笔者认为"统计与概率"的学习对学生的德育教育有不容忽视的重要性,能让学生对生活中的一些"骗局"有理性的判断。

茆诗松、程依明、濮晓龙等人在概率论与数理统计教程第一版前言中指出:"对于概率与

---

[1] 张玲.初中数学课堂对话教学策略探析——核心素养背景下的几则教学案例[J].初中数学教与学,2024(11):4-6+10.

统计的学习,我们并不想在学生一进门时就把他们带入数学天堂,而是在'野外'先大致感受概率与统计的种种风景之后,再引领他们进入数学天堂,使各种概念和定理成为有源之水、有本之木,因为只有真正理解了它的内容才能更加深刻地感受它[2]。"笔者认为新课标下初中数学阶段概率统计部分的指导思想结合茆诗松、程依明、濮晓龙等人的观点,能使该思想变得更加清晰明了。随机事件的概率涉及随机事件的概念,然而只有在样本空间概念下才能准确定义随机事件,而样本空间的概念是大学乃至研究生阶段研究的问题,故在初中阶段不能严格定义随机事件。因此,只须通过实例对学生说明随机事件的定义,对于随机事件概率的概念也只要求他们通过计算一些具体随机事件的概率来认识即可。故笔者通过设计课堂活动教学策略来帮助学生理解相关知识,也为他们后面学习古典概型等专业的概率知识打下基础。

一、结合教师的高阶思维与学生的简单操作,营造好奇与轻松的课堂氛围

初中生的抽象逻辑思维能力正在逐步提高,思维的批判性也在日益增强。但是因为他们缺乏足够的知识经验,导致他们的辩证思维还不够完善,所以,他们思维的批判性还处在初级阶段,而该阶段思维批判性的特点是片面性和随意性相对显著,比较容易受到情绪波动的影响[3]。结合该特点及新课标强调的数据观念和模型观念,笔者认为课堂活动设计中,教师应该有效利用教学过程中储备的专业知识作为教学工具来吸引学生的好奇心与求知欲,即充分利用高阶思维来教数学,学生可以慢慢地通过操作体验、动手动脑,达到启思明理的效果,从而在一定程度上发展自身的高阶思维。值得教师注意的是,数学高阶思维实质上是学科教育与高阶思维深度融合的结晶,积极有效地发展数学高阶思维是落实核心素养的重要途径之一[4]。尽管笔者深知发展学生的数学高阶思维任重而道远,但必须在课堂教学中不断尝试。

因此,笔者认为为了实现学生从频率到概率理解上的过渡,教师可以利用学生很少使用甚至没有接触过的传统数学仿真软件 MATLAB 模拟抛硬币试验。课前,教师根据课堂所须提前设计好程序代码(如图1);课堂上,教师只需要用几十秒的时间还原抛硬币试验的具体情景与编程逻辑的关联,以及阐述学生需要配合操作的步骤,学生按照教师的指令,对现有编程的个别代码进行更改并执行,再将运行出的结果通过 Excel 整理,达到可视化的效果(如图5)。除此之外,教师还要让学生分组在课前计时完成一个动手抛硬币 50 次的试验,并记录好每组试验的时间。一方面通过共同体验让学生初步感受到计算机的效率与数学的有用之处,并使他们对枯燥概念的理解变得轻松;另一方面达到让学生对编程的认知从无到有的效果,进而可能会激励部分学生利用当下流行的统计软件自主设计算法,编写程序来模拟生活中

[2] 茆诗松,程依明,濮晓龙. 概率论与数理统计教程[M]. 北京:高等教育出版社,2011.

[3] 袁娟. 基于初中生认知心理发展特点的历史问题情境有效创设研究[J]. 新校园,2021(05):50-52.

[4] 成敏,曾子合,徐凤旺. 基于"做数学"提升初中生高阶思维能力的教学思考[J]. 理科考试研究,2024(12):11-14.

感兴趣的情景，甚至解决人工操作起来比较费时费力的生活实际问题，使建模思想在数学课堂上得到推广。学生对数学建模有了一定的了解后，通过参与简单的数学建模活动甚至建模比赛可以形成并发展数据观念和模型观念。图2—图4即为学生课后的反馈结果。为了进一步激发学生的求知欲，教师在后续的数学课堂中可以及时对这些成果进行展示。

```
命令行窗口
fx >> %MATLAB模拟抛硬币试验
    %n代表抛硬币次数，结果中的1代表正面，0代表反面
    coinresults=[];
    front = 0;
    opposite = 0;
    for i = 1:n
        result = randi([0, 1]);
        coinresults = [coinresults, result];
        if result == 1
            front = front + 1;
        else
            opposite = opposite + 1;
        end
    end
    disp(coinresults);
    fprintf('出现正面次数: %d\n', front);
    fprintf('出现正面的频率: %.4f\n', front/n);
```

图1　MATLAB 模拟抛硬币试验的程序代码

```cpp
#include<bits/stdc++.h>
#include<windows.h>
using namespace std;
int sum[100000],times;
bool ht[100000];
float prob[100000];
int main(){
    srand((int)time(0));
    cout<<"输入扔硬币次数: ";
    cin>>times;
    for(int i=1;i<=times;i++){
        ht[i]=rand()%2;
        sum[i]=sum[i-1]+ht[i];
    }
    freopen("正面总计次数.txt","w",stdout);
    for(int i=1;i<=times;i++)cout<<sum[i]<<endl;
    freopen("扔到正面概率.txt","w",stdout);
    for(int i=1;i<=times;i++)cout<<fixed<<setprecision(2)<<sum[i]*1.0/i<<endl;

    return 0;
}
```

图2　C＋＋模拟抛硬币试验的程序代码

```java
import java. io . FileWriter;
import java. io .IOException;
import java. util . Random;
import java. util . Scanner;

public class CoinFlipSimulation {
    public static void main(String[ ] args) {
        Random rand = new Random(System. currentTimeMillis( ) );
        Scanner scanner = new Scanner(System. in);

        System.out.print("输入抛硬币次数：");
        int times = scanner. nextInt( );

        if ( times > 100000) {
            System.out.println("Error: 抛硬币次数不能超过 100000 次。");
            scanner.close( );
            return;
        }

        boolean[ ] ht = new boolean[times + 1];
        int[ ] sum = new int[times + 1];

        for (int i = 1; i <= times; i++) {
            ht[i] = rand. nextInt(2) == 1;
            sum[i] = sum[i - 1] +(ht[i] ?  1:  0);
        }

        try (FileWriter fw1 = new FileWriter("正面总计次数.txt");
            FileWriter fw2= new FileWriter("抛到正面概率.txt")) {
            for (int i =1; i <= times; i++) {
                fw1.write(sum[i] +"\n");
            }

            for (int i= 1;  i <= times; i++) {
                fw2.write(String.format("%.2f\n", sum[i]*1.0/i));
            }
        } catch (IOException e ) {
            e.printStackTrace();
        }
        scanner.close();
    }
}
```

图 3 Java 模拟抛硬币试验的程序代码

```
import random
import time

def main():
    random.seed(int(time.time()))
    times =int(input("输入抛硬币次数："))

    if   times > 100000:
        print("Error: 抛硬币次数不能超过 100000 次。")
        return

ht = [0] * ( times + 1)
sum_ht = [0] * ( times + 1)

for i in range(1, times+1):
    ht[i] = random. randint( a: 0, b: 1)
    sum_ht[i]= sum_ht[i - 1]+ht[i] #每次抛硬币后的累计正面次数

with open("./正面总计次数.txt","w") as f:
    for i in range(1, times +1):
        f.write(f"{sum_ht[i]}\n")

with open("./抛到正面概率.txt","w") as f:
    for i in range(1, times + 1):
        f.write(f"{sum_ht[i] / i: .2f}\n")

if _ _name_ _ == "_ _main_ _":
main()
```

图 4 Python 模拟抛硬币试验的程序代码

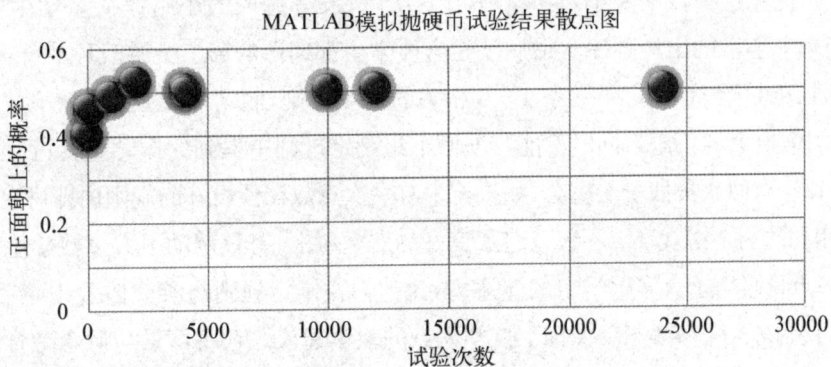

MATLAB模拟抛硬币试验结果散点图

图 5 Excel 生成的抛硬币试验结果散点图

二、个人"通关"游戏与团队协作游戏体验,集中注意力

根据德国心理学家埃里克森的人格发展八阶段理论,初中时期是一个特殊的时期,青少年处于个体身心发展的第二个快速时期,既是青春期,也是学习难度开始增加的时期。虽然我国已经推出"双减"等政策来尽量减轻学生的学业压力,但面临升学带来的心理压力、青春期问题、手机等电子产品传达的大量信息,初中生的注意力发展还是面临着严峻的挑战。根据《全国青少年注意力状况调查》的结果显示,能够在课堂上保持超过半小时相对稳定的注意力的学生仅有 40%左右[5]。因此,教师在设计课堂活动时应该注意到活动的连贯性、难易梯度及学生的参与度,一方面要保证学生是学习的主体,将学生多姿多彩的生活场景、奇思妙想与数学课堂紧密联系在一起,进一步落实新课标下初中数学核心素养"三会";另一方面要吸引学生的注意力,提高课堂效率,尽量让每一位学生都可以在数学课堂中得到不同的发展。

因此,笔者在组织学生学习随机事件的概率前,设计了第一个小游戏环节——争夺满心欢喜游戏体验券,即用自己在生活中观察到的现象或情景与已学概念(必然事件、不可能事件、确定事件、随机事件或不确定事件、频率、概率)进行匹配,匹配成功即可获得满心欢喜游戏体验券。整个复习巩固环节主要针对中下水平的学生进行,并且要确保每个小组至少有一位学生参加,为后续的游戏环节做铺垫。但对于综合能力较强的学生来说,他们获得的体验感较低,因此,在本环节活动开始前,笔者提醒学生在活动即将结束时,还有提问环节,出题人将结合跨学科知识对指定的学生进行提问,如果被指定的学生回答正确,出题人和被出题人可以同时获得满心欢喜游戏体验券,否则只有出题人可以获得并会及时公布正确答案。接着,为了引出等可能试验中某事件的概率公式,笔者设计了第二个游戏环节——掷骰子选次序,即学生在掷骰子之前在黑板上写下想要掷的数字,如果掷得的数字与黑板上的数字一致,则可以优先选择接下来小组游戏环节的次序;没有达成的小组派一名学生进行"石头剪刀布"选择本小组的出场顺序。最后就是全体学生都期待的第三个游戏环节——团队协作赢奖品,即小组共同讨论制定与数字 1—6 相关的游戏规则,制定的规则必须是随机事件且必须结合已学概念(学科不限),同时不能与前面小组制定规则中提到的概念重复,否则取消该组游戏资格;每组有两次掷骰子的机会,如果至少有一次点数在预设好的规则内即可赢得奖励。

环环相扣的三个游戏环节不仅营造了良好的课堂氛围,有效调动了大多数学生的积极性,最重要的一点是吸引了大多数学生的注意力,让他们在制定规则与游戏体验中感受到了随机事件概率的求解方法,落实了新课标下该知识点的教学建议。在将情景与概念融合的环节、游戏规则制定的环节中都体现了对学生创新意识、应用意识、运算能力及推理能力的培养,也进

---

[5] 左金山. 舒尔特方格法对中学生注意力稳定性的提升效果研究[D]. 西宁:青海师范大学,2023.

一步落实了跨学科主题的数学课堂活动策略。比如在提问环节中,学生融合了物理、生命科学、历史、道法等知识:摆长相同、摆球质量也相同时,摆具有等时性是确定事件吗? 螃蟹是节肢动物是必然事件吗? 司马懿忠心于曹魏政权是不可能事件吗? 足球场空着是随机事件吗?与此同时,学生通过观察掷骰子时点数的随机性,以及尽管规则掌握在自己手中却依然"中奖率低"的现象可以给学生起到一定的警示作用,有助于他们对生活中的一些中奖"陷阱"进行理性规避。

三、综合与实践能力之小导游们的新疆研学旅行攻略

为了确保研学旅行这一项活动能够按质按量且切实地推行到学生当中,该项活动已经被教育部门归入中小学教育教学计划中。因此,本教学环节从这一政策出发,将研学旅行攻略与树状图结合在一起。新疆拥有中国最大的陆地面积[6],这里不仅有各种各样的地貌和美景、浓厚的风俗文化,还有着丰富的红色历史文化遗产,比如被誉为"丝路枢纽、红色重镇"的乌鲁木齐、"戈壁明珠、军垦名城"的石河子、"石油会战、碧血丹心"的克拉玛依、"塞外江南、将军府地"的伊犁、"大漠创业、再塑丰碑"的南疆军垦及"巍峨东门、红色尽染"的东江哈密[7]。因此,笔者指定学生选择新疆来做研学旅行攻略,一方面可以引导学生将数学、地理等学科知识有效融合,以解决实际问题,提升学生地理与数学核心素养;另一方面可以利用学生设计的不同路线作为枚举法的重要表现形式——树状图的缩影,使学生具象地理解树状图,并能熟练应用于概率的计算问题。最重要的是,学生通过查阅资料制定路线的过程,能感受历史的光辉、革命的优秀精神及改革开放给国家带来的巨变,使学生更加深刻地领会"四个自信"[8],激发学生的爱国情怀,进而促进学生文化基础、社会参与等核心素养的健康发展。

为了相对准确地把控本活动与教学目标的一致性,笔者提出了以下具体要求:本次研学从上海浦东机场出发,自行选择新疆落地机场,途经新疆三个景点,整条路线都必须达到三个基本要求,即传播红色文化、感受新疆地貌、体验新疆的风俗文化或绮丽山水;每个小组可以固定两个景点,另外一个景点给出两种选择,以应对突发情况;结合旅途距离、油价及门票费用等给出整条路线合理的估价,最后通过资料整合形成一篇相对专业的路线介绍文稿。

以下为学生设计的新疆研学旅行路线:

第一组:上海浦东机场—伊犁伊宁机场—伊宁六星街或伊犁林则徐纪念馆—那拉提草原—赛里木湖。

第二组:上海浦东机场—乌鲁木齐地窝堡机场—中国工农红军西路军总支队纪念馆或

[6] 杜青珍.基于问题驱动的跨学科教学设计——以"小明的新疆之旅"为例[J].中学科技,2022(19):7-10.

[7] 王亚平.新疆红色文化资源在高中地理研学旅行中的应用研究[D].乌鲁木齐:新疆师范大学,2022.

[8] 赵付科,孙道壮.习近平文化自信观论析[J].社会主义研究,2016(05):9-15.

乌鲁木齐市革命烈士陵园—天山天池—独山子大峡谷。

第三组：上海浦东机场—喀什徕宁机场—喀什市人民广场毛泽东塑像—白沙湖—木吉火山口或慕士塔格冰山。

第四组：上海浦东机场—阿勒泰雪都机场—布尔津中苏航运博物馆—五彩滩景区—禾木风景区或喀纳斯湖。

笔者将以上路线起点合并，每一条路线依次罗列，出现备选景点则适当延伸分支，形成了图6的树状图。通过将路线图与树状图结合，学生充分感受到教师设定包括机场在内的每条路线的四个地点其实就是四级，即每一个"树枝"向外延伸四次，每条路线中的第一个景点由新的"树枝"表示。初中阶段要求每一条"树枝"都具有等可能性，笔者后续又对该树状图提出了与概率相关的问题，让学生进一步感受到了树状图对于概率求解的有效性。

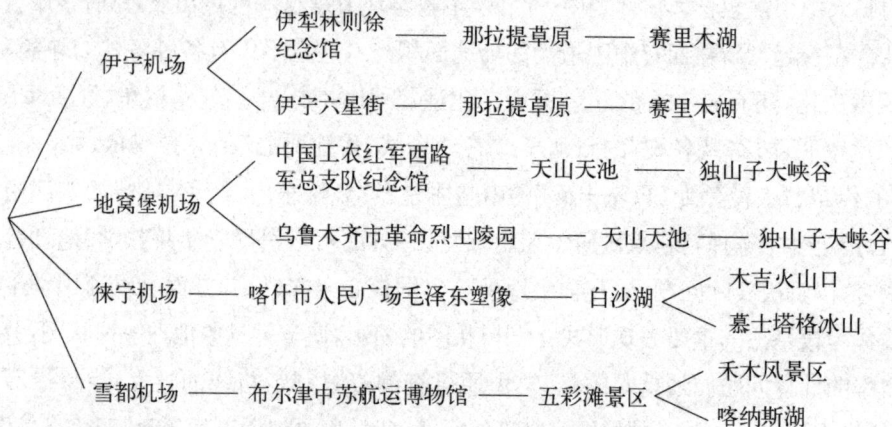

图6　八条旅行路线形成的树状图

结束语：新课标下初中数学课堂有效活动的开展，对学生核心素养的培养有一定的帮助。将现实情境转化为数学活动就是让学生会用数学的眼光观察现实世界，解决该数学的问题就是让学生会用数学的思维思考现实世界，通过最终结果对现实情境做出相对理性的判断并将结果进行逻辑缜密的呈现与分析，则是让学生会用数学的语言表达现实世界，进而使学生对数学具有好奇心和求知欲，了解数学价值，欣赏数学美，提高学习数学的兴趣，建立学好数学的信心，养成良好的学习习惯，形成质疑问难、自我反思和勇于探索的科学精神[9]，全面提高新课标下数学课堂的效率。笔者通过尝试结合教师的高阶思维与学生的简单操作、个人"通关"游戏与团队协作游戏体验、综合与实践能力之小导游们的新疆研学旅行攻略三个活动，对沪教版初中数学第二十三章"事件的概率"中部分概念、公式、方法开展了探究性教学，达到了较好的效果。笔者在今后的教学工作中会将更多的创意融入进来，以全面促进学生核心素养的发展。

［9］　中华人民共和国教育部.义务教育课程方案和课程标准[M].2022年版.北京:北京师范大学出版社,2022.

体育教学中预防意外伤害事故策略研究

——以上海市实验学校南校为例

◎ 上海市实验学校南校　曾庆洁

【摘　要】体育课是一门以身体练习为手段且实践性很强的课程,也是学校意外伤害事故的高发之地。我校除保证开足、开齐体育课,另外还开设了丰富多彩的体育活动课。体育与健康新课程标准要求体育教师落实"教会、勤练、常赛",新一代的体育人要有"以体育人"的时代使命与责任担当,体育课不再是以往的"放羊"课。因而,体育教师在增强学生运动能力的同时,也要更加关注学生的安全问题。本文通过对上海市实验学校南校体育课堂中学生的意外伤害事故的发生阶段、产生原因和有效规避意外伤害的习惯进行调查分析,进而采取积极有效的防范措施,有效地减少和预防意外伤害事故的发生。

【关键词】体育教学　体育教师　学生　意外伤害

一、研究目的

体育教学实践性强、活动量大,学生在体育课上极易发生安全事故。我校陆续发生过几起课堂意外伤害事故,虽然学生没有大碍,但"安全无小事",学校领导及体育组教师高度重视。为了找到学生发生意外事故的原因,避免体育教师"因噎废食",不敢教一些难度大、有危险性的动作,也为了避免学生对学习某些难度大的动作"胆战心惊",从而大大降低体育课堂的有效性,本文对体育课上意外发生的环节、原因进行了调查分析,以及探讨了避免意外伤害的一些课堂常规,并做了一定的思考总结,给体育教师提出了建议,以期有效地减少学校意外伤害事故的发生。

二、研究对象和方法

(一)研究对象

在校学生及体育教师。

（二）研究方法

文献资料法、问卷调查法、访谈法、逻辑分析法。

三、结果与分析

（一）体育教学意外伤害的发生

1. 体育教学意外伤害发生环节

学校体育教学意外伤害事故具有高频性[1]。根据问卷调查，运动损伤分类较多，结合损伤的完整性、运动能力丧失等情况可将运动中常见的损伤分为擦伤、刺伤、拉伤、扭伤、脑震荡、抽筋六大类[2]。体育课基本分为四个环节，分别为开始部分、准备部分、基本部分、结束部分。在这四个环节里，开始部分受伤的概率最低，占4.5%，原因是开始部分体育教师仅会集合整队、点名、安排实习生、宣布上课内容等，这时没有什么运动量，学生相对集中好管理，但也有部分学生不听从管教，游离在课堂之外，或语言挑衅别的同学，引起冲突等。准备部分占23%，原因是在慢跑、做热身操或球性练习、热身小游戏中，会有学生不服从指挥，或两路纵队匀速慢跑时，跑步速度过快导致绊人摔跤；基本部分占64%，原因是在基本部分的练习中，有些学生尤其是男生兴奋过度、积极表现，在教师还没有安排好场地和器材时就跃跃欲试，有些女生热身没做好、动作放不开、力量薄弱、体能练习没有掌握正确的动作要领等都极易发生意外。结束部分受伤的概率为8.5%，原因是快下课了，有些学生注意力涣散、纪律松懈、追逐打闹等。

2. 学生意外伤害发生的原因

在体育教学中，造成学生运动伤害的原因是多方面的。其中最主要的原因是学生自身安全意识不强，上课不认真、跑神儿，体育学习的方法不正确；其次是教师的教学经验不足、课堂管理能力欠缺、动作示范少、组织队形不合理、教学语言不够专业、责任心不强等；另外，学生身体不适、教学比赛激烈、运动场地及器材的损坏等，也是导致意外伤害发生的重要原因。总而言之，学生因运动动作违背人体结构，或不符合正确运动顺序和运动生物力学的原理，就会造成机体组织损伤，是运动损伤的客观原因[3]。

3. 避免意外伤害的一些课堂常规

在我国，目前尚无专门的学校体育意外伤害保险产品[4]。因此，学校应在管理和避免

［1］ 马生来．风险管理策略在学校体育教学中的应用研究[J].内江科技,2023(03)：59-60+76.
［2］ 徐雯雯．培智学校体育活动突发意外伤害的预防与处理[J].青少年体育,2021(06)：44-46.
［3］ 罗中毅．小学生日常体育锻炼中的意外损伤原因及预防——以广西玉林地区为例[J].教育观察,2020(11)：140-141.
［4］ 王旭升．新修订《体育法》中学校体育意外伤害保险机制的制度构建[J].体育学刊,2023(04)：62-67.

事故出现的概率上做好防范。学校可以定期举办体育安全防范措施的讲座,引导学生科学锻炼身体,避免发生意外伤害事故;体育教师应在开学第一课时就明确体育课堂常规,做好安全教育,要求学生在体育课上穿舒适的运动服装、合脚的运动鞋,在体育课中认真充分热身,严格遵守教师的课堂练习要求;教师要在课堂的各个环节多关注学生,多做安全提示,队列队形也应确保距离适中。在教体操等运动技能时,教师不仅要保护与帮助学生,而且还要让学生学会小组之间、生生之间互相保护与帮助,增强他们的保护与帮助意识,还可培养小队长协助教师进行安全督查,排除安全隐患。

(二)体育教学意外伤害的预防

人为原因指运动过程中因参与者或第三人的行为造成运动参与者或第三人的人身伤害[5]。如同学间的碰撞、不当指导下的训练动作失误,或是观众席上的嬉闹失控等。因此,加强安全教育、规范运动行为、提高急救技能,以及建立健全的监管机制显得尤为重要,这能营造一个安全、有序、健康的校园运动氛围。

1. 安全意识是基础

安全是体育课最重要的一环,体育教师不光自身要具备高度的安全意识,还要提升学生的安全意识。如举办健康教育、安全知识讲座,或组织安全知识问卷调查和安全知识竞赛等;还要充分利用校园广播、海报、黑板报等宣传方式,提高学生的安全意识,让学生从思想上认识安全的重要性,知道怎样在运动中预防和处理安全事故。

2. 科学预防是根本

(1)务必掌握特殊体质学生的情况

我校每年新生入学后,班主任都会做特异体质学生情况统计,并告知相应的体育教师。体育教师在上体育课时,也要勤询问,多观察学生。除了关注特殊体质学生以外,还要观察到学生在课堂中的突发情况;要多做家校沟通,深入了解学生的身体状况,如心脏病、高血压、哮喘、贫血等;课前安排好见习生,课上合理安排教学内容和教学强度,在不影响身体健康的情况下尽可能让学生得到科学的锻炼。

(2)严防对抗中的突发事件

我校每年都会组织举办运动会、篮球联赛、足球赛等。这些比赛很受学生欢迎,尤其是篮球、足球比赛,学生会积极踊跃参与,为班级荣誉而战。由于战况激烈,在挥洒汗水的同时,经常会有一些身体碰撞与摩擦,因此,体育教师要提前和学生讲好比赛规则,加强学生的规则意识,做好裁判工作。对于因故意犯规给他人造成意外伤害的,要从严处罚,甚至禁赛;遇到纠纷,要及时疏导学生情绪,稳定局面,避免发生冲突,引导班级其他学生文明观战,倡

[5] 郭文才,郭宇杰.校园体育运动意外伤害的法律思考[J].体育科学研究,2018(06):15-20.

导"友谊第一,比赛第二"。

（3）要保证好场地和器械的安全性

学校常规安全检查应特别注意校园学生活动区域是否稳定、安全,防患于未然,对体育专用的场地和器械更要定期检查,发现问题要及时维修;教师在体育课上布置场地和器材时也要安全、合理,多做检查,如遇到器材损坏、器械晃动,要立即停止使用并上报至学校教务处;学校学生处也要让每位学生爱惜器材,有序取放,不随意拖拽器材,保护好运动场地,禁止学生带零食饮料等到室内体育馆;每个班级挑选两位器材管理员,协助教师管理器材,制止故意损坏学校器材的行为;学生要在教师的指导下使用器材,切勿单独使用。

3. 精心组织是关键

学校应提前制订有针对性的紧急预案,以便在学生参加体育活动发生伤害事故时节约宝贵时间,争取赢得最佳处理效果[6]。预案应涵盖各类体育活动可能发生的伤害情况,明确应急流程、责任分工及救援措施。学校要通过定期培训与演练,确保师生熟悉预案内容,一旦发生事故,能迅速响应,有效减少伤害,保障学生安全。

（1）准确预设教学进程

体育教师上体育课写教案不仅要备学生,还要备教法、备学情。要在每节体育课前预设本节课所有可能发生的安全隐患,做好安全预案,课上及时提醒,并有效规避。如,学生学习体操垫上运动时,动作不正确,容易伤到颈椎;投掷类教学,容易伤腰和手腕;篮球和足球教学,容易伤到手腕和脚踝。所以,在教学的准备部分,教师要根据教学的内容,既要有一般性准备活动,也要有有针对性的专项热身,如上篮球课时做手指弹拨球、胯下运球等各种球性练习;单双杠练习时除了铺好体操垫外,还应多做肩颈和腿部的拉伸。

（2）设计科学合理的教法

设计科学合理的教法是预防安全事故的重要手段。如根据中考体育项目体操横箱分腿腾跃技术的特点和动作技能的掌握规律,教学过程中教师可以分层教学,引导学生由易到难逐步掌握动作。程度好的学生可直接进行横箱分腿腾跃完整动作练习;没有完整动作概念的学生可先练习助跑,再练习顶肩推手、分腿过箱;比较惧怕这个练习的学生可以先在地上做俯撑、蹬地分腿提臀、快速推手后成分腿大开立,然后再做原地（助跑）跳起撑箱、提臀分腿练习。这样循序渐进、逐步掌握动作技能,可以使每位学生都能体会到成功的乐趣,避免因难度大造成的运动损伤及心理压力。

另外,在教学双手头上前掷实心球及类似的投掷类运动时,教师一定要在练习方法和队形上多下功夫。可以通过让学生依次练习坐抛实心球、跪抛实心球、站抛实心球三种不同的抛球姿势,让他们切身体会到只用双手投掷最近,加上腰胯力量则更远,加上腿部力量则最

[6] 李明明.学校体育风险应对策略研究[J].教育教学论坛,2019(28)：247-248.

远。这样能使每个学生有所收获,感受成功的快乐,树立信心,从而提高学生的学习兴趣,同时学会正确的发力方式,也能避免受伤。合理地练习队形也是预防意外伤害的有效手段,教师要提前用标志物设定安全的练习间距,并强调队列投掷的方向、先后顺序及学生捡球的时机,把危险降到最低。

(3) 及时纠正错误动作

教师在教学过程中,务必讲解清楚动作的重难点及易犯错误,并做好动作示范,让学生有一个清晰的动作概念;教师在上体育课时站位要合理,尽可能观察到所有学生的动作,发现错误动作时要及时纠正;教师组织练习时,可以将集体纠错和个别纠错相结合;当学生做一些危险性的动作时,教师要做好保护与帮助;对抗性比赛时,教师要让学生明确比赛规则,如遇动作犯规要及时吹哨制止,减少冲突,降低运动风险。

4. 应急处理是能力

学校安全管理体系要确保学生在安全舒适的环境中正常学习、生活[7]。学校要加强校园安全巡查,及时发现并排除安全隐患。同时,应开展安全教育,提升学生自我保护意识,营造全员参与、共同维护校园安全的良好氛围,确保每位学生都能在安全、健康的环境中茁壮成长。

(1) 教师方面

为保障学生安全,教师应积极参加学校党支部联合医院急危症中心组织的救护培训,学习如何进行心肺复苏(CPR)及使用自动体外除颤器(AED)等急救知识,并掌握一些常见运动损伤的急救和处理方法,如中暑、肌肉痉挛、肌肉酸痛、骨折、腹痛、挫伤等情况的应急处理。对于一些比较简单的伤情,体育教师可进行第一时间处理,或送到校医务室处理;对于比较复杂危急的情况,要拨打120并尽快通知家长和班主任,减少和降低伤害的程度,为后续治疗提供有利的帮助。

(2) 学生方面

安全是健康的前提,运动安全是体育锻炼的保障,学习常见运动损伤的预防知识和掌握紧急处理技能是中学生运动安全的基本需求。现实生活中,初中生热爱体育运动,但由于缺乏一定的运动卫生与安全知识,运动损伤事件频发,这对学生的身心健康有着较大影响。学校要进一步培养学生的运动安全意识,使他们梳理出预防运动损伤的要求和方法,初步掌握运动安全的有关知识,学会自我保护和保护他人的方法;应要求每一位中学生掌握三种常见运动损伤的紧急处理办法,落实学生应急救护知识技能普及活动,做好自身健康的第一责任人,并能帮助他人。

[7] 潘明星.中学体育与健康课程中学生意外伤害事故的调查研究——以崇川区中学为例[J].体育世界,2023(01):102-105.

四、结论与建议

体育教学中的突发事件应以预防为主。学校要建立健全的安全管理制度。体育教师要在思想上高度重视安全教育,提高学生的安全意识和自我保护意识。体育教师课前应对场地和器材进行细致检查,排除安全事故隐患;在课上要采取切实有效的措施,加强教学组织;准备活动要充分,重视基本部分的教学安全,安排运动量要适宜,还应加强保护与帮助。学生在做练习时,要高度集中思想,学习态度认真,遵守纪律,养成有效规避意外伤害的习惯,进而减少校园意外事故的发生,享受体育运动的乐趣。

初中数学思维型课堂建构的实践研究

——以"一次方程(组)应用题审题策略"习题课为例

◎ 上海市实验学校南校　柳爱静

【摘　要】方程是抽象实际问题为数学模型的重要工具之一,对培养学生的抽象能力、模型观念和数学应用意识具有重要意义。本文以"一次方程(组)应用题审题策略"习题课为案例,通过具体教学实践探讨思维型课堂建构的方法与路径。文章聚焦思维型课堂的教学设计、实施与反思,重点分析学生数学思维能力的发展过程,提出基于思维引领的教学策略,以期为初中数学学科思维型课堂建构提供实证研究支持。

【关键词】一次方程(组)　思维型课堂　应用题审题策略　教学实践

一、问题提出

在初中数学教学中,应用题是培养学生数学思维的重要载体。然而,由于题干信息量大、阅读难度高等原因,学生在解题时常面临审题不清、分析不到位等问题,导致解题效率低下。这一现象凸显了传统教学中对数学思维训练的不足。如何通过优化教学设计,将学生的数学思维过程显性化,成为提升教学效果的关键问题。本文以"一次方程(组)应用题"为例,通过"尝试解法—质疑解法—固化解法"三个层次探索思维型课堂的教学实践[1],研究如何通过具体案例实现学生思维能力的引导与提升。

二、案例背景

(一)教情背景

"一次方程(组)的应用"是沪教版六年级下册第 6 章的核心内容,在教学中承担着承前

---

[1]　中华人民共和国教育部. 义务教育数学课程标准[M]. 2022 年版. 北京：北京师范大学出版社,2022.

启后的重要作用。本案例选取单元复习课作为切入点,既是对学生在实际问题中列方程解题能力的巩固,也是对学生思维能力的进一步强化。课堂内容设计紧密围绕应用题类型,由浅入深,层层递进,最终落脚于2023年上海中考数学真题,确保复习课具有明确的目标性和实践意义。

在课堂实施中,笔者采用费曼学习法和合作学习策略,通过学生展示与交流,引导课堂从知识输入型向知识自主建构型转化,最终达成提升学生逻辑思维能力和问题解决能力的目标。

(二)学情背景

笔者通过问卷调查和阶段检测反馈,发现六年级学生在解应用题时普遍存在以下问题:① 审题困难,无法快速提取题干关键信息,容易遗漏或误解条件;② 分析不足,对数量关系和等量条件的提取和建模能力较弱;③ 差异性明显,学生数学思维能力参差不齐,部分学生对复杂问题表现出明显的畏难情绪。

针对这些问题,本节课从学生实际认知出发,聚焦应用题解题的关键环节,通过表格化工具和问题分层设计,降低问题复杂度,引导学生在解决实际问题过程中发展逻辑思维和数学建模能力。

(三)"双新"背景

新课标明确要求在数学教学中注重过程与结果的双重培养,强调学生在发现问题、分析问题和解决问题中的思维发展。本案例紧扣"审题策略"这一核心,结合真实问题情境,通过"发现问题—提出问题—分析问题—解决问题"的教学设计,培养学生的数学核心素养[2],包括:① 抽象能力,即通过表格化和模型化的工具,帮助学生将现实问题转化为数学问题;② 模型观念,即在多样化问题中构建通性通法,提升学生的迁移能力;③ 创新意识,即通过自主探究与合作交流,培养学生的逻辑思维与创新思维。

三、教学实践与分析

(一)课前准备:自我诊断与思维预热

任务一:自我诊断。学生通过总结练习册和试卷中的"一次方程(组)应用题",以及完成针对性问卷调查,发现自身在提取关键信息、寻找等量关系、设元、列方程等方面的不足。

---

[2] 张宗余,金雯雯. 宏观把握·中观整合·微观突破——研读《义务教育数学课程标准(2022年版)》的三重视角[J]. 中国数学教育,2023(Z3):4-8.

问卷数据显示,大部分学生在"提取关键信息"和"找等量关系"上存在明显困难。

任务二:学习单预热。学生基于指定题目,尝试用表格将题干条件具象化,并初步提出解题思路。这一任务为课堂探究提供了数据支持和分析基础,同时帮助学生建立了解题的初步框架。

思维引领分析:通过自我诊断与学习单的设计,激发了学生的审题意识。学生在课前完成了初步的审题训练,通过表格化工具初步实现了数学思维的可视化,培养了抽象能力,为后续课堂的深入探究奠定了基础。

(二)课堂实施:问题驱动的思维探索

1. 提出问题:明确课程目标

课堂以"复习列方程解应用题的一般步骤"作为切入点,通过问卷结果展示,明确学生的审题薄弱点,并提出解决问题的核心目标:如何通过细化审题,发现题干条件的等量关系并将其转化为数学模型。

思维引领分析:此环节通过问题导向引发学生主动思考,培养他们发现问题和提出问题的能力。

2. 分析问题:引导学生逐步聚焦

教师引导学生充分分析问题,说出审题的困难并提出解决策略。例如,有学生建议通过"圈画关键词"和"构建表格化条件"来简化审题过程,解决"题目太长、信息量太多、题干条件读完就忘"的问题。

思维引领分析:该环节旨在引导学生发散思维,尝试主动寻找解决实际应用题的方向、策略,调动学生学习数学的兴趣,培养学生的联想能力。

3. 解决问题:指导学生总结通性通法

解决问题的重点在解法的生成及理解上。学生通过"思考尝试解法—讨论质疑解法—总结固化解法"三个层次,层层递进,解决问题。首先,思考尝试解法为课前准备内容,后面两个层次为课中完成内容。其次,课中小组讨论时,学生将自己初步尝试或订正的解法与小组内成员进行分享,通过沟通、对比、质疑,讨论出一个最佳的题干条件具象化表格,选取代表上台演示思路形成过程,并利用费曼学习法进行数学演讲。讨论环节进行时,教师须巡视,如学生需要帮助,则给予其一定的指导,并侧重引导学生突出讲解题目条件具象化及数学思维可视化的过程。学生代表展示完成后,教师引导其他学生进行提问、评价、补充等,最终合力解决问题,力求形成结构化、可推广的问题解决方法。最后,课堂中总结反思的主体是学生,教师要引导学生对问题解决方法进行概括,可以将思维可视化全过程的关键步骤板书在黑板上。最终形成实际应用题解题过程:审题、圈画重点并进行联想—将题目条件具象化—设元—列方程—解方程—检验并作答。

思维引领分析：通过自主探究和合作交流，学生逐步形成了结构化的解题策略，在讨论和反思中深化了数学思维的内化过程。以下为最终思维型课堂生成过程。

解题策略尝试——问题1：

列方程解应用题：如图1，小明、小杰分别站在边长为12米的正方形道路 $ABCD$ 的顶点 D、C 处，他们开始各以每秒1米和每秒1.2米的速度沿正方形道路按顺时针方向匀速行走。经过多少秒，小明和小杰第一次都在正方形的同一位置？

图1　问题1图

读题审题过程：

（1）圈画关键词为：方向是顺时针、第一次都在正方形的同一位置。

（2）边读题边标记：边长处标记12米、顶点 D 处标记小明及其速度是1米/秒、顶点 C 处标记小杰及其速度是1.2米/秒。

（3）联想研究的问题类型：题干中出现的量是速度、时间，可知应用题类型为行程问题，进而行程问题公式"速度×时间＝路程"浮现于脑海。

（4）以表格的形式将题干条件具象化，见表1。

表1　问题1题干条件具象化表格

	速度（米/秒）	时间（秒）	路程（米）
小明	1	t	t
小杰	1.2	t	$1.2t$

（5）寻找等量关系：由题干中小明和小杰第一次都在正方形的同一位置，可知在行走的过程中小杰追上了小明，可得小杰行走的路程＝小杰与小明的路程差＋小明行走的路程。

解答过程：

解：设经过 t 秒，小明和小杰第一次都在正方形的同一位置，根据题意，得

$$1.2t = t + 12 \times 3$$

解得 $t = 180$

答：经过 180 秒，小明和小杰第一次都在正方形的同一位置。

教学说明：本题旨在演示如何从精细审题的角度，抽象出实际情境中的数量关系，寻找到已知量和未知量，并通过表格形式将题干条件变得直观、简单，方便学生准确建立方程模型，发展学生的抽象能力、降低学生的应用题畏难情绪。因此，题目设置难度不高，可根据学生程度及教学目标进行适当改编。此外，在教学生成的过程中，通过学生的质疑及教师引导，呈现的最终解题方法的重点为：审题细化及如何将题干条件结合联想内容转化为表格。

由于图形中 D 与 C 之间的路程差有两种情况，学生往往会想当然地以为两人的距离差是较近的 12 米，此为本题的一个易错点，故审题时须强调小明速度慢，小杰速度快，实际情境中一定是速度快的追上速度慢的，故是小杰追小明，两者路程差应为较远的 36 米。在教学过程中，教师应注意引导学生在解决实际应用题时，要认真仔细且结合实际。

解题策略巩固——问题 2：

列方程（组）解应用题：一对夫妇现在年龄的和是其子女年龄和的 6 倍。这对夫妇两年前的年龄和是其子女两年前年龄和的 10 倍。6 年后，这对夫妇的年龄和是其子女 6 年后年龄和的 3 倍。问：这对夫妇共有多少个子女？

读题审题过程：

(1) 圈画关键词：夫妇年龄和、子女年龄和、有多少子女。

(2) 联想问题类型：年龄问题、每人两年前都比现在小两岁、每人 6 年后都比现在大 6 岁。

(3) 以表格的形式将题干条件具象化，见表 2。

表 2　问题 2 题干条件具象化表格

	现在年龄和	两年前年龄和	6 年后年龄和
夫妇	x	$x - 2 \times 2$	$x + 2 \times 6$
子女	y	$y - 2z$	$y + 6z$

(4) 寻找等量关系：夫妇现在年龄和＝子女年龄和×6、夫妇两年前年龄和＝子女两年前年龄和×10、夫妇 6 年后年龄和＝子女 6 年后年龄和×3。

解答过程：

解：设这对夫妇现在的年龄和是 x，子女现在的年龄和是 y，夫妇共有 z 个子女，根据题意得，方程组

$$\begin{cases} x=6y \\ x-2\times 2=10(y-2z) \\ x+2\times 6=3(y+6z) \end{cases} \quad 解得 \begin{cases} x=84 \\ y=14 \\ z=3 \end{cases}$$

答：这对夫妇共有 3 个子女。

教学说明：学生通过本题可以进一步感知数学在生活中的应用及用数学的思维思考现实世界的意义。本题难点在于未知量较多，要在遵循求谁设谁原则的基础上，把其他未知量也用字母表示。符号意识的建立，增强了学生的抽象能力，同时，学生可以更进一步感知到数学语言是表达现实世界的重要载体。表格形式再次将题干条件变得具体、明确。联系实际及寻找到的等量关系，学生能利用方程模型刻画出现实世界中的数量关系，高效解决问题。

4．应用迁移解决综合实践问题

知识和方法的应用迁移是学生学习水平提高的关键能力。反复的实践和积极的思维也是学习品质提升的关键步骤。真题链接把课堂所学方法与中考实际考查内容有机结合，培养学生在真实情境中解决问题的能力，促进学生的深度学习。

解题策略应用——问题 3：

真题链接："中国石化"推出促销活动，一张加油卡的面值是 1000 元，打九折出售。使用这张加油卡加油，单价优惠 0.30 元。假设这张加油卡的面值能够一次性全部用完，且油价一直不变。某人购买一张加油卡，他实际支付了多少钱？油的原价为 x 元/升，优惠后油的实际单价为 y 元/升，请列出关于 x、y 的方程。

读题审题过程：

（1）圈画关键词：面值 1000 元、油的单价降低 0.30 元、一次性全部用完。

（2）边读题边计算：九折买一张面值 1000 元的加油卡，实际花费＝1000×0.9＝900（元）。

（3）联想问题类型：综合实践问题，油的单价＝费用÷油量。

（4）以表格的形式将题干条件具象化，见表 3。

表 3　问题 3 题干条件具象化表格

	总金额（元）	单价（元/升）
加油卡	1000	$x-0.30$
实际	900	y

（5）寻找等量关系：用面值 1000 元的加油卡加油总量和实际消费 900 元买到的油量一样。

解答过程：

解：① $1000 \times 0.9 = 900$（元）

答：某人购买一张加油卡，他实际支付了 900 元。

② $\dfrac{1000}{x-0.30} = \dfrac{900}{y}$，整理得，$y = 0.9x - 0.27$

答：可列出关于 x、y 的方程为 $y = 0.9x - 0.27$。

教学说明：本题为综合实践类问题，基本接近客观现实情境，属于"折上折"的销售活动。因此，问题中的数量关系较为隐蔽，准确抽象成数学问题的难度较高。解决问题的过程需要顺着题目的意思，理清销售活动的脉络，抓住最终油量相等的本质关系。因此，本题要求学生具有一定的生活经验，着重考查学生在真实情境中构建合适方程的能力，凸显了数学的解决实际问题的工具属性。本题难度在于第二问题意的理解，审题难度高。教学实践中学生在思考尝试解答的过程中出错率高，在讨论质疑的交流过程中各执一词，最终的题干条件具象化后又觉得如此简单。可见题干条件具象化的必要性，它是分析问题过程中思维可视化的关键环节。

思维引领分析：通过真实情境的综合问题训练，学生将课堂策略运用到复杂问题中，进一步提升了模型观念和数学思维的应用能力。

四、总结思考

（一）思维型课堂构建思路

思维型教学有六大基本要素：创设情境、提出问题、自主探究、合作交流、总结反思、应用迁移[3]。在使用过程中，可以结合不同课型，灵活选择要素类型来设计学生活动。"一次方程（组）应用题解题策略"是一节问题解决型的习题课，课堂生成过程见图 2，其中主要环节是合作交流、总结反思、应用迁移。

（二）思维型课堂的核心经验

在本次教学实践中，教师通过引导学生精读题目，并有机结合问题解决过程的五个阶段[4]，将数学思维可视化（见图 3）、解题方法结构化。学生通过前期的应用题练习，积累了足够多的数学活动经验，对实施计划的过程与检验结论的方法已经熟练掌握，运算能力和数学观念已经具备。思维可视化过程中明确问题、探求解法、讨论反思是本节课问题解决中的关键环节。

[3] 胡卫平.思维型教学理论核心问题解析[M].上海：上海科技教育出版社,2022.
[4] 胡卫平.思维型教学理论核心问题解析[M].上海：上海科技教育出版社,2022.

学生已具备应用题解题经验和应用题解题策略

难点适合学生合作,共同研究
围绕抽象能力、模型观念等核心概念

六大要素

完成任务单及初步订正,**自主探究尝试解法**

分析问卷结果,**创设问题情境**

提出问题,明确课程目标

小组讨论,**合作交流**(质疑解法)

费曼学习法展示,**总结反思**(固化解法)

综合练习,应用迁移

三个层次

思维

核心素养

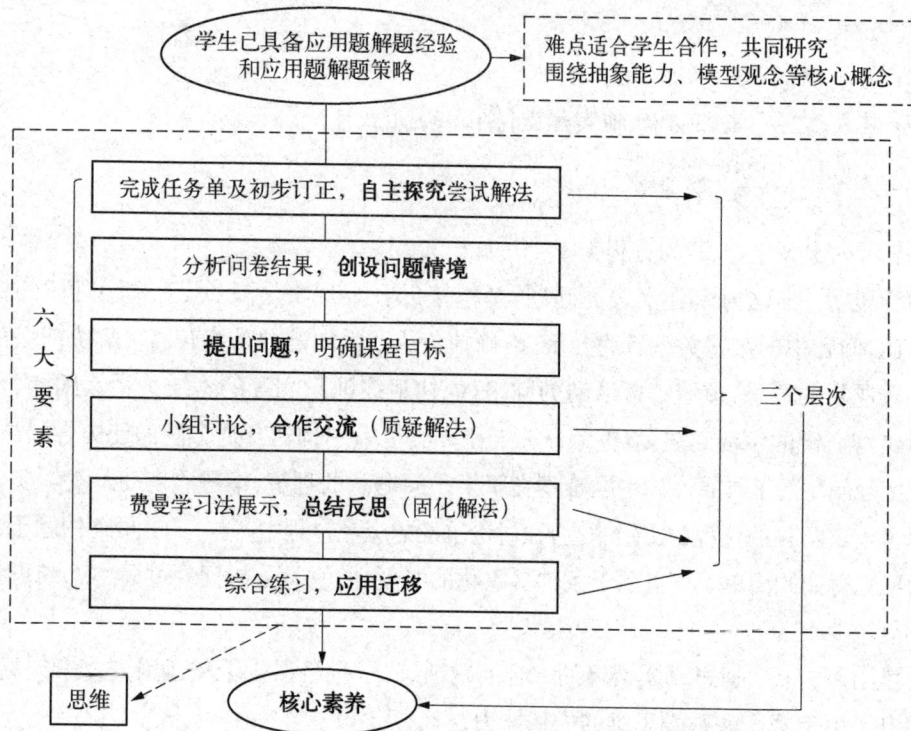

图2 一次方程(组)应用题习题课思维型课堂建构基本思路

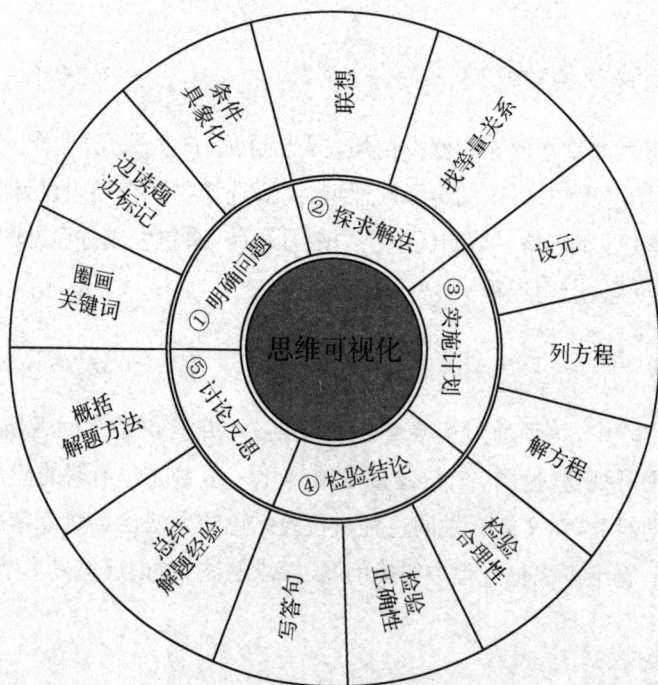

图3 一次方程(组)应用题问题解决思维可视化过程

1. 圈画关键词、边读题边标记是思维可视化的基础环节，指向核心素养中的数学意识，是学生通过多次参与数学活动，逐步形成的对活动特征、过程、操作方法的感性认识，外显为问题解决的效率与思维品质，也就是常说的做题习惯。该习惯的养成有助于学生在问题解决过程中，剔除冗余信息、把握问题精髓、提炼数学本质，快速深入理解题目的核心要点。

2. 题干条件具象化是思维可视化的关键步骤，指向核心素养中的抽象能力。利用表格将应用题题干信息具象化，能够快速挖掘题干中的隐藏条件，显著降低学生分析难度，促进学生思维的提升[5]。除表格工具外，线段图、流程图、思维导图等可视化工具都是创新思维的显性载体，这些工具将题干中繁杂的量及其关系转化为形象易懂的直观图形，复杂的思考过程被具体化[6]。实践过程中可以结合不同题目类型需求，选择合适的工具。

3. 明确等量关系，构建数学模型是思维可视化的有效表征。因此，数学活动过程中建立的模型观念是解决应用题的关键能力。解题过程中，学生可借助数学活动经验形成的理性认知，如应用题中的等量关系常见于"是""共""比"等词语组成的语句中，明确参数、锁定变量、理清逻辑、构建模型，进而解决问题。

4. 问题解决后的讨论反思是思维可视化推广的有效手段。本节课通过学生的讨论演绎、总结反思及梳理概括，形成了一套结构化的问题解决方法，抽象出具有一般意义的通性通法。通性通法要转化为数学学习中新的能力结构，方便学生利用程序性的思路解决灵活多变的应用题，有利于学生对应用题解题策略的逐步感悟与内化。

（三）思维型课堂的改进方向

尽管本次教学实践取得了一定成效，但也暴露了一些问题。

1. 部分学生在问题迁移中的表现仍较弱。这表明在教学设计中对不同层次学生的适应性指导还须加强，特别是需要进一步细化教学策略，帮助中等及以下水平学生完成思维跨越。

2. 可视化工具的运用尚不够多样化。目前主要使用表格工具进行条件具象化，未来可以尝试引入线段图、思维导图和流程图等，满足不同类型问题的需求，进一步提升学生的思维广度和深度。

3. 教、学、评一致性有待优化。课堂教学的生成性设计与课后评价标准的结合还不够紧密，教师需要在后续实践中进一步探索如何让教学目标与评估工具更加一致，形成系统化的教学评价机制。

［5］ 郭雪武. 运用表格分析法优化初中数学应用题教学的研究［J］. 亚太教育，2023(02)：17－19.
［6］ 贺玉婷，蔡建东. 指向创新思维培养的思维可视化工具设计研究［J］. 教学与管理，2024(15)：90－94.

(四)思维可视化对教学的价值外延

教师在构建思维型课堂的过程中,须紧抓思维核心,灵活运用可视化手段,对知识或题干进行精细加工,实现零散的知识系统化、隐性思维显性化、解题规律模型化[7]。本案例着重呈现的是解题规律模型化的过程。在数学学科教学中,长期使用思维可视化的方式,可以让学生在发散思维和聚合思维的过程中感受数学的魅力,让教师在引导思考、享受思考的过程中感受教学的快乐。总之,思维可视化的数学课堂可以带来减负增效的巨大价值。

综上,本文通过"一次方程(组)应用题审题策略"的教学实践,探索了思维型课堂的构建路径,聚焦思维可视化和通性通法的总结,引导学生在问题解决中发展数学核心素养。研究表明,思维型课堂以学生思维过程为中心,注重抽象能力和模型观念的培养,帮助学生掌握从审题到解题的系统方法,提升了其数学学习的深度与广度。未来的教学应继续围绕思维核心,不断优化课堂设计与工具运用,让数学教育更好地服务于学生思维能力的提升与实践应用,为教育改革注入新动能。

---

[7] 贺玉婷,蔡建东.指向创新思维培养的思维可视化工具设计研究[J].教学与管理,2024(15):90-94.

基于部编版初中语文教材的记叙文写作策略探究

◎ 上海市实验学校南校　王　蓓

【摘　要】部编版初中语文教材最大的变化就是融入了写作版块。写作在单元阅读的基础上，以专题为导向，包括写作要点、策略、材料等。年级学段之间相互贯通、各有侧重，体现了初中写作的连贯性、系统性和完整性等。笔者在调查研究的基础上，结合学生记叙文写作的实际情况，从教材中挖掘有利于提升学生记叙文写作的路径策略，有针对性地进行指导，目的是提升学生的写作思维。

【关键词】部编版初中语文　问卷调查　记叙文写作　策略探究

由温儒敏教授主编，国内众多语文教育专家、一线教师合作编写的教育部编义务教育语文教科书已经在全国中小学全面投入使用。部编版初中语文教材中写作板块的融入，是新教材区别于老教材的明显特征，是教师写作教学的有力支撑。写作版块注重对学生写作过程中的策略性引导、写作知识技能的传授，且循序渐进，拾级而上，最终形成一个连贯的写作知识体系。

笔者在知网以"部编语文""初中写作"为主题词进行了组合搜索，大部分文献还停留在对教材写作的理论指导，缺乏对学生写作实践中的方法策略引导。如温儒敏分析部编版语文教材的整体特色，介绍单元写作版块的编排意图，强调应重视写作知识、写作方法的引导及教材编写的科学性与有序性[1]；王越、徐鹏以统编版语文教材七年级下册第三单元"抓住细节"写作教学为例，探讨单元写作任务序列化特征[2]。少数文献基于写作版块，进行了微观研究。如蒋建国推进"R－R－T－W"模式，逐步构建较为合适的写作方法体系[3]；李翠注重读写结合，写作指导循序渐进[4]。

如何利用教材挖掘写作价值？如何在学生写作过程中注重策略性引导？笔者基于新课

［1］　温儒敏."部编本"语文教材的编写理念、特色与使用建议[J].课程.教材.教法,2016(11)：5－13.

［2］　王越,徐鹏.初中语文单元写作任务序列化建构与实施[J].语文建设,2023(23)：13－17.

［3］　蒋建国.读思写融合"R－R－T－W"教学模式的行动研究——基于部编本初中七年级语文教材[J].中国教育学刊,2019(S1)：41－43.

［4］　李翠."部编本"初中语文教材写作专题的使用研究[D].秦皇岛：河北科技师范学院,2022.

标写作要求,在问卷调查的基础上,把握学情,结合教材,通过写作实践,探索初中记叙文写作切实可行的路径,助力提升学生的语文核心素养。提升学生的写作水平,首先要明晰课标的写作纲领性方向及不同年级教材对写作的要求。下面,笔者将依据课标、教材梳理写作要点,这是记叙文写作中策略性指导探究实践的基础。

一、梳理写作要点

《义务教育语文课程标准(2022年版)》(以下简称"新课标")写作总目标指出:"能具体明确、文从字顺地表达自己的见闻、体验和想法。能根据需要,运用常见的表达方式写作,发展书面语言运用能力。"其中"具体明确、文从字顺""运用常见的表达方式"是对写作在语言、形式等方面的概述性要求,即在实际写作中要有具象化的表现;"表达自己的见闻、体验和想法""发展书面语言运用能力"就是写作的意义和目的。笔者对七到九年级单元写作要点进行了简要梳理,便于实践研究。

部编版初中语文教材写作版块各有侧重,相互贯通,体现了连贯性、系统性和完整性特征,如表1所示。

表1　部编版初中语文七到九年级单元写作要点

七上	热爱写作;学会记事;写人特点;思路清晰;突出中心;联想想象
七下	人物精神;学习抒情;抓住细节;怎样选材;文从句顺;语言简明
八上	新闻写作;人物小传;描写景物;语言连贯;说明特征;表达得体
八下	学习仿写;说明顺序;写读后感;写演讲稿;学写游记;学写故事
九上	尝试创作;观点明确;言之有据;学习缩写;论证合理;学习改写
九下	学习扩写;审题立意;布局谋篇;修改润色;演出评议;创意表达

部编版初中语文教材的写作系列专题,六、七年级以兴趣为起点,侧重培养叙事能力;八、九年级侧重改编、提升能力。笔者从以下三个方面进行概述。

(一)写作知识、写作文体双线发展

单元写作任务内容丰富、逐层增加,遵循学生的写作成长规律。单元写作任务要根据学生的身心发展特点来制定。写作实践要呈螺旋式上升,写作知识要循序渐进。

(二)写作专题与单元读写相贯通

单元阅读的人文主题要与单元写作版块专题相对一致,单元写作专题要与单元读

写贯通,从阅读材料中提炼写作指导价值。教师要从单元阅读中提炼、梳理写作技巧,学生需要通过"反刍、消化、选择、应用"等环节,才能把写作技巧合理应用到写作实践中。

(三) 单元写作板块包括写作主题、写作理论、写作实践三大部分

教师要将理论和实践相结合,罗列写作理论知识要点,使写作指向清晰明了。写作系统研究一般会有三个训练题目,这三个写作题目具有内在关系。

目前,初中阶段主要培养学生的记叙文写作能力。要想提升学生的记叙文写作能力,了解教师应用、学生写作的实情,是进行实践的前提条件。于是,笔者在执教的学校进行了问卷调查,力求发现主要问题,解决问题。

二、问卷调查分析

根据研究的需要,为探索写作实践的可行性,笔者在上海市实验学校南校展开了问卷调查。调查对象为七、八、九年级学生,自愿参与。问卷采用选择题与简答题相融的方式,选择题 13 道、简答题 4 道,主要包括认知程度、写作和教材的联系、写作困惑、自我对策等。

1. 写作遇到困难时,你会从语文教材中(   )(多选)。(见表2)

表 2　写作中遇到困难时,联系教材的情况

选　项	小　计	比　例
A. 学习写作手法	486	66.48%
B. 积累好词好句好段	361	49.38%
C. 模仿套用课文材料	217	29.69%
D. 模仿开头、结尾等	429	58.69%
本题有效填写人次	731	

统计结果表明:"学习写作手法"的比例最高,可见教师在阅读教学中还是非常注重从教材中提炼写作技巧的,能有效启发引导学生;"模仿开头、结尾等"是学生常用的写作策略,但是笔者和学生交流时发现部分学生不知道怎么借鉴教材,这反映出学生想利用教材,但需要教师的引导。可见,充分利用部编版初中语文教材、挖掘写作资源、指导学生写作,是学生的心声。

2. 语文教材单元写作板块,对你的写作(　　)。(见图1)

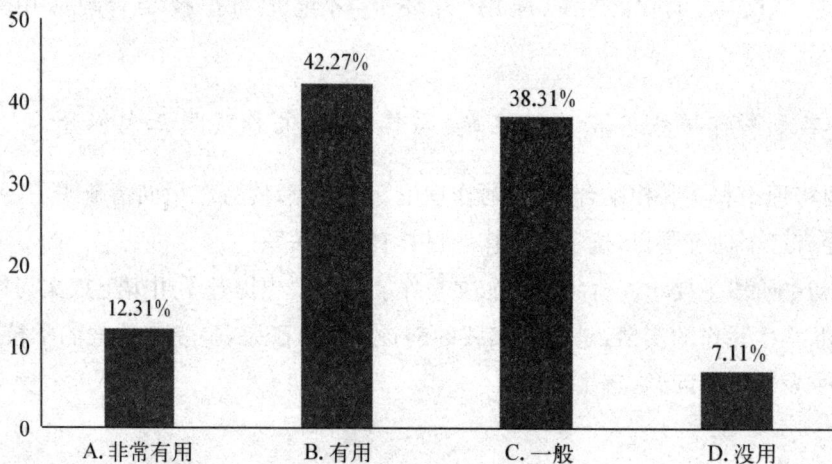

图1　学生对于部编版语文单元写作的看法

这道题既调查了教材单元写作对学生的影响,也反映出教师使用单元写作的情况。从具体数字可见:学生认为单元写作非常有用的只占12.31%。这个比例较低,说明学生并不特别重视单元写作板块。但是,42.27%的学生认为"有用",这说明学生还是从写作版块中有所收获;认为"一般""没用"的学生占45.42%,比例较高。可见,单元写作的有效性并没有得到"最大化",这和教师是否充分利用单元写作指导是有很大关系的。

3. 你的老师如何运用单元写作中的作文题目(　　)。(见图2)

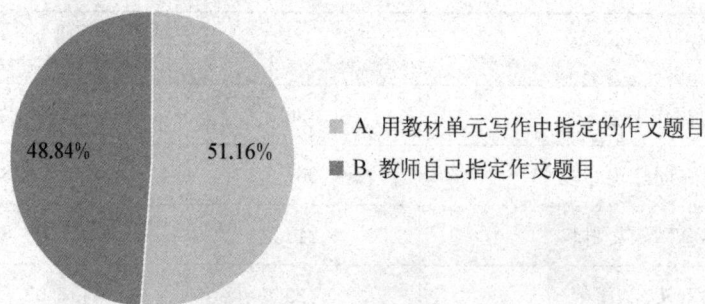

图2　教师对单元写作题目使用的情况

由图2可见:48.84%的教师并没有使用单元写作题目,而是用自己准备的题目。教师准备的题目可能和本单元写作指导有关,也可能无关。若写作题目的相关度不高,那么单元写作的技巧就得不到有效的训练。

这三个问题从学生自身遇到写作困境时,是否愿意及如何从教材中寻找策略,到学生对单元写作版块的看法,再到教师对单元写作题目的使用情况展开了调查,从结果可以看出学生"主观愿意学写作",但是教师对单元写作版块在教学实践中利用得还不够充分。这样会导致学生不能够按照教材写作指导或提示进行构思写作,不能有意识地将所学的写作知识运用于写作实践。写作知识形同虚设,学生的写作水平就会难以提升。

通过以上分析,基于部编版初中语文教材,笔者认为在记叙文写作教学中注重对学生进行策略性指导尤为重要。

三、写作策略实践

笔者根据教材写作要点、调查问卷等分析问题,并结合部编版初中语文教材,探索"找支架、寻策略"的记叙文写作策略,以期解决学生写作中的实际问题,为初中一线教师提供写作教学经验。

(一)支架内涵

"支架"原指建筑工人在建造或装饰建筑物时使用的、能够提供支持的暂时性平台、柱子或脚手架。现在,"支架"逐渐脱离建筑,变成了教育心理学中的一个概念。支架教学以建构主义、认知主义、行为主义、最近发展区为理论依据,强调学生是主体。教师在教学中要充分利用外部因素为学生搭建合理、能不断向上攀登的"支架",使学生自主建构新知识体系[5]。所以,运用"支架"进行记叙文写作教学,可以促进学生发挥自主性,实现有意义的写作。

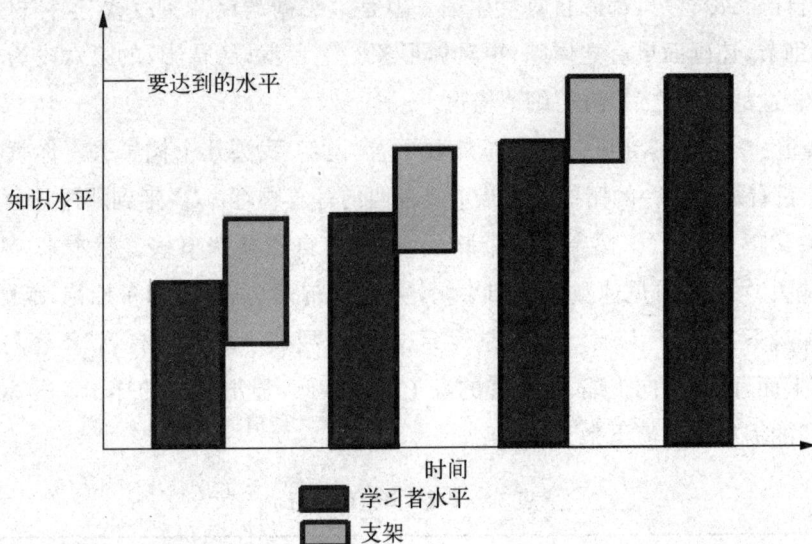

图 3　支架效果作用图

---

[5] 潘玉婷.支架教学模式引导下初中写作教学实践研究[D].兰州:西北师范大学,2014.

图 3 是"支架"在教学中发生作用的效果图。长条框代表当前的学习者水平,短条框代表提供的支架;纵轴表示学习者水平,横轴表示时间。从中可以直观地看出教学支架要在学习的过程中适时、适量提供;支架提供的位置应在比学习者现有水平稍微高的位置;随着学习者能力水平不断提升,支架的支援应不断减少,直至学习者能够独立自主地完成下一个更高水平的学习目标。

本文中的"支架"狭义指在部编版初中语文教材使用下,在以记叙文为主的写作教学中梳理适合学生需要的写作资源;然后引导学生利用这些"支架",寻找适合自己的策略路径,即"寻策略",进行写作实践。下面,笔者将结合教学实践分析案例,提供教学参考。

(二)联想选材,探究细节

新课标要求写作要具有真情实感,写出真实的体会和经历。这就是"怎样选材"的导向。据问卷调查数据表明,学生觉得"无材料可写"的占据 63% 以上;"根据课文材料进行模仿"的占比不到 10%;另外,还有学生不知道如何展开细节描写。部编版语文教材七年级下册第三、四单元的写作主题分别是"抓住细节""怎样选材",都有切实可行的指导方向。

笔者在执教《背影》一文时,根据第六段描写父亲给"我"买橘子时,在月台爬上攀下的情景,启发学生联想真实经历。学生畅所欲言,谈到外婆越过两条马路给自己买糖葫芦、奶奶冒着酷暑给自己买冷饮等,都源自真实生活。但是,"买糖葫芦""买冷饮"这种材料很简单,该如何写出细节,让画面更有立体感、更具体形象?笔者就以《背影》的第六段为模板,引导学生在选择合适的材料之后,进行细节描写。

① 我说道:"爸爸,你走吧。"他往车外看了看,说:"我买几个橘子去。你就在此地,不要走动。"② 我看那边月台的栅栏外有几个卖东西的等着顾客。③ 走到那边月台,须穿过铁道,须跳下去又爬上去。④ 父亲是一个胖子,走过去自然要费事些。我本来要去的,他不肯,只好让他去。⑤ 我看见他戴着黑布小帽,穿着黑布大马褂,深青布棉袍,蹒跚地走到铁道边,慢慢探身下去,尚不大难。⑥ 可是他穿过铁道,要爬上那边月台,就不容易了。⑦ 他用两手攀着上面,两脚再向上缩;他肥胖的身子向左微倾,显出努力的样子。⑧ 这时我看见他的背影,我的泪很快地流下来了。

表 3 《背影》第六段分析

句①	交代本段事件	父亲买橘子
句② 句③ 句④	交代一个六十多岁的老人遇到的困难	1. 路程之难:"那边月台的栅栏外""须穿过铁道,须跳下去又爬上去" 2. 自身行为之难:"父亲是一个胖子,走过去自然要费事些"

续 表

句⑤ 句⑥ 句⑦	克服困难的过程 抓住肖像、动作进行细节 描写	1. 肖像描写：戴着黑布小帽、黑布大马褂、深青布棉袍、蹒跚、慢慢探身 2. 动作描写：两手攀、两脚再向上缩、向左微倾、努力
句⑧	情感	我的泪很快地流下来了

笔者带领学生分析本段的细节过程、分析本段的程序性过程，即作者是怎样写的（见表3）。在这种方式的引领下，学生进行了写作。下面是学生修改后的作品：

我说："外婆，我想吃糖葫芦。"她往马路对面看看，犹豫一下说："我这就给你买，你先在这里等我。"我使劲点点头。我远远地看见马路对面那个卖糖葫芦的老爷爷好像要离开的样子，我就催促外婆："快点快点！"她走到马路对面，须向前走100米上下，须在路口等一个红绿灯，再向前走100米，才能到达。我知道外婆平时身体不好，走快一点就会喘气。可是，当时的我根本没有考虑这一点，只想着自己享受美食。我看见外婆戴着厚厚的围巾，穿着那件略显陈旧的羽绒服，疾步向前。她来到路口，红灯亮了。她焦虑地等待着，时不时回头看看我，大声说："不要乱跑，我一下就回来了。"等她买到糖葫芦，站在马路对面，笑着喊我："囡囡，来了，来了。"火红的糖葫芦在她手中，显得格外香甜。唉，现在每每想到这一切，我的泪很快地流下来了，因为外婆已经不在了。

写作教学要求在具体、真实的情境中开展，教师要帮助学生在适切的情境中内化知识。部编版语文教材的诸多材料其实非常贴近学生生活，学生可以运用类似的材料，展开联想记忆，结合真实经历，写自己的所感所想。新课标指出，要为学生创设良好的学习情境，帮助学生提升写作能力。

（三）描写有序，语言连贯

写作是个性化语言思维的外在表现。笔者经过多年的写作指导发现，教师批阅写作最大的障碍是写作语言。学生写作语言的主要问题为"语句前后脱节、条理混乱"。为使写作语言具体化、可操作化，八年级上册第四单元的主题为"语言要连贯"，为改进写作语言提供了方法指导。

在教学本单元《白杨礼赞》之后，笔者组织学生观察学校景色，让学生处于生活情景中，眼前有描写的"实物"，有具体的"观察对象"，并要求他们写作。下面是一位学生对芍药的描写：

① 学校的围栏处，静静伫立着几朵芍药花。② 花是白粉色的，薄如蝉翼。③ 叶片边缘布满许多密密麻麻的锯齿，在守卫着花朵。④ 花瓣的边缘渲染着一层淡淡的粉色，一层层花瓣重重叠加起来，组成一朵花，层次感满满，整体看起来洁净而又剔透。⑤ 每一朵芍药花

都有几片绿叶相衬,绿油油的叶片看起来生机勃勃,衬托出花的美丽。

这五句话分别描写了花的数量、花色、叶片、花瓣、叶片。下面是笔者和学生的对话:

笔者:请问,你观察花,先看什么,后看什么?

学生:先看整体,再看颜色、花瓣形状,最后看叶子。

笔者:你可以总结一下,你的观察角度是什么?

学生(在笔者的提示下):先整体再局部。局部观察是从上到下的顺序。

笔者:所以这一段的描写顺序可以调整为数量、花色、花瓣、叶片。

下面是学生修改后的片段:

① 学校的围栏处,静静伫立着几朵芍药花。② 花是白粉色的,非常娇艳。③ 花瓣的边缘薄如蝉翼,渲染着一层淡淡的粉色。一层层花瓣重重叠加起来,组成一朵花,层次感满满,看起来洁净而又剔透。④ 每一朵芍药花都有几片绿叶相衬,叶片边缘布满许多密密麻麻的锯齿,在守卫着花朵。⑤ 绿油油的叶片看起来生机勃勃,衬托出花的美丽。⑥ 微风徐来,阵阵花香,令人神清气爽。⑦ 这些美丽的芍药花,不仅装扮了校园,也净化了我的心灵。

在引导学生描写有序、进行语言训练时,首先要从学生本身的思维出发,纠正个体语言思维的不足,要符合生活观察的逻辑。教师绝不能用自己的思维来代替学生的个性写作。

以上写作实践,基于教材和学情,运用"找支架、寻策略"来实践,对学生的写作具有一定的引导作用。总之,教材和教学是相辅相成的,教材是为教学提供学习的范本。部编版语文教材非常注重单元写作的系统性练习。在部编版初中语文教材全面使用的背景下,利用写作版块指导学生写作是提升他们写作能力的最佳途径。教师要立足于部编版初中语文教材,挖掘阅读中的写作资源,引导学生触类旁通,在写作实践中提升写作能力。部编版初中语文教材为教师和学生提供了丰富的写作资源,但如何基于教材,在实践中解决学生的写作问题是教师需要思考的一个方向。

通过数学建模解决实际问题

——以一次函数的应用教学为例

◎ 上海市实验学校南校　顾毅旭

【摘　要】《义务教育数学课程标准（2022 年版）》指出，数学学科的课程性质是基于对现实世界的抽象问题，研究数学建模，形成数学的结论和方法，帮助人们认识、理解和表达现实世界的本质、关系和规律。数学课程要培养学生的数学眼光、数学思维和数学语言，其中会用数学语言表达现实世界的主要表现之一就是数学建模。数学建模作为一个重要的纽带和桥梁，能将数学问题与现实世界中的实际问题联系起来，帮助我们系统化解决一类相关问题，使得数学应用渗透到现代社会的各个方面。因此，本文以一次函数的应用为例，探究在数学教学过程中数学建模在解决实际问题中的应用，既是对新课程标准的积极响应，也是对培养学生数学核心素养发展的深刻体现。

【关键词】数学建模　一次函数的应用　数学教学

一、数学建模的概述

在数学教学过程中，数学建模的教学一般是从解决实际问题引入，深入分析问题本质，对问题形成全面而准确的理解，利用一些工具、手段，从已有经验出发，通过简化和抽象，提炼问题的核心，将实际问题"数学化"；利用数学语言，比如方程、不等式、函数等构建数学结构，即数学模型；利用数学方法对数学问题计算求解并返回实际问题检验，从而得以高效解决实际问题的具体过程。

二、初中数学教学中应用数学建模的意义

实际应用题的题干长且信息量大，一直是很多初中学生学习过程中的难点。教学过程中，教师应引导学生运用建模思想，迅速捕捉题干中的关键信息，构建数学模型，从而提高解

题准确性。数学建模以解决实际应用问题为目的,能让学生体会数学与实际生活的密切联系,激发学生学习数学的兴趣,建立解题信心。在初中数学建模教学中,教师不仅需要具备专业的教学技能和丰富的数学知识,而且需要充分掌握学生的学习水平。数学建模的过程对学生的综合能力也有一定的要求,学生不仅要有扎实的基础知识,更需要对所学的知识进行综合、灵活的运用。数学建模能使学生在解决问题时各环节条理清晰,使学生提出问题、分析问题、归纳总结的能力得以锻炼、逻辑思维能力得以提升,帮助学生学以致用,促进学生全面发展。

三、在一次函数的应用中构建数学模型

函数模型是常见的数学模型之一,通过二元坐标轴能直观展现数学算式,通过直观的图形能让学生更好地理解函数的性质,体会变量之间的变化规律。初中数学中一次函数的应用问题就可以通过构建一次函数模型来求解,学生可以更好地体会两个变量之间的依赖关系。另外,利用一次函数模型还能求解与生活相关的实际问题。

为保证学生更好地把实际问题抽象成数学问题,教师需要精心设置符合学生生活经验的问题情景,让学生在真实生活情景中应用函数知识。例如,笔者设计了问题:小南同学计划用 3500 元到上海参加一个学校组织的夏令营,预计每天在房租、食物和活动等费用上花费 40 元。教学过程中,对于此题目,教师可以先不提出问题,而要求学生深入分析从而发现问题。爱因斯坦说过,提出一个问题往往比解决一个问题更重要[1]。解决一个问题是某方面的一个技能,但提出一个问题则需要有创造性的想象力,问题比答案更广阔。

实际教学过程中,对于部分综合能力相对较弱的学生,教师需要根据他们的情况做出相应的积极引导,设置问题链,步步追问、层层深入:小南目前主要面临什么样的问题? 可不可以理解成一个数学问题中的变量? 我们怎么编写一个数学模型来表示他面临的问题?

在这个问题中,小南要利用现有的钱度过一个夏令营的时间,他剩余的钱数取决于他夏令营度过的天数。在这个问题中有两个变量,笔者引导学生用数学符号语言描述这两个变量,一个是 y:表示剩余的钱(元);另一个是 x:表示夏令营度过的时间(天)。因为小南的预算是 3500 元,笔者便提示学生可以确定 y 的初始值是 3500。他预计每天花费 40 元。为帮助学生更好地理解这个模型,可以引导学生代入具体数值求解,比如:

夏令营第一天结束后剩余的钱:$y = 3500 - 40 \times 1$,

夏令营第二天结束后剩余的钱:$y = 3500 - 40 \times 2$,

⋮

———————————

[1] 爱因斯坦 A,英费尔德 L.物理学的进化[M].万山,译.北京:台海出版社,2021.

夏令营第 x 天结束后剩余的钱：$y = 3500 - 40x$。

在设计的问题情景中，学生分析得出小南剩余的钱数与天数存在一次函数关系，建立了 $y = 3500 - 40x$ 的函数模型，其中 40 相当于变化率或者是斜率。学生便能用此模型解决实际问题，预测小南同学的余额，做出相应的安排和制订合理的消费计划。教师还可以设计其他问题，比如小南同学多久就将钱花光了，把它转变成求当 $y = 0$ 时 x 的取值问题；或小南不想负债累累的话，他夏令营可以参加多久的问题，把它转变成求函数定义域的问题。

部分初中一次函数的应用题为降低难度，题目条件直接给出两个变量之间存在一次函数关系，学生可直接利用 $y = kx + b$ 这一模型，通过待定系数法，确定函数解析式。对于这些题目，学生省掉了把实际问题抽象成数学问题的思考过程，没有构建数学模型的过程。上述题目相比于直接给出一次函数模型的问题，难度明显增加，但真正能锻炼学生的数学建模素养。学生经历建立数学模型并应用其解决实际问题的过程后，才能形成深刻体验，从而更好地掌握数学模型的本质。长此以往锻炼下去，学生的模型思想必能在潜移默化中形成。

四、结束语

数学建模是一个将现实世界复杂问题转化为数学问题，并通过建立模型解决问题的过程。教学过程中可以培养学生的发现、分析和解决问题的能力，在培养学生核心素养方面具有重要意义。教师应注重设置带有数学思考的情景，激发学生的兴趣和创造力，鼓励他们主动参与课堂活动，培养他们用数学眼光看待问题和用数学语言表达问题的习惯。通过多看、多说、多思、多用等方式，学生的数学能力和建模素养将得到全面提升，进而在实践中实现知识、能力、素养的共同发展。

运用科学思维方法　发展科学思维能力

◎ 上海市实验学校南校　黄　华

【摘　要】科学思维是科学课程要培养的学生核心素养的核心,它不仅是学习科学所应具备的关键能力,也是适应现代社会发展的核心思维方式,而且可以迁移到其他领域。科学思维包括模型建构、推理论证和创新思维,它们是科学所必要的关键能力。形成科学思维能力的前提是掌握科学思维方法。本文结合牛津上海版初中六、七年级的一些科学教学实践,初步探讨了初中科学教学中科学思维方法的运用,涉及的方法有分析与综合、归纳与演绎、类比法、抽象与概括、比较与分类、发散与收敛。

【关键词】初中科学　科学思维方法　科学思维能力

　　为了落实立德树人根本任务,2014 年起,教育部启动了新一轮的基础教育课程改革。本轮课程改革将党的教育方针具体化为本课程应着力培养的核心素养。科学课程要培养的学生核心素养是科学课程育人价值的集中体现,包括科学观念、科学思维、探究实践和态度责任等方面。其中,科学思维是从科学的视角对客观事物的本质属性、内在规律及相互关系的认识方式[1]。它不仅是学习科学所应具备的关键能力,也是适应现代社会发展的核心思维方式,而且可以迁移到其他领域,是科学课程要培养的学生核心素养的核心,始终是国际科学教育研究的热点问题和科学教育关注的重要目标。在新修订的《义务教育课程方案和课程标准(2022 年版)》和《普通高中课程方案和课程标准(2017 年版)》中,科学、化学、物理和生物课程都将科学思维作为核心素养之一[2]。

　　科学思维包括模型建构、推理论证和创新思维,它们是科学所必要的关键能力。形成科学思维能力的前提是掌握科学思维方法。科学思维有多重基本方法,有些思维方法彼此是辩证统一的关系,既相互区别,又相互依赖、互相补充。本文结合牛津上海版初中六、七年级的一些科学教学实践,初步探讨了初中科学教学中科学思维方法的运用。

[1]　中华人民共和国教育部. 义务教育科学课程标准[M]. 2022 年版. 北京：北京师范大学出版社,2022.

[2]　义务教育科学课程标准修订组. 义务教育科学课程标准(2022 年版)解读[M]. 北京：高等教育出版社,2022.

一、分析与综合

分析是把研究对象在思维中分解成它的各个组成部分或要素的思维方法。综合是把研究对象的各个组成部分或要素在思维中重新结合为一个整体的思维方法。两者虽有区别,但并不是独立的思维方法,常常共同帮助人们完成对事物的认识。分析是综合的基础,同时分析又必须以综合为前提,一般是先分析后综合。

例1：保温原理

该内容位于六年级第五章第三节"能的转移"。如图1所示,教师可以将保温瓶的材料结构分解成瓶塞、瓶壁、涂层,逐一分析各结构与热传递的关系。瓶塞是木质的,瓶壁是玻璃的,这两种材质都是热的不良导体,阻碍了传导的发生。两层瓶壁间是双层中空的,阻碍了传导和对流的发生。内外瓶壁上的镀银涂层,阻碍了辐射的发生。将这些分析综合起来,经推理论证可知"保温的原理就是阻碍热传递的发生"。

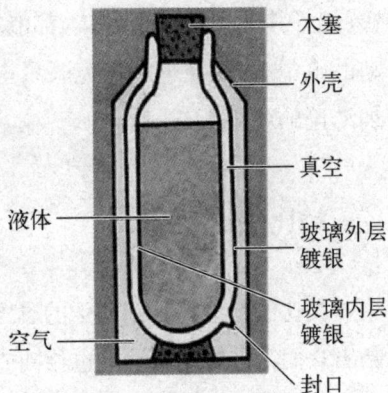

图1　保温瓶的结构

例2：光合作用

该内容位于六年级第七章第三节"生物体如何获取能量"。要让学生认识光合作用,教师可以先对原料、条件和产物三部分进行分析,再将这三部分综合起来完整认识光合作用,建构光合作用的概念模型,以图2所示的文字表达式呈现。

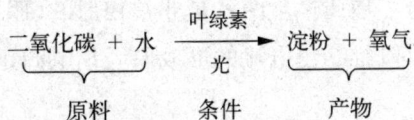

图2　光合作用的文字表达式

二、归纳与演绎

归纳是由一些个别的判断推出一般的判断的思维方法。演绎是由一般的判断推出个别的判断的推理过程。演绎要以归纳为基础,归纳要以演绎为指导。组合运用这两种思维方法,有助于发展推理论证能力。需要注意的是,演绎只有在真实的前提下,才能得到可靠的结论。

例3：生物的基本特征

该内容位于六年级第二章第一节"生物"。教师可以先比较熊猫和白鱀豚这两种动物,归纳出动物的七个共同特征;再比较多种植物,归纳出植物的七个共同特征;最后综合比较动物和植物,可归纳推理得到生物的七大基本特征。根据这一归纳结果,即可演绎推理出属于生物的蜗牛也应该具有这七个生物的基本特征,并可在观察蜗牛的活动中,引导学生有序地逐项观察进行验证。

例4:金属都是导体

该内容位于七年级第九章第一节"电路"。通过实验,测得金属铁、铜、铅能导电,可归纳推出金属都能导电,即金属都是导体。根据这一归纳结论,可演绎推出实验中没有测定的银、铝等其他金属也是导体,都能导电。在后续的学习中,当学生知晓了导体内有可自由移动的电子后,就能进一步克服只进行举例的缺点,把归纳建立在一定科学原理的基础上,增加结论的可靠性。

三、类比法

类比法是从特殊到特殊的思维方法,根据两个(或两类)对象在某些属性上相同或相似,推断出它们在另外的属性上也相同或相似的一种推理方法[3]。如甲有属性 A、B、C、D,乙有属性 A′、B′、C′,则可推出乙也有属性 D′。类比对象的共同属性和类推属性如有必然联系,所得认识就可靠;选择的相同属性越本质、确认的相同属性越多,推断得到的结论可靠程度就越大。

例5:电压是形成电流的原因

该内容位于七年级第九章第一节"电路"。"电压"即"电势差",而初中科学不引入"电势"概念,也就无法讲解"电压"。如表1所示,教师将"电流"与"水流"进行类比,可以发现在表现、运动方向和能量变化这三项属性上两者是非常相似的,那么根据水流的形成原因是水位高处和低处间有水压,则可以推断出电流的形成原因是电源正极和负极间存在电压,即电压是形成电流的原因。

表 1　电流类比水流

	水　流	电　流
表　现	水的定向移动	自由电子的定向移动
运动方向	从高处往低处流动	从电源正极往电源负极移动
能量变化	势能逐渐减少,转变为其他能	电能逐渐减少,转变成其他能
形成原因	水位高处和低处间有水压	电源正极和负极间存在电压

[3]　周建武. 逻辑推理与科学思维方法[M]. 北京:中国人民大学出版社,2017.

　　除了上述将电流与水流进行类比之外,还可以将电路与水路进行类比来认识电压。如图 3 所示,电路由电源、导线、灯泡和开关组成,水路由抽水机、水管、水轮机和水阀组成。按表 2 所示将两者组成及功能进行比较,可以看出两者组成之导线和水管、灯泡和水轮机、开关和水阀的功能都是相似的,遂可以根据"抽水机提供水压,能推动水定向流动形成水流"来推断出"电源提供电压,能推动自由电子定向移动形成电流"。

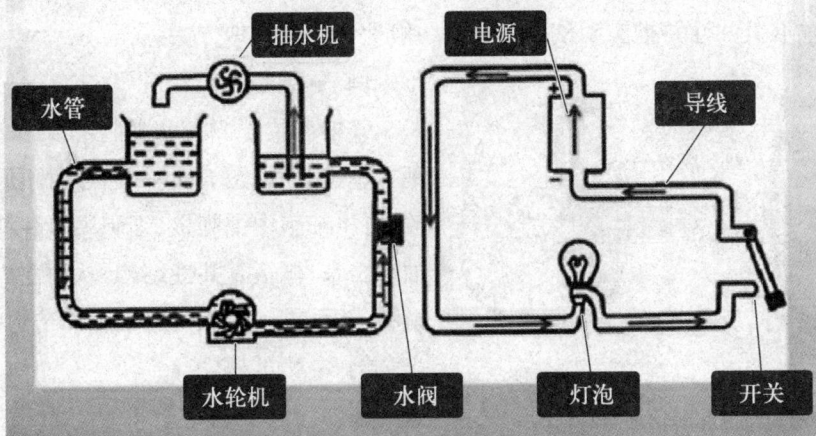

图 3　水路和电路的组成

表 2　电路类比水路

	水　　路	电　　路
组成 (功能)	抽水机(提供水压,能推动水定向流动形成水流)	电源(提供电压,能推动自由电子定向移动形成电流)
	水管(传输水流)	导线(传输电流)
	水轮机(将势能转化成动能)	灯泡(将电能转化成光能)
	水阀(控制水流的通断)	开关(控制电流的通断)

　　类比在建立科学模型过程中起着很重要的作用,有许多科学模型是从类比中获得启发而提出的。

　　例 6:地球的内部圈层结构

　　该内容位于七年级第十三章第一节"地球"。地球是一个巨大的球体,内部结构无法直接观察。如图 4 所示,可以将地球内部圈层结构类比生活中常见的鸡蛋,进而建立

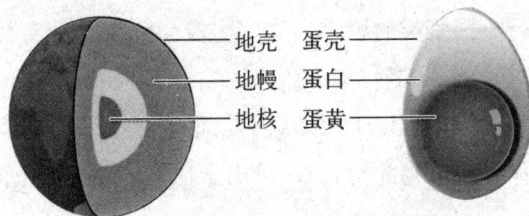

图 4　地球的内部圈层结构类比鸡蛋

地球的内部圈层结构模型。

四、抽象与概括

抽象是把事物的某一属性、关系、方面在思维中单独地抽取出来加以认识的方法。抽象要选择主要的、本质的因素加以考察研究。概括是在考察某类事物的部分属性、关系、方面的基础上,抽取其共性并推广到该类事物的一般性认识的推理方法。

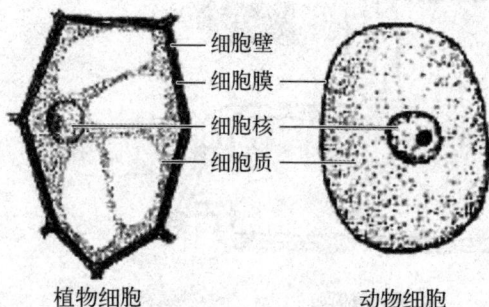

图 5　植物细胞和动物细胞的结构

例 7：细胞的结构

该内容位于六年级第三章第一节"生物的基本单位"。如图 5 所示,通过对不同细胞的比较,可将细胞中细胞核、细胞膜等一些结构要素抽取出来,概括其共性结构,从而建立细胞结构模型,并可推广认识所有细胞的结构。

例 8：力的概念

该内容位于七年级第十二章第二小节"力与空间探索"。力的概念可以从列举生活中和力有关的典型事例引入,在比较中寻找共同特征。尽管事例各不相同,但均发生在两个物体之间,表现为推、拉、提、撞击、挤压等现象。通过初步的抽象,可概括出力的初步概念为"发生在两个物体之间,并表现为推、拉、提、撞击、挤压等现象叫作力的作用";进而通过实验,可进一步抽象、概括出"力是物体对物体的作用",并将推、拉、提、撞击、挤压等现象概括为力的作用效果(形状改变、运动状态的改变);还能再进一步引申得到"物体间力的作用是相互的",把力的概念用于解决实际问题,从而得到验证,深化和活化力的概念。

五、比较与分类

比较是确定事物之间差异点和共同点的推理思维方法,先对有关事物的特征进行分析,再区分特征进行对比,找出事物的异同。分类是根据研究对象的共同点和差异点,把事物进行分门别类的思维方法。比较与分类经常交替进行[4]。

例 9：制作检索表

该内容位于六年级第二章第三小节"分类"。检索表就是比较和分类的结果呈现。如制作脊椎动物的检索表,可用于比较脊椎动物间存在的相同和不同的特征。先按最基本的特

[4]　胡卫平.科学思维的理论与培养[M].石家庄:河北人民出版社,2023.

征差异将其分类，再划分其中较细的，以此类推，可以得出同组脊椎生物最少拥有一个共同的特征。

例 10：能源的种类

该内容位于六年级第五章第四节"能源"。比较不同种类能源的基本特征，按不同的分类准则，可以将能源分成不同的类型。如按自然界中是否本来就有的特征将其分成一次能源和二次能源；在一次能源中，按是否可以不断补充或能在较短周期内再产生的特征将其分成再生能源和非再生能源。

六、发散与收敛

发散思维是创新思维的核心与枢纽，是指大脑在进行思维活动时呈现的一种扩散状态的思维模式，即从一个目标或思维起点出发，沿着不同方向，顺应各个角度，提出各种设想，寻找各种途径，从而解决具体问题的思维方法。收敛思维与发散思维是一对互逆的思维方法，是指在解决问题过程中，尽可能利用已有的知识和经验，把众多的信息和解题的可能性逐步引导到条理化的逻辑序列中去，最终得出一个合乎逻辑规范的结论[5]。

例 11：三峡水坝对生态系统的影响

该内容位于七年级第十五章第三小节"环境与环境保护"。建设三峡水坝是否对生态系统有影响？探讨该问题时先不考虑太多限制条件，教师可以让学生采用头脑风暴的形式，鼓励学生用多种方式表达想法，畅所欲言、互相启迪；然后再让他们代入真实情境，基于证据讨论涉及伦理争议的技术与工程问题，对多种想法和判断进行筛选，做出理性判断。

七、结语

科学思维方法除了以上陈述的方法，还有其他方法，如联想与想象、臻美思维、重组思维等。思维是复杂的过程，思维方法间彼此联系，可以单一运用，也可以组合运用。科学为人类认识和理解自然与社会提供了独特的思维方式。人们或许会忘记具体的科学知识，但科学思维却可以伴随一生。有道是"教学有法，但无定法，贵在得法"。在"双减"背景下的初中科学课堂教学中，教师应该重视并加强科学思维方法的培养，指导学生在实践活动中运用适当的科学思维方法，发展初步的科学思维能力。

---

[5]　陈卓国.创新思维与方法[M].武汉：华中科技大学出版社,2019.

以剧识人　走近鲁迅

——《我的伯父鲁迅先生》课本剧项目化学习实践探索

◎ 上海市实验学校南校　黄岩辉

【摘　要】在统编版教材改革背景下，语文教学更加注重通过活动的设计来进行语文学习。本文以《我的伯父鲁迅先生》课本剧项目化学习为例，具体阐释语文课本剧项目化学习的实践路径与意义。

【关键词】创编剧本　项目化学习　鲁迅形象　实践探索

新课标倡导跳出以语言材料为中心的教学组织形式，转向以"主题"为中心，以整体化的课程与教学组织形式，让学生在相对完整的情境和任务中自主建构、不断反思和调试中培育素养[1]。《我的伯父鲁迅先生》选自统编版语文六年级下册第六单元，该单元选取了一组和鲁迅有关的作品。笔者从项目化学习的角度整合单元内容，以课本剧的形式让学生更真切地了解鲁迅的形象气质，理解其精神境界，在持续深入的学习中彰显创新思维，内化学生的审美素养。

一、项目背景

（一）现实背景

鲁迅先生是中国现代文学史上的一座丰碑，他的精神是中华民族文化的璀璨结晶。他笔下塑造的经典人物、书写的时代特色、表达的思想感情，都给语文教学增添了浓墨重彩。通过了解鲁迅的生平事迹和作品背景，学生可以感受到鲁迅对民族命运的关切和对人民疾苦的同情，从而培养自己的人文情怀和社会责任感。《我的伯父鲁迅先生》是鲁迅的侄女周晔在 1945 年写的回忆鲁迅的文章。作者描写的切入点、选择的素材都与其他纪念鲁迅的文本有着较大的不同。学生可以从家人的视角，在日常性的小事中感知鲁迅身上独特的人格

---

[1]　中华人民共和国教育部.义务教育语文课程标准(2022 版)[M].北京：北京师范大学出版社,2022.

魅力和高贵品质。

（二）理论背景

新课标要求引导学生感受作品的艺术形象，理解欣赏作品语言，把握作品内涵，理解作者的创作意图，用自己喜欢的文体样式和表达方式写作，尝试续写或者改写文学作品。从这一点来看，对《我的伯父鲁迅先生》进行剧本创编并演绎，正符合这一要求。在具体开展的项目化学习活动中，笔者引导学生初步认识戏剧的基本特征，讲授视角转化、设计冲突、塑造人物的艺术手法等语文知识。同时，在复杂的情境中借鉴课外资源，如鲁迅纪录片、电影等，并整合本单元与鲁迅相关的作品，对剧本进行创造性改编，有效地激发了学生的创新思维，内化了他们的学科素养。最终的学习成果有剧本、演出视频、演出剧照、学习评价表等。

二、项目设计与实施

（一）项目目标

项目化学习注重学科核心知识在情境中的再建与创造。因此，梳理语文学科核心知识、概念、素养是制定学习目标的第一步。笔者制定的本次项目化学习具体目标如表1所示。

表1　课本剧项目化学习具体目标

一级目标	二级目标	三级目标	具 体 目 标
语文综合能力和素养	语言运用 审美创造 思维能力 文化自信	理解与感悟能力	1. 在创编剧本中，理解文章主要内容，推敲重要词句在语言环境中的意义和作用 2. 在创编剧本和排练中，能够对文中感人的情景和形象说出自己的体验
		表达与交流能力	1. 能够耐心专注地倾听，根据对方的话语、表情、手势等，理解对方的观点和意图 2. 讨论问题时能积极发表自己的看法，有中心、有根据、有条理
		审美鉴赏能力	1. 感悟鲁迅精神品质的可贵之处 2. 在舞台布置、服装道具选择的过程中，能有自己的审美评价，并给出恰当的建议
		文化理解与传承	能在日常性的小事中感知鲁迅的形象特点、身上独特的人格魅力和高贵品质
		合作意识	能与他人合作，共同探讨、分析并解决问题
		创新意识	能够提出创造性的丰富情节、人物形象，深化主题的建议

（二）驱动性问题

项目化学习通过问题引发学生对概念的思考和探索。项目化学习所关注的核心知识意味着设计者要提出本质问题，再将抽象的本质问题转化为贴合学生兴趣的驱动性问题。《我的伯父鲁迅先生》是一篇记人类文本，是通过多件事写人的文章。因此，学习这篇课文涉及的语文核心知识有：① 把握鲁迅的形象特点和精神品质；② 把握作者对鲁迅的情感态度和创作意图；③ 把握文章选材和组材的特点及叙述视角的转化。这些核心知识较为零散，需要提炼出一个更上位的学科概念，设计一个挑战性问题，来驱动学生进行自主而持续的探索，这是项目化学习设计的难点。

笔者最初设计的驱动性问题有"鲁迅是怎样一个人？""为什么这么多人爱戴鲁迅？"。这类问题基于这篇文章的某个知识点，即把握鲁迅的形象和作者对鲁迅的情感态度。这样的问题看似统领了核心知识点，但知识点较为零散，且驱动性不够。经过反复琢磨，笔者最终将驱动性问题确定为"伟大的鲁迅有几张面孔？"。其本质问题是把握叙事文本中人物性格的复杂性。这篇文章以鲁迅侄女的视角来写，和其他纪念鲁迅的文章有很大的不同，更多的是展现了鲁迅在日常生活中的鲜活和亲切，在琐碎的小事中又见伟大之处。文章事件的选择和组合，以及女佣阿三的视角转化、成人周晔视角的切入等，都在为复杂多面、鲜活真实的鲁迅形象服务。

（三）项目规划

本次课本剧项目化学习安排了八个课时，其内容安排见表 2。

表 2　课本剧项目化学习内容安排表

课　时	内　　容
1	头脑风暴：提出并分解驱动性问题，了解课本剧的基本特征
1	研读形象：研读课文，把握鲁迅的形象特点和精神品质
2	创编剧本：整合单元内容、网络资源设计矛盾冲突，突出形象，深化主题
3	舞台排练：小组竞演，同伴互评，优化剧本
1	成果展示：完成课本剧表演和评价，反思提高

（四）项目实施

1. 创编剧本

创编剧本能激发学生的创新思维，调动他们的高阶认知。在旁白设计中，有的旁白可以直接从课文里摘取,如第二幕救助黄包车夫的旁白"有一天黄昏,呼呼的北风怒号着,天色十分阴暗。街上所有人都匆匆忙忙赶着回家"。有的旁白需要提供学习支架,教师要讲解旁白的作用和写作要求,借助网络资源让学生了解鲁迅的生平和成就,帮助他们完成创作。如第一幕的旁白"鲁迅是中国的一颗璀璨明星,他是青年们永恒的导师,黑暗道路中的一团火焰,一个令敌人都敬佩的战士……就让我们在课本剧《我的伯父鲁迅先生》中去体会鲁迅先生那永不熄灭的精神之火吧"。

课本剧创编要从文本走向舞台,因此,要平衡文学性和舞台性。为了设计冲突,让情节紧张曲折,需要在舞台表演中交代课文中没有明说的社会背景,这样观众才能理解第二幕为什么黄包车夫不穿鞋,从而深刻理解鲁迅叹气背后的意味。经过小组讨论,最后决定通过插入背景视频,让观众了解当时军阀统治下民不聊生的黑暗环境。为了烘托鲁迅的形象,学生在女佣阿三谈论鲁迅的情节后,增加了黄包车夫、鲁迅妻子上场评价鲁迅的情节,评价的语言都是学生查阅课外资料后独自设计的,成为本剧的一大亮点。如鲁迅的妻子评价道:"那个时候,他说做了一个梦,梦中无数敌人埋伏在暗处冲向他,他掏出匕首,却没有力气掷出去……"学生借助课外资料补充剧本情节,再次彰显了鲁迅战斗到人生最后一刻的伟大精神,令人动容。

在本单元还有一首臧克家为纪念鲁迅而写的诗歌《有的人》,赞扬了鲁迅为人民无私奉献的精神,可以作为本剧的结尾。课本剧的最后,全员配乐朗诵诗歌,学生铿锵有力而又深情的朗诵,把本剧推向高潮。通过剧本创编,有效地解决了本文情节较平、舞台性不足的问题。

2. 角色竞选

在选择演员环节,不是传统的教师指定,而是充分发挥学生的主体性。笔者让学生分小组设计评选演员的方案和流程图(见图1),再经小组汇报、同伴互评后制订出最佳方案。由获胜组的组长按照方案和流程组织演员竞选,观众一票,教师两票。在舞台排练阶段,采用的是教师指导、分组竞演的形式。笔者赋予学生"导演"的角色,在小组合作排练过程中,往往会有令人惊喜的创意和表现。群众的眼睛是雪亮的,但难免也有出错的时候,如选出的演员不合适,可以在过程中调整。

3. 小组竞演

舞台排练环节采用的是"小组竞演"的方式,通过自荐和民主推选确定各幕的导演。笔者对导演进行提前培训,告知排练注意事项和要求,最后小组汇报、同伴互评,提出修改意见。这一环节既锻炼了导演的组织能力和解决问题的能力,又锻炼了小组成员沟通协作的能力。

在小组合作完成初步舞台排练后,笔者提出修改意见并提供学习资源,让学生进行正式的舞台排练。在分幕排练过程中,其他幕演员需要坐在台下观看并提建议。有个小姑娘本

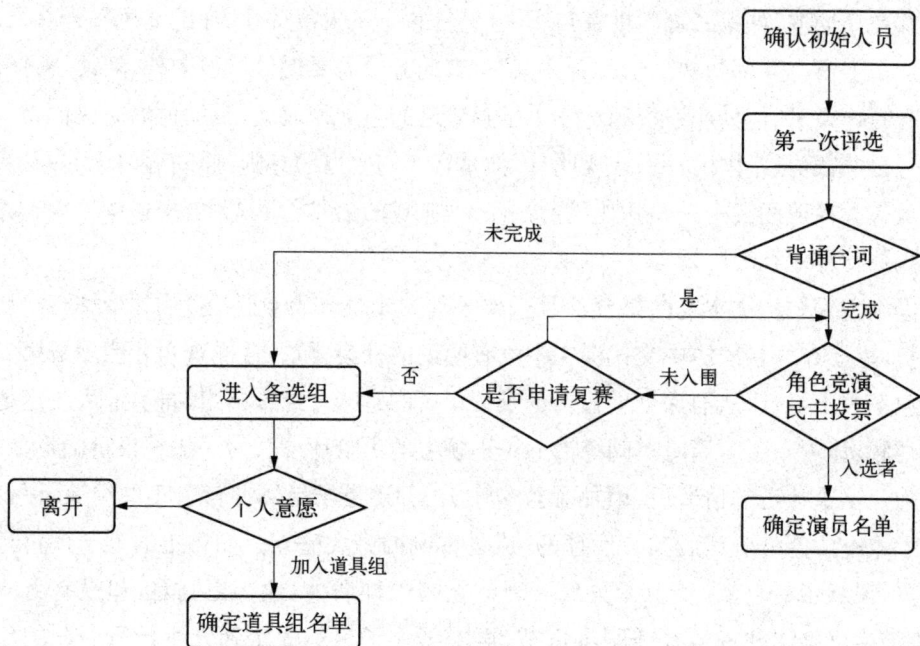

图1

负责幕后制作工作,因观看排练时提的建议好,被推选演主角——周晔,最后凭借精湛的演技带领大家拿下浦东新区艺术节一等奖。

4. 学习评价

课本剧项目化学习注重过程性评价和表现性评价。在本次项目化学习中,同伴互评贯穿整个过程。教师和同伴及时的反馈是优化学习质量的推动力。笔者在各个环节都设计了评价表,不仅有总结性评价,也会关注学生在团队合作中的表现,以及个人的成长。评价标准要基于项目目标,聚焦语文学科的核心知识和素养。还要注重评价方式多元化,如"进步之星""最佳演员""最佳编剧""最佳导演"的评选,让学生获得了极大的认可和鼓励。

三、项目成果与评价

新课标着重强调了语文学习的情境性、实践性、综合性和过程性评价对学生发展的重要作用。项目化学习需要同时对项目成果和实践活动进行多方评估。因此,作为一种多维度的评价体系,表现性评价和过程性评价与项目化学习的适配度很高[2]。

---

[2] 赵娅.改编课本剧:项目化学习中的表现性任务设计与应用[J].现代教育,2023(12):36-40.

（一）项目成果

本次课本剧项目化学习的成果分为个人成果和团队成果。在反思评价阶段有"进步之星""最佳演员""最佳编剧""最佳导演"的评选，评选出的结果属于项目化学习的个人成果。团队成果有剧本、剧照、表演视频、学习评价表等。

（二）项目评价

指向素养提升的课本剧项目化学习，要紧密结合学科核心素养来设计教学评价表。另外，项目化学习下的课本剧教学，侧重合作学习、解决问题，因此，要注重表现性评价和过程性评价。以"舞台表演评价表"为例，其不仅要关注最终的表演效果，也要关注排练过程中学生的合作意识、创新思维和解决问题的能力。

《我的伯父鲁迅先生》项目化学习综合运用了多种评价方式，尤其是自评。自我评价可以培养学生的自我反思能力，促进他们对当下的学习状态做出调整。如学生完成表演后，就舞台表现进行了自评，评价内容有：① 关于这次舞台表演，你有哪些收获和遗憾？② 关于评委给出的建议，你能想到哪些改进措施？项目化学习结束后，学生对本次课本剧项目化学习做了自我评价，评价内容有：① 经过课本剧项目化学习，我在哪个方面有提高？② 课本剧项目化学习中，你觉得哪个环节自己的收获较小？③ 通过课本剧项目化学习，你有哪些收获？④ 为了能有更好的学习体验，你有哪些建议？通过学生的自评，教师也可以了解教学中的问题，从而有针对性地进行改进。

四、项目反思与改进

（一）项目优点

本次项目化学习真正做到了把课堂还给学生，由此激发了学生内在的潜能。最后的演出虽然仍有遗憾，但在特定的时间和条件下，我们运用集体智慧，共同经历了持续而深入的学习历程。这种学习体验，对于学生来说是新鲜的、有趣的；对教师而言，同样有着巨大的意义和收获。

（二）项目优化方向

项目设计方面，针对活动各个部分的目标虽然明确，但评价量表的设计尚有欠缺，学习支架提供得不够，导致课堂效率较低。在项目实施过程中，未能注意保存资料。如交流讨论中未能及时记录大家思考的过程和成果，令人十分遗憾。具体来说，有以下四个方面需要优化改进。

1. 注重整合多学科知识

课本剧项目化学习可以整合历史、音乐、美术、信息科技等多学科知识。通过跨学科学习,学生可以更全面地理解剧本内容,丰富表演形式,提高综合素养。

2. 创设真实情境

在项目实施过程中,教师需要创设与剧本内容相关的真实情境。这有助于学生更好地理解剧本背景、角色性格和情节发展,提高表演的真实感和感染力。

3. 提供有效的学习支架

在项目化学习过程中,教师需要为学生提供必要的支架和支持。这包括提供剧本改编的指导、角色塑造的建议、舞台布置的帮助等,以确保学生能够顺利完成项目任务并提高课堂效率。

4. 注重跨情境应用

设计项目时,教师应考虑如何让学生在解决具体问题的过程中,将学习和掌握的知识与技能跨越不同的情境进行应用。在课本剧项目化学习中,学生不仅学习了如何表演和创作剧本,还思考了这些技能该如何应用于公共演讲、团队合作或创意写作等其他领域。

运动教育模式在初中足球教学中的实践初探

◎ 上海市实验学校南校　贾位位

【摘　要】本文根据运动教育模式在初中足球教学中的应用设计足球大单元教学活动，通过足球俱乐部联赛让学生体验多角色的职责分工，培养学生的自主学习、合作学习的能力，达成运动参与的目标；通过小组合作与探究式学习的方式，激发学生的内在动力，促使他们积极地进行比赛准备练习，从而提升学生的足球技术与综合运用能力。在本项目探究过程中，学生不仅可以综合运用数学、信息科技、美术等学科知识，建立学科联系，还能尝试组织比赛、赛事宣传、人员管理等活动。这是对学生综合能力和学科核心素养的全面培养，是一种非常有意义的学习模式。

【关键词】运动教育模式　大单元教学设计　初中足球教学

一、问题的提出

运动教育模式是由美国知名体育学者西登托普(Siedentop)于 20 世纪 80 年代初提出的一种课程与教学框架。该模式是以游戏理论(Play Theory)为基础的运动教育理念，采用教师指引、伙伴合作学习为学习方法，以固定分组与角色扮演的组织形式[1]，通过构建并实施相较于传统体育"单元"时间跨度更大的体育教学"大单元"，即设计并执行一个完整的"赛季"，以此实现提升学生运动兴趣、增强体育能力和培养终身体育观念的教学目标[2]。

新课程改革下的体育核心素养不仅仅是技能和健康的单纯叠加，而是由运动能力、健康行为、体育品德三种因素所构成的整体[3]。探索实现体育课程目标的科学方法和途径，是我们体育工作者迫切需要解决的问题。在初中足球教学中，学生对足球运动基本知识与技

[1] 赵斌. "运动教育模式"课堂教学设计探析——以高二男生"篮球传切配合"课堂教学为分析案例[J]. 体育教学，2008(04)：30-31.

[2] 王焕波. "运动教育"模式在高校公体篮球课中的实验研究[J]. 山东体育学院学报，2006(04)：120-122.

[3] 李柏，魏晖. 校园足球对培养学生体育核心素养的价值研究[J]. 辽宁体育科技，2019，41(6)：97-100.

能、战术运用、裁判规则的认知存在较大差距,在比赛中体能储备不足,配合能力和公平竞争意识欠缺。鉴于上述问题,应实施足球教学的大单元设计模式,将教师的引导与学生的自主探索学习相结合,同时在游戏及比赛的实际情境中强化战术的应用与提升,深化学生对足球比赛规则的认识,培养学生遵守比赛规则的良好意识,让学生全面感受足球的乐趣与价值。

二、研究目标

本研究在新课标核心素养的引领下,深入剖析了运动教育模式的相关理论,并据此设计并实施了足球大单元的教学方案。该方案旨在让学生掌握足球运动的单项技能、技能组合及基础战术协同,并能在对抗性场景中灵活应用,从而初步形成在足球学习及竞赛活动中分析、解决问题的综合能力。

通过足球俱乐部联赛的组织,能激发学生探究足球运动的文化价值,加强对足球运动原理的理解;通过足球比赛的实践,能促进学生合作学习,加强对裁判知识的理解,提高执裁能力,并能够在比赛中遵守规则,表现出合作精神和公平竞争意识。

通过对运动教育模式在初中足球教学中的应用研究,能增强学生学习的积极性和主动性,提高学生学习的兴趣与参与意识,促进学生的个性发展,发挥他们的潜力,更好地掌握运动技能,还能提高教师的体育教学质量。

三、实施过程

本研究以"如何设计并组织一场精彩的校园足球俱乐部联赛?""怎样在比赛中运用足球技战术配合?"为驱动问题,学生将扮演俱乐部策划者、教练员、裁判员、运动员、记录员等角色,共同设计俱乐部名称、队徽、队服、口号,制订训练计划,参与技战术学习与研讨,学习裁判规则、遵守裁判规则,记录运动员学习情况。各个俱乐部将共同制定比赛章程、设计开幕式展示、组织裁判筹备闭幕式颁奖仪式。最终,将呈献一场由学生主导设计并参与、教师辅助指导的校园足球俱乐部联赛。本次足球大单元教学计划详见表1。

(一)组建足球俱乐部

学生先组织足球俱乐部成员招募会,并设计俱乐部名称、口号、队徽等,制作发展计划书。然后,学生分组合作,通过查阅相关的网站、官网系统、书籍和相关讲座等,归纳足球知识、动作、技战术、赛事举办流程。教师组织俱乐部会议,明确俱乐部结构中的角色分工及责任。

表 1　足球大单元教学计划

校园足球俱乐部联赛大单元(32 课时)			
单 元 活 动	知 识 技 能	评 价 量 表	信息技术
一、组建足球俱乐部(2 课时)	足球运动的基本原理、足球技术动作、动作组合技巧、个人战术策略与局部战术配合的基础理论	KWL 学习量表 俱乐部成员任务分配表	互联网检索 思维导图 Word 文档
二、探究足球运动文化价值(2 课时)	简述足球运动的发展历程、剖析足球运动的发展特征、探讨足球运动的安全知识与防护技巧,并阐述足球运动的文化内涵与价值	反思日志	Word 文档 PPT 课件
三、足球俱乐部训练计划设计与实施(10 课时)	运球、传球、射门和组合技术动作;两人间配合、三人间配合战术;足球技术训练设计、体能训练设计、足球比赛规则学习	训练计划量规 学习过程评价表	Word 文档 PPT 课件 云盘、网盘 EXCEL 表 视频讲解
四、设计校园足球俱乐部联赛方案(3 课时)	制定俱乐部竞赛方法、竞赛规则,确定联赛规程、比赛秩序,以及裁判人员、其他角色的职责分工;比赛过程中突发事件的应对与处理方案	联赛方案量规	互联网检索 思维导图 Word 文档
五、足球联赛组织和裁判法学习(3 课时)	足球竞赛的规章、参赛人数与装备要求、赛事时长,以及诸如自由球、点球处罚、界外球投掷、球门区发球和角球等足球竞赛的基础规定	训练计划量规 联赛方案量规	互联网检索 Word 文档 PPT 课件
六、校园足球俱乐部大赛(10 课时)	场地器材提供与维护、教练员指挥、裁判执裁、技术分析、战术分析、开幕式、闭幕式	个人场上表现分析表 球队场上表现分析表	问卷星 视频直播 公众号
七、总结反思(2 课时)	足球知识技能掌握情况、俱乐部发展总结	KWL 学习量表 总结反思	Word 文档 PPT 课件

(二) 探究足球运动文化价值

学生通过多种途径,如在线搜索资料、图书馆翻阅书籍、观赏足球纪录片等手段,深入了解了足球运动的发展历史与特点,从而对足球文化的价值有了初步的认识。在理论的建构过程中,学生对足球运动文化的价值进行了学习与反思,共同探讨了现代足球所呈现出来的价值观念、思维方式,提高了交流与合作能力。

(三) 足球俱乐部训练计划设计与实施

各俱乐部根据成员知识结构情况,制定训练计划、训练记录表、学习评价表。

队长、教练员组织成员对运球、传球、射门和组合技术动作进行训练,遇到问题及时与教师沟通;俱乐部内部进行小场地比赛演练,教练员及教师对基础配合中两人间配合、三人间配合战术进行指导;俱乐部召开研讨会,对演练中的问题进行分析,教练员对场上队员(后卫、中场、前锋、守门员)的位置及职责进行详细的讲解,借助 PPT 和比赛视频中的位置和跑动路线进行展示学习。教练员根据俱乐部成员训练数据和他们自身的特点优势,初步分析每个成员适合的位置并建立档案;与教师探讨如何指挥比赛,加强自身知识储备,便于在比赛中发挥教练员功能。在实践课程中,特别是在比赛进行前,教师要引导学生学习相关的规则,加深他们对足球比赛规则的认识,培育他们遵守规则的自觉性。

(四)设计校园足球俱乐部联赛方案

俱乐部裁判员通过网络搜索、书籍查阅等方式,共同拟定了竞赛规程(竞赛名称、竞赛目的及任务、主办单位、竞赛项目、日期、地点、竞赛办法、规则、评定名次等)。学生在竞赛规程的基础上,规范比赛秩序,安排裁判人员及其他角色的职责分工。此外,他们还制订了比赛过程中突发事件的应对与处理方案,为办好比赛做了充分的准备。

(五)足球联赛组织和裁判法学习

学生通过上网查阅资料、图书馆查阅书籍、观看比赛等形式,充分了解了足球比赛的规则,并对俱乐部成员进行了培训与讲解。教师在学生有疑问时及时解答。学生共同确定赛事目的、任务、要求,明确组织什么样的比赛;根据参赛队伍数量制定竞赛制度,确定比赛场地和赛事时间;确定报名工作、抽签及分组、检录、赛事用品保障、仲裁、颁奖、宣传、赛事、安全工作的负责人,安排相应的工作。学生还组织裁判知识讲座,播放比赛中的犯规动作来进行模拟判罚;明确主裁、边裁的职责分工,以及越位、任意球、界外球、球门球、角球的手势动作,并邀请教师进行裁判知识讲解、传授执裁经验。教师借助国际足联的裁判员视频及教材给学生进行辅导,让他们熟悉越位犯规与不正当行为,以及任意球、点球、界外球、球门球、角球等判罚规则。

(六)校园足球俱乐部大赛

所有学生根据前期各角色的分工负责自己的工作。在履行职责的过程中,各个俱乐部成员相互协调、交流。场地器材提供与维护、运动员入场与热身等,均运行有序。

教练员负责赛场指挥,根据场上位置分工,结合俱乐部训练表现,确定上场队员;根据场上比赛形势及时更换人员。随着比赛的推进,参赛队伍逐渐淘汰,最终决出冠、亚、季军队伍。裁判员通过执裁提高自己的综合能力。记录员通过直播、照片、视频、公众号的形式将整个比赛的过程进行转播与展示,让学生和家长分别看到自己及孩子的表现。教师通过视频剪辑,对俱乐部开展至今的历程进行记录并展示,学生通过大屏幕观看各个俱乐部的发展历程,并给喜爱的短片投票。教师统计各个俱乐部的人数,并通过比赛结果和短片投票的票数,评选出最具人气俱乐部、最佳运动员、最佳射手等。

(七)总结反思

学生总结反思了自己在参与校园足球赛项目化学习过程中,哪些能力得到了锻炼、学习到了哪些知识、遇到了哪些问题,将其制作成PPT进行汇报交流。每个学生都撰写了一篇个人学习总结,讲述本次学习的收获,以及这次经历对自己校园外的体育生活会有哪些影响。

四、教学反思

足球俱乐部联赛通过让学生亲身实践多种角色职责,不仅锻炼了他们的自主学习能力与合作精神,还成功实现了运动参与的目标。在小组合作与探究式学习的框架下,学生参与比赛的积极性显著提高,对提升他们的足球技能和战术运用水平大有裨益,有效促进了各层次运动水平学生的共同进步。此外,在实践过程中,笔者还有以下四点深入的思考与体会。

(一)把控放任尺度

在团队协作学习的环境中,学生拥有较大的学习自主权与管理权。这一过程中,学生偶尔会出现自我要求降低、管理松懈的现象。对此,教师首先应强化对学生的引导,促使学生树立正确的学习态度。其次,要加强对学生学习的具体指导,确立明确的学习与训练目标,为学生指明可行的学习方法与路径。最后,要积极与小组长沟通协作,充分发挥其辅助作用,共同促进大单元学习成效。

(二)优化比赛与技术训练的时间配置

运动教育模式的一大特色在于其巧妙地将比赛融入多样化的学习活动中。鉴于该模式下的比赛安排频繁,加之学生要扮演多种角色,这在一定程度上压缩了专注于技术学习的时间。故而在教学实施过程中,有必要适当提升单一技术或技术组合比赛的频次或时长,实现以赛促练的效果。

(三)科学选定比赛内容

在设计与实施比赛时,教师要明确目标,循序渐进。若比赛内容与教材内容脱节,则将丧失教学比赛的核心教育价值;若比赛难度超出学生的技能范畴,则会适得其反,影响教学效果。

（四）强化学生裁判技能的提升

学生执裁能力的高低直接关系到比赛是否能顺利进行。在比赛实际运作中,存在部分学生执裁能力不足以满足赛事需求的情况。为此,教师需要有针对性地强化学生对裁判知识的学习与掌握,并积极搭建裁判实践的平台。此外,还应倡导各学习小组在课外体育活动中,主动开展裁判实践活动,以提升其实战能力。

综上所述,在实施足球教学时采用运动教育模式,须紧密贴合实际情况,灵活变通,以确保教学活动既符合学校特色,又满足学生的发展需求。这要求教师勇于尝试与实践,善于发现并攻克问题,从而全面发挥比赛的各项功能与整体效能,推动学生合作学习与训练的有效实施。唯有如此,我们的教学方能焕发活力、提升实效,使足球课堂真正成为学生心驰神往的学习殿堂。

情境教学法在初中道德与法治教学中的应用

——以"共筑生命家园"一课为例

◎ 上海市实验学校南校　王婷婷

【摘　要】情境教学法是一种以学生为中心的教学模式,它借助具体情境和学生的实际经验来促进知识的生成。这种方法不仅能够激发学生的学习热情,而且对拓展学生的思维、培养关键能力及塑造价值观都具有重要意义。本文以"共筑生命家园"一课为例,结合具体的教学活动,探讨情境教学法在初中道德与法治教学中的应用步骤、优势,以及提升教学效果的策略。

【关键词】情境教学法　初中道德与法治　深度学习

　　道德与法治作为初中课程体系中的一门综合性课程,旨在培养学生适应未来发展的正确价值观、必备品格和关键能力。在新时代的教育背景下,教学改革对初中道德与法治教学课堂的综合性和实践性提出了更高要求。基于生活经验的情境教学法能充分发挥学生的主体性,强调在真实或模拟的情境中进行学习,鼓励学生主动参与、探索和反思,不仅能够激发学生的学习兴趣,有效推动学生走向深度学习,还能促进其关键能力的培养、道德的完善、价值观的塑造,培育核心素养。其内在逻辑是:教师在全面掌握抽象理论的基础上,将抽象的概念具象化,创设易于学生理解和感受的具体生活情境。学生以此为出发点,在情境中思考预设的问题,开展各项实践活动,在讨论和探究中不断生成抽象结论,形成系统的知识体系;学生再将抽象结论通过实践任务,应用到具体情境中,验证和深化对知识的理解。这一逻辑体现了从抽象到具体,再从具体到抽象的思维过程,是演绎逻辑和归纳逻辑的整合。"共筑生命家园"这堂课紧扣现实生活,旨在通过情境教学法,引导学生在正确认识人与自然关系的基础上,明确走绿色发展道路、建设生态文明的重要性和必要性,从而增强对生态文明建设的责任意识,在生活中自觉做到低碳生活。

一、在"生活"中走向深度学习

在教学实施过程中,选择和确定恰当的情境是走向深度学习的第一步。教师在设计教学活动时,应精心挑选和创造贴近生活的具体情境,引导学生在这些具体情境中逐步深入探究和体验,从而更深刻地理解并掌握抽象概念,构建起自己的知识体系。那么,教师在备课时该如何选择和确定这些情境呢? 首先,在选择案例之前,教师须深入研读教材和课程标准,明确教材中的核心知识点,构建知识框架,并设定清晰的教学目标。同时,教师还应进行学情调研,了解学生的认知水平、心理发展阶段及他们已有的生活经验。在明确教学目标之后,教师需要将抽象的知识具体化,将它们还原为学生能够理解、可接触、典型性的现实生活情境,以促进知识逻辑与现实逻辑的融合。而实现这一过程的关键,在于基于教学目标,挑选与学生认知水平相匹配、与教材核心知识逻辑相契合的教学资源,构建起师生共同学习和互动的情境。

"共筑生命家园"这一课主要从"怎么办"的角度回应我国当前面临的人口问题,以及资源和环境的挑战,涵盖我们的理念和选择、行动和策略及愿景。本节课的内容涉及两大核心知识点:第一,是我们的态度和选择。我们必须正确理解人与自然的关系,认识到在开发和利用自然资源时必须遵循自然规律,不能无限制地索取;同时,要考虑资源和环境的承受能力,确立人与自然和谐共生的基本态度。第二,是我们的行动和策略。我们需要通过正确处理经济发展与生态环境保护的关系,通过绿色惠民、践行绿色生产生活方式,以及制度保障等手段坚持绿色发展道路,建设生态文明,实现可持续发展。基于教学内容和课程标准,本节课的教学目标是让学生正确认识人与自然的关系,认同人与自然和谐共生的理念;认识到传统发展方式的本质和局限性,理解转变发展方式的紧迫性和必要性;掌握经济发展与生态环境保护之间的关系,了解坚持绿色发展道路、建设生态文明的策略;增强对生态文明建设的责任感和使命感,并在日常生活中自觉实践绿色生产生活方式。那么,我们应该为学生提供什么样的生活情境,以便他们理解和掌握这两大核心知识点,以实现教学目标呢?

本节课的教学设计充分考虑了学生的认知水平、心理发展和生活经验,选取了中国美丽乡村建设的典范——浙江安吉县余村作为核心案例。由于地理位置邻近,学生对这个案例的兴趣和参与感很强。笔者广泛搜集了相关资料,并依据教学目的,增添了余村两条不同发展路线的经济数据、能源构成、大气与土壤等生态数据及图片,整合了余村在生态保护、制度保障、村民参与等方面坚持绿色发展的实践措施的文献资料,对这一核心案例进行了深入加工和优化,丰富了案例的内容。"共筑生命家园"这一教学设计将余村的真实身份隐藏,以一个虚构的小山村故事为背景,通过音频、视频、图片、图表、文字等多种媒介重现历史、再现情境。学生在情境活动中积极参与,通过角色扮演、小组讨论等互动方式,亲身体验。师生共同梳理了余村致富故事的发展脉络："贫困村"—"首富村"—"残疾村"—"美丽村",分析和探讨了余村两条致富道路的选择原因和发展模式,使学生在真实情境中掌握了知识,提升了能力,培养了素养。

接着,通过教师与学生之间的互动分享和小组探究活动,课堂引入了更多具体情境。例如其他坚持绿色发展的示范地区、中国生态文明建设的成就及中国在加强绿色发展和国际合作方面的多项贡献。随着情境的不断演变,课堂得以扩展和延伸,从个别案例到全面分析,逐步深入,推动学生逐渐走向深度学习。这不仅有助于学生生成抽象知识,构建知识体系,还能够培养他们开放包容的心态,塑造国际视野,增强生态意识和责任感。最终,他们将能够身体力行,为建设美丽中国和构建人类命运共同体做出更大的贡献。

二、在"问题"中培养高阶思维

在初中道德与法治教学中,培养学生的高阶思维能力是核心教学目标之一。问题链设计作为一种高效的教育策略,应与教学目标紧密相连,结合真实情境,层次清晰地递进。教师要针对不同的能力层次,设计一系列相互关联、逻辑连贯的问题,引导学生逐步深入思考和探究,帮助他们构建完整的知识体系。精心设计的问题链能够显著提升学生的批判性思维能力、创新能力和解决问题的高阶思维能力,增强学生的学习兴趣和课堂参与度,从而提升整体教学效果。

"共筑生命家园"一课的教学方案紧密围绕绿色发展这一核心主题,笔者以余村为核心案例,细分为五个教学环节,并在每个阶段精心设计了一系列针对不同能力层次的情境问题链。例如,在第一环节,笔者依据提取—归纳—预测的思维提升路径,设计了三个问题(这个小山村发生了哪些变化? 这个小山村"致富路"的秘诀是什么? 你如何看待这条"致富路"?),引导学生观察小山村通过发展矿山经济所取得的显著经济效益,分析这种传统发展模式可能带来的后果,并预测故事的后续发展,从而激发学生的探究兴趣。学生很好地锻炼了概括、归纳、预测、验证、评价、选择、推论的高阶思维能力。在前三个教学环节中,笔者围绕余村的两条"致富路"巧妙地设计了两个相同的问题(这个小山村"致富路"的秘诀是什么? 你如何看待这条"致富路"?),通过让学生在探讨相同问题的过程中发现、质疑、探究,帮助他们理解传统发展模式的本质和不可持续性,认识到我国经济社会发展必须选择绿色发展道路。此外,笔者利用角色扮演、小组探究任务单等多种问题展现方式,组织了形式多样的学习活动,激发了学生的积极参与和深度思考。学生体验到了小山村面临的发展难题,理解了经济发展与生态环境保护之间的联系,明确了余村转变发展方式、坚持绿色发展的必要性和具体策略。

接着,笔者在课堂上提出了一系列问题:你们还知道哪些类似于"余村"的故事? 中国生态文明建设的现状如何呢? 你还知道哪些中国坚持绿色发展、加强国际合作的具体事例? 随着问题的深入和情境的转换,本节课的教学开始聚焦坚持绿色发展、构建生态文明的核心理念,不断深化,顺利实现了从余村到中国,乃至全球视角的拓展,促进了学生在思维、能力、情感态度和价值观等方面的全面发展(见图1)。最终,通过精心设计的课后作业,学生将课堂所学知识应用于解决现实问题,从而深化了理解,导知于行,顺利完成了从具体到抽象再到具体的逻辑跃迁。

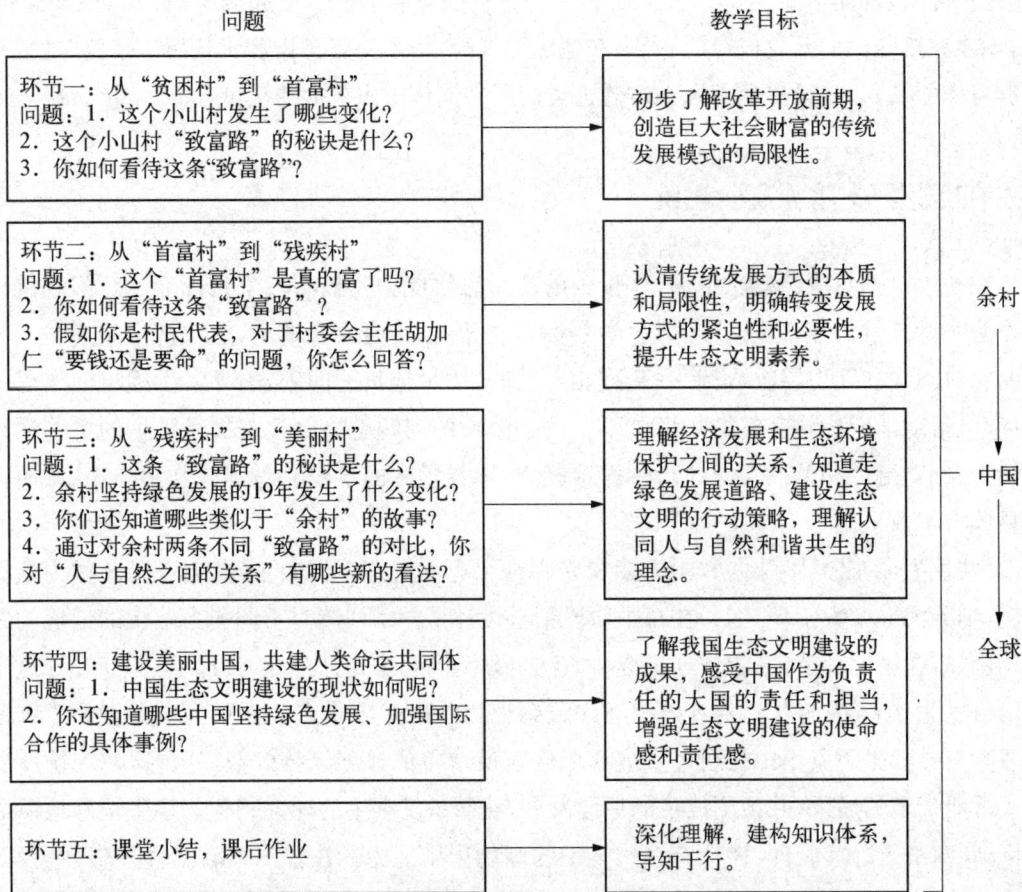

问题   教学目标

环节一:从"贫困村"到"首富村"
问题:1. 这个小山村发生了哪些变化?
2. 这个小山村"致富路"的秘诀是什么?
3. 你如何看待这条"致富路"?

→ 初步了解改革开放前期,创造巨大社会财富的传统发展模式的局限性。

环节二:从"首富村"到"残疾村"
问题:1. 这个"首富村"是真的富了吗?
2. 你如何看待这条"致富路"?
3. 假如你是村民代表,对于村委会主任胡加仁"要钱还是要命"的问题,你怎么回答?

→ 认清传统发展方式的本质和局限性,明确转变发展方式的紧迫性和必要性,提升生态文明素养。

   余村

环节三:从"残疾村"到"美丽村"
问题:1. 这条"致富路"的秘诀是什么?
2. 余村坚持绿色发展的19年发生了什么变化?
3. 你们还知道哪些类似于"余村"的故事?
4. 通过对余村两条不同"致富路"的对比,你对"人与自然之间的关系"有哪些新的看法?

→ 理解经济发展和生态环境保护之间的关系,知道走绿色发展道路、建设生态文明的行动策略,理解认同人与自然和谐共生的理念。

   中国

环节四:建设美丽中国,共建人类命运共同体
问题:1. 中国生态文明建设的现状如何呢?
2. 你还知道哪些中国坚持绿色发展、加强国际合作的具体事例?

→ 了解我国生态文明建设的成果,感受中国作为负责任的大国的责任和担当,增强生态文明建设的使命感和责任感。

   全球

环节五:课堂小结,课后作业

→ 深化理解,建构知识体系,导知于行。

图1 问题链与教学目标的对应关系

三、在反思中精进教学水平

评价作为提升教学品质的重要工具,具备诊断、激励和改进的功能。设计评价机制的目的是让学生在课堂上占据主导地位,这对于推动学生和教师的发展,以及提高课堂教学效果具有至关重要的意义。依据课程标准的要求,在初中道德与法治的教学过程中,教师应坚持

"以学促评"的原则,充分激发学生的主动参与。

在"共筑生命家园"的教学活动中,笔者对学生的高质量答案进行了及时且详尽的评价:"你的答案真的很出色。""真棒,你对巴西的了解相当深入。""你的分析非常精准。能否分享一下,你是如何搜集到这些支持你结论的资料的?""你的答案很全面,但可以进一步思考,为什么许多外出打工的村民会选择回家乡创业?"……这些教学环节中的即时反馈和详细评价,让学生体验到了成功的喜悦,明确了学习的目标和改进的方向,充分体现了评价促进学习、评价培养人才的成效。然而,本节课的教学评价体系存在单一性的问题,缺少自评和互评环节,这限制了教师全面了解课堂效果和学生掌握程度。鉴于本节课学习任务繁重,长时间的自评、互评及师评可能不太适宜,可以利用课堂小结环节来安排评价互动,这将有助于学生构建知识体系,也能帮助教师明确未来课堂改进的方向。

及时的教学总结对学生至关重要,不仅有助于学生深化和运用所学知识,还能帮助他们构建知识间的内在联系,促进反思和改进。在"共筑生命家园"的教学过程中,笔者运用了极为有效的教学策略,不仅在课堂末尾进行了全面的教学总结,还在每个关键教学模块结束时适时地进行了总结,确保学生能够及时巩固和理解所学内容。例如,在前三个教学环节中,通过深入探究和体验"余村致富故事"这一核心案例,笔者引导学生认同人与自然和谐共生的理念,理解转变发展方式、坚持走绿色发展道路的重要性和紧迫性。这不仅解答了上一节课的核心问题,还将新知识与之前学过的相关知识相连接,形成了跨课题的知识网络。九年级的知识体系构建不应局限于某一单元,而应跨越单元和课本的界限,构建更为宽广的逻辑框架。本节课可以通过探讨"在新时代,我国应如何承担建设美丽中国、推进生态文明建设的历史使命?"这一问题,从法治、民主、改革、共同富裕、自觉遵守规则、党的领导等多个视角出发,帮助学生构建知识间的联系,形成跨单元、跨课本的知识结构。遗憾的是,由于课堂时间的限制和教学内容的繁多,这一设想尚未得到实施。

创新探索

古文文体视角下的教学设计与思考

——以《核舟记》为例

◎ 上海市实验学校南校　马文娟

【摘　要】由于古文中"记"的所写内容丰富、表达方式多样，初中阶段涉及这类文体的篇目较多，部编版八年级下册第三单元选取了三篇"记"。本文选择《核舟记》作为研究案例，该文不仅表达了作者对王叔远技艺的惊叹，背后还蕴含着深刻的文人情怀。本文从"记"这一古文文体出发，提出教学核心问题，抓住"奇巧、灵怪"，了解核舟特点，加以知人论世，最终解决教学中的核心问题。本文旨在梳理出"记"这类文章的学习路径，为学生后续学习此类文章提供逻辑性与归纳性思路。

【关键词】古文文体　记　核舟记

　　部编版八年级下册第三单元所选文章有描写想象中理想生活的《桃花源记》；有记述自己徜徉于自然之境中所见所思所感的《小石潭记》；有赞叹古代艺人精湛技艺的《核舟记》；有吟咏个人情感追求的"诗经二首"。本单元三篇文言文的文体是"记"。在古代，"记"的内容较丰富，既可记事描写，也可抒情、议论。根据写作对象，"记"一般分为三类：台阁名胜记、杂物书画记、山水游记。虽然本单元三篇文言文均是"记"，但手法不尽相同：《桃花源记》记事抒理想，《小石潭记》写景寓真情，《核舟记》状物表赞颂[1]。

　　初中学段古文文体常见的有"说""表""记"等几类。其中"说"属于议论文的范畴，往往借助事物或者现象来表述作者对某些事物或问题的见解，常采用托物言志或者托物寓意的手法来写，例如《爱莲说》《马说》等；"表"是中国古代臣属向帝王上书陈情言事的一种特殊文体，比如《出师表》《陈情表》，且初中阶段涉及篇目并不多；而"记"的所写内容丰富、表达方式多样，初中阶段涉及这类文体的篇目就比较多，比如部编版八年级下册第三单元中的《小石潭记》《桃花源记》《核舟记》，以及部编版九年级上册的《醉翁亭记》《岳阳楼记》等。因此，在

[1]　人民教育出版社课程教材研究所,中学语文课程教材研究开发中心.义务教育教科书(五·四学制)教师教学用书[M].北京：人民教育出版社,2019.

教学设计中,笔者对本单元"记"这类文章进行了归纳整理,找出核心问题,梳理出"记"这类文章的学习路径,为学生后续学习此类文章提供学习思路。

以《核舟记》为例,该篇目按照今天的观念是一篇说明性文字。近年来,在语文教育权威刊物上发表的19个教学设计与教学实录中,大部分教师在教学上的关注点是说明对象的主要特征、说明顺序等[2],基本没有教师从"记"的角度入手分析。因此,笔者希望本文能为一线教师提供教学新思路。

一、立足教材,明确教学内容

《核舟记》是魏学洢接受王叔远核舟之赠而落笔写成的一篇文言文。这件雕刻品巧夺天工,而原料只不过是一个"长不盈寸"的桃核,其主题内容生动再现了宋代文坛著名掌故——"大苏泛赤壁"。首先,文中第一段主要介绍"奇巧"人王叔远、核舟来源及核舟主题,这三个信息尤为重要。其次,第三段和第四段详写主题"大苏泛赤壁"的场景。这两段不仅仅是在交代雕刻的人物,作者还重在对人物进行细节描写,抓住人物的典型特征,从个体到群体形象,从外貌到内在性格气质,看似言词简约,实则蕴含情感,文以载道,言为心声。这个主题是核舟的"灵魂",那么雕刻者王叔远的独特用心何在? 本文作者魏学洢又对该主题展开了详细的描写,其独特用心又何在? 本文字里行间不仅表现了核舟的奇巧精致,更体现了核舟背后所蕴含的深刻意蕴、文人情怀等。全文呈现出"舟奇—技巧—艺灵—情美"的思想内涵。因此,教师在教学中不仅要让学生体会到魏学洢对王叔远技巧的惊叹之情,更要以此为窗口,借助古文跨越时空,让学生感受魏学洢与王叔远的人文之情。这也符合《义务教育语文课程标准(2022年版)》第四学段(七至九年级)的学习内容,具体为"阅读表现人与社会、人与他人的古今优秀诗歌、散文等文学作品,学习欣赏、品味作品的语言、形象等,交流审美感受,体会作品的情感和思想内涵"[3]。

二、整合单元篇目,提出核心问题

整合单元篇目,对所学内容进行横向整理,既可以让学生串联单元学习的要点,也能让他们发现单元学习中不同篇目的异同,从而培养学生的归纳比较思维,提高其核心素养。本单元都是围绕"记"展开的。笔者根据之前学生的所学梳理表格,提出核心问题:作者借助"核舟"想要表达怎样的情感?

[2] 陈晓敏.《核舟记》文本解读和教学内容确定[D].上海:上海师范大学,2018.
[3] 中华人民共和国教育部.义务教育语文课程标准[M].2022年版.北京:北京师范大学出版社,2022.

表 1   不同"记"的比较

篇　　目	作　者	个人遭遇	写　作　内　容	情　　感
《桃花源记》	陶渊明	辞官	一个美好的世外桃源	对理想社会的向往之情
《小石潭记》	柳宗元	被贬官	一个荒凉偏僻、无人知晓的小石潭	被贬官的悲伤之情
《核舟记》	魏学洢			

　　笔者以表 1 的表格方式呈现,直观清晰,让学生对三篇"记"进行归纳梳理,三篇文章既有不同,又有相同之处。学生通过比较《桃花源记》《小石潭记》发现:两篇文章均可从作者个人遭遇、写作内容探究出作者情感。《桃花源记》是陶渊明辞官后借桃花源表达自己对理想社会的向往之情的文章,《小石潭记》是柳宗元借偏僻小石潭表达自己被贬后无法排遣的凄苦之感的文章。由此引发学生思考:魏学洢的《核舟记》写了哪些内容? 作者写这篇文章时遭遇了什么? 作者借小小核舟到底想表达怎样的情感? 最后,笔者明晰《核舟记》的学习路径,并提出核心问题:作者借助"核舟"想要表达怎样的情感? 想要解决这一核心问题,就要先了解写作内容和作者经历。该思路明确清晰,为学生的学习搭建了思考路径。

三、解析舟之奇巧,体悟技之灵怪

(一)巧抓关键,整体感知

《核舟记》原文有这两句话:

1. 明有奇巧人曰王叔远。

2. 技亦灵怪矣哉。

这两句话位于文中首尾,起到画龙点睛的作用。立足文本,我们抓住关键词"奇巧""灵怪"。这是两个形容词,"奇巧"意为"奇妙精巧","灵怪"意为"神奇",都是褒义词,同时极具情感色彩。通过这两个词语,学生对王叔远有了整体认识与把握,接下来就可以从核舟中具体感受其奇巧。

(二)解析奇巧,层层深入

　　文中体现"奇巧"之处较多,由于课堂教学时间有限,笔者采用了表 2、表 3 的表格分类方式,让学生的课堂讨论更加有效、有抓手,更能从细微处体会核舟的奇巧。这两张表格的纵向内容是按照难度系数由低到高安排的。尺寸、物、人主要从体小物多、刻画精细、人物栩栩如生等角度体现核舟的"奇巧",大部分学生可以从中感受到王叔远的雕刻技术非常高超,但这仅体现了王叔远作为手艺人手上技术的了得。核舟材料特意选择了"长而窄的桃核"是否也能体现奇巧？学生进一步思考，认为王叔远在雕刻之前，心中早有丘壑，感受到了其构思之奇巧。而核舟是如何体现"大苏泛赤壁"这一主题的？这既是难点，也是学生进一步把握"奇巧"内涵的关键。

表2　核舟"奇巧"的具体内容(空表)

核　舟	雕　刻　内　容	奇　巧
尺寸		
物		
人		
材料		
主题		

表3　核舟"奇巧"的具体内容

核　舟	雕　刻　内　容	奇　巧
尺寸	长曰八分有奇,高可二黍许	体小
物	窗户、箬篷、楫、炉、壶、手卷、念珠、对联、题名并篆文三十有四	物多、刻画精细
人	苏东坡、黄庭坚、佛印、两个舟子	人物栩栩如生
材料	长而窄的桃核	因势象形
主题	大苏泛赤壁	"泛"构思巧妙

船舱小窗上雕刻的"山高月小，水落石出""清风徐来，水波不兴"这十六个字，它们分别是苏轼《后赤壁赋》《赤壁赋》中的名句，体现了"赤壁"的主题。这里是雕刻家一个大胆的艺术创造，实际上是通过观赏者的文字想象能力来表现生活中的实在情景，是一种"移植"的手法，此为其一。船头坐着三个人物，苏轼是主角，还有同游者。《后赤壁赋》《赤壁赋》都有"客"，但是并未指出具体是谁。雕刻家便想到苏轼在黄州生活时期的朋友佛印和黄庭坚。史书有记载苏轼"峨冠而多髯"，所以通过外貌可以很容易表现出来；佛印是僧人，也很形象。同时，"苏黄共阅一手卷"表现出苏黄亦师亦友品评书卷的闲适，以佛印的洒脱神态做衬托，此为其二。"泛"是任小舟漂荡的意思，船尾两个舟子并不忙于划船，一个"视端容寂，若听茶声然"，神情姿态透露出几分随意和悠闲，一个"右手攀右趾，若啸呼状"，使人感受到江上确

实有徐徐吹来的"清风"。这就把"核舟"以外广阔的艺术空间展示出来了,此为其三。

通过对"大苏泛赤壁"主题的把握,学生体会到:雕刻精美的核舟已经不只体现了手艺人王叔远的技术高超,更展现了他的构思精妙!

因此,"奇巧"包含两个方面:技术高超、构思精妙。

（三）对比原文,体悟灵怪

原句:

1. 通计一舟,为人五;为窗八;为箬篷,为楫,为炉,为壶,为手卷,为念珠各一;对联、题名并篆文,为字共三十有四。

2. 而计其长,曾不盈寸,盖简桃核修狭者为之。

3. 嘻,技亦灵怪矣哉!

改句:

1. 通计一舟,人五;窗八;箬篷,楫,炉,壶,手卷,念珠各一;对联、题名并篆文,字共三十有四。

2. 计其长不盈寸,盖简桃核修狭者为之。

3. 技灵怪。

笔者让学生将原句和改句对比,找出区别,感受语言表达形式的不同在表达情感上的不同。首先,文章的不同寻常之处一定是我们探究的切入点。第一句中连用九个"为",这是不符合语言习惯的,反常之处通常就是我们分析的重点。这九个"为"连用带来的气势,体现了作者如数家珍般的惊叹。其次,要关注转折词和语气词。"而""曾""盖"三个词体现了作者的出乎意外,"嘻"增强了语气,句末"矣"与"哉"连用,使惊叹之情到达顶峰。比较之后,我们会发现不合常规的语言现象及转折词、语气词等在文中的使用,是作者表情达意的一种表现手段。这一环节也体现了新课标提出的核心素养内涵之一:在语言文字运用情境中,发现、感受和表现语言文字的魅力[4]。

四、知人论世,体会情感

（一）"壬戌"巧合,解读雕刻者用意

文曰"天启壬戌秋日……"——《核舟记》

壬戌之秋,七月既望——《赤壁赋》

补充:壬戌之秋正是苏东坡被贬黄州的时间。这段时间是苏东坡人生的至暗时刻,可是他仍能在无穷的自然中和有限的人生中保持积极乐观,洒脱面对。

---

[4]　中华人民共和国教育部. 义务教育语文课程标准[M]. 2022年版. 北京:北京师范大学出版社,2022.

文中第五段有个细节,桃核题名其上的时间是"壬戌",苏东坡正是在壬戌年泛舟游赤壁,这是巧合还是有意为之?

王叔远定是有意为之。首先,《核舟记》中王叔远在核舟之底部刻上了自己的别号"初平山人"的图章,章上文字是古雅的篆文,而且涂上了朱红色。可见,王叔远对自己的这一别号极为珍重。此号与我国历史上的一个传说有关。据说汉代曾有个蜀地丹溪人名叫黄初平,年十五,家使牧羊,途遇道士,被引到金华山石室之中,40年后,能叱石成羊,后升天成仙。由此,我们可以推断出王叔远对超脱世外生活的向往,他的身上已经拥有了超过一般匠人的气质[5]。其性格和气度是充满浪漫、旷达、潇洒的,所以他雕刻的核舟也富有浪漫洒脱的气息。其次,桃核雕刻难度极大,但是王叔远曾多次雕刻,且主题都是"大苏泛赤壁",可见其对这一主题的痴迷和对苏东坡的喜爱[6]。王叔远雕刻的日期"壬戌"恰和苏轼写《赤壁赋》《后赤壁赋》的日期"隔空相同",有意为之之下,表达的是对前贤苏东坡洒脱的仰慕之情及追思之意。

桃核雕刻因其难度极大,所以一般只存于宫廷,贵于金银,可谓稀世珍宝。王叔远能把如此精品赠予魏学洢又有何意?

(二)赠送核舟,体会文人情怀

天启壬戌秋日即1622年,王叔远雕刻了核舟并赠送给同乡好友魏学洢。而在此之前的1621年,奸宦魏忠贤大肆打压异己、驱逐忠良。魏学洢的父亲上书弹劾魏忠贤,反遭魏忠贤诬陷,含冤入狱,魏学洢家逢变故。小小核舟寄托了王叔远对苏东坡洒脱人生的仰慕,在此特殊之际,将如此贵重之物赠给自己的同乡兼好友魏学洢,背后蕴含的是王叔远的一片深情。同样,魏学洢通过细致的观察,用自己细腻的笔法不仅将王叔远的高超技术呈现给读者,而且也让我们看到了王叔远个人独特的精神气质。

这里补充魏学洢的经历,是为了探究核舟背后承载的深意。我们可以从中感受到王叔远是想借核舟、借大苏泛赤壁、借苏东坡的豪迈乐观去鼓励自己的友人。而魏学洢也用自己细腻的笔触描摹出核舟的神韵,他不仅读懂了友人刀尖上的艺术,还读懂了友人对苏东坡的追思,更读懂了友人对自己的心意。至此,我们解决了本节课的核心问题:作者不仅惊叹于核舟的精细灵巧,也表达了对王叔远这位雕刻艺术家的赞叹之情,更借核舟展现了二人的彼此理解,让我们看到了古人的情怀。

王叔远—赠核舟—表情志

魏学洢—写核舟—懂用心

---

[5] 徐志耀.核舟记中的人文情怀[J].语文学习,2016(11):45-27.

[6] 郑建军.核舟记与明代桃核舟[J].浙江工艺美术,2001(3):41-42.

五、总结

再次回到上文的表1,首尾呼应,结束核心问题:作者借助"核舟"想要表达怎样的情感(见表4)。

表4　不同"记"的比较总结

篇　目	作　者	个人遭遇	写　作　内　容	情　　感
《桃花源记》	陶渊明	辞官	一个美好的世外桃源	对理想社会的向往之情
《小石潭记》	柳宗元	被贬官	一个荒凉偏僻、无人知晓的小石潭	被贬官的悲伤之情
《核舟记》	魏学洢	家遇变故	小巧精细的核舟	惊叹、理解

总结学法:笔者首先从之前所教的《桃花源记》《小石潭记》入手,带领学生回顾所学,明确学习本文要解决的核心问题:作者借核舟想表达怎样的思想感情;接下来分析核舟的特点,让学生感受作者对王叔远高超技艺的惊叹之情;最后通过补充作者遭遇,让学生进一步体会小小核舟背后所蕴含的文人情怀,以及二人之间的深厚情谊。

本课将一个单元相同文体的文章放在一起比较分析,化零为整,梳理出古代文体"记"这类文章的学习路径,体现了单元教学的整体性,也为学生以后学习这类文体提供了学习思路。在这个过程中,笔者紧紧围绕新课标的要求培养学生的核心素养,通过语言的分析、思维的分析比较,培养学生的审美和文化自信。

"双减"背景下的跨学科历史作业设计与实践

——以"寻家里老物件实践之旅"为例

◎ 上海市实验学校南校　陈　润

【摘　要】 在"双减"的大背景下，中学历史作业设计应在保留学科特点的同时，朝着个性化、趣味化、生活化的方向尝试，强调对学生历史学科核心素养的培育，这与实现核心素养的高效课堂相辅相成。"寻家里老物件"这一实践作业不仅给予学生多种选择，引导学生基于历史背景去寻找家里老物件的踪迹，激发他们探索的欲望，发掘家里的实物资源，还能让学生自己聆听历史的声音，在史料论证下理解历史，进而提升历史解释的能力。

【关键词】 作业设计　寻老物件　史料论证　历史解释

近年来，初中历史中考对于学生历史解释能力的考查力度逐年增大，这从 2023 年上海市各区历史中考模拟卷中便能发现。如出示一组绘制的"世界地图"，此题让学生联系所学知识，谈一谈对"随着人类历史的发展，世界变得越来越'小'"这句话的认识；再比如通过铁路发展史管窥中国式现代化的进程，此题要求学生依据材料，结合所学，谈一谈对"铁路和中国式现代化发展"的认识。诸如此类的题目屡见不鲜。这样的历史中考试题，对刚接触两年历史的初中生而言，尤其是对那些历史解释素养不足的学生而言，让他们无从下笔。所以，笔者在减负的大背景下，对历史作业的设计有了一些思考，希冀一线历史教师在平时的历史作业设计中，能多引导学生加强对历史事件的梳理、对历史概念的深刻理解、对历史发展规律的清晰认知及对所学内容的架构能力，为学生后续深度的历史学习做铺垫，致力于实现减负增质、核心素养的培育。

《义务教育历史课程标准（2022 年版）》（以下简称"新课标"）指出，一线教师在讲授中国近代史时，须充分"利用好红色资源、乡土资源和口述史资源，让学生切身感悟近代中国仁人志士为救国救民而英勇斗争的爱国精神"[1]。纪念馆、博物馆、展览馆中各式各样的"老物

---

[1] 中华人民共和国教育部. 义务教育历史课程标准[M]. 2022 年版. 北京：北京师范大学出版社，2022.

件"和泛黄的老照片,无声又形象地诉说着那个时代以来的发展变迁。它们都有着独特的时代记忆,共同串联起社会发展的脉络,见证着时代的变迁,述说着其背后的故事,传递着家国情怀。其实,每个家庭里大都会有一件或多件老物件。"寻家里老物件"能让学校作业和学生的真实生活联系起来,以小见大,折射出时代的变化,让学生体验口述史的知史方法,并运用相关史料对具体史实做出解释和评价。因此,笔者针对所在学校初一学生设计了"寻家里老物件实践之旅"作业,以下为设计过程。

一、设定:作业目标

本次作业设计旨在引导学生回归生活,通过探究家里一件或多件老物件背后的历史,借此发现老物件所传递的政治、经济、文化、科技等时代信息,并在与父辈交流中体会口传史料的证史价值,最后在自己理解的基础上对老物件进行客观叙述,表达自己对该时代历史的看法,形成整体性的认识,进而理解老物件的历史意涵。在搜寻老物件的前世、今生的过程中,学生可以多渠道搜集资料,形成证据链,真正理解"孤证不立"这句话的深意,以小见大,管窥时代的变迁,尊重中华传统文化的独创性与多元性,体会各民族的交流、交往与交融,感受中国新时代的发展速度,深度学习历史。

鉴于寻找家里老物件涉及美术学科相关知识,笔者进行了跨学科融合。美术和历史跨学科融合是一种将艺术与历史相结合的教育方法,旨在帮助学生更好地理解过去的历史事件和文化。这种融合可以帮助学生从不同的角度看待历史,提高他们的批判性思维能力,并激发他们对艺术和历史的兴趣。美术学科着重培育学生"图像识读、美术表现、审美判断、创意实践和文化理解"等素养[2]。不同的老物件有不同的美,或是材质,或是花纹,或是造型,或是工艺和颜色,简直是五花八门、包罗万象、不胜枚举。其实,每一个老物件或者遗物都有其独特的艺术形式和风格。学生在寻家里老物件这一活动中,不仅能重新品味历史韵味,感知当时当地的文化底蕴,还能激起他们的兴趣爱好,培养他们的探究精神,这就是本次作业的意义所在。据此,笔者设定了以下作业目标:

1. 通过探寻身边的老物件,感受老物件的造型、色彩、材质、肌理等形式特征,了解老物件在生产、生活中的作用与价值,辨析解读老物件所处时代的社会、政治和文化背景,提高学生的审美能力和洞察能力。

2. 通过不同途径了解老物件背后的人文、故事、寓意,掌握不同证史的方法,梳理不同时期老物件的发展过程,让学生更直观地了解这些物件的发展历程,管窥时代变迁,落实时空观念素养。

---

[2] 中华人民共和国教育部. 义务教育美术课程标准[M]. 2022年版. 北京:北京师范大学出版社,2022.

3. 撰写老物件背后的故事及探寻后的体会,从文化、技术的角度看待老物件,尊重文化的多样性,认同中华优秀文化,感悟劳动人民智慧的结晶,增强民族文化自信和科技自信;从时代变迁角度看待老物件的发展进程,感知中国发展速度,涵养家国情怀。从不同视角或角度看待事物,不仅可以帮助学生更深入地理解那段历史,同时还能培养他们的创造力和艺术素养,提高历史解释的能力。

4. 组织学生制作历史纪录片、举办历史艺术展览。通过多媒体、墙报、板报、手抄报等形式进行作业汇报,帮助学生将所学的知识应用于实际活动中,提高他们的综合能力。学生不仅能了解不同时期老物件所体现的时代特征,还能学会如何评价、认识老物件,培育关心社会发展的意识,初步把握历史发展的规律。

二、实践:寻老物件

笔者先布置本次作业的任务和要求,展示以往作业成果,为学生提供学习支架。本次作业实践中的老物件,有别于瓷器、字画、文玩等高档的收藏品。老物件并不是人们口中的破烂东西,它们是时代的印记,最多见的便是各种各样的工具、家具和生活用品,如广播匣子、电唱机、旧相机、犁头、老式熨斗,以及不同时期的粮票、肉票,甚至银币等。老物件也非常有价值,通常体现在历史文物价值、欣赏价值、艺术价值和收藏价值这四个方面。实际上,家里的老物件大多是一种情感的寄托,是一个又一个生动故事的集结,是一代又一代的传承,起着睹物思人的媒介作用。学生在明晰"老物件"大概念后,再根据教师所示的具体要求即可展开本次历史实践作业了。

本次实践作业主要是在学生家里展开,过程中需要学生先根据家里的资源条件,选择自己感兴趣的一件物品,或者是两三件同一类型的物品进行探究。寻找过程中也可以向朋友、亲戚或邻居询问他们是否知道哪里有老物件,并根据找到的线索,前往可能藏有老物件的地方进行实地考察。学生在考察的过程中,会与当地人进行交流,了解他们对老物件的认识和看法。学生在寻找众多老物件后,可首选一件自己感兴趣的老物件入手,了解其用途、制作工艺等方面的信息,探究其发展历史,发掘其背后的历史故事、人文底蕴、深刻寓意。学生在探究时可询问父母及长辈,或利用信息技术了解老物件的发展进程,还可收集相关的文献史料进行佐证。

其次,寻找家里老物件的过程中要认真做好记录,将收集到的信息进行整合、归纳。学生可以从物品名称、物品所属年代、物品的形状色彩、物品守护者、守护者的用意(背后的故事)等多个方面进行整理,最终形成文字记录。在此过程中,有些学生通过这次实践活动,不仅拉近了与家人之间的距离,在沟通中知晓了父辈所处年代的时代特征,领悟了中国高速发展的魅力,还在此基础上掌握了多途径收集信息的能力,并能运用多份史料论证自己的观点,较好地落实了史料实证、历史解释等学科素养。

最后,学生将自己的研究成果以报告、展览或其他形式展示出来,以便更多人了解并欣赏某件老物件的魅力。此外,学生还需要撰写一篇对本次实践活动的体会。其实,写体会这一过程是学生独立思考的过程,是学生有理有据尝试主动叙史的过程,是培育他们历史解释和评价素养提升的过程。

三、评价:多元机制

作业的评价应是多元的,不仅有学生对自己的评价,还要有学生间的互评,以及教师对学生在整个作业过程中的师评,甚至还可以有家长的评价。根据新课标作业设计要求,并结合不同学科的培育要求,本次作业评价主要分为自评、师评、互评。学生根据自己在家通过多种途径了解到的老物件信息撰写体会是自评的体现;学生上交作业后,历史、美术教师根据学科特点分别对其进行评价,给予他们肯定和鼓励,这是师评;接下来,同学之间互相欣赏、畅聊自家老物件,投票选出最认真、最有深度的作业,即互评。

笔者选出作业中具有代表性的学生向大家汇报。在聆听过后,笔者及时指出学生史学思想欠缺的地方,引导学生深入了解老物件背后的时代特征,运用相关史料对具体史实做出解释和评价,真正做到史论结合。笔者节选了三位学生的体会,王同学说:"我选的这个老物件是一枚1989年至1993年的纪念币,这枚纪念币是当时我爷爷送给年幼爸爸的礼物,父亲一直珍藏至今。现在,父亲把它交给我保管。这不是一枚普通的纪念币,它是父亲、爷爷和我之间的亲情传递。通过此次活动,增进了我与父亲之间的关系。"李同学说:"这是我们家保留下来的粮票和油票。我发现粮票居多,只有一张半市斤的油票。奶奶说当时政府发放的粮票居多,人们对粮食的需求更大一些。我还发现粮票上有不同使用地区的标记,有合肥市的定点粮票,有安徽省的地方粮票,还有两张全国通用粮票。经过多方查证,我了解到这些地域级别的不同是因为政府想要限制粮票的使用地区,以限制人口的流动。这次活动,我了解了票证时代的部分历史。随着时代的发展,这些粮票、油票虽然已经退出了历史舞台,但它们是时代的产物,见证了我国经济水平与综合国力的快速发展。"张同学说:"这是1997年的寻呼机,是我爸爸在大学的时候购买的。这在当时是十分流行的通信工具,是最先进的一款,价值300元。当时爸爸经常通过寻呼机和妈妈联系。寻呼机是他们恋爱时甜蜜的回忆,我爸爸十分珍惜。现如今,5G手机已然问世,这也见证了我国通信工具的进步。"

总之,这次作业广受学生好评,他们很喜欢这种形式的作业。一件小小的物品,是守护人对那段日子的一种惦念,它不仅是情感的寄托,还是时代进步的见证者,传递了家国情怀。本次实践作业让学生更好地了解和欣赏了老物件的价值和意义,同时也提升了学生的社会发展意识,提高了他们历史解释的能力。

　　本次作业实践之旅的最后,笔者结合近几年项目化学习的经验,让学生在完成作业后,要继续完成以下评价量规(见表1、表2、表3),借此查漏补缺,不断完善和提高自己。此量规参考了李克特(Likert)量表。

表1　过程性评价量表

你在完成此作业的过程中是否进行了仔细的研究?是否对老物件进行了分析和解释?请给自己在下列维度上打分,满分5分	
在规定的时间里,我充分地研究了这个老物件	
我的研究步骤是很清晰的	
我能运用口述史料的研究方法去询问、访谈相关人员	
除口述史料外,我现在的研究成果是基于多种史料途径来源的	
我对我所收集的信息的可靠性进行了筛选	
我觉得我所收集的史料信息是可以作为证据支撑我的观点的	

表2　口述报告评价量规

维　度	初　级	良　好	优　秀
口述报告	无法用史学语言表达观点,没有史论结合;语言不连贯,有很多停顿	能用较丰富的史学语言表达观点,在老师的提示下能够结合史实;能以富有逻辑的方式组织观点,流畅地表达观点	能用完整的语句清楚地表达观点,能做到史论结合,能独立运用史学方法解释历史问题

表3　作业整合性评价量规

探究深度(50%)	与听众的互动(20%)	信息来源途径(15%)	作业表现性(15%)
能在老物件本身的基础上进一步探究其发展进程,以小见大,管窥时代的变迁	能在真实情境中引发听众深思;能够让听众投入地参与其中	能体会口述史料的知史方法;能运用多种途径收集信息	具有专业性;富有创意,表现独特;运用了多种类型的多媒体

四、反思：作业设计

随着"双减"政策的出台，一线教师对作业设计渐趋重视，像校本练习、实践性作业、项目化学习等形式层出不穷。学生作业的量的确减少了，但作业的质量还需要一线教师认真琢磨。除了常规的课后作业之外，适量的课后实践活动也是非常有必要的。新历史中考改革以来，历史平时成绩的赋分恰巧含有实践作业这一项内容。由此，教师可以在实践作业方面多加思考，尽量布置能激发学生兴趣、减负增质的作业。

总的来说，因地制宜地设计"寻家里老物件"的实践作业，能让学生在现实中探寻历史的踪迹，激发他们探索的欲望。利用老物件搭建起历史与现实的桥梁，能让学生自己去聆听历史的声音。学生在史料的论证下理解历史，继而才能在解释历史时秉持客观、理性的态度，从而更好地提高史学思维能力。但本次作业还有诸多不足，如在寻找老物件的过程中，学生采用的方法较为单一，尚未通过查阅档案资料和使用高科技手段等方式对老物件进行深入探究。不仅如此，学生在寻找过程中碰到资料缺失、线索中断等问题，未及时寻求老师、家长的帮助，对口述史料缺乏佐证，问题解决能力还有待提高。在展示成果时，学生尚未有效地传达老物件的价值和意义，展示方式多为手抄报这类快捷方式。另外，学生在书写体会时，还需要达到文笔流畅、过渡自然、条理清晰、逻辑准确、无错别字等要求。可见，学生还有很大的进步空间。鉴于此，笔者亦会在今后的作业设计中不断完善这些内容，希冀学生在每次实践作业中都能有所收获和成长。

全员导师制背景下初中生涯成长手册设计

◎ 上海市实验学校南校　张芳芳

【摘　要】全员导师制背景下的初中生涯教育实施,需要结合切实有效的生涯指导工具。全员导师制度的推广,提升了教育实施的精细化、全程化及全方位化。本研究中,生涯成长手册的设计基于初中生生涯发展的特点及需求,能为导师实施生涯教育提供支架,唤醒学生的生涯意识,提升他们的生涯探索能力,助力他们的自我实现。基于全员导师制的生涯成长手册的开发,有助于初中生涯教育的有效落地。

【关键词】全员导师制　心理健康　生涯探索　成长手册

一、研究背景

2018 年,上海市教育委员会发布了《上海市教育委员会关于加强中小学生涯教育的指导意见》。该文件强调,加强中小学生涯教育,是促进学生全面发展和终身发展的重要举措[1]。2022 年,《义务教育课程方案和课程标准(2022 年版)》(以下简称"新课标")的修订更是奠定了生涯教育实施的重要地位。新课标指出,要聚焦中国学生核心发展素养,培养学生适应未来发展的正确价值观、必备品格和关键能力,引导学生明确人生发展方向,成长为德智体美劳全面发展的社会主义建设者和接班人[2]。以上培养目标与生涯教育实施宗旨高度契合。生涯教育的实施是顺应时代发展需求、促进教育改革深化的必然要求。

根据舒伯的生涯发展理论,初中生正处在生涯发展的成长期和探索期。该阶段是初中生身心发展的关键期之一。在该时期,初中生不仅在认识自己、发展自己,更是在初步探索未来。而当前的教育现状是,越来越多的初中生对未来很迷茫,他们很难将学校学习与未来发展相连接,易出现"学习无动力""未来无意义"等困惑,长此以往便会出现更多的"空心病"

[1] 上海市教育委员会.上海市教育委员会关于加强中小学生涯教育的指导意见(沪教委德〔2018〕8 号)[EB/OL].[2018 - 03 - 26]. https://edu. sh. gov. cn/xxgk2_zdgz_jcjy_01/20201015/v2 - 0015 - gw_402152018002. html.
[2] 中华人民共和国教育部.义务教育课程方案和课程标准[M].2022 年版.北京:北京师范大学出版社,2022.

青年。笔者在整理文献时发现,当前的生涯研究多集中于高中以上学段,对初中阶段缺乏实证性的研究,可见当前对初中生涯教育的忽视。通过对不同学段生涯教育研究的整理,笔者发现开展生涯教育能有效改善学生的学业表现及相关心理问题。比如,余慧莲通过生涯规划团体辅导显著提升了高中生的学习动机[3]。谢嘉通过研究发现,生涯适应力与研究生就业质量和就业能力呈显著正相关[4]。王丹经过研究发现,通过调节自尊能对初中生的积极情绪产生正向影响[5]。

我国中小学生涯教育实施的起步较晚。随着国家层面对生涯教育的日益重视,中小学生涯教育的研究和实践日益增多,但依然存在较多弊端。当前生涯教育以学校探索为主,缺乏多方资源的合作;师资资源较为单薄,缺乏全员参与的共识[6];生涯指导工具较为缺乏,当前生涯探索相关工具多为学生自评或自我体验类。目前,大多由学校组织大型活动或开展心理课堂以实施生涯教育,但频率有限,无法渗透到学生的日常学习和生活中。而生涯指导工具能够为所有学科教师提供"脚手架",以辅导学生开展生涯探索。

中小学全员导师制度是中小学全体教师按照一定机制与每个学生匹配,通过与学生建立良师益友的关系、与家长建立协同合作的家校关系,适时对学生开展理想、心理、学习、生活、生涯等全方位关心关怀与发展指导,促进每个学生全面发展和身心健康的学生发展指导制度[7]。2021年9月,上海市教委已在全市推广全员导师制度。该制度强调全员、全程及全方位育人,努力搭建家—校—社教育资源体系。全员导师制度的出现为初中生涯教育的全面实施提供了师资保障,而生涯指导工具的开发则为导师开展生涯辅导提供了具体操作指南,是生涯教育有效落实的重要助力。

本研究将依托全员导师制,结合初中生生涯发展的特点及需求,初步探索互动式的生涯成长手册。该手册由导师指导学生共同完成。生涯成长手册的设计不仅为导师提供了生涯指导工具,也为师生互动提供了渠道,为学生的生涯成长提供了全程、全方位的动态记录。通过生涯成长手册的使用与记录,初中生的生涯意识被唤醒,生涯探索能力得到了提升,同时建立了与他人及社会更紧密的连接,为他们未来的发展奠定了更坚实的基础。

二、研究内容

生涯成长手册的编写将以初中生身心发展的特点、重视生涯发展需求、发挥导师生涯指

[3] 余慧莲. 职业生涯规划团体辅导改善高中生学习动机的干预研究[D]. 昆明:云南师范大学,2019.

[4] 谢嘉. 生涯适应力、就业准备对硕士研究生就业质量的影响[D]. 上海:华东师范大学,2023.

[5] 王丹. 初中生生涯成熟度与积极情绪的关系:自尊的中介作用[J]. 应用心理学,2016(03):36+65-70.

[6] 梁惠燕. 我国当前中小学生涯教育实施的问题与对策[J]. 教育理论与实践,2019(17):21-23.

[7] 上海市教育委员会. 上海市中小学全员导师制工作方案(沪教委德〔2023〕25号)[EB/OL]. [2023-08-04]. https://www.shanghai.gov.cn/gwk/search/content/78fd57e4cf62423e8654a365f5b75a87.

导作用、记录生涯成长画像为主要路径展开,具体理论依据及内容如下。

(一)理论背景搭建

1. 生涯发展理论

根据舒伯的生涯发展理论,成长期(0—14 岁)属于个体身体、智力及情绪的关键发展期。该阶段发展的主要任务为树立自我形象、表达自我需求、融入现实世界、发展对职业世界的正确认识。探索期(14—25 岁)属于个体对接外部世界,对自我、职业及世界展开探索的阶段。该阶段发展的主要任务为整理兴趣和能力与职业的关系,促使职业偏好具体化,初步实现职业目标[8]。初中生正处于成长期的后期及探索期的前期,因此,笔者设定生涯发展目标为自我认识及发展、职业世界初步探索及学业规划。

2. 积极心理学理论

依托积极心理学开展生涯教育对促进学生核心素养能力的发展及正确价值观的培养具有重要参考价值。积极心理学是致力于研究人的发展潜力和美德的科学[9]。它强调通过心理学的方式唤醒个体现有的或潜在的积极品质,并以此获得幸福感。近年来,积极心理学更强调积极的个人、积极的组织、积极的社会三者兼顾的关联互动,必将不断丰富和深化这一领域的研究内涵与行动方略[10]。其中积极的社会组织主要包括有利于个体形成积极的人格和获得幸福感的同伴、家庭、学校和社会等组织[11]。本研究将以积极心理学的视角,以全员导师制为教育支架,以引导学生挖掘自身及外部支持系统中的积极力量,开展良性循环的互动模式为目标,来探索手册内容的设计。

3. 生涯探索相关理论

性格优势理论指出,每个个体都有自己与众不同的性格优势,这是青少年积极发展的核心,并影响个体的主观幸福感[12]。"性格优势"(Character strengths)是人们在整个生命历程中具有可塑性的一系列积极人格特质,也就是我们常说的每个人身上的"美德"[13]。积极心理学之父塞利格曼教授最早识别了人类所具有的 24 种性格优势,并将其划归于智慧、勇气、仁爱、公正、节制、卓越六大美德。本研究通过引导初中生觉察自身拥有的性格优势,帮助其提升个体自信及行动的内驱力,同时引导学生发掘潜在的性格优势,促使他们更好地实现自我发展。

[8] 李琛. 初中生涯教育现状及其课程化实施研究——以广州市黄埔区五所初中学校为例[D]. 广州:广州大学,2023.

[9] K. M. Sheldon, L. King. Why positive psychology is necessary[J]. American Psychologist, 2001, 56(3): 216.

[10] 王静,霍涌泉,魏晨晨,等. 当前积极心理学变革的新趋向及理论价值[J]. 心理学探新,2021(04): 4 - 9.

[11] 李佩蕾,陈红艳. 积极心理学视域下的初中职业生涯教育探析[J]. 中学课程资源,2023(02): 77 - 80.

[12] 塞利格曼 M. 真实的幸福[M]. 洪兰,译. 沈阳:万卷出版公司,2010.

[13] McGrath, E. Robert. Character strengths in 75 nations: An update[J]. The Journal of Positive Psychology, 2015, 10(1): 41 - 52.

4. 多元智能理论

多元智能理论由美国哈佛大学心理教授加德纳提出。该理论打破了传统的单一智能观，主张人类拥有八大基本智能。该理论不仅丰富了智能结构，更强调了各项智能之间的独立性和平等性，从多元视角看待个体的发展。该理论能够拓宽教师的评价视野，看到学生身上的优势力量，通过激发其优势力量来带动弱势力量发展。同时，该理论也引导学生更全面、客观地认识自我，提升自信力，激发自我发展的内驱力。

5. 职业价值观

职业价值观是指人们对待职业的一种信念和态度，也是人们在职业生活中表现出来的一种价值取向，是价值观在职业选择上的体现[14]。个体在学习和生活中有自己的喜好和偏向，而这将影响其动机和行为。有研究发现，职业价值观对生涯规划能力有显著的正向影响[15]。本研究采用的是舒伯的价值观理论。舒伯总结了 15 种最为普遍的职业价值观，并将其划分为三个维度，包含内在价值观、外在价值观及外部报酬。本研究全面评估学生当前的职业价值观倾向，有助于教师更好地理解，并能适当地引导学生建立正确的价值观取向。

（二）内容编选及设计

生涯成长手册共分为四个部分，包含生涯唤醒、自我探索、外部探索及决策与行动。每个部分均依托上述理论及学情展开活动设计。生涯成长手册的主要内容编选及目标设计详见表 1。

表 1　生涯成长手册主要内容编选及目标设计

维　度	核 心 知 识	主 要 内 容	编　写　目　标
生涯唤醒	舒伯生涯发展理论 冥想体验	手册使用说明 旅游风格猜想 生涯幻游	通过"使用说明"的共同学习，使导师和学生了解生涯探索总体框架及其重要性；通过不同的旅游风格猜想及生涯幻游冥想活动，引导学生体验未来生活，激发其对职业生活的畅想，初步唤醒其生涯探索意识
自我探索	霍兰德职业兴趣理论	兴趣大拼盘 职业兴趣狂想	通过兴趣摸排，引导学生发现自己的多元兴趣，并找到对应的兴趣代码，初步畅想相关的职业兴趣
	塞利格曼性格优势理论	我的性格特点 性格画像	通过性格访谈，引导学生发现自身的性格优势，并激发性格优势带动劣势领域

[14] 凌文辁，方俐洛，白利刚. 我国大学生的职业价值观研究[J]. 心理学报，1999(03)：342 - 348.

[15] 赵瑞月. 中职生职业价值观、心理资本与职业生涯规划能力的关系研究[D]. 兰州：西北师范大学，2021.

续　表

维　度	核 心 知 识	主 要 内 容	编 写 目 标
自我探索	加德纳多元智能理论	我的聪明之处 智能画像	通过学生自评及导师访谈,引导学生觉察自身能力优势领域,形成多元能力画像,并鼓励其深化优势能力的发展,提升自信
	SWOT 分析法	学习分析会	通过各科学习的分析,引导学生发现当前学习状态中的优势、劣势、挑战和机会,并对学生进行个性化学习辅导。学生通过学习分析会,能对自身有全面、客观的了解,提升学习效能感
	舒伯职业价值观	荒岛选择 价值观画像	通过趣味辩论活动及职业价值观探索,引导学生发现自身价值观取向,清晰自己的需求,以此激发他们发展的内驱力
外部探索	家庭治疗系统观	我的资源树	通过师生对话及资源树画像,引导学生发现自己与他人、与世界的关系,挖掘身边的支持力量,建立良好的社会情感关系
	积极心理学 (积极的社会)	超强助力 (家人团)	通过对家庭资源的精细化挖掘,引导学生发现家人的优势力量及提供的优质支持,在增进亲子关系的同时,促进学生在展开生涯探索时能善于利用外部资源,并学会从家庭系统、学校系统逐渐过渡到社会系统
	PLACE 职业搜索模型	职业调查官	师生合作,每学期共同探索了解一个学生感兴趣的职业,形成一份职业探索表,初步学习职业探索策略
决策与 行动	学业管理策略 SMART 目标制定	学业规划 5%的改变	结合以上探索分析,使学生进一步认识自我与初中学习环境,导师引导学生制定阶段性学业目标

　　生涯成长手册的设计旨在使导师使用手册时有所依,学生参与活动时有所感。本手册采用每学期动态记录的形式,使得导师能全程参与学生的生涯探索过程,形成对学生生涯探索轨迹的动态化、全面化的整体画像。

三、讨论与展望

　　本研究初步探索了初中生涯成长手册的设计。在设计过程中,笔者不仅对生涯指导工具的设计有了更深入的理解,更对初中生涯教育的开展有了更全面的思考。

（一）基于系统观构建生涯教育框架

生涯教育的实施需要多方资源的合力。通过文献整理，笔者发现当前中小学生涯教育实践还局限于学校内部，社会合力尚未形成。事实上，教育系统已经意识到生涯教育的重要性，并推出了多项政策促进中小学开展生涯教育，只是从政策到实践还有一段艰难的路程。如何将各方资源整合，并合理有序地使用成了目前生涯教育实施亟待解决的困境。本研究的设计便是从学校资源切入，联合家长资源形成合力，但对于社会资源的应用尚未直接体现。笔者认为，后续可将社会职业实践活动融入生涯成长手册，帮助学生形成全方位的生涯画像。生涯成长手册的系统化设计，不仅能为学生成长搭建更完善的支持体系，也能呼吁各方资源形成合力，为国育才。

（二）依据发展观指导生涯教育实施

生涯教育不应局限于学生的某一个成长时期，而应贯穿个体发展的全过程。目前，国外关于生涯教育的实践体系已日渐成熟，如美国已将生涯教育贯穿幼儿园、中小学及大学的各个阶段。本研究设计的生涯成长手册使用期为四年，将伴随学生从初中入学到毕业的整个阶段。手册的内容设计与实施方法都强调了导师的持续参与和针对性辅导，确保学生在成长过程中能获得必要的引导和资源。在后续的深化研究中，笔者建议对同一生涯维度下的活动内容进行精细化设计，针对不同年级的学生有不同深度的生涯探索任务，最终形成学生动态化、全程性的生涯发展画像，为学生进行后续学业规划及生活规划做准备。

（三）以可操作性确保生涯教育落地

可操作性是生涯教育实践的关键要素，是生涯指导工具的重要衡量指标。当前的生涯活动及辅导多由心理健康教师负责，其他学科教师较少有相关的理论及实践经验。可见，即使全员导师制的出现为生涯教育提供了充足的师资力量，但谈及实施依然困难重重。在本研究中，生涯成长手册的设计目的便是为全员导师制的实行提供实操指南及具体工具。例如，其中的"使用说明"可以为导师生涯培训的第一课提供指导。同时，手册中的活动内容简洁明了且内涵丰富，可操作性较强。在未来的工作中，学校可通过组织导师生涯培训并综合评估学生的成长反馈，对手册进行动态调整，以提升生涯教育的实效性。

培养高阶思维能力的初中英语跨学科项目化学习设计

◎ 上海市实验学校南校　周思思

【摘　要】在教育目标向培养创新人才转变的背景下,传统的分科式教学模式已不足以培养学生的高阶思维能力。本文深入探讨了初中英语跨学科项目化学习对发展学生高阶思维能力的积极影响。研究通过构建具有真实性和挑战性的驱动性问题、设定合理的教学目标,以及实施有意义的学习任务和评价机制,旨在激发学生的问题解决能力、创造性思维能力和批判性思维能力,进而实现对学生学科核心素养的全面培养。

【关键词】跨学科学习　项目化学习　高阶思维能力　初中英语

一、引言

在当今教育背景下,尽管分科式教学模式仍然占据主导地位,但其已不足以满足培养创新人才的复杂需求。教育的使命已从单纯的知识传授转变为综合素质的培养,尤其是高阶思维能力的发展。跨学科项目化学习作为一种新兴的教学策略,正逐渐在教育领域占据重要位置。夏雪梅提出,跨学科项目化学习是一种教育模式,它融合了跨学科学习与项目化学习的精髓。其显著特征在于以真实世界问题为核心,激发学生综合运用多学科的知识与视角,通过创新思维和同伴协作来解决复杂问题,并产出实质性的项目成果[1]。该模式不仅要求学生掌握必要的学科知识,更重视批判性思维能力、创新性思维能力和问题解决能力的培育。然而,笔者在实践中发现,学生在项目化学习成果的制作上可能过分注重形式表现,而忽视了内容的深度与逻辑性,导致成果虽外在形式美观却缺乏内容的连贯性。这种倾向揭示了学生在高阶思维能力培养上的不足。

针对这一现象,本研究希望能通过跨学科项目化学习来有效培养学生的高阶思维能力。为了深入探讨这一问题,笔者将分析当前初中英语与其他学科的融合教学方式,探索如何通

[1] 夏雪梅.跨学科项目化学习:内涵、设计逻辑与实践原型[J].课程·教材·教法,2022(10):78-84.

过跨学科项目化学习鼓励学生超越传统的学科界限,发展跨学科思维,并在多元文化和快速变化的社会环境中发展其高阶思维能力。

二、跨学科项目化学习和高阶思维能力

(一)跨学科项目化学习在英语教学中的挑战

《义务教育英语课程标准(2022年版)》强调了英语学习应与真实情境的构建及真实问题的探究相结合,从而实现知识在现实生活中的应用功能[2]。在跨学科项目化学习的过程中,教学主题不仅应蕴含丰富的情境元素,而且必须针对现实世界中的具体问题。然而作为一门外语,在英语的教学环境中,学生用英语来解决真实复杂问题会受到制约。这种局限性影响了英语教学中真实性原则的实现。在笔者对跨学科项目化学习的实践初探中,如基于课本内容通过小组合作创作漫画或动画作品,此种看似跨越了英语和美术两门学科的教学模式,虽产出了小组合作成果,却未必能够充分实现跨学科项目化学习的核心目标。具体而言,这类项目成果可能不能为学生提供解决现实社会中复杂问题的机会。由此可见,教师需要深入探索如何将英语与其他学科有效融合,以设计出能够促进学生语言技能和跨学科认知能力发展的项目。

(二)跨学科项目化学习与高阶思维能力的融合

在教育领域中,布鲁姆提出的教育目标认知过程被广泛应用。他将认知过程从低级到高级分为记忆、理解、运用、分析、评价和创造[3]。其中,高阶思维能力是指个体在认知活动中所展现的分析、评价和创造的能力。这与英语核心素养中的思维品质具有显著的一致性[4]。在跨学科项目化学习的框架下,设置指向高阶思维的多元化教学目标是至关重要的。这种教学模式的核心在于通过多元化的教学活动和评价机制,培养学生的思维品质,包括但不限于批判性思维能力、创造性思维能力和问题解决能力。通过这种教学模式,学生可以在解决复杂的、开放式的实际问题中学会主动探究,整合多学科知识,并在这一过程中不断提高自己的思维能力和创新能力,从而更好地适应未来社会的发展需求。

三、培养高阶思维能力的跨学科项目化学习设计

既然是跨学科项目化学习,首先就需要探讨英语学科应该与哪类学科进行跨界合作才能显得顺其自然且富有成效。笔者在本项目中选择了英语与历史的跨界融合。之所以选择

---

[2] 中华人民共和国教育部. 义务教育英语课程标准[M]. 2022年版. 北京: 北京师范大学出版社,2022.
[3] 布鲁姆 B S,等. 教育目标分类学(第一分册)认知领域[M]. 罗黎辉,等,译. 上海: 华东师范大学出版社,1986.
[4] 顾婷婷. 指向高阶思维能力培养的初中英语故事阅读任务设计[J]. 中小学英语教学与研究,2019(12):16-19.

英语和历史学科,主要在于两者共有的特征,即人文性特征。这一特征为学科间的融合提供了理论基础。英语学科的人文性和工具性为学生提供了语言技能提升和文化理解的平台;而历史学科的深厚人文内涵则助力学生构建对历史人物和事件的深刻理解,培养其正确的价值观念和积极的人生态度。通过这种跨学科的融合,能在项目化学习活动中打破学科壁垒,使得跨学科学习成为一种顺其自然的教学策略,而非单纯形式上的结合,从而为学生提供深入学习的体验,有助于他们在全球化背景下更好地理解和传播中华文化。

(一)驱动性问题设计

对注重发展学生高阶思维能力的跨学科项目化学习而言,驱动性问题的设计举足轻重。驱动性问题须具真实性与挑战性[5]。驱动性问题的设计应避免采用简单、直接的解决方案。如"如何设计一份关于中国传统节日的英语手抄报?",这类问题缺乏真实情境,可能会限制学生运用高阶思维的机会,导致学生在没有深入思考的情况下完成任务。因此,驱动性问题的设计应鼓励学生超越表面信息的学习,进行更深层次的思考和分析。

本项目化学习设计以牛津英语上海版八年级第一学期 Unit5 "Encyclopaedia" 为蓝本,旨在指导学生撰写关于中华民族英雄人物的中英双语百科词条。该项目的驱动性问题为:学校图书馆将举办线上人物特展,主题为"上海市实验学校南校学子眼中的中华民族英雄人物"。八年级学生应该如何撰写中华民族英雄人物的中英双语百科词条呢? 通过分析这一驱动性问题可以知道,学生首先需要理解如何撰写人物百科词条,这涉及对信息的搜集、筛选和组织。其次,该情境主题要求学生对他们选择的中华民族英雄人物形成自己的思考,教师要鼓励他们从不同角度审视历史人物,形成独到的见解。最后,该项目成果的展示形式为设计一个人物百科简介类的公众号,这就要求学生对内容创作、视觉设计、版面布局等方面进行整合。这不仅考验了他们的审美能力,也强调了团队合作的重要性。在项目实施的过程中,学生还将遇到其他挑战,这些挑战的解决将进一步锻炼他们的问题解决能力,促进他们在实际操作中提升综合素养。

(二)实践模型设计

为了促进学生对最终成果的深入理解与创造,该驱动性问题会在项目的推进中逐步细化为一系列较小的、更具操作性的任务和阶段。同时,它可以通过三种实践原型,即组合型、递进型和冲突型,或是基于这三种基础实践原型的变型来实施[6]。

本跨学科项目化学习案例采用的是融合组合型与递进型的实践模型(见图1)。在这个模型中,驱动性问题是跨学科项目化学习的起点,子问题是对驱动性问题的分解。它们可以

[5] 李会民,代建军.指向高阶思维的英语项目化学习研究[J].基础教育课程,2021(03):48-53.
[6] 夏雪梅.跨学科项目化学习:内涵、设计逻辑与实践原型[J].课程·教材·教法,2022(10):78-84.

是单独一个学科的探究,也可以是多个学科的共同探究。学生需要通过自主学习、合作学习等方式探究这些子问题,并产出初步的项目成果。最后,学生需要对初步的项目成果进行汇报和复盘,总结经验教训,通过不断的完善和优化,最终形成跨学科项目化学习成果。

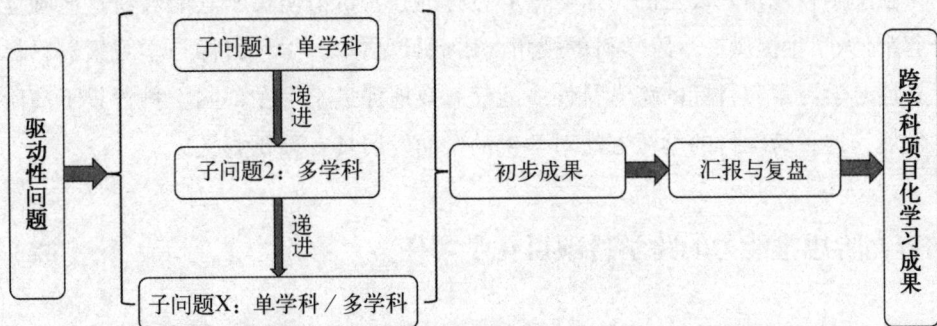

图1 跨学科项目化学习实践模型

(三)学科目标与学习素养目标的设计

在项目正式启动前,笔者与相关学科的教师进行了探讨与合作,设计了英语跨学科项目化学习活动,并设定了英语与历史的跨学科项目化学习目标,以及在项目化学习实施过程中所要达成的学习素养目标(见表1)。根据表1所示,英语与历史学科的首个教学目标均聚焦

表1 跨学科项目化学习目标

学科	学 科 目 标	学习素养目标
英语	在谈论中华民族英雄人物的语境中理解和运用相关核心及拓展词汇,如 caring、patient、intelligent、responsible、selfless 等;相关表达,如 sb. has been working in the ... for decades、sb. was honoured as ...、Due to his/her great contributions, he/she deserves ... 等	1. 能够积极参与小组讨论,服从小组分工,并按时完成自己的任务 2. 能够与小组成员围绕主题开展共同讨论,合理规划并安排好学习进度,提升自己的沟通能力 3. 能够通过线上、线下不同渠道进行搜索并获取与人物有关的信息,且能对所获取的信息加以分析、判断和筛选 4. 能对他人的作品做出客观的评价,欣赏他人的优点,同时也能合理表达自己的想法和建议
	能够根据所选人物主题内容进行筛选或重组材料,建立主题与主题、主题与材料之间的内在逻辑	
	能够通过运用说明文的写作方法,对所选人物的有关材料进行二次创作,增强对该人物的科普性表达	
	通过了解中华民族英雄人物背后的故事,体会其对当今社会的影响与意义,从而增强民族文化自信,继承并弘扬优秀的民族精神	
历史	了解自古以来中华民族英雄人物的生平事迹及其对后世的影响	
	能够利用各类史料,如历史课本、图书馆资源等;能够明确自己从其他渠道搜集到的各类信息都有据可依,且符合史实	
	在充分理解自己所选的中华民族英雄人物之后,能对其进行客观且真实的评价	

于低阶认知技能的发展,而随后的教学目标则致力于高阶思维能力的培养。进一步分析学习素养目标可以发现,它们在培养学生问题解决能力的同时,也在无形中促进了学生高阶思维能力的发展。此外,单就英语学科和历史学科而言,皆有其明确的目标,然而这些目标均是基于单独的学科视角来设定的。学习素养目标的独特价值便在于其能够将这些独立的目标整合起来,为学生提供一个跨学科的视角。由此可见,单一学科目标与学习素养目标之间存在互补性。学习素养目标的跨学科性质能够有效地促进学生在不同学科背景下高阶思维能力的发展。这种跨学科的学习方法对学生的全面发展具有重要意义。

四、培养高阶思维能力的跨学科项目化学习任务

(一)培养问题解决能力的跨学科项目化学习任务

问题解决能力是识别问题核心、分析问题结构、提出并选择解决方案及有效执行这些方案的能力。这种能力有助于学生应对学习、工作和日常生活中的各种挑战和困难。

1. 小组合作任务

在项目化学习的过程中,小组合作是学生深入推进跨学科项目化学习的核心机制。为了提高合作的效率与成效,笔者采取了一系列策略来支持学生的学习过程。首先,笔者引导学生使用"跨学科项目化学习实施计划表"(如图2)进行项目规划与时间管理,确保小组成员能够明确任务分配、人员安排及预定完成时间,保障任务有序进行。其次,为了提高小组沟通的效率,每组均配备了"会议记录表"(如图3)。该工具有助于各小组成员集中讨论关键议题,确保每次小组会议都有明确的目标和成果。此外,会议记录表的使用让每个小组成员都能明确自己的角色和责任,从而更加积极地参与到小组任务中。这些策略的实施,不仅系统化了小组合作探究活动、提高了团队表现和项目完成质量,而且提升了学生合作解决问题的能力。

Project Plan:

Time 时间	Task 任务	Student(s) 学生
20231124-1126	人物中英文双语材料收集	小组全员
20231127-1130	全组行会	小组全员
20231128-1129	PPT制作	小组全员
20231130	海报制作	主:韦悦然 副:小组全员

图2 跨学科项目化学习实施计划表

Group Meeting 1 Minutes

Group name: We're banananananan

Date: 2023.11.27

Leader: Cassiopeia Kang

Meeting topic: How can we write an encyclopaedia entry?

Attendance (出席情况): Cassiopeia Kang, Emma Liu, Flora Shi, Erin Zhou, Kevin Jia, Andy Sun

Issues to be covered: （需要讨论的问题）

1. How can we write an encyclopaedia entry?

2. Which structure shall we write?

3. What's the advantage and the disadvantage between the structure of Wikipedia like, Story like and Encyclopaedia like?

4. Who will responsible for beginning, body part, ending and illustration?

Other issues addressed: （其他问题）

① Who will responsible for writing content?

② Who will responsible for drawing illustration?

③ Who will responsible for review?

④ Who's mini-group leader?

Action Required: 讨论后的任务分配情况

Action 行动（任务）	By whom	Time-frame
Write the fact of about the topic	Cassiopeia Kang	11.27~11.29
Explain the facts in a vivid way	Emma Liu, Kevin Jia	11.27~11.29
Find relevant and related information	Flora Shi, Erin Zhou	11.27~11.29.
Review the content	Andy Sun	11.27~11.29

图 3　会议记录表

2. 小组探究任务

在确立学习目标后,笔者引导学生从复习课程内容过渡到跨学科项目化学习的核心议题——撰写中华民族英雄人物的中英双语百科词条。小组团队在教师的引领下,探讨了如何选择代表性人物进行创作,并基于个人社会经验,回顾相关人物展览的内容构成。在主题解读和讨论过程中,各小组提出了对驱动性问题的多种解析。随后,笔者对这些解析进行整合,形成了以下四个子问题:

(1) 如何界定中华民族英雄人物的概念?

(2) 人物百科词条应包含哪些关键信息?

（3）如何撰写具有权威性和说服力的人物百科词条？

（4）如何将中文特有的表达准确翻译为英文？

在各小组深入探讨子问题的过程中，笔者提供了必要的学术支持。例如，在学生探讨第一个子问题时，笔者利用课本中关于孙中山的描述，引导他们从时间和空间的视角审视中国历史上的民族英雄。为了使最终的项目成果更加丰富和有层次，师生共同确定了古代、近代和现代这三个时空维度。在随后确定研究对象的过程中，各小组需要在组内达成共识，才能有效开展学习。同时，面对不同小组可能选择相同研究对象的情况，他们必须进行有效的沟通与协调。这些项目化学习中的常见挑战，不仅促进了学生综合素质的提升，也锻炼了他们的沟通、协调及问题解决的能力。

（二）培养创新思维能力的跨学科项目化学习任务

创新思维能力是指个体在面对问题时，能够孕育出新颖、独特且具有实用价值的思考方式。这一点主要体现在学生能够从多角度和多层面审视问题，开拓解决问题的多元途径，并在成果上展现出丰富的多样性。

1. 语言的重构任务

在项目化学习的推进过程中，学生需要独立完成个人作业，即对词条中的单一模块进行撰写。学生必须对从各类渠道搜集到的信息进行筛选与整合，并基于个人理解进行创作。在此过程中，学生普遍面临一项挑战：如何将中文特有的表达精确转换为英文。根据过往的教学经验，学生往往会依赖电子词典或翻译软件来辅助写作。然而，这种做法不仅忽略了文化差异所导致的翻译障碍，而且可能会使学生过度依赖技术工具，从而削弱了自我判断的能力，不利于培养他们的创新思维能力。

鉴于此，笔者在项目实施过程中提供了以下实用策略：理解人物背后的文化时代背景和内涵；借助辞典、参考资料和官方机构网站确保语法和语义的准确性，必要时咨询专业人士；根据目标读者的背景和理解能力，选择恰当的表达方式，避免复杂或有歧义的表达。这些方法旨在最大限度地降低学生在写作过程中的难度，并帮助他们将所思所想准确而有效地表达出来。这不仅有助于提高学生的双语写作能力，也促进了他们创新思维能力的发展。

2. 内容的创编任务

如果说语言是思维的框架，那么内容则是核心与精华。在学生对人物进行探究的初始阶段，笔者布置了搜集人物资料的任务，并让他们将搜集到的信息带入课堂，进行小组讨论。在此过程中，学生需要审慎评估他们搜集信息的来源是否具有权威性和说服力。他们必须确保搜集到的史料来自正规渠道，如教科书、图书馆，抑或是线上的各类百科网站。此外，在对待这些资料信息时，学生须持有辩证的视角，这是撰写科学、合理且权威百科词条的基础。

在创作阶段，学生还须明确人物百科词条的编写方法及所要包含的具体信息。笔者通过指导学生复习课本内容并补充相关的拓展阅读材料,来帮助他们解构历史人物说明文的写作技巧,以及推断作者的写作意图等。基于此框架,学生再对自己小组搜集到的信息在文本结构、内容关联、逻辑整合等方面进行分析与总结,并形成对人物的独到见解和评价。同时,笔者还强调在说明文写作过程中要保持中立、客观,避免主观偏见,以确保读者获得全面、准确的信息。这一系列教学活动不仅激发了学生的主观能动性,而且在培养学生的探索精神和创新思维能力方面起到了关键作用。

(三)培养批判性思维能力的跨学科项目化学习任务

批判性思维能力赋予个体深入分析信息、评估论据有效性并做出基于证据的判断的能力。对学生而言,这种能力在学习生活中至关重要,有助于提高他们的决策质量和判断力。

1. 项目成果评价任务

成果展示汇报不仅是一个展示环节,也是培养学生批判性思维能力的关键过程。在这一过程中,各小组须对汇报小组的工作成果进行细致而合理的评价,以促进他们批判性思维能力的提高。评价活动以小组为单位进行,确保每位成员都能积极参与并提出自己的见解。项目成果的评价设计旨在引导学生深入分析和反思,具体包括以下四个方面:

内容的深度与广度:评估百科词条内容的全面性和深入性,以确保信息的准确性和相关性。

语言运用的准确性:考查语言表达的清晰度、逻辑性和语法正确性,以确保信息传达的有效性。

汇报的表现力:评价汇报者在展示过程中的沟通技巧、说服力和互动能力,以衡量其表达和交流的效率。

创意与创新性:评价作品在设计、结构和呈现方式上的新颖性和创造性,以鼓励创新思维。

成果汇报后,各小组有充足的时间进行深入的讨论,并认真填写了评价表格(见表2)。此外,每组须提出至少一项针对汇报小组成果的建设性改进建议或质疑。这一环节的设计旨在超越表面的评价机制,激励学生进行深层次的思考和实质性的评议。在评价过程中,学生的批判性思维能力得到了有效的锻炼和提升。通过比较、归纳和分析等认知策略,学生能够识别并指出他组汇报中存在的逻辑矛盾、信息冗余等问题。同时,学生也能对汇报小组的展示风格和版面设计提出具有洞察力的见解和建议。评价过程的最后阶段,笔者对各小组的汇报成果及小组间的评价进行了全面的审议。教师的反馈旨在通过肯定学生的成就并指出其有待提高的地方,为他们提供综合性的指导,促进跨学科项目化学习的深度和质量的提升。由此可见,通过这种多维互动式的评价,学生得以锻炼批判性思维能力,并学会了如何提供及接受建设性的反馈。这些技能对学生的长期学术发展和个人成长具有不可估量的价值。

表 2　小组项目成果汇报评价表

评价指标	评价标准(分为三个等第,用 A、B、C 表示)			小组评价与建议	
	A(优秀)	B(合格)	C(待改进)	等第	改进建议
百科词条内容	人物选材合适;结构分配合理清晰;副标题中的内容联系紧密	人物选材合适;结构分配比较合理清晰;副标题中的内容联系较为紧密	人物选材合适;结构分配存在不合理的地方;副标题中的内容联系较为松散		
	有人物的基本信息、重要事迹及其对社会的贡献和影响等丰富的内容	有人物的基本信息、重要事迹及其对社会的贡献和影响	缺少人物的基本信息、重要事迹及其对社会的贡献和影响这当中的一项或多项		
	小组对人物的评价中肯、具体且深刻	小组对人物的评价比较中肯和具体	小组对人物的评价比较笼统		
语言的准确性	用词准确,语言表达清晰流畅,较少有语法和拼写错误;能积极运用课本内外的拓展性表达等	用词一般准确,语言表达一般清晰流畅,有少许语法和拼写错误	用词不够准确,语言表达生硬,有较多的语法和拼写错误		
成果汇报表现	全程脱稿汇报,仪态自然大方	全程半脱稿汇报,仪态得体合适	全程看稿汇报,仪态合适		
	对小组成果汇报内容的解释到位;声音洪亮,口齿清晰;有规范的开场和结尾	对小组成果汇报内容的解释比较到位,有少许地方让人不理解;声音较为洪亮,口齿较为清晰;有较为规范的开场和结尾	对小组成果汇报内容的解释有很多让人不理解的地方;声音不够洪亮,口齿模糊不清;几乎没有规范的开场和结尾		
	能对观众提出的问题进行解答,并能解释清楚缘由	能对观众提出的问题进行部分解答,勉强能解释清楚缘由	对观众提出的问题基本不能进行回答和解释缘由		
作品整体创意	整份百科词条内容丰富,排版布局吸引眼球,并附有非常出彩的海报、图表、简历等各种高度提炼的形式展示人物的风采	整份百科词条内容较丰富,排版布局不错,并附有海报、图表、简历等各种高度提炼的形式展示人物的风采	整份百科词条内容较少,排版布局一般,未附有海报、图表、简历等各种高度提炼的形式展示人物的风采		

2. 项目成果反思任务

在上述环节完成之后，笔者引导并鼓励学生基于反馈进行成果的迭代和完善。学生根据收到的建议，对现有成果进行了批判性思考和实质性改进。在成果再次提交后，笔者组织学生进行了自评、互评和反思总结，以加深对该项目化学习过程的认识。自评互评表（见表3）主要评估学生在项目化学习中的参与度、团队合作精神及自主探究能力。

表3　小组内项目实践过程表现自评互评表

评价指标	评价标准（分为三个等第，用 A、B、C 表示）	自评	组内互评	
			组员姓名	等第
项目参与	A. 积极参与或发起小组的每一次讨论，并对讨论有所贡献；按时甚至提前完成小组分配的个人任务，并为其他组员提供帮助 B. 基本能参与小组的大部分讨论，并对讨论提出见解和想法；按时完成小组分配的个人任务 C. 基本不参与小组讨论，且不认真倾听他人的讨论；不能按时完成小组分配的个人任务，甚至不完成任务			
团队合作	A. 对自己小组的分工任务清晰，安排合理；与组员的合作非常紧密，配合默契，团队意识强 B. 对自己小组的分工基本明确，安排基本合理；与组员的合作较为紧密，配合默契度一般，团队意识一般 C. 对自己小组的分工不明确，安排基本不合理；与组员基本没有合作，配合不默契，无团队意识			
自主探究	A. 能自己从各种线上、线下渠道搜集大量资料信息并整理，且都与主题相关，并能根据项目任务需要制订个人的学习计划 B. 能在教师和其他人的帮助下从各种线上、线下渠道搜集一些信息，且都与主题相关 C. 搜集的信息量非常有限			

学生根据一系列具体的行为指标，对个人及同伴的表现进行了客观的等级评定。此外，笔者通过提出以下三个角度的反思性问题，引导学生进行了深入的个人反思：

项目意义：要求学生评估小组项目成果对其个人学习的积极影响，以促进自我认知和学习动机的提升。

问题解决：鼓励学生识别在项目过程中遇到的挑战，并反思所采取的解决策略，从而增强问题解决和自我调节的能力。

学习收获：引导学生总结通过小组合作获得的知识、技能和经验，以及这些收获如何促进了个人的成长和发展。

通过上述综合评价和反思过程，学生不仅提升了自己的批判性思维和自我评估能力，还在团队合作的背景下，深化了对跨学科项目化学习的理解，实现了知识的深入融合与应用。

五、结语

本研究通过初中英语与历史学科的融合，展示了跨学科项目化学习在促进学生高阶思维能力方面的显著潜力。在这一教学模式下，学生不再是被动的知识接受者，而是积极的探索者和问题解决者。他们通过自主探究、合作学习等方式，发展了批判性思维、创造性思维和问题解决能力等高阶思维能力。此外，跨学科项目化学习还促进了不同学科教师间的协作与交流，为教学创新开辟了新的可能。尽管如此，我们也认识到学科融合的过程并非一蹴而就，教育者在整合课程资源、设计适宜项目等方面仍面临挑战。学科融合代表了教育发展的趋势，相信通过持续的研究和实践，笔者一定能不断优化跨学科项目化学习，为学生创造更丰富、更具启发性的学习体验，助力他们在未来的学习和生活中取得卓越成就。

初中语文"活动·探究"单元作业设计初探

——以部编版语文八年级下册第一单元为例

◎ 上海市实验学校南校　王　蓓

【摘　要】在核心素养背景下,教师需要重新认识和理解初中语文作业的独特价值。作业设计是优化语文作业方式的重要手段,也是提升学生思维能力的重要途径。笔者根据部编版语文八年级下册第一单元"活动·探究"的教材内容,注重作业设计的系统性、情境性、实践性、过程性等,探索核心素养背景下"活动·探究"单元作业设计可行性的基本路径。

【关键词】初中语文　活动·探究　单元作业　实践策略

"单元"一词可以追溯到 19 世纪赫尔巴特学院戚勒倡导的"五段教学法",即分析、综合、联合、系统、方法。他不是单纯以题材为单位,而是采用这种方法开展教学,即以一个模块作为单位,称之为"方法论单位"。单元作业是指单元教学内,教师对学生布置的在非教学时间内完成的学习任务的总和,是学生巩固知识、掌握学科技能、形成学科思想方法、提升学科核心素养的重要保证。单元作业设计应该遵循目标性、多样性、结构性、科学性和过程性原则[1]。

但是在日常教学中,语文作业设计倾向于单篇,缺乏单元任务统筹;单纯追求数量,忽略质量,没有深度探究;机械式照搬照抄,缺乏开放性,造成学生在完成作业时没有任务内驱力等。这种作业形式导致语文核心知识缺乏内在系统性,学生的知识结构处于碎片化状态,他们的思维能力得不到真正的提升。

部编版语文教材共设置了四个"活动·探究"单元,在学习中主要依靠学生主动参与、亲身实践,使学习经历从静态走向动态,让学生在活动中获取知识,在探究中建构知识。因此,核心素养背景下初中语文"活动·探究"单元作业可以走向"增值思维",努力实现作业的发

---

[1]　徐淀芳,曹刚.初中语文单元教学设计指南[M].北京:人民教育出版社,2020.

展功能。

部编版语文八年级上册第一单元属于"活动·探究"单元,主题内容是新闻。教材设置了三个核心活动任务:新闻阅读、新闻采访、新闻写作。这三个任务具有内在逻辑性。笔者根据学情,围绕三个核心任务,以活动为主线,积极实践探索"活动·探究"单元作业设计可行性的基本路径。

一、梳理单元目标知识,关注作业的系统性

部编版初中语文教材的讲读篇目都有"思考探究""积累拓展"的作业,一般都是按照由表及里、由整体到局部,前后勾连起来的。教材在作业的设计上强化系统性、层级性,避免零散性、平面化和粗疏化;围绕单元目标,用一条线串联单篇知识点,从而落实单元核心知识。因此,教师要基于起点和终点进行整合,实现单元作业的整散有度,真正发挥单元作业的设计价值,实现单元作业设计逐渐形成从 N 到 1 的状态,从一组多篇文章中学习一项核心知识或关键能力[2]。

教师在设计单元作业时,要以单篇为基本单位,进行系统梳理、有效整合;要根据单元知识目标,确立单篇和多篇之间的要点。本单元的新闻知识点都分散隐藏在五篇课文中,可以通过学习支架引导学生梳理整合,把本单元课文涉及的新闻基本知识形成系统。针对核心活动任务"新闻阅读",笔者先引导学生完成表 1。

表 1

单 篇 篇 名	体裁	篇幅	标题	结构	语言	
《消息二则》						提示: 1. 可以结合旁批、补白、新闻知识补充等完成内容 2. 在梳理、归纳基础上,比较各种体裁的特点
《首届诺贝尔奖颁发》						
《"飞天"凌空》						
《一着惊海天》						
《国行公祭,为佑世界和平》						

本单元的学习目标是了解新闻体裁的基础知识,初步形成一定的新闻阅读能力。因此,本单元学习目标的落实要通过对本单元课文材料的学习。借助表 1,笔者先让学生明晰单篇的体裁,并在此基础上围绕篇幅、标题、结构、语言这新闻四大要素,梳理不同体裁的特征。

[2] 朱影. 基于核心素养导向的初中语文单元作业设计[J]. 天津教育,2024(14):170-172.

由此,帮助学生建构相对完整的新闻基础知识系统。在单元阅读的视域下,系统整合单篇可以赋予学生思维关联的能力。同时,笔者又让学生在表1的基础上,进一步完成评价量表(表2)。

表 2

作 业 目 标	作 业 水 平				作 业 评 价		
	知道	理解	应用	综合	易	中	难
1. 知道本单元每篇课文的新闻体裁	✓				✓		
2. 区分并比较消息、特写、通讯、评论的异同		✓				✓	
3. 写作简短的消息(必做)、特写或通讯等(选做)			✓				✓
4. 把单元中的新闻通讯改写为一则新闻消息				✓			✓
5. 对比阅读不同媒体对同一件事情的报道,思考选取的角度、立场、情感等				✓			✓

表2中的作业目标1和2要求学生先了解新闻的核心知识,在此基础上进行异同区分,培养学生梳理、比较等能力。作业目标3和4是实践创作,促进学生学以致用。学生被要求针对不同的新闻体裁和内容,进行写作转换。在写作转换时,课文的内容仅仅是材料或载体,学生需要利用课文材料,掌握新闻写作技巧。作业目标5则是课外的延伸。现在的学生对新闻这一类体裁并不陌生,但是在他们的意识中,新闻仅仅是告诉读者"发生了什么",他们并不了解新闻中隐含的"人"的立场或者情感倾向。这个环节可以培养学生作为"新闻人"和作为"读者"的意识感,培养他们的判断力、批判性思维等。

二、利用真实生活情景,关注作业的实践性

新课标指出,语文学习情景源于生活中语言文字运用的真实需求,服务于解决现实生活的真实问题。创设情景,应该建立在语文学习、社会生活和学生经验之间的关联上,符合学生的认知水平;应该整合语文知识和语文能力,体现运用语文解决典型问题的过程和方法[3]。

---

[3] 中华人民共和国教育部. 义务教育语文课程标准[M]. 2022年版. 北京:北京师范大学出版社,2022.

"活动·探究"单元作业设计要以阅读为材料,以活动为实践,以知识为目标,以能力为宗旨。在学习过程中,学生会有较多的机会根据自己的特长参与活动、组织活动,在"学中做,做中学"。新闻作品的背后,是复杂的选题、采编等活动,是学生内化所掌握的新闻基础概念和知识的过程。所以,针对核心活动任务"新闻采访",笔者结合教师节,引导学生运用新闻采访的基本常识,对教师进行采访,并形成采访记录(见表3)。

表 3

时间、地点	2023 年 9 月 10 日　　上海市实验学校南校
采访对象	陈校长
采访目的	了解校长对学校的理念及个人教育工作感受
采访方式	浅度访谈
采访器材	纸、笔
采访者	初二(4)班张宇轩、王旭东
采访问答	问题 1:您对学校有什么期望? 陈校长:攀登。 (采访者心理活动:攀登是学校的校训,简明扼要,寄托着校长的殷切希望。作为一名校长,不仅要关心学生的发展,还要时刻关注学校的整体发展。希望学校一年比一年好,不断攀登。) 问题 2:这是您度过的第几个教师节? 陈校长:第 35 个。 (采访者心理活动:我们当时很吃惊,陈校长竟然已经度过 35 个教师节了,这也就意味着他已经工作了 35 年。平时,他总是第一个来到学校,在校门口迎接大家。这样的日子已经持续了整整 35 年!) 问题 3:您对学校的哪一点印象最深刻? 陈校长:学生有活力,家长给力。 (采访者心理活动:校长的两个"力"真是给力啊!在这个特殊的节日,校长没有夸赞老师,而是把溢美之词给了学生和家长,令人感动。我们还想问一些问题,但是看到校长很忙,就赶紧离开了。)
采访结论	陈校长是一名睿智型校长

部编版教材在沟通学习和生活方面已经做了高屋建瓴的架构,教师可以利用课内的资源,联系生活,创设情景,打通课内与生活的关联,促进知识转化为能力[4]。本次采访作业,学生准备工作充分,尤其是采访提纲和对采访对象的事先沟通,直接关系着采访内容的完善。本次采访实践中,学生有很大的兴趣,几乎人人参与。学生有不同的采访对象,并最终形成文字,真实记录了采访的情景。同时,部分学生添加了采访者的心理活动,丰富了采访

---

[4]　王伟.语文作业应注重实践性的融入[J].中学语文教学,2022(01):13.

的内容。这种作业形式对培养学生的认知能力,以及设计问题、解决问题等都有积极作用。学生只有在真实的情景中亲身体验,才能真正意义上提升语文核心素养。

但是,也有部分学生事先没有翔实的提纲,或者没有和采访对象提前沟通,导致采访问题、时间、地点等都带有随机性、任意性。此外,部分设计的采访问题之间也缺乏逻辑关系,部分学生几乎是凭借自己的生活经验和好奇设计问题,造成问题指向不明确、目的性不强等。对此,笔者进行了思考和进一步的探究,并通过其他类似的采访活动任务让学生进行实践,给予他们正确的引导。

三、应用新闻知识写作,体现作业的过程性

《义务教育语文课程标准(2022年版)》在"作业评价建议"中指出,要合理安排不同类型作业的比例,增强作业的可选择性。除写字、阅读、日记、习作等作业外,还应紧密结合课堂所学,关注学生校内外个人生活和社会发展中的热点问题,设计主题考察、跨媒介创意表达等多种类型的作业,培养学生自主学习和综合学习的能力。由此可见,分类型、分层级一直是作业设计和评价的基本要求。

"活动·探究"单元就是要突破原有的课堂封闭模式,将学习的自主权交给学生,鼓励学生自学,并关注他们学习的过程,重视他们在学习中习得的知识和技能。本单元主题是新闻,教师应提倡学生以新闻的方式学习新闻,在生活中发现新闻、新事物,运用习得的新闻知识写作、记录新闻。因此,在"新闻阅读""新闻采访"作业的基础上,笔者针对核心活动任务"新闻写作",引导学生完成新闻写作作业。

新闻消息写作情景:2023年9月10日,上海市实验学校南校开展了教师节活动。你作为学校的小记者,请围绕本次活动,写一则消息。作品将在学校公众号上发布。请根据新闻消息写作的评价量表(见表4),运用新闻知识,进行写作实践。

表4

评价内容	评价标准(满分★★★)	自　评	他　评
标题	简洁、明确、凝练、醒目		
导语	突出重点、言之有物、简明扼要、形式多样		
主体	新闻要素全面,倒金字塔结构		
语言	准确、简练、易懂		
视角	新颖别致、能吸引读者的注意力		

新课标指出,过程性评价重点考查学生在语文学习过程中表现出来的学习态度、参与程度和核心素养的发展水平,应依据各学段的学习内容和学业质量要求,广泛收集课堂关键表现、典型作业和阶段性测试等数据,体现多元主体、多种方式的特点[5]。教师应提前设计评价量表,告知学生评价标准,引导他们合理使用评价工具,在评价中学会评价,从而在"过程中"达成教学目标,在"过程中"提高学生学习能力。通过学习过程的评价,能帮助学生剖析存在的问题、改进学习方法和策略,将学习方式引导到深层方向,提高学习质量。

消息写作,是新闻阅读、新闻采访的结合和落实,也具有新闻学习成果展示的功能。消息写作,让学习成果更加真实和丰富,让学生学习具有可视化[6]。学生在新闻消息写作评价量表的引导下进行写作,并根据评价量表进行评价。教师及时介入进行指导,让学生的写作能力逐层递增,使作业实现提质增效。下面展示两篇经过教师指点且学生进行过自评和互评的作品。

比较阅读消息二则	
上海市实验学校南校 2023 年教师节活动隆重举行 　　东冬学派报 2023 年 9 月 11 日电　2023 年 9 月 10 日,上海市实验学校南校在小剧场隆重举行了第 39 个教师节庆祝大会。大会分为四个部分:校长致辞、荣誉表彰、才艺表演和宣誓。首先,陈校长做致辞,对老师们表达了美好祝愿和殷切期望。其次,大会表彰了初三年级组和 2022 学年优秀见习教师;SSES 合唱团的同学们给大会带来了精彩的表演,赢得了老师们的阵阵掌声。最后,全校教师在陈书记的带领下进行了庄严的宣誓,牢记自己的使命。在庄严的宣誓声中,本次庆祝大会圆满结束。	我校迎来教师节活动 　　明德通讯社 9 月 11 日 10 时电　我校 100 多位教师参加了 2023 年教师节活动。活动于 9 月 10 日上午开始,在小剧场内开展了《爱的教育》主题讲座。讲师为老师们分享了教学育人的趣味方法,提出了若干建议,老师们受益匪浅。下午,老师们在活动室制作了传统中国结,每个人都投入其中。半小时后,他们都完成了自己的"如意结"。老师们度过了一次欢乐的教师节,收获颇丰。在今后的教学生涯中,他们定会再接再厉,再创佳绩。

以上两则新闻消息,标题都使用了主谓短语,概括了主要事实;导语和主体突出了活动的主要信息要点和主要内容。同时,"美好祝愿和殷切期望""精彩的""圆满""受益匪浅""再创佳绩"等词语,揭示了活动的意义,蕴含了作者的情感立场。两则新闻消息语言相对精练,结构符合要求。在评价中,多数学生对"视角"还存在疑惑,笔者会在实践中做进一步的指导。

四、结语

新闻"活动·探究"单元作业统筹考虑了课文之间知识的内在关联性、延续性,体现了知

[5] 中华人民共和国教育部. 义务教育语文课程标准[M].2022 年版.北京:北京师范大学出版社,2022.
[6] 张秋玲,牛青森,等.新版课程标准解析与教学指导(2022 年版)初中语文[M].北京:北京师范大学出版社,2022.

识难易的层次变化,使学生的思维更具全局意识和系统性。这种前后勾连、富有变化的作业可以激发学生学习的热情。各种不同形式的作业,使学生的学习思维在知识迁移的运用中变得更加灵活。这种螺旋式上升的作业结构可以让学生有更多的时间去尝试并反思不足。

作业从实践中来,再到实践中去。教师应该结合课程目标,充分利用教材,从学情出发,进行单元作业设计。单元作业设计需要经历困惑、冲突、感悟、发现的过程。教师也正是在这样的过程中得以修炼自己的教学行为,提升教学智慧。在语文核心素养导向下,单元作业设计能够将碎片化的知识进行整合,为学生发展核心素养提供支架。作为教师,要明确单元作业设计方向,遵循渐进性原则,为学生构建有效的、整体的语文单元作业,提升学生的语文综合能力和综合素养。

学习任务群下的民俗文化主题课文教学探索

——以统编版语文六年级下册第一单元为例

◎ 上海市实验学校南校　王颖颖

【摘　要】用学习任务群来组织、呈现课程内容是新课标提出的一项要求，旨在借助结构化的课程内容推动教学的高效发展。民俗文化类课文是统编版语文教材中重要的内容。笔者对统编版语文六年级下册第一单元的内容进行了单元学习任务的设计，以期提高民俗文化主题课文的教学效果。

【关键词】学习任务群　民俗文化　学习任务设计

一、设计说明

统编版语文六年级下册教材的第一单元是以民俗文化为主题的典型文学作品单元。笔者拟以"文学阅读与创意表达"学习任务群的理念创设单元学习情境，在主题情境中开展文学阅读和创意表达活动，引导学生在文学阅读中丰富审美体验，在创意表达中提升写作能力[1]。

家乡是每个人生命的底色。笔者所在学校的学生大多是新上海人，他们对祖籍地的风俗习惯多少有所了解。即使是在上海出生并成长的孩子，也会跟随大人回乡探亲，这期间自然就会接触到当地的民风民俗。这一单元的学习，意在使学生通过访谈和考察等方式，开展各种语文学习活动，深入了解家乡，增进对家乡的文化认同。结合单元导语、活动提示与学习资源，笔者设计了以下三个学习任务：记录家乡风俗（1 课时）、亲近课文中的多彩民俗（6 课时）、写家乡风俗（2 课时）。

[1] 徐迎梅,蔡巧燕.亲近多彩民俗,领略共同情感——六年级下册第一单元学习任务群教学设计[J].小学语文教学,2023(3)：42－45.

二、学习目标

1. 通过查阅资料、访谈、考察等方式,记录家乡风物,关注家乡的美食美器、戏曲艺术等。

2. 反复阅读课文,揣摩文中细腻生动的描写,把握叙事详略,体会作者如何抓住事物特点,详写主要部分、突出重点内容,进而展现民俗之美。

3. 参与班级活动,汇编作文集并投稿,展示家乡文化风采。

三、学习评价

1. 记录家乡风俗:开展访谈、考察,了解家乡风俗,同时对掌握的信息进行主题化整合,并图文并茂地展示出来。

2. 亲近课文中的多彩民俗:能分清内容的主次、把握叙述的详略;能掌握抓住事物特点,详写主要部分、突出重点内容的写作方法;能品味赏析文章富有个性的语言。

3. 写家乡风俗:以学习共同体的方式参与活动,多形式地展示学习活动成果;撰写家乡风俗习作,汇编"多彩的风俗"作文集。

四、学习任务设计

（一）学习任务一:记录家乡风俗（1 课时）

1. 活动一:查阅资料、采访长辈,了解家乡特别的风俗习惯。

学生通过查阅资料、开展实地考察、采访长辈等方式,完成学习任务单（见表 1）。

表 1　"记录家乡风俗"学习任务单

家乡在哪里:
家乡有什么风俗:
风俗的由来和传说:
风俗的内涵和特点:
风俗的表现形式:
这种风俗现在有哪些变化:
人们对这种风俗的看法:
为了延续这种风俗,我们可以做些什么:

2. 活动二：开展"知我家乡"交流活动。

学生通过画报、PPT、微视频等形式，从家乡有趣的风俗、礼仪中挑选出比较典型的，在班级中展开交流、品读欣赏（可自主或合作完成）。

（二）学习任务二：亲近课文中的多彩民俗（6课时）

1. 活动一：感受多彩民俗（2课时）。

（1）初读课文，整体感知。

① 浏览本单元导语，明确本单元学习重点。

② 小组内开展合作朗读活动。每个小组挑选一篇课文，再加上必读篇目"古诗三首"，合作展示朗读，要做到朗读时正确、流利，合作形式可灵活多样。

③ 在全班面前分享初读课文时让自己最难忘的某种习风俗。

（2）充分质疑，梳理问题。

① 梳理第一单元课文，自主完成学习单（见表2），全班交流。

表2 "民俗活动真多样"学习单

篇　目	体　裁	地　域	表现形式
《北京的春节》			
《腊八粥》			
《藏戏》			
"古诗三首"			

② 中国是个多民族的国家，传统民俗很多，本单元为什么只选取了这几篇课文，只写到了这几个节日？

2. 活动二：详略结合，介绍民俗（2课时）。

（1）关注整体，分清主次内容。

① 学生自主阅读，填写学习单（见表3），交流汇报。

表3 "民俗介绍"学习单

篇　目	主　要　内　容	次　要　内　容
《北京的春节》		
《腊八粥》		
《藏戏》		

② 细读主要内容,发现详写的方法。

以《北京的春节》为例,笔者要求学生深入地读一读课文的第一、二自然段,并思考:作者在描写腊八节风俗的时候,抓住了哪些重点? 是如何写出特点的? 学生默读、批画。

随后,笔者指名学生交流批画的语句。

预设:作者重点写了熬腊八粥、泡腊八蒜的风俗,抓住了腊八粥食材种类多、腊八蒜色如翡翠、腊八醋色味双美的特点,使得腊八节的风俗特点更加突出,人们在这一天的喜悦之情跃然纸上。

最后,笔者让学生有感情地朗读腊八这一部分的内容,要求读出人们在这一风俗中所获得的幸福感和满足感。

③ 聚焦文中口语化和带有地方特色的语言,体会语言的生动活泼、文字的顺畅通达,感受其背后折射出来的浓浓情味及深深韵味。

(2) 比较不同,丰富认识。

① 学生默读课文,找出这三篇课文其他主要内容是如何详写的,在文中圈画批注。

② 全班交流,小结把主要内容写详细的方法。

③ 教师小结:通过阅读文本,我们发现详写的内容并不是面面俱到的,而是要突出最具特色的部分,着重笔墨,从而给读者留下深刻印象。

④ 阅读"语文园地"的"交流平台"。

总结:文章的主次是根据作者想要重点表达的意思决定的。阅读时要分清文章的主次,理解作者所要重点表达的意思;写作时要根据内容的主次安排详略,突出重点。

3. 活动三:读古诗明风俗(2 课时)。

(1) 诵古诗:组内朗诵古诗,推选代表在班级里进行吟诵。

(2) 想画面:边诵读诗句边想象画面,感受诗歌意境。

(3) 说画面:通过语言的描述,将古诗转化成一幅幅画面展现出来。

(4) 写画面:结合自己对古诗的感悟,把自己当作诗人,写一写这首诗"诞生"的过程,注重画面的描述。

(5) 悟情感:体会诗人流露出的真情实感。

(三) 任务三:写家乡风俗(2 课时)

1. 活动一:列出提纲,写作成文(1 课时)。

(1) 学生根据课前采访所了解的民俗活动拟写提纲。具体要求如下:

① 你要介绍的民俗是什么?

② 它的主要特点是什么? 你打算从哪几个方面加以介绍?

③ 你要具体介绍哪一部分的内容?

笔者指导学生以思维导图的形式拟写提纲(如图1)。

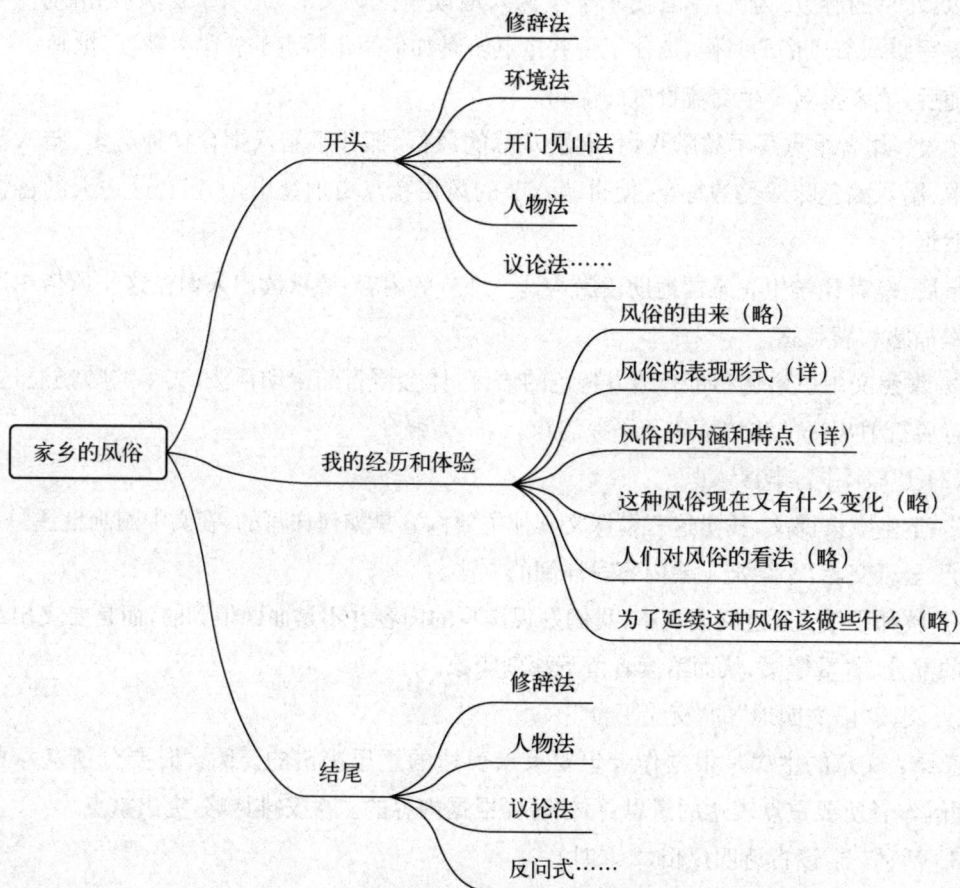

图1 "家乡的风俗"思维导图

(2) 教师针对学生拟写提纲过程中的问题进行集中指导。

(3) 学生根据自己的写作提纲完成作文。

2. 活动二：组内互评,修改完善(1课时)。

(1) 学生在小组内进行分享、交流、找问题、评价。评价表见表4。

表4 作文评价表

一 般 指 标	观 察 点	评 语	得 分
中心与材料(16分)	材料是否吻合题意		
	中心是否明确		
	各段材料是否能较好地表现文章中心思想		

一般指标	观 察 点	评 语	得 分
思路与结构(6分)	行文思路是否通畅？层次是否清晰？详略的安排是否较好地服务于文章中心思想		
语言(16分)	是否能准确、清晰地表达自己的思想		
	语言是否流畅		
写字(2分)	书写是否工整		

（2）学生在课堂上交流写得好的文章。教师讲解写作过程中出现的典型问题，鼓励学生修改、完善并誊写。

3. 活动三：班内展示，民俗共享。

（1）教师选取部分优秀习作汇编成集，供学生品读欣赏。

（2）教师鼓励学生积极向校刊投稿。

"大单元整体化教学"策略下的教学实践
——"基本经济制度"课堂教学实践分析

◎ 上海市实验学校南校　黄倍倍

执教时间和地点

首次执教时间：2023 年 3 月 23 日下午第一节课；对象：初二(4)班学生；地点：录播教室。

再次执教时间：2023 年 4 月 4 日下午第一节课；对象：初二(3)班学生；地点：录播教室。

两情分析

1. 学情分析

八年级是初中生心理发展的关键期。在日常生活中，学生会遇到很多经济现象和问题，并会刨根问底，琢磨这些现象背后的道理。他们思维活跃，已具有一定的问题研究能力、分析能力及表达能力，但理解能力和推理能力较差。对于复杂问题，他们在认识上还存在着局限性，还不能从整体上认识事物。通过本课知识的学习，可以提高他们对我国经济制度的认识，帮助他们深入理解生活中经常遇到的经济现象，从而确立制度自信。

2. 教材分析

本节课的教学内容是部编版道德与法治八年级下册第三单元第五课第三课题的内容，包括"公有制为主体、多种所有制经济共同发展""按劳分配为主体、多种分配方式并存"和"社会主义市场经济体制"三个部分，旨在引导学生明确我国的社会主义基本经济制度是中国特色社会主义制度的重要支柱，是人民当家作主的经济保证。本节课对应的课程标准是"法治教育"，学业要求是"能够了解我国的主要国家机构和基本经济政治制度，了解公民权利义务，具备参与社会生活的基本能力"。本节课依据《青少年法治教育大纲》"青少年法治教育内容"中的初中阶段的教学内容与要求，具体对应的内容与要求是"了解国家基本制度，强化国家认同"。

教学目标

通过课前填写的身边企业的分类,使学生了解公有制经济和非公有制经济的各种形式;通过对典型企业的介绍,使学生感受不同所有制经济给我国经济繁荣带来的积极作用,同时锻炼他们的材料搜集和整合能力;通过分析文字材料和图表数据,并结合生活实际,使学生理解国有经济在国民经济中的作用,感悟制度的优越性,坚定制度自信,增强责任意识;通过讲述我国的国家性质和基本国情,使学生了解我国现阶段基本经济制度的确立依据,从而认同我国的国家政策。

教学重点

公有制经济及非公有制经济的内容。

教学难点

公有制经济及非公有制经济的地位和作用。

课的类型及课时

活动型授课:1课时(40分钟),完成本课所有内容的教学共需2课时(80分钟)。

教学资源

学习资源分析:① 学生选取课前调查的典型企业,整理相关信息,并在课堂上介绍,要求贴近生活实际、具有本地特色;② 查询国家经济发展、社会就业情况的最新数据,丰富并拓展课程内容资源;③ 运用国家铁路从运输火车到高铁的发展案例,说明公有制经济的重要性,案例通俗易懂,有助于学生理解。

技术手段应用:利用多媒体、希沃平台、绘图软件,将课堂上用到的文字、图片、数据资料等信息有机整合,实现课堂教学的直观性和科学性。

研究的教学策略

本课是基于"大单元整体化教学"策略背景下开展的一堂区级公开课,聚焦八年级下册第三单元"人民当家作主"。在我国,人民当家作主的地位通过国家制度来保证、通过国家机构来实现。其中,我国基本经济制度为人民当家作主奠定了经济基础。由于初二学生对经济制度的认识比较模糊,在此之前并未接触过相关概念,且初中教材篇幅所限,不可能系统地、详细地做出讲解,这些都给学生理解这一内容带来了一定的困难。因此,笔者将第五课第三课题设计成两个课时,第一课时着重教学公有制和非公有制经济,通过引用丰富的课外资源和设计多样的实践活动,落实道法学科的核心素养,实现本课的教学目标。

设计思路

《义务教育课程方案和课程标准(2022年版)》(以下简称"新课标")指出,要"探索大单元教学,积极开展主题化、项目式学习等综合性教学活动,促进学生举一反三、融会贯通,加强知识间的内在关联,促进知识结构化"。初中道德与法治大单元教学是一种以单元为单位进行教学设计和实施的教学模式,旨在通过整合课内外教学资源,帮助学生形成正确的价值观,培养学生的核心素养。这种教学模式强调系统性、实践性和互动性,通过一系列的教学活动,让学生在实际生活中理解和运用道德与法治知识。为落实这一教学理念,可从以下路径实现:第一,研读教材,确定单元学习主题;第二,研读新课标,确定单元学习目标;第三,了解学生实际,设计指向目标的评价标准和方式;第四,依据单元目标和评价方案,组织大单元教学活动。

教学过程

一、研读教材,确定单元学习主题

本单元聚焦"人民当家作主"。在我国,人民当家作主的地位通过国家制度来保证、通过国家机构来实现。第三单元"人民当家作主"着重介绍了宪法规定的国家制度和国家机构,以第二单元"理解权利义务"为基础,进而培养学生的国家认同,同时也对第四单元"崇尚法治精神"的学习产生了极其重要的推动作用,在教材中处于承上启下的地位。第三单元由第五课"我国基本制度"、第六课"我国国家机构"两课的内容组成。本单元教学要培育的核心素养主要是政治认同。学生通过了解我国基本制度,感受这些制度的作用和优越性,增强对中国特色社会主义的制度自信,热爱并拥护中国共产党。同时,学生通过了解我国国家机构,认识到人民当家作主必须通过国家机构行使国家权力来实现,从而增强政治认同。此外,八年级是学生道德与法治意识和行为形成的重要时期,本单元的教学有利于增强学生的道德与法治意识,养成遵守道德与法律的良好习惯,培养责任感和主人翁意识,为他们在今后的人生道路上做合格的公民奠定基础。本单元知识结构如图1所示。

二、研读新课标,确定单元学习目标

为落实新课标、实现学生的核心素养目标,本单元大量引用具体案例、数据、图表、音像、视频等资料,通过思维导图、导学案等学习方法,结合时事热点、典型案例的分析解读,并创设条件开展小组实践调查活动,如第五课涉及的采访身边的人大代表、采访身边的居委会、

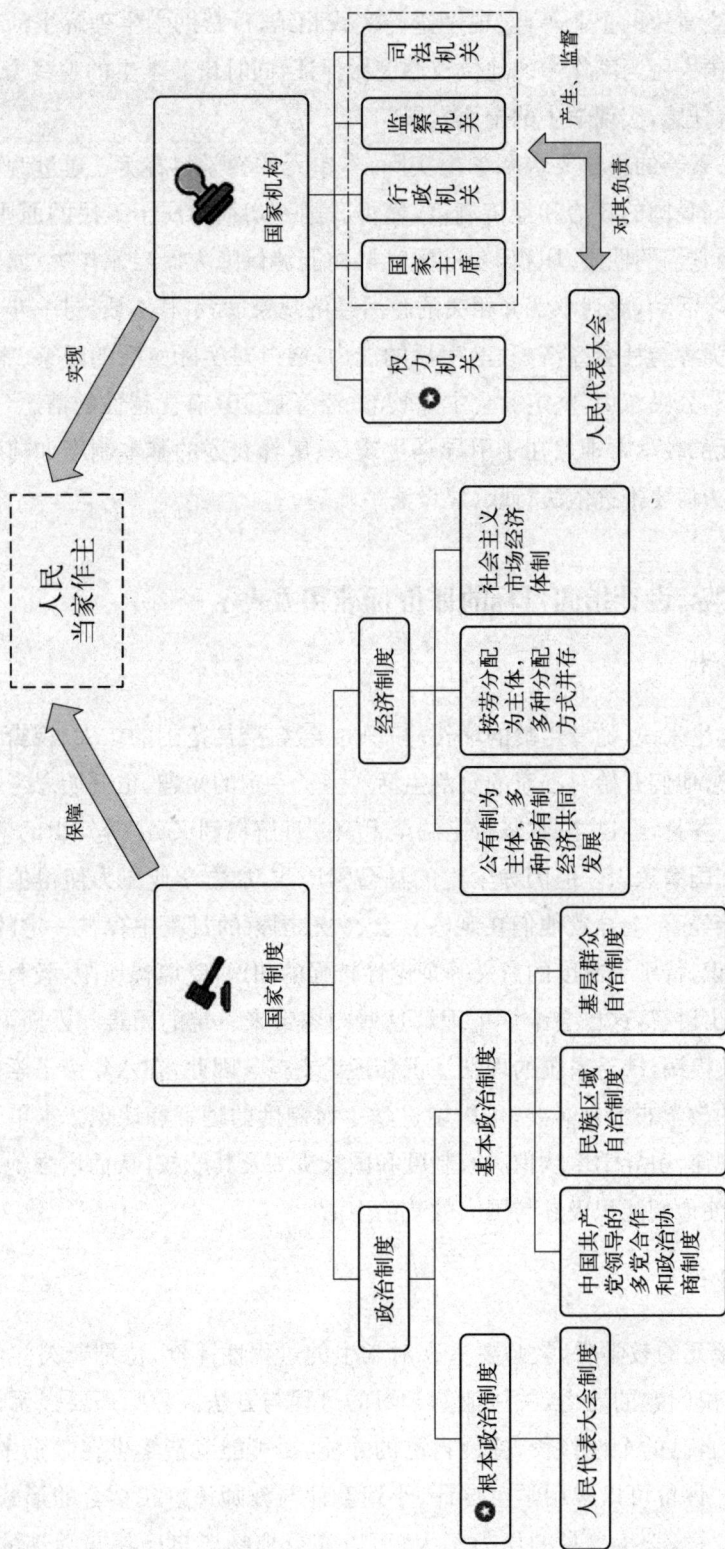

图 1

撰写模拟提案、调查身边的企业等,实现理论与实践相结合,帮助学生理解生活中的政治和经济现象,领悟我国人民当家作主的地位有制度做保证,同时培养学生的观察力、调研能力、沟通能力及社会责任感,实现学生的全面发展。

基于学生核心素养的培养要求和学生实际,本单元的教学目标为:通过阅读材料与分析案例,了解并认同我国的政治和经济制度,懂得我国一切权力属于人民的原则;熟悉我国国家机构的组成及它们的性质、职权,知道国家机构能够保障人民当家作主;通过探究与分享、小组讨论等学习活动,能列举解释相关的政治经济现象,揭示其实质,进一步理解人民当家作主的内涵,增强参与社会经济、政治生活的能力;通过对实际生活的观察、案例的解析,逐步培养法治意识、公民意识,坚定社会主义政治、经济制度具有优越性的信念,增强对国家的认同感。本单元的教学重难点在于引导学生辨认、解释我国的基本制度如何保证人民当家作主,理解我国为何要推进依法行政、建设法治政府。

三、了解学生实际,设计指向目标的评价标准和方式

(一)学情分析

对于八年级学生来说,随着年龄的增长、知识的丰富、交往范围的扩大、视野的逐步开阔和心理的逐渐成熟,他们开始对国家的政治生活产生了一定的兴趣,也开始思考自己的人生和关注国家发展。并且,经过之前"坚持宪法至上"和"理解权利义务"等知识的学习,学生逐渐有了公民意识和国家意识。但因为学生的社会阅历浅,加之学业压力使得他们缺乏对国家政治生活的直接经验,会导致他们在观察社会、关心国家的过程中存在一定的理解困难。此外,教材中的知识,特别是制度的意义等理论性较强的知识,受篇幅所限,教材不可能系统地、详细地对其做出讲解,这也会给学生理解这些内容带来一定的困难。因而,大部分学生对制度的认识比较模糊,缺乏系统的理性认识和理论支撑。因此,在八年级下学期进行我国政治和经济制度的教学非常有必要,可以增进学生对制度的理解和认识。本单元的教学顺应学生思维发展规律,引导学生认识国家制度和国家机关及其职权,从而增强他们的制度自信和国家认同感,使他们能积极参与国家的政治生活。

(二)评价设计

在完成整个单元的教学后,教师要重视对学生的过程性评价,特别要关注学生参与实践活动的态度、解决问题的能力,关注他们学习的过程与方法。教师还要强调评价的激励性,鼓励学生发挥自己的个性特长,施展自己的才能,尽可能营造学生在激励中积极进取、勇于创新的氛围。评价可以采用学生自评、小组互评与教师评价相结合的形式,以学生的自我评价为主。这样,学生自身的压力不大,可以充分地畅谈自己参与活动的体验、经验

和教训。通过小组互评和教师评价，可以进一步增强学生的学习动力。下表为笔者设计的评价量表。

评价项目	评 价 内 容	学生自评	小组互评	教师评价
参与态度	积极参与实践活动，敢于尝试，乐于发表自己的见解			
过程表现	课前认真填写预习单和调查表，对即将学习的内容有一定的把握，做到有准备地听课			
	上课认真听讲、积极举手发言，没有走神、讲闲话等现象			
	遇到问题不气馁、不退缩，能够独立想出有效的解决方法			
	能围绕老师提出的问题积极进行小组合作，互相借鉴，得出最终的结论和观点			
	能够有条理地表达自己的观点，前后有逻辑，解决问题的过程清楚			
	善于观察、分析、思考，具有创造性思维，能够提出创新的观点和建议			
成果展示	完成基础性作业			
	完成提高性作业			

（A：优秀；B：良好；C：合格；D：须努力）

四、依据单元目标和评价方案，组织大单元教学活动

（一）单元课时安排

第五课"我国基本制度"共三个课题，设计 5 课时；第六课"我国国家机构"共五个课题，设计 5 课时。具体见下表。

课时	课时教学目标	关键学习活动	主要学习资源	作业设计	评价设计
根本政治制度①	了解我国的社会主义制度,理解人民代表大会制度是我国的根本政治制度;知道人大代表的职权和义务	1. 探究:人民代表大会制度的发展过程 2. 交流:人民代表大会制度有哪些内容 3. 了解人大代表的职权与义务	1. 视频:《百年求索》系列微纪录片片段 2. 图片:十四届全国人大一次会议议程 3. 学生走访调查成果 4. 补充材料:举例说明 2023 年人大代表的议案内容	课前调查"寻找身边的代表":采访身边或浦东新区的人大代表,了解他们有哪些职务与义务,并介绍找到人大代表的方式	关注学生走访调查记录单的真实性、完整性和表述的规范性,判断是否存在身份、职务、义务等基础知识的错误
根本政治制度②	懂得坚持和完善这一制度;认同我国政治制度的优越性,坚定制度自信	1. 探究:人大代表构成的变化对于发挥人民代表大会制度的优越性有何意义 2. 结合民法总则和民法典的制定,思考应怎样坚持和完善人民代表大会制度	1. 教材 P64 探究与分享:人大代表构成的变化 2. 教材 P65 探究与分享:民法总则和民法典的制定过程	完成基础性作业	关注学生作业单填写的准确性
基本政治制度	理解中国共产党领导的多党合作和政治协商制度;理解民族区域自治制度、基层群众自治制度是我国的基本政治制度;认同我国政治制度的优越性,坚定制度自信	1. 结合视频思考:建设中国特色社会主义事业,党需要团结哪些力量 2. 交流:民主党派在我国政治生活中发挥的作用,以及通过什么途径履行职能 3. 小组合作探究: ① 我国民族自治地方是怎样实行自治的?什么是自治机关?有哪些自治权?与中央的关系?实行民族区域自治的意义? ② 基层群众自治组织的内容、形式(了解居委会成员的产生及作用、活动内容)	1. 视频:全国政协十四届一次会议开幕式片段 2. 学生走访调查成果:① 身边的民主党派人士;② 身边的居委会 3. 学生课前搜集的成果与教材 P68—69 探究与分享	1. "身边的居委会"或"身边的民主党派成员"采访任务清单及"模拟提案"的撰写 2. 课前搜集:五个自治区成立的时间,了解自治区特色(政治、经济和文化等角度)并记录下来	1. 关注学生调查成果记录情况,确保其真实性;小组汇报是否语言表达清晰、流畅 2. 关注学生课前预习单及提案填写的客观性、完整性;小组探究合作的有效性

续　表

课时	课时教学目标	关键学习活动	主要学习资源	作业设计	评价设计
基本经济制度①	了解公有制经济和非公有制经济的组成内容,感受不同所有制经济给我国经济繁荣带来的积极作用,理解国有经济在国民经济中的作用,认同我国的国家政策	1. 判断企业的类型 2. 思考:这些企业对我国经济社会发展起了哪些作用 3. 分析图表数据和文字材料,小组讨论:国有经济的作用是否在减弱 4. 学习党的二十大报告中的相关国家政策	1. 学生调查成果 2. 学生小组探究观点展示 3. 国家统计部门相关数据 4. 党的二十大报告的部分内容	1. 课前预习活动单 2. "身边的企业"社会调查表	关注学生课前预习单填写的完整性、准确性;社会实践活动单填写的真实性、客观性;小组合作探究是否表现积极,探究成果是否有效
基本经济制度②	知道按劳分配为主,多种分配方式并存的内容、地位及作用;知道什么是市场经济体制,理解发挥社会主义市场经济体制的作用和意义	1. 思考:分配方式是由什么决定的? 它的基本内容和要求是什么 2. 结合案例思考:他们的收入分别是按哪种分配方式取得的 3. 续写小琪一家在疫情期间面临的困难,结合情景思考并回答问题 4. 结合图片补充,了解国家的宏观调控和市场对资源的配置	1. 课本中小琪的案例 2. 教师结合前三年国家解决企业困境的政策,续写的小琪一家在疫情期间的发展 3. 图片资料:大型国有企业的"硬核跨界",人民需要什么,就转产什么	完成单元作业	重视对学生的过程性评价,特别关注学生参与实践活动的态度、解决问题的能力,关注学生学习的过程与方法
国家权力机关	了解人民代表大会的性质、全国和地方各级人民代表大会的地位、各级人民代表大会的职权	1. 新闻导入,观看全国人大的选举片段 2. 走进人大,结合材料了解人大代表的产生和职责 3. 出示材料,分析材料中的人大正在行使什么职权	1. 视频:十四届全国人大一次会议选举片段 2. 文字材料:人大代表的选举过程、2023 年全国人民代表大会的议程 3. 情境展示:中考模拟题材料	完成单元作业	重视对学生的过程性评价,特别关注学生参与实践活动的态度、解决问题的能力,关注学生学习的过程与方法

课时	课时教学目标	关键学习活动	主要学习资源	作业设计	评价设计
中华人民共和国主席	在第一个课题了解人民代表大会的基础上,知道国家主席这个国家机关的性质、产生、任期和职权,增强政治认同	1. 出示全国人民代表大会公告材料,知道主席是怎样产生的 2. 结合宪法的内容,知道主席的产生、资格、任期等规定 3. 收集主席签署的命令,分析思考主席在行使哪些职权 4. 观看视频,了解主席的外交活动	1. 文字材料:全国人民代表大会公告 2.《中华人民共和国宪法》与主席有关的内容 3. 文字材料:国家主席签署的命令文件 4. 视频:主席的外交足迹	课前分组搜集习近平主席签署的命令	关注学生小组合作的完成度和内容的有效性
国家行政机关	了解我国行政机关的组成、性质和职权,理解行政机关必须依法行政,感受我国社会主义现代化治理体系在不断完善	1. 辨认政府的组成部门 2. 探究:政府与人大的关系 3. 分析材料,思考行政机关是如何履行为人民服务职责的 4. 分析材料,思考我国政府还有哪些职权 5. 观点辨析,提炼主要观点,理解行政机关必须依法行政	1. 教材 P85 图片资料 2. 文字材料:市人大常委会通过的决定,由市政府落实 3. 教材 P86"政府不断健全医疗保证制度" 4. 文字材料:行政机关的职权 5. 教材 P88 观点辨析	完成单元作业	重视对学生的过程性评价,特别关注学生参与实践活动的态度、解决问题的能力,关注学生学习的过程与方法
国家监察机关	了解国家监察机关的性质、职权,理解监察委员会依法独立行使监察权,深化对依法治国和依宪治国的认识,增强法治意识	1. 视频导入:国家反腐工作介绍,2018 宪法修正新增国家监察委员会 2. 分析材料:公职人员受到监察委员会的处分,思考监察委员会的性质是什么	1. 视频:全国反腐工作介绍 2. 公职人员被监察的社会新闻材料 3. 查询监察法的相关规定 4. 教材 P91—92 探究与分享	完成单元作业	重视对学生的过程性评价,特别关注学生参与实践活动的态度、解决问题的能力,关注学生学习的过程与方法

续　表

课时	课时教学目标	关键学习活动	主要学习资源	作业设计	评价设计
国家监察机关		3. 对比图片,了解《中华人民共和国监察法》对于监察委员会监察范围的规定,了解监察对象 4. 分析材料:十四届全国人大一次会议议程,知道它与全国人大、其他国家机关的关系,以及它的职责			
国家司法机关	了解人民法院的性质、职权,理解人民法院依法独立行使审判权;了解人民检察院的性质、职权,理解人民检察院依法独立行使检察权;体会社会公平正义的重要性	1. 在前几个课题学习的基础上自主学习,找到人民法院和人民检察院的性质和职权,完成学习单 2. 辩论:根据拓展空间的问题,展开课堂辩论活动	搜集辩论材料	1. 设计并制作自主学习任务单 2. 课前准备好支撑各自观点的材料	重视学生自主学习能力的培养,关注学生在辩论活动中的表现

(二) 单元活动设计(见附表)

第五课每个活动的内容和课时安排见下表。

活　动	内　容	课　时
活动一	"寻找身边的代表"或"身边的居委会"采访任务(二选一),完成采访任务清单。采访完成后,以小组为单位完成一份"模拟提案"	1、2、3
活动二	了解"身边的企业"活动,完成调查表(企业名称、规模、业务范围、收支状况等),并拍摄一张照片	4、5

（三）课时教学设计

第五课第三个课题"基本经济制度"的具体设计见下表。

课题	基本经济制度	
新课导入		
教师活动 出示本册书本知识结构、习近平总书记关于制度的讲话内容 导引：制度是治国的根本，思考我国的制度有哪些显著优势，以及它又是如何来保证政治稳定、经济发展和人民幸福的		学生活动 认识并感受
设计意图 帮助学生梳理八年级下册知识的逻辑框架，明确本课题在本册教材和本单元的地位；知道制度是治国的根本，引入本课时主题"基本经济制度"		
环节一：制度之义		
教师活动 1. 出示基本经济制度的主要内容，理解"生产资料""所有制"相关概念 2. 出示学生课前填写的"身边的企业"图片示例 提问：这些企业属于哪个经济类型？ 3. 出示公有制经济和非公有制经济的主要组成部分		学生活动 理解基本概念，结合课前调查思考并回答
设计意图 帮助学生理解所有制关系的抽象概念；组织学生课前调查社会企业信息，了解身边众多类型的企业；从对企业的分类中归纳不同所有制经济的特点		
环节二：制度之力		
教师活动 1. 从学生填写的公司企业中，选择其中具有代表性的公有制和非公有制企业，组织学生上讲台介绍 提问：这些企业对我国社会经济发展起了哪些作用？ 2. 出示图表材料——城镇国有单位就业人员数量变化和2019至2021年公办本科院校毕业生就业单位性质 提问：基于以上数据，是否意味着我国国有经济的作用在减弱？ 3. 出示国有企业前十名列表，讲述它们在国家发展中不可替代的作用		学生活动 1. 学生代表上台介绍，其他学生思考并回答 2. 分析文字和图表材料，小组合作讨论，阐述观点
设计意图 通过企业介绍，锻炼学生的信息收集和语言表达能力；培养学生的材料分析和读图能力，深入思考国有经济的作用，发散思维，辩证地看待问题		
环节三：制度之策		
教师活动 1. 讲述我国的国家性质和基本国情 提问：为什么坚持公有制为主体，多种所有制经济共同发展？ 2. 出示党的二十大报告关于社会主义经济制度的相关内容		学生活动 思考并回答

续　表

设计意图
使学生认识到公有制主体是社会主义国家性质的体现,我国的基本国情决定了也要发展非公有制经济,认同我国的国家政策

课堂总结
结合板书对本节课进行总结:我们应毫不动摇巩固和发展公有制经济,毫不动摇鼓励、支持、引导非公有制经济发展。同时,引出下一课时的内容"我国的分配制度和社会主义市场经济体制"

板书设计
5.3 基本经济制度 国有 集体　公有制主体（国有经济主导）⟹ 巩固 发展 个体 私营 港澳台　非公有制共同发展 ⟹ 鼓励 支持 引导 外商

作业与拓展学习设计
在学完本节课的内容之后,学生小组合作,完善课前"身边的企业"社会调查活动 ① 每个小组确定一个企业,可以利用周末进行实地考察访问。围绕该企业的所有制性质、职工人数、主要产品、一年的纳税额、承担的社会责任等问题展开调查 ② 小组设计调查问卷,最后将调查到的信息进行汇总分析,撰写调查报告,在班级内交流 ③ 在开展实地调查活动前,教师协调各小组调查的企业,确保各种经济类型的企业都能调查到

　　社会调查既是一种活动方式,也是一种学习评价方式。通过本次的学科实践作业,可以让学生更加深刻地理解课本知识,将理论与社会实践联系起来,学以致用,感悟基本经济制度为人民当家作主奠定的坚实物质基础。

教学评析

　　第五课第三课题围绕公有制经济和非公有制经济的构成、作用、地位、依据和国家政策展开教学。其内容理论性较强,笔者因而通过课前预习、调查活动,以及课堂中的企业介绍、数据图表分析等形式,尽量使抽象的内容具体化,借助现实的案例帮助学生理解,特别选取了学生关注较多的典型企业作为课堂材料,让他们更加直观地去感受我国经济制度的优越性。整个教学过程基于学情展开,笔者积极引导学生关注社会生活,感悟我国经济制度的优越性。同时,笔者也力求做到从现象到本质,让学生有观察、有思辨、有实践,将理论和实践相结合,不断增强学生的制度自信和爱国意识。

　　本课知识对于初二的学生来说比较难,笔者在课前通过预习单的形式帮助学生了解了相关的基本概念,使他们能辨别不同所有制的经济形式。因此,在课堂中每个环节都比较顺利,学生积极发言,展开小组讨论并发表了观点。通过几个环节的探究,学生了解了基本经济制度第一部分的内容,落实了课程标准,同时在小组活动中锻炼了材料概括能力和图表数据分析能力。对典型企业的介绍调动了学生的学习主动性,他们在问题探究中提高了政治认同感和国家的制度自信。

但本课的教学也存在一些问题。第一,在课堂中,笔者的很多提问都是封闭式提问,答案比较标准化,基本上是"是"或者"不是"的简单回答,很难让学生发散思维。在今后的教学中,要注意课堂提问的有效性和深度,提高提问质量。第二,笔者虽然在课前已经把上课用的逐字稿写好,对课堂上的每一句话都提前斟酌过,总体上能够做到语言精练,但在实际教学中的某一环节,笔者忘记了表述某一句话,且偶尔会出现重复性的话。今后要对此多加锻炼。第三,学生在课堂上发挥得不错,对于学生的回答,笔者应给到更好的反馈,但却存在草草点评进入下一环节教学的情况。在今后的教学过程中,应该不断提高自己的"教学智慧"。第四,本节课的场地是数字中心录播教室,因多媒体设备的小故障,课堂中的PPT有自动跳页的情况,但课件并没有设置自动翻页,好在并没有太影响课堂的进行。今后应提前熟悉教室设备,如果有问题要及时反馈,减少正式上课时的突发状况。

总而言之,在准备本次区级研讨课的过程中,笔者在单元教学设计、课时教学设计和实践活动设计上注重整体性,并将单元教学目标落实到了每一个课时中,对教学理论有了深刻的认识和学习,更加熟悉了课本的整体知识结构。笔者在上课前调整了自己的紧张情绪,课中虽有突发情况,但总体上较为顺利,按照自己的节奏完成了教学。

附表一:

八年级道德与法治·社会实践活动
"寻找身边的代表"采访任务清单

姓　名		班　级		组　别	
采访时间		采访地点			
采访对象姓名		联系采访对象的方式			
采访对象身份	□人大代表 □政协委员 □其他党派成员(党派名称:＿＿＿＿＿＿＿＿)				
采访提纲	(以下内容供参考,可自拟提纲) 问题一:作为人大代表/政协委员……,请问您有哪些职务? 问题二:请问最近几年您参与了哪些重大事项的决策/商讨? 您在其中起了什么作用?				
采访感受					

附表二：

八年级道德与法治·社会实践活动
"身边的居委会"采访任务清单

班级：＿＿＿＿＿＿＿　　姓名：＿＿＿＿＿＿＿

采 访 问 题	父　　母	亲 友 或 邻 居
1. 你所在的居委会成员是否由选举产生？	□是　　　　□否 理由：＿＿＿＿＿＿＿＿	□是　　　　□否 理由：＿＿＿＿＿＿＿＿
2. 你认为居委会在社区治理中发挥了哪些作用？	□自我管理　　□自我服务	□自我教育　　□自我监督
3. 你是否参与过居委会组织的活动？如果有，参加过哪些活动？	□是　　　　□否 列举参加过的活动：＿＿＿＿＿ ＿＿＿＿＿＿＿＿＿＿ （例如派发垃圾分类宣传单等）	□是　　　　□否 列举参加过的活动：＿＿＿＿＿ ＿＿＿＿＿＿＿＿＿＿ （例如派发垃圾分类宣传单等）
结论（个人感想）		

附表三：

八年级道德与法治·社会实践活动
"模拟提案"

班级：＿＿＿＿＿＿　　组别：＿＿＿＿＿＿
组长：＿＿＿＿＿＿　　小组成员：＿＿＿＿＿＿

提案关键词	
提案缘由	（积极参与社会治理，结合校园生活和个人成长发展需要，提出有待解决的实际问题）
主要内容	（围绕问题，运用查阅文献、问卷访谈、实地走访、案例分析等方法，深入开展调查研究）
意见建议	（具有可操作性、可行性）

附表四：

八年级道德与法治·社会实践活动
"身边的企业"社会调查

姓名		班级	
名称	（企业、公司、店铺等）		
地址			
所有制形式			
选择调查的理由			
业务范围	（行业领域、产品特色、技术创新等）		
规模	（工作人员数量、来源、面积等）		
收支状况	（支出主要用在哪些方面？只需要写大概的数据）		
门面照片（可打印并贴上去）			

如何在阅读课上培养学生的高阶思维

——以 Module2 Unit5 "The Giant Panda" 的教学为例

◎ 上海市实验学校南校　周　芳

执教时间,对象和地点

首次执教时间：2022 年 11 月 1 日下午第 1 节课;对象：初二(3)班学生;地点：录播室。

再次执教时间：2022 年 11 月 3 日上午第 3 节课;对象：初二(2)班学生;地点：录播室。

两情分析

一、学情分析

知识储备：

大部分学生具备初步的英语语言能力,能在设定的情景中进行问答;能就熟悉的话题同他人进行简单交流;能阅读基本无生词的短文、理解大意、获取关键信息;能书写一般文体的短文。学生此前已经学习了 U4 Numbers 和 U5 Encyclopaedias,熟悉说明文结构特征及说明方法。

学习需求：

说明文在初中乃至高中的阅读素材中占比非常高,在培养学生理性思维、客观认识和评价事物等方面也起到不可忽视的作用。大熊猫是学生熟悉的话题,他们喜欢憨态可掬的大熊猫,也懂得大熊猫的珍贵,但没有形成强烈的保护意识。如何把这种保护意识延伸到其他濒临灭绝动物的身上,是学生很少思考和讨论的话题。这就形成了本节课的学习需求。

二、教材分析

本节课的内容位于第五单元的课后拓展阅读版块,是一篇介绍大熊猫的说明文。本文通过使用定义、做比较等说明方法,提供了大熊猫的外貌特点、习性等基本信息。文章末尾提到大熊猫是稀有动物,得到国家法律的保护,呼吁人们保护濒危物种。

从文本的语言来看,本文属于说明文体裁。全文语言精练、易懂,篇幅较短。全文共有六个生词(giant、chubby、clumsy、patch、band、broad)和一个新的词组(give birth to),占比4.14%,阅读难度不大。

从文本内容来看,本文主要介绍大熊猫的生活习性和外貌特征等,最后提出大熊猫是稀有动物,受国家保护的结论。文本内容贴近学生生活,符合学生的认知能力。

从文本结构来看,本文由四个段落构成,属于说明文常见的"总—分—总"的文章结构。第一段是总起段,通过下定义的说明方法,介绍了大熊猫的概况;第二、三段较多地使用了作比较的说明方法,通过和狗熊作比较,提供了大熊猫较为详细的外貌特征和基本生活习性;第四段为结论段,呼吁人们保护濒危物种。

研究的行动策略

当堂观察→当堂练习→讨论→当堂反馈交流

教学目标

By the end of this lesson, students are expected to

1. learn some new words and expressions in the context.

2. use proper expository methods to complete an article.

3. develop the consciousness of protecting giant panda, and then extend to love and protect other animals.

设计思路

本课的阅读素材是一篇介绍动物的说明文,篇幅短、阅读难度不大。所以,本课教学的重点放在了解说明文结构、掌握说明文的常用方法等层面。在学习了本单元的核心语篇"Dinosaurs"及听力"Dr. Sun Yat-sen's Mausoleum"后,学生知道了说明文的基本结构和常用的写作方法。但部分学生还不能把握说明文的基本信息,缺乏应用能力。除此以外,部分学生的阅读能力停滞在提取信息层面,缺乏推测、分析、归纳等较高阶的思维技能。综合上述情况,本课将分成三个阶段进行:通过阅读获取文章大意,通过阅读获取详细信息,通过阅读了解语言深层含义。在教学过程中,笔者拟通过使用略读、寻读、推断等阅读策略,利用各种阅读活动层层推进,帮助学生达到阅读目的。

本课的重点是把握说明文的基本信息及判断说明方法;难点是使用恰当的说明方法补全介绍狗熊的说明文。

教学过程（前期）

笔者在课前对各课堂教学环节的活动和时间分配进行了设计，具体见下表。

时间（分）	活动过程	教师活动	学生活动	活动目标
3	导入	引导学生观看视频并思考问题：What is it	观看视频，猜测视频内容	通过游戏式的活动引入课题，既可以消除学生的紧张感，又可以为下一个活动做好铺垫
5	整体阅读	要求学生快速浏览全文，找出文章的主旨句并了解大致内容	通过略读寻找主旨句，推断文章主要内容，大致归纳主题句在文章中的常规位置	学生通过整体阅读，把握文章的大致内容，了解整体阅读的方法
8	精读训练	要求学生按照提示问题寻读，寻找文章的细节信息；要求学生根据文中对大熊猫的描写，绘制相关图片	通过寻读，寻找问题中的相关信息，了解文章的细节；根据文中对大熊猫外貌的描写，按要求完成绘制图片	学生在了解了文章的大意后，进行分段阅读，通过寻读、反复阅读等活动，掌握更详尽和更深层次的信息，理解作者的意图，培养高阶阅读意识和能力
9	延伸阅读	引导学生判断正误，并能在文中找到依据；鼓励学生合作学习，推断作者的写作意图	通过合作学习，讨论句子观点的正误，并能给出合理依据；通过讨论，推断出作者的写作意图	本环节通过同伴交流的活动方式，引导学生通过讨论来表达自己的看法
15	读后交流	分发补充阅读资料，引导学生利用本节课的阅读技巧完成阅读任务	阅读补充阅读资料，小组交流后完成一份报告	培养学生表达自己的看法、观点、立场等，培养学生的推断、分析、归纳等高阶思维

实践过程（第一次实践）

在首次执教过程中，初二（3）班的学生在阅读导入活动中表现非常积极，为接下来的阅读任务铺垫了较好的情绪基础；略读和精读的各项活动也都进行得比较顺利。在随后的理解性阅读活动中，笔者要求学生根据文本提供的信息，补充完成大熊猫的外形图。虽然这是一个小组合作学习活动，但是经过 15 分钟，六个小组中只有一组成功地完成了这个任务，导致后面的延伸阅读时间不够充分，未能顺利完成本节课的教学内容。在读后交流活动中，笔者为每组学生提供不同的文本，学生没有办法在短时间内完成组际交流。

反思：本节课在补充完成大熊猫的外形图上花了非常多的时间，学生把更多的关注放在了画图活动上,忽视了对文本语言的理解和运用,使英语课变成了绘画课,没有凸显本课的语言交际和运用目的。所以,这个环节需要重新设计。此外,在读后活动中,阅读素材太零散,每组拿到的素材内容不一样,学生在短时间内只能勉强完成组内交流,无法完成组际讨论和分享。而且由于时间不充分,组内交流也并不充分。

实践过程(第二次实践)

经过首次实践的反思,笔者对本课的部分活动做了调整和重新设计。

一、重新设计了主要环节的活动内容

学生在完成略读和精读任务后,随即进入理解性阅读环节。首次实践中,学生在补充完成大熊猫外形图上浪费了大量时间,而且目标达成度低。所以,在本次实践中,笔者把"补充完成大熊猫外形图"改成了"根据文本内容,选择符合描述的大熊猫外形图"。学生前期经过略读、扫读等阅读活动,能很快地做出正确的选择,六组学生均在给定的时间内顺利完成。这样,既为接下来"比较大熊猫和狗熊外貌的异同点"的活动扫清了知识障碍,又为接下来的阅读活动留下了足够的时间。在读后活动中,笔者把原先给每组的不同素材进行了统一,选择了与大熊猫十分接近的动物——狗熊作为补充阅读素材。通过对比二者的外貌特点和生活习性,学生对本节课的阅读内容进行了重新梳理再整合,完成了从学习理解、应用实践到迁移创新的转变。

二、重新分配了主要环节的时间

笔者对课堂教学环节的时间分配随着课堂活动的改变进行了相应的调整,由原来的"3—5—8—9—15"调整为"3—5—6—9—17",给小组讨论和交流预留了较为充足的时间,确保小组交流、讨论更加充分,活动效果更好。

教学过程(修改后)

笔者经过反思后,对各课堂教学环节的活动和时间分配进行了调整,具体见下表。

时间(分)	活动过程	教 师 活 动	学 生 活 动	活 动 目 标
3	导入	引导学生观看视频并思考问题:What is it	观看视频,猜测视频内容	通过游戏式的活动引入课题,既可以消除学生的紧张感,又可以为下一个活动做好铺垫

续　表

时间（分）	活动过程	教师活动	学生活动	活动目标
5	整体阅读	要求学生快速浏览全文，找出文章的主旨句并了解大致内容	通过略读寻找主旨句，推断文章主要内容，大致归纳主题句在文章中的常规位置	学生通过整体阅读，把握文章的大致内容，了解整体阅读的方法
6	精读训练	要求学生按照提示问题寻读，寻找文章的细节信息；要求学生根据文中对大熊猫的描写，选择符合的图片信息	通过寻读，寻找问题中的相关信息，了解文章的细节；根据文中对大熊猫外貌的描写，选择符合的图片信息	学生在了解了文章的大意后，进行分段阅读，通过寻读、反复阅读等活动，掌握更详尽和更深层次的信息，理解作者的意图，培养高阶阅读意识和能力
9	延伸阅读	引导学生判断正误，并能在文中找到依据；鼓励学生合作学习，推断作者的写作意图	通过合作学习，讨论句子观点的正误，并能给出合理依据；通过讨论，推断出作者的写作意图	本环节通过同伴交流的活动方式，引导学生通过讨论来表达自己的看法
17	读后交流	要求学生阅读关于狗熊的短文，从外貌特点、生活习性两个方面与大熊猫进行对比	阅读补充阅读资料，从外形、生活习性两个方面进行小组交流、讨论，比较两者的异同点	培养学生表达自己的看法、观点、立场等，培养学生的推断、分析、归纳等高阶思维

教学反思

在教学实践中，笔者体会到阅读教学应处理好以下四个关系：

第一，教师的"教"和学生的"学"的关系。教师应更多地关注如何教会学生阅读，而不是仅向学生灌输大量的语言知识。教学过程应是学生在教师的帮助和指导下掌握知识和形成技能的过程。教师应让学生在活动中发挥其主体地位，让学生自己去发现问题、分析问题和解决问题。

第二，学生的"情绪"和"教学活动"的关系。在教学设计过程中，教师要充分考虑学生情感在教学中的重要性，设法让学生在快乐中学习。但教师不能片面地追求所谓的快乐，而一味强调热闹课堂。这样虽然活跃了气氛，但忽视了学生对知识的掌握和能力的培养。

第三，阅读"过程"与"结果"的关系。任务型教学要求教师在教学中不仅要关注学习的结果，还要关注学习的过程。学生完成任务的过程就是学生发现问题、分析问题和解决问题的过程，同时也是逐步提升阅读技巧、提高阅读能力的过程。

第四，教学"实践"和"反思"的关系。反思是实践的一面镜子，每次的教学反思都能折射出实践中的成功和不足之处。教师在教学中应不断借鉴成功、改进不足，把培养学生学会阅读、学会自主学习作为追求的目标。

核心素养下的初中生数学自主学习能力探究

——以几何模型专题教学为例

◎ 上海市实验学校南校　周艺炜

【摘　要】 在新时代的教育背景下,核心素养的培养成了基础教育的重要目标。初中数学作为培养学生逻辑思维、问题解决能力和创新能力的重要学科,如何在教学中有效提升学生的自主学习能力成了教育者和研究者关注的焦点。本文基于核心素养的背景,探讨初中生数学自主学习能力的培养策略,通过分析当前初中生数学学习的现状,结合几何专题教学实践,提出了一系列激发学生探索欲、培养自主学习能力的有效方法。这些方法包括错题分类与模型认识、小组讨论与合作学习、教师引导与自主学习相结合等。本文总结了这些策略在初中数学几何模型教学中的应用。

【关键词】 核心素养　初中生数学　自主学习能力　教学策略

一、核心素养背景

核心素养是指个体在面对复杂多变的社会环境和实际问题时所表现出来的关键能力、必备品格和价值观念。它涵盖了认知、情感、技能等多个方面,是个体实现自我发展、融入社会、参与公共事务的基本保障。在数学教育领域,核心素养体现为学生的数学思维能力、问题解决能力、创新意识和实践能力等方面。核心素养的培养对于数学教育具有重要意义。核心素养的培养有助于提升学生的数学思维能力,使学生能够更好地理解和应用数学知识,从而解决实际问题;有助于增强学生的创新意识和实践能力,使学生在数学学习中能不断发现新问题、提出新观点、创造新方法;还有助于学生形成正确的价值观和世界观,为他们的全面发展奠定坚实基础[1]。

---

[1] 中华人民共和国教育部. 义务教育数学课程标准[M]. 2022年版. 北京:北京师范大学出版社,2022.

二、初中生数学自主学习能力现状分析

（一）初中生数学学习特点

初中生处于身心发展的关键时期，他们的认知能力和思维方式正在逐步发展。在数学学习中，初中生表现出以下特点：一是好奇心强，喜欢探索新知识；二是思维活跃，但缺乏稳定性和持久性；三是注重形象思维，但抽象思维能力有待提高；四是易受外界干扰，注意力易分散。

（二）初中生数学自主学习能力存在的问题

1. 缺乏主动学习的意识

许多初中生在数学学习中缺乏主动学习的意识，他们往往依赖于教师的讲解和课本的提示，缺乏独立思考和主动探索的精神。这种被动学习的状态不利于学生自主学习能力的培养。

2. 学习方法单一，缺乏灵活性

部分初中生在数学学习中采用的学习方法较为单一，缺乏灵活性和创新性。他们往往只关注课本知识和教师的讲解，忽视对知识的深入理解和应用。这种单一的学习方法限制了学生自主学习能力的提升。

3. 缺乏自我管理和自我评价的能力

初中生在数学学习中往往缺乏自我管理和评价的能力。他们不能有效地规划自己的学习时间、安排学习任务，也无法对自己的学习成果进行准确的评价和反思。这种缺乏自我管理和评价的能力限制了学生自主学习能力的进一步发展。

（三）影响初中生数学自主学习能力的因素

1. 学习兴趣不足

学习兴趣是影响初中生数学自主学习能力的重要因素。如果学生对数学学习缺乏兴趣，他们就很难主动投入到学习中，也就无法形成自主学习的习惯。

2. 学习方法不当

学习方法也是影响初中生数学自主学习能力的主观因素之一。如果学生的学习方法不当，他们就很难有效地掌握数学知识，也就无法提高自己的自主学习能力。

三、核心素养下初中生数学自主学习能力的培养策略

（一）自主参与学习过程，拆解模型明确思路

1. 错题分类，提高兴趣

在数学学习中，错题是学生学习的"试金石"。通过对错题进行分类，学生可以清晰地认

识到自己在哪些方面存在不足,从而有针对性地进行改进。在几何专题教学实践中,教师可以引导学生将错题按照图形、题型或知识点进行分类,并通过统计和分析来发现学生的薄弱环节。这种分类和统计的过程不仅有助于教师了解学生的学习情况,还能激发学生的探索欲望和自主学习意愿(见图1)。

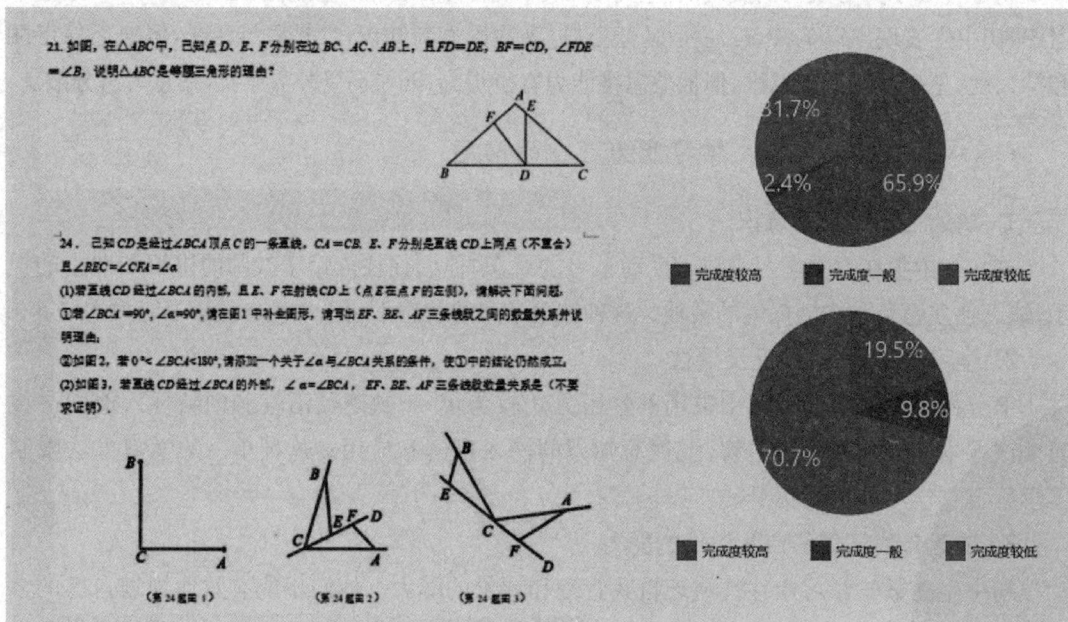

图1

2. 拆解模型,明确思路

在数学学习中,模型是一种重要的解题工具。通过认识和理解不同的数学模型,学生可以更加清晰地把握问题的本质和解题的思路[2]。在教学实践中,教师可以结合具体的数学问题,引导学生认识和理解不同的数学模型,如一线三等角模型、相似三角形模型等。在这一过程中,教师可以一步步给出条件,引导学生自主思考结论,发现模型本质,帮助学生更加快速地找到解题的突破口,提高他们的解题能力和自主学习能力。例如,在讲授一线三等角模型时(见图2),相较于传统的直接给出模型结论的方式,教师可提出如下问题:"这类题目往往会给出一组边相等,以及一组角相等的条件。以同侧锐角模型为例,已知 $\angle A = \angle CPD$,这时我们能够得到什么结论呢?""如果老师再添加一个条件 $AC = BP$,又可以得到什么结论呢?""这一组边相等可以换成其他边相等吗? 三角形全等的结论还成立吗?"在引导学生理清解题思路的过程中,教师并未直接给出两个条件让学生能得到三角形全等的结论,而是先给出一组角相等的条件,让学生自主思考得出另一组角相等的结论后,再添加一

[2] 曹一鸣.新版课程标准解析与教学指导(2022年版)初中数学[M].北京:北京师范大学出版社,2022.

组边相等的条件,让学生进一步思考得到三角形全等的结论,从而让条件与结论环环相扣。这样的设计能够帮助基础薄弱的学生发现题目条件,梳理解题思路,建立起条件与结论之间的联系,进而得出相应的结论。同时,也可以让教师发现学生解题时的困难所在,并适时调整提问方式,引导学生自主思考。

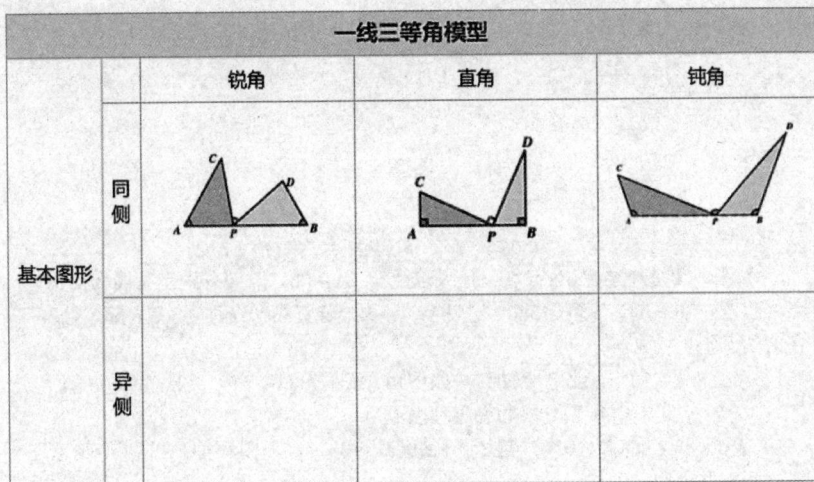

图 2

(二) 化繁为简深入浅出,小组合作互相启发

1. 化繁为简,深入浅出

几何题目往往伴随着复杂的图形,看似无关的条件和结论使得学生在解题过程中不能够形成完整的逻辑推理过程;或者由条件得到的直接结论的大量堆砌,无法建立条件与结论、结论与结论之间的联系,从而导致学生解题解到一半进行不下去;又或者学生的解题过程十分混乱。因此,教师可以对题目进行适当的调整,有意将复杂问题简单化,在学生得到简单结论后,再提高难度,引导学生得到最终答案。

2. 小组合作,互相启发

合作学习是指学生在小组或团队中为了共同的目标而进行的学习活动。在合作学习中,学生可以相互帮助、相互支持,共同提高学习成绩和自主学习能力。在数学教学中,教师可以根据学生的实际情况和学习需求,设计一些需要小组合作完成的任务或项目。通过合作学习,学生可以更加深入地理解数学知识,提高自己的解题能力和自主学习能力。同时,合作学习还能培养学生的团队协作精神和沟通能力,为他们的全面发展奠定坚实的基础。

以图 3 和图 4 中的题目为例。对于图 3 中的题目,学生在得到 $\triangle BFD$ 和 $\triangle CDE$ 全等的结论后就不知道怎么继续求解,或者得到 $\angle B = \angle C$ 这个结论后就直接说明 $\triangle ABC$ 是等腰三角形。因此,本题没有直接让学生"说明 $\triangle ABC$ 是等腰三角形的理由",而是对题目问

第一关　小试牛刀

如图，在△ABC中，已知点D、E、F分别在边BC、AC、AB上，且
FD＝DE，BF＝CD，∠FDE＝∠B，求证：∠B＝∠C。
求证：AB＝AC。
说明△ABC是等腰三角形的理由。

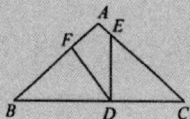

图 3

第二关　迎难而上

如图，CD是经过∠BCA定点C的一条直线，CA＝CB，E、F分别是直线CD上两点（点E在点F左侧），且∠BEC＝∠CFA＝∠β。若直线CD经过∠BCA内部，且E、F在射线CD上。

（1）若∠BCA＝90°，∠β＝90°，如图1，则BE＿＿CF，EF＿＿BE－AF　（填"＞"　"＜"　"＝"），并说明理由；

（2）若0°＜∠BCA＜180°，且∠β＋∠BCA＝180°，如图2，①中的两个结论还成立吗？并说明理由。

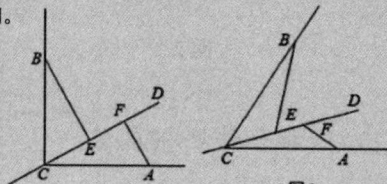

图 4

题进行了简单化处理，改成了"求证∠B＝∠C"。等学生得到该结论之后再将问题改成"求证AB＝AC"，最后再要求学生"说明△ABC是等腰三角形的理由"。教师通过对问题的简单化处理，引导学生一步步思考如何从△BFD和△CDE全等得到△ABC是等腰三角形这一结论，从而帮助学生建立起结论与结论之间的联系。对于图4中的题目，教师也把问题简单化。原本第一问没有给出图形，需要学生根据描述自己画出图形，这对于大部分学生来说是困难的。因此，本题直接给出第一问的图形，降低题目难度。第二问沿用原题，第三问的解题思路及过程和第二问一样，因此把第三问去掉。这样处理过后，学生只要根据上一题的解题思路，再辅以教师适当的引导，就可以顺利将题目解出。

（三）实施教学模式改革，打造优质的自主学习课堂

1. 构建"自主互助学习"课堂教学模式

"自主互助学习"是一种以学生为中心的教学模式，它强调学生的主动性和合作性。在这种教学模式下，学生可以自主地选择学习内容和学习方式，同时也可以与他人进行合作和

交流。在数学教学中,教师可以尝试构建"自主互助学习"课堂教学模式,通过小组合作、讨论交流等方式来激发学生的学习兴趣和自主学习意愿。同时,教师还要关注学生的学习情况和心理状态,及时给予指导和帮助,让他们保持积极的学习态度和良好的心理状态[3]。

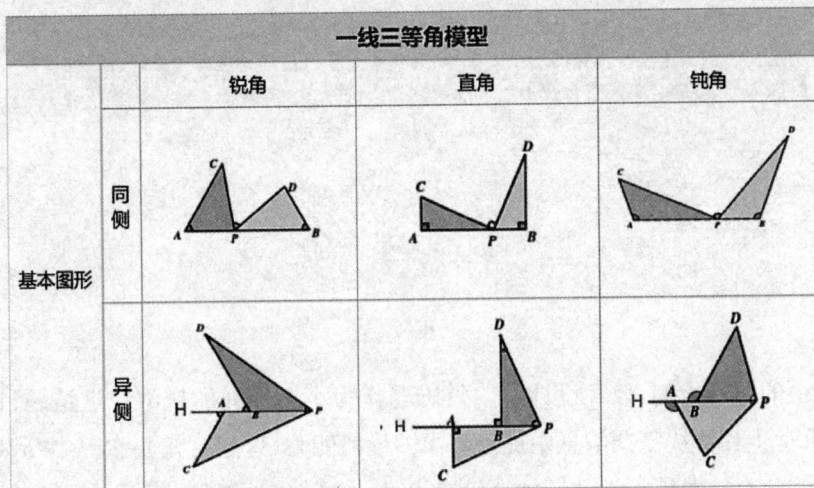

图 5

以图 5 为例,学生经历了上述两道题目的探究之后,对一线三等角模型有了进一步的了解,而图 4 中的题目恰好是一线三等角模型异侧的两种情况。此时,让学生画出一线三等角模型异侧的三种基本图形,对他们而言是比较容易的。如果学生对一线三等角模型的条件和结论十分清楚,那么他们就能够画出正确图形。反之,如果学生对一线三等角模型的条件和结论不完全清楚,那么他们在画图过程中就会出现一些问题,比如只有两个角相等的情况。但是在小组讨论的过程中,这些问题很快就会被解决。这一环节不仅考验了学生对模型条件的掌握程度,更鼓励他们将理论知识转化为实践能力,通过亲手绘制图形来加深理解。在画图过程中,学生间的互动与讨论成了解决问题的关键,他们相互指正错误,共同完善图形。这一过程充分体现了自主学习与合作学习的核心价值。

2. 增加问题难度,引发学生思考

当问题难度适当增加后,学生可能会感到一定的挑战性和新奇感。这种感觉可以激发他们的求知欲和探索欲。学生会为了解决问题而主动思考,寻找新的方法和策略,从而提高他们的学习兴趣和参与度。难度适中的问题能够促使学生从多个角度和层面去分析问题,寻找解决方案。这种深度思考有助于培养学生的批判性思维能力和问题解决能力,使他们能够更全面地理解数学概念和方法。通过解决难度适中的问题,学生可以更好地掌握和应用数学知识,提高他们的数学素养。

[3] 曹一鸣.新版课程标准解析与教学指导(2022 年版)初中数学[M].北京:北京师范大学出版社,2022.

第三关 挑战自我

探究:

(1)如图1,在△ABC中,AB=AC,D、A、E三点都在直线m上,∠BDA=∠AEC=∠BAC=α(其中α为任意锐角或钝角),试猜想DE、BD、CE有怎样的数量关系,请说明理由;

(2)如图2,F是∠BAC平分线上的一点,且△ABF和△ACF均为等边三角形,D、E分别是直线m上A点左右两侧的动点,D、E、A互不重合,在运动过程中线段DE的长度始终为n,连接BD、CE,若∠BDA=∠AEC=∠BAC,试判断△DEF的形状,并说明理由。

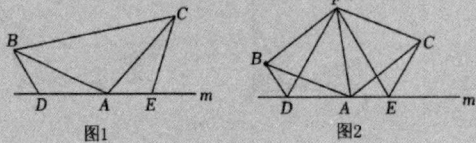

图6

以图6中的题目为例,教师设计了一道难题作为小组探究的挑战。这道题目不仅图形复杂,更要求学生具备从复杂信息中提炼基本图形的能力,这是对核心素养中"问题解决"与"批判性思维"的直接锻炼。教师巧妙地设置了第一小问作为铺垫,降低了问题的初始难度,确保每位学生都能在独立思考中取得一定的进展,为后续的挑战打下基础。对于第二小问,教师则引导学生学会"抽丝剥茧",从复杂图形中识别出基本模型,这一过程不仅是对学生解题技巧的考验,更是对他们逻辑思维与问题解决能力的深度培养。

四、结语

核心素养的培养对于数学教育具有重要意义,它有助于提升学生的数学思维能力、问题解决能力和创新意识等方面[4]。当前初中生在数学自主学习方面存在一些问题,这些问题限制了学生自主学习能力的提升和发展。为了培养初中生的数学自主学习能力,我们可以采取一系列有效策略,如错题分类与模型认识、小组讨论与合作学习、教师引导与自主学习相结合,以及实施教学模式改革等。这些策略能够激发学生的学习兴趣和探究欲望,提高他们的解题能力和自主学习能力。在未来的数学教学中,我们应该持续关注学生的自主学习情况和发展需求,不断优化教学策略和方法,为学生的全面发展提供更加有力的支持和保障。同时,我们也应该认识到,学生自主学习能力的培养是一个长期而复杂的过程,需要教育者、学生、家庭和社会的共同努力。

[4] 曹一鸣. 新版课程标准解析与教学指导(2022年版)初中数学[M].北京:北京师范大学出版社,2022.

初中生物学"教—学—评"一体化作业设计策略研究
——以脊椎动物专题复习课为例

◎ 上海市实验学校南校　虞晶晶

执教时间、对象和地点

执教时间：2024 年 5 月 21 日下午第 5 节课；对象：初二(7)班学生；地点：录播教室。

两情分析

一、学情分析

八年级学生在生活中对动物有大量亲身体验，对生物学也有一定的了解，已熟悉脊椎动物的五大类群，且积累了相关经验，这为学习本节课奠定了良好的基础。但他们对于脊椎动物的形态结构和它们的生活环境适应性的理解可能还不够深入，需要通过具体实例和作业练习来加深认识。同时，在分析问题和合作探究方面，他们仍有提升空间，可在课堂活动中进一步培养。

二、教材分析

本节课的内容属于沪教版初中生命科学第二册第四章"生物的类群"第二节"动物"中的脊椎动物部分。在整个课程体系中，脊椎动物内容的学习是对生物世界有更全面认识的重要环节，能为后续微生物、生物分类及生态系统等内容的学习提供知识支撑。这部分教材内容涵盖脊椎动物的分类、特征等。但在引导学生深入理解脊椎动物和它们的生活环境适应性时，教师需要进一步整合资源，设计针对性的教学活动。

研究的行动策略

一、问题驱动与自主探究

通过提问脊椎动物的相关问题，激发学生自主探究，引导他们从教材中寻找答案，深入理解脊椎动物的特点和分类。

二、情境创设与实例分析

通过设计情境化作业,如"小蝌蚪找妈妈"和"'出逃'的象群",让学生分析脊椎动物的特征。通过亚洲象的案例,让学生深入了解脊椎动物的生活习性、形态结构与环境适应性,提高学生实际应用知识的能力。

三、多媒体融合教学

通过多媒体教学,如播放相关视频和使用希沃白板设计互动游戏,将抽象知识具体化,提升学生的学习兴趣和对脊椎动物的理解。

教学目标

1. 运用归纳与分类的方法,提炼脊椎动物的核心特征。(科学思维)

2. 基于脊椎动物的基础特征,分析它们的差异与共性,进而认同生物体结构与生态环境相适应的生物学观念,并能阐述生物进化的总体趋势。(生命观念)

3. 通过观察与小组研讨,阐述动物结构与功能的关系,塑造结构与功能相适应的生命观念,培养观察、交流和合作能力。(生命观念)

4. 提升对生物多样性保护的认识和理解,成为富有责任感的生态守护者。(社会责任)

教学重点

概述脊椎动物类群的主要特征。

教学难点

通过作业练习,分析脊椎动物的形态结构与其生活环境相适应的特点,培养观察、交流和合作能力。

设计思路

一、趣味导入与知识铺垫

利用《脊椎动物》视频介绍脊椎动物的概念和分类,吸引学生并激发他们的兴趣。通过希沃白板的分类游戏,让学生独立识别视频中的动物,加深对脊椎动物分类的理解,为后续学习打下基础。

二、自主学习与知识梳理

指导学生独立阅读课本章节,完成"自学自研大比拼"表格,总结脊椎动物的特征。通过小组接龙方式分享表格,增进学生间的互动和学习,提升他们的自主学习和团队合作能力,加深对脊椎动物特征的认识。

三、情境化作业与知识应用

布置"小蝌蚪找妈妈"作业,让学生在寻找过程中,运用相关知识区分不同脊椎动物的特征,从而培养科学思维和应用能力。通过同屏技术展示作业,组织集体批改,提高课堂互动性和趣味性。

四、案例分析与深度探究

观看《云南象群集体北迁》视频,布置"'出逃'的象群"案例分析。要求学生分析亚洲象的适应性,探讨其迁徙原因和保护方法,提升学生的信息处理和问题解决能力。布置课后拓展任务,让学生考虑如何平衡经济发展与象群栖息地保护,增强学生的社会责任感。

教学过程

一、新课导入

教师播放《脊椎动物》视频,学生认真观看。

师:视频中出现了多少种动物?

学生根据观察回答。

师:它们属于哪一类动物?

生:脊椎动物。

师:脊椎动物进一步分为哪几类?

生:鱼类、两栖类、爬行类、鸟类、哺乳类。

教师组织课堂活动:利用希沃白板设计游戏"分类视频中出现的动物",学生独立完成,教师巡视指导。

课题小结：通过趣味视频和分类游戏，激发了学生的学习积极性，自然地引入了课题，同时初步检验了学生对脊椎动物分类的已有认知。

二、自主练习作业：脊椎动物特征

教师引导学生自主学习，阅读课本第22至29页，完成"自学自研大比拼"表格：脊椎动物的主要特征（生活环境、体表特征、运动器官、呼吸器官、生殖方式）。

教师组织课堂活动：将学生分为五个小组，每个小组的学生以接龙的形式反馈表格完成情况，其他小组的学生认真倾听并补充。

师：从鱼类到哺乳类是脊椎动物由低等到高等进化的过程。通过对脊椎动物形态结构特征的回顾，请同学们归纳出在生活环境和形态结构上生物进化的趋势。

教师引导学生思考并回答。

师：这体现了进化与适应观的生命观念。

课题小结：表格梳理方式有助于学生清晰呈现关键知识点，构建知识体系。学生通过归纳与概括培养了进化与适应观的生命观念。同时，学生在小组接龙反馈中锻炼了表达能力和团队合作精神。

三、情境化作业：小蝌蚪找妈妈

师：一群小蝌蚪出生了，它们找不到自己的妈妈，大家能帮帮它们吗？请同学们小组讨论，完成作业。

学生认真完成"小蝌蚪找妈妈"的四道练习题，教师巡视，观察学生的讨论情况并适时指导。

教师利用同屏技术拍照上传，展示学生的作业完成情况。

教师组织课堂活动：学生集体批改展示作业，如有错误及时纠正，教师引导学生分析错误原因。

课题小结：以经典故事为情境设计作业，既能增加学习的趣味性，也能有效考查学生对脊椎动物关键特征的理解与应用能力，培养学生的科学思维。同屏技术展示和集体批改作业加强了师生互动与学生间的交流，并能及时反馈教学效果。

四、案例分析作业:"出逃"的象群

师:帮助小蝌蚪找到妈妈后,又有一群可爱的动物需要我们的关注。

教师播放《云南象群集体北迁》视频。

师:视频中是什么动物?它们属于哪一类群?

生:亚洲象。哺乳动物。

师:它们生活的野生环境有什么特点?

教师引导学生思考并回答。

师:为了适应热带雨林环境,请同学们在老师提供的亚洲象档案资料中找一找亚洲象有哪些结构特征来适应它们的生活环境。

学生阅读资料后回答。教师以图片和文字相结合的形式,介绍亚洲象的结构特征,引导学生思考亚洲象的结构特征具有什么功能来适应其生活环境。

师:亚洲象的结构特征与其生存环境(西双版纳雨林)有怎样的联系?

教师引导学生总结出脊椎动物结构与功能相适应、功能与环境相适应的生物学观点。

教师呈现亚洲象分布地图,指导学生探讨影响亚洲象分布区域变化的人为原因,思考相关问题。

学生讨论后回答,教师引导学生分析原因及影响。

师:此次亚洲象的平安回归,彰显了中国在生物多样性保护之路上的努力。

教师进一步设计课后拓展作业:如何在保障当地经济发展的基础上,加强对象群栖息地的保护?请同学们提出有效的方法和建议,并说明理由。

课题小结:通过案例分析,培养了学生运用生命科学核心概念分析实际问题的能力,包括信息提取、信息处理、问题分析、结论阐释与创新能力;加强了学生对生物多样性保护的认知和理解。通过引导学生关注生态环境问题,培养了学生的社会责任感。

教学评价

一、评价目标

1. 全面评估学生对脊椎动物特征的理解深度和广度,包括各类脊椎动物的具体特征,以及它们的差异与共性。

2. 精准考查学生对脊椎动物分类的掌握是否准确,能否正确区分不同类群的脊椎动物。

3. 有效衡量学生分析问题和解决问题的能力。如,在亚洲象案例分析中能否找出亚洲象"出逃"的原因并提出合理的解决方案。

4. 深入了解学生对生物多样性保护的认知程度和责任感。通过课后拓展作业判断学生是否能积极思考并提出可行的保护建议。

二、评价反馈

笔者设计了学生课堂表现评价量表(表1),从参与态度、思维能力、素养养成三个维度全面评估学生的课堂学习表现。评价指标采用五星制赋值方法,学生自评、学生互评和教师评价相结合,使评价结果更加客观、全面。

通过反馈,学生明确了自己的学习情况,知晓了优势与不足,确定了今后学习的方向。笔者根据反馈调整了教学方法和内容,如针对学生普遍存在的问题进行重点讲解、根据学生兴趣和能力调整作业难度和形式等,以更好地满足学生的学习需求,提高教学质量。

表1 学生课堂表现评价量表

评价维度	评 价 内 容	学生自评	学生互评	教师评价
参与态度	积极参与课堂互动,主动回答问题,提问具有针对性			
	与小组同学配合主动,积极承担任务,为小组贡献力量			
	能够独立承担部分任务,在自主学习和作业完成中体现自主性			
思维能力	作业解题思路清晰、逻辑严谨,能够运用所学知识进行合理分析			
	作业内容充分、准确,能够全面涵盖相关知识点,回答问题完整			
	解答或展现方式新颖独特,能够突出问题的关键点,具有创新性			
素养养成	流利地表达观点,并能为主要观点提供例证,语言表达能力强			
	发现问题、解决问题的能力有提升,在课堂和作业中能够主动发现问题并尝试解决			
备 注	评价指标赋值方法:五星制 优:★★★★★;良:★★★★;好:★★★;一般:★★;尚好:★			

总结与反思

一、成功之处

(一)学生参与和兴趣激发

学生在各个环节表现积极。例如,在"小蝌蚪找妈妈"情境化作业中,学生热烈讨论、积极分享自己的想法。该项作业不仅提高了学生对脊椎动物特征的理解,也增强了课堂的趣味性和互动性。

(二)知识与能力培养

学生在脊椎动物特征梳理、案例分析等活动中表现良好。例如,在"自学自研大比拼"中,学生通过自主学习和小组接龙反馈,对脊椎动物各类群特征的概括更加准确和全面,体现了自主学习和团队合作对知识体系构建的重要性。在亚洲象案例分析中,学生能够运用所学知识深入分析脊椎动物的结构与环境适应性,展示了他们对生命观念的深刻理解和实际应用能力的提升。

(三)教学资源利用效果

多媒体资源(视频、希沃白板等)和教学手段(同屏技术、情境创设等)在课堂中的实际应用效果良好。例如,通过观察学生在观看《脊椎动物》视频和《云南象群集体北迁》视频时的专注度和后续讨论的参与度,可以确定视频资源对激发学生兴趣和引导思考具有积极作用。同时,希沃白板分类游戏和同屏技术展示作业在增强学生参与感和及时反馈学习成果方面具有优势,且能促进课堂效率和质量的提高。

二、不足之处及改进措施

(一)问题阐述精确性

笔者在提问过程中存在问题表述不够清晰和引导方向不明确的情况。例如,在询问亚洲象结构特征与环境适应性时,某些问题可能过于宽泛,导致学生回答不够准确。针对这一问题,可以在今后的教学设计中,对问题进行更细致的规划和预演,确保问题简洁明了、指向性强,能够有效引导学生思考。

(二)情境创设完善性

情境创设中存在条件不周密和与核心知识联系不够紧密的问题。以"小蝌蚪找妈妈"情境作业为例,某些练习题的情境设置与脊椎动物关键特征的关联不够直接,导致学生在解题过程中出现误解或思维偏差。因此,在创设情境时,要更加紧密围绕教学目标和核心知识,精心设计情境细节,确保学生能够准确理解问题情境并运用相关知识进行解答。同时,要设置适当的引导和提示,帮助学生聚焦核心问题,避免思维过于发散。

三、未来教学展望

(一)优化教学方法

基于本次教学实践的经验和反思,未来可以对教学方法进行一定的优化。例如,在问题驱动教学中,应设计更具启发性和挑战性的问题,以激发学生的深度思考和创新思维;在情境创设方面,可以引入更多真实、复杂的生物案例,培养学生解决实际问题的能力;在多媒体教学手段运用上,应更好地整合多种资源,打造更加生动、高效的课堂教学环境。

(二)促进学生个性化发展

教师要在教学过程中更多地关注学生的个体差异,满足不同学生的学习需求。例如,根据学生的课堂表现和作业评价中的不同情况,制订个性化的教学计划和辅导方案;设计分层作业或拓展任务,让学有余力的学生能够深入探究,同时为基础薄弱的学生提供更多的支持和帮助,促进全体学生在生物学学习中共同进步。

(三)深化社会责任教育

教师可以结合生物多样性保护等社会热点问题,在教学中进一步深化社会责任教育。例如,组织学生参与实地生物多样性调查或保护宣传活动,让学生亲身体验生物保护的重要性;引导学生关注本地生态环境问题,鼓励他们提出切实可行的解决方案,并积极参与社区环保行动,从而培养学生成为具有高度社会责任感的未来公民。

绘尽天下万物态，寄寓世间感慨情

——咏物诗情境化专项练习教学案例

◎ 上海市实验学校南校　任　荣

执教时间、对象和地点

首次执教时间：2024 年 5 月 24 日上午第二节课；对象：预备(3)班学生；地点：预备(3)班教室。

再次执教时间：2024 年 5 月 30 日下午第一节课；对象：预备(6)班学生；地点：预备(6)班教室。

两情分析

一、学情分析

本次授课的对象是预备(3)班和(6)班的学生。他们好奇心强、思维活跃、乐于探索。他们已具备一定的阅读和理解能力，以及基本的学习古诗的能力和方法——把握诗意、想象情境、体会感情；基本能够结合注释了解咏物诗歌的特点；能独立搜集并利用各种资料进行拓展学习。不足的是，他们对咏物诗歌中多种写作手法的具体运用，尤其是托物言志手法的掌握仍然十分薄弱。此外，他们的生活体验与诗歌描绘的场景有距离，因而他们需要在大量资料的补充拓展中加深感悟，在反复练习中学会掌握、运用托物言志的手法。因此，教师在备课的过程中需要着重考虑符合学生认知特点的教学设计，并借助一定的课外阅读资料和信息技术手段，给学生提供一些相应的学习支架，引导学生实现学习目标。

二、教材分析

根据新课标要求并结合教材特点，笔者发现在部编版初中语文教材中有大量使用了托物言志手法的诗歌和散文。如六年级上册第一单元的《丁香结》、六年级下册第三单元的"古代诗歌三首"、七年级下册第四单元的《陋室铭》《爱莲说》和第五单元的《紫藤萝瀑布》《一棵小桃树》、"外国诗二首"等。这几篇选文体裁多样,无论是散文、文言文还是诗歌,均蕴含了丰富的生活哲理,直接或间接地表达了作者的人生思考。从语文要素来看,这几篇选文都运用了景物描写、托物言志、类比、对比、联想等写作手法,但无论是写景,还是将物与物进行对比、类比,或是由物及人的类比、联想,都是为"言志"服务。因此,基于对教材中咏物作品的分析,本次练习课将由咏物诗歌切入,通过练习探究"物"与"我"的相通之处,并复习诗歌中托物言志手法的运用,让学生在原有所学的知识基础上巩固、拓展、深化,从而学会迁移与运用。本次练习课旨在通过练习卷的教学设计,让学生深入理解中华传统文化中高洁傲岸的情操,增强文化自信;通过阅读、交流、写作等方式,提升学生的语言运用能力和思维能力;通过阅读鉴赏、写作创作等方式,提高学生的审美创造能力。

教学目标

1. 借助注释和资料,通过比较阅读,读懂咏物诗歌中所咏之物和所言之志之间的关联,把握咏物诗的特点。

2. 品味诗中"物"与"我"的相通之处,理解咏物诗歌的主旨。

3. 激发学习咏物诗的兴趣,并学会在生活中学语文、用语文,感受诗意人生。

教学重难点

重点:把握诗歌所咏事物的特点,深入理解诗歌所表达的人生志向,体会诗人高洁的人格和远大的志向,并掌握托物言志的写作手法。

难点:把握咏物诗歌的写作特点,学会托物言志手法的运用。

课的类型及课时

咏物诗歌练习课;1课时(40分钟)。

教学资源

以部编版六年级下册第三单元的三首咏物诗歌为基石,复习咏物诗歌的特点,尤其是诗歌中托物言志手法的运用。在复习小学阶段所学咏物诗歌的基础上,拓展链接高年级阶段教材中运用托物言志手法的课文,在了解咏物诗歌特点的基础上,把握托物言志手法的运用。

学与教的策略

采用练习卷引导下的师生、生生合作,以及学生自主分析题目→归纳→小结的策略。

设计思路

　　练习卷的设计通过具体、真实的情境性活动进行导入，再由活动目标的完成收尾。整个练习卷的设计以情境性活动贯穿始终，每一个问题的设计都随着活动任务的探究而层层深入。学生通过对不同情境问题的探究和解决，最终完成咏物诗歌的复习练习。具体设计如下：

　　1. 学生通过梳理小学阶段学过的咏物诗歌，并找出诗歌所咏之物和所表达志向间的关联，以思维导图的方式呈现，完成复习巩固。

　　2. 学生通过对比阅读本学期所学咏物诗，感受咏物诗的表达艺术。

　　3. 学生通过试题，进行咏物诗歌的拓展延伸练习，从而学会咏物诗歌知识的迁移，更好地掌握咏物歌诗的特点。

　　4. 学生通过具体写作实践及多种形式的活动，再次强化训练，从而学会托物言志的写作手法及其具体运用。

教学过程（前期）

一、标题导入，习题分析

　　笔者在上课伊始，对教学主题"绘尽天下万物态，寄寓世间感慨情——咏物诗情境化专项练习"进行解读，并让学生观察本次练习卷的特点。随后，笔者引入本节课的练习讲解内容。以下是本试卷的导语：

　　"连雨不知春去，一晴方觉夏深。"不知不觉中，上海市实验学校南校的全体师生即将来到学期末，同时，他们也迎来了科技节的闭幕式和读书节的开幕式。本次读书节的主题是"君子文化，书香雅韵"。围绕读书节主题，学校向全体师生发布了征集读书节徽标的活动。语文老师任老师教授的预备（3）班和预备（6）班的同学们在看到读书节主题后热情高涨，立刻开展了小组活动，在课堂上探索、讨论……

　　课题小结：本环节旨在引出练习卷主题，并让学生感受练习卷的特点。学生通过分析，得出本试卷最主要的特点：一是咏物诗歌的专项练习；二是以情境对话作为主线贯穿整个练习卷。引入的情境既是背景，也蕴含着学习支架。每一个对话情境的展开都是为了针对相应的习题，且对话情境更容易引起学生做题的兴趣，能让学生更快地进入练习环节中。

二、查阅资料，梳理诗歌

笔者将情境对话转换成以下微信对话的形式，引入任务一：

> 乘风破浪组：什么代表君子文化？我们是不是需要查阅一下资料？
>
> 暖阳组：你们组说得非常对！查阅资料的时候，我们还要注意用什么事物可以在徽标设计中体现君子文化，这才是最关键的。
>
> 遥遥领先组：以某一物为对象，寄托君子文化。呀！这不是类似我们学过的托物言志的手法吗？有点类似咏物诗歌的写作手法。
>
> 雏鹰组：你们组说得太对了！只不过我们之前学的咏物诗，我都忘记得差不多了，想不起什么代表君子文化了。不然我们就可以从之前咏物诗歌中直接找到创作灵感了。
>
> 青藤组："温故而知新"。要不我们先对小学学过的所有咏物诗歌做一个思维导图梳理，然后再从中挑选出歌颂可以代表君子文化事物的诗歌，找出其中适合作为徽标设计的元素。你们看怎么样？
>
> 所有组员：同意！

任务一：梳理所学，总结归纳并分享心得。

1. 梳理小学阶段学过的咏物诗歌，找出这些诗歌所咏之物和所表达志向之间的关联，以思维导图的形式绘制在下方空格处。

（要求：由于本题需要查阅、整理资料，所以为开卷试题，可以手绘，也可用电子版绘制后打印并贴在下方。至少找出3首诗。）

2. 那么，大家来分享一些你知道的咏物诗吧。试着用以下这个句式来回答。

我要分享的咏物诗是（   ），这首诗表面上写的是（   ），它的特点是（   ），实际上表现的是（   ）。

3. 通过刚才大家的分享，我们来总结一下，当你看到一首咏物诗时，可以用哪些办法来欣赏这类诗呢？

（A. 歌颂的事物是什么？B. 事物有什么特点？C. 这个特点与作者或者作者想要表达的志向有没有相似之处？）

然后，笔者对任务一进行了讲解，让学生上讲台分享交流。

课题小结：任务一旨在让学生通过梳理咏物诗歌的特点来体会所咏之物和所言之志的

关系，总结归纳得出咏物诗歌的普遍特征。情境设计的目的，一是引出任务一；二是为学生提供咏物诗歌中最常用的托物言志写作手法的学习支架。

三、对比训练，掌握方法

笔者将情境对话转换成以下微信对话的形式，引入任务二：

求知组：你们是不是忘记了上学期老师其实讲过写物散文《丁香结》？老师分析过在感悟丁香结的部分，作者采用了联想的写法。从眼前的丁香，联想到古人诗词中的语句，再到微雨中负担着愁怨的丁香，最后联想到人生的"结"，从而阐释了自己的人生哲学。可见，联想十分重要。

勤思组：我突然想起好像不仅有联想的表现手法，还有比喻、象征、拟人等修辞手法的运用。

笃学组：我们这学期第三单元不是学过三首咏物诗歌吗？其中《竹石》不就是借助描写竹的坚劲表达自己刚正不阿、铁骨铮铮的高尚人格吗？这不就是君子文化吗？我们不如再梳理一下这学期学过的三首咏物诗歌，然后对比分析其中所用的写作手法。

任务二：对比提升，感受咏物诗的表达艺术。

1. 在下面句子的括号中填入诗句，最恰当的是哪一句？

小李哥哥大学毕业后，很想找到一个自己喜欢的工作岗位大显身手，但是参加了几次应聘总是不能如愿，于是他长叹了一声：（　　）。

A. 大漠沙如雪，燕山月似钩　　　　B. 何当金络脑，快走踏清秋

C. 千锤万凿出深山，烈火焚烧若等闲　　D. 粉骨碎身浑不怕，要留清白在人间

2. 对《竹石》一诗所抒发的情感理解正确的一项是（　　）

A. 诗人热爱竹子，为竹子生活的环境抱不平的愤慨之情。

B. 诗人对当时黑暗、污秽的社会不妥协的斗争意志和高尚情操。

C. 诗人热爱生活，想独立于世、不与世人同流合污的心态。

3. 诗歌中常常托物言志，如在《竹石》《石灰吟》中，诗人们看起来写的是物，实际上是在抒发他们做人的一种志向，这种志向是（　　）。

A. 为了大义视死如归　　　　　　　B. 做一个高尚正直的人

C. 做一个勇于献身的人　　　　　　D. 渴望建功立业

4. 大漠沙如雪,燕山月似钩。这两句诗运用的修辞手法是( )、( )。用自己的话说一说这两句诗的意思:_____。

5. 梳理一下这学期学过的三首咏物诗歌,比较其相同点和不同点,并分析这三首诗歌所运用的修辞手法。

笔者对任务二的试题进行了分析讲解,让学生总结了本学期所学习的《马诗》《竹石》《石灰吟》所写的事物和事物的特点,以及作者表达情感的相同点和不同点,并让他们归纳了咏物诗歌常用的写作手法。

课题小结:任务二旨在让学生通过掌握咏物诗歌中常用的写作手法,以完成咏物诗歌知识体系的初步构建。情境设计的目的是为学生提供一些咏物诗歌中常用写作手法的学习支架。

四、练习总结,感受特点

笔者将情境对话转换成以下微信对话的形式,引入任务三:

> 博学组:我们组通过查阅资料和阅读老师之前补充的咏物诗歌,发现梅、兰、竹、菊是古诗中最常见的体现君子之风的事物,它们也是咏物诗歌中最常出现的事物。我们要不然先根据学过的知识梳理一下这四种植物具备什么样的君子内涵吧,不知道的可以查阅资料补充。

任务三:查阅资料,完成以下习题。

1. 花中四君子是指以下( )四种植物。

A. 松、竹、梅、莲　　　　B. 草、兰、菊、柳　　　　C. 梅、兰、竹、菊　　　　D. 梅、兰、莲、菊

2. 岁寒三友指的是哪三种植物?

_____

3. 除了花中四君子,还有哪些植物也可以象征君子品质?

_____

课题小结:任务三旨在让学生总结咏物诗歌中常出现的事物和表达君子之风的事物。情境设计中梅、兰、竹、菊的引入,一是为了引出试题;二是为学生提供一定的做题思路。

五、拓展练习,强化巩固

笔者将情境对话转换成以下微信对话的形式,引入任务四:

慎思组：好了，我们已经找到了对应君子之风的事物。接下来，我们就可以自己设计读书节徽标了吧？

博学组：我们虽然找到了对应的植物，但是代表君子之风的植物难道就只有以上四种吗？别的植物难道就不可以吗？我们看到一首诗歌好像也用了托物言志的写作手法表现君子之风，但遇到了一些疑问，你们能帮我们分析一下是否符合要求吗？

任务四：以下咏物诗是否借助所咏之物表达了君子文化？

苔①

清·袁枚

白日②不到处，青春③恰自来。

苔花如米小，也④学牡丹开。

注释：

① 苔：苔藓。植物中较低等的类群，多生于阴暗潮湿之处。

② 白日：指阳光。

③ 青春：指苔藓富有生机的绿意。

④ 也：一作"亦"。

1. 下列哪个选项写出了诗中"苔"的特点？（　　）

A. 潮湿顺滑 　　　　　　　　　　B. 弱小

C. 不自量力 　　　　　　　　　　D. 生命力旺盛

2. "苔花如米小，也学牡丹开。"这两句诗运用了什么修辞手法？（　　）

A. 比喻 　　　　　　　　　　　　B. 排比

C. 夸张 　　　　　　　　　　　　D. 拟人

3. "青春"有多种意思，"青春恰自来"中的"青春"是哪种意思？（　　）

A. 指草木茂盛、富有生机 　　　　B. 指青年时期，年纪轻

C. 指年龄 　　　　　　　　　　　D. 指美好的时光、珍贵的年华

4. 本诗借"苔"表达了怎样的人生志向？（　　）

A. 告诉我们：不要自暴自弃，也不要自高自大。

B. 提醒人们：哪怕力量悬殊，也要以卵击石。

C. 表达了人处于逆境中要坚强、自信地实现自身价值的道理。

D. 告诉我们：要有自知之明，不要自不量力。

课题小结：任务四旨在让学生通过拓展练习对比阅读咏物诗，帮助学生强化巩固咏物诗歌的特点。情境设计的目的是引出练习题。

六、选做提高,学会运用

笔者将情境对话转换成以下微信对话的形式,引入任务五:

> 明辨组:我们都已经判断出来了。现在是不是应该抓紧时间去设计读书节徽标了? 下周就截止了。
>
> 鹿鸣组:我们的徽标设计出来后,是不是还要进行解说? 我们今天已经探讨了多种事物代表的不同含义,不如就用托物言志的手法写一段解说词,也可以用上刚刚总结的其他写作手法,你们看怎么样?
>
> 真理组:但是我们组在讨论托物言志的写作手法时,发现托物言志和借景抒情有点像。要不我们先对这两种手法进行区分,以免弄混淆,然后再用托物言志的手法写解说词解说自己的徽标。你们觉得呢?
>
> 全体学生:完全同意。

任务五:读书节"君子文化,书香雅韵"徽标解说词写作与设计评比展示。

1. 比较托物言志和借物(景)抒情两种表现手法的异同。

2. 解说词写作提示:

(1) 写之前,先想一想要借助这个物的哪些方面体现君子文化。

(2) 可以借鉴《丁香结》描写景物的方法。

(3) 注意思考所选之物的特别之处,写出它与读书节主题之间的关系,完成下表。

所托何物	物的特点	如何描写物的特点	所言之志	此物与我校读书节主题有何关系

3. 解说词展示与优秀徽标评选。

课题小结:任务五旨在通过多种方式的练习,让学生掌握托物言志的写作手法,从而延伸到"托物作图",学会实际运用,解决真实的情境问题。情境设计的目的是为学生运用托物言志的手法写作解说词提供相关的学习支架。

七、完成练习，总结反思

学生需要完成练习卷。练习卷最后以结语的形式做了总结。以下是本试卷的结语：

> "读书破万卷，下笔如有神。"同学们经过查阅资料和刻苦钻研，终于设计出了符合读书节主题的徽标。他们写的解说词也灵活生动、文采斐然，真可谓"妙笔生花"，十分契合本次读书节主题。最后，师生一起结合评价单选出了最令人满意的读书节徽标作品，获得了南校全体师生的高度评价，也为读书节的开幕式奏响了序曲。任老师和秦老师给优秀创作者颁发了奖状和奖品。

课题小结：通过本试卷的练习，学生学会了托物言志手法的迁移与运用，总结了从托物言志到托物作图过程中的收获并进行了反思。情境设计的目的是与开头的导语形成呼应，完善练习卷设计。

课堂板书设计如下：

绘尽天下万物态，寄寓世间感慨情

——咏物诗情境化专项练习

"物"　　相似性　→　志、情（"我"）

托物　　　　言志

借物　　　　喻人

课题小结：板书设计的目的是突出咏物诗歌的特点，展现咏物诗歌中"物"与"我"的关系，辅助学生掌握咏物诗歌写作手法的运用。

八、教学评价

综合评价量表

评价项目		一星	二星	三星	四星	五星	自评	组评	师评
解说词写作评价	物的特点	没有运用修辞手法，没有突出物的特点	能运用一种修辞手法描写花，但没有突出物的主要特点	能运用两种修辞手法描写物，比较突出物的主要特点	能运用多种修辞手法，较生动地描写出物的主要特点	能运用比喻、拟人、对比等修辞手法，生动形象地描写出物的主要特点			

续 表

评价项目		一星	二星	三星	四星	五星	自评	组评	师评
解说词写作评价	徽标与"君子文化,书香雅韵"主题的融合度	没有运用对比、类比、联想等手法,物与主题背离,两者不统一	能运用对比、类比、联想等手法,所托之物与主题相似点模糊	能运用对比、类比、联想等手法,所托之物与主题的相似点比较明确	能运用对比、类比、联想等手法,所托之物与所言之志的相似点比较突出	能运用对比、类比、联想等手法,突出所托之物与主题的相似点,解说词和主题和谐、统一			
徽标设计评价		命名和图案不新颖或者不符合基本的主题	命名和图案不新颖,基本符合读书节的主题	命名和图案较新颖,基本符合读书节的主题	命名和图案较新颖,符合读书节的主题	命名和图案新颖,切合读书节的主题			
小组合作评价	参与	几乎未参与活动,态度不积极	参与活动较少,态度不够积极	参与部分活动,较积极,态度较认真	积极参与整个活动,态度认真	积极主动参与整个活动,态度很认真			
	合作	不参与合作,不完成分配的任务	较少参与合作,完成部分分配的任务	能参与合作,能完成分配的任务	积极合作,认真完成分配的任务	积极合作,主动承担任务			
	创新	不发表建议	愿意提出建议,但建议没有创新性	能提出建议,且建议较有创新性	多次提出建议,少数有创新	多次提出有创新性的建议			
元认知调控评价		无法从整个活动中反思自己的收获	能从整个活动中反思自己的收获,反思很浅显,对接下来的学习无帮助	能从整个活动中反思自己的收获,反思较浅显,对接下来的学习有一定帮助	能从整个活动中反思自己的收获,反思较深刻,对接下来的学习有较大帮助	能从整个活动中反思自己的收获,反思深刻,对接下来的学习有很大帮助			

结合自评、组评、师评,学生能够更好地判断自己解说词和徽标的设计是否符合练习卷主题,从而能更好地掌握咏物诗歌中所用的写作手法。通过评价,学生能更好地参与到课堂练习和活动中。

总结与反思

在"双新"背景下,语文教育工作者要更加重视语文教育教学的素养指向,以立德树人为目标，让学习真正地发生。语文教学要从"知识本位"转向"育人本位"，要从设计教学问题转向设计促使学习真正发生所需要的真实情境。《义务教育语文课程标准（2022年版）》基于核心素养目标，强调语文教学必须从注重学科逻辑转向更加注重生活逻辑，并倡导启发式、探究式、开放式的教学模式，帮助学生在好奇心的驱使下，进一步提高想象力与求知欲。

语文教学的实施要从学生的生活实际出发，创设丰富多样的学习情境，设计富有挑战性的学习任务，以激发学生的好奇心、想象力、求知欲，促进学生自主、合作、探究学习。这就要求一线语文教师探索情境式教学法，让学生在真实的情境中提升自己的核心素养。因此，教师要充分整合教学资源，设计丰富、积极的语言实践活动来强化学生的语用体验，在潜移默化中培养学生的文化自信、语言运用、思维能力、审美创造等核心素养。

基于上述背景，笔者将咏物诗歌整合重构为大单元，以托物言志为大概念，设计了咏物诗歌大单元情境化练习教学。本次练习通过不拘一格的导入、富有意趣的情境、灵活创新的实践，以情品读、以趣指导，既不游离于课堂目标之外，又使诗歌教学活而不乱，实现了学生应试能力与诗歌素养的双赢，最终达到了"教与学的和谐，情与知的统一"。

本试卷的设计能够很好地结合生活实际，设置的情境合理，贴近学生的日常生活。情境活动和试题的问题设置密切相关，逻辑性强。试题设置的层次步步深入，由浅入深，逐步提高。在教学主题"绘尽天下万物态，寄寓世间感慨情——咏物诗情境化专项练习"的引入下，学生很快进入了做题的状态。练习卷做完后评价表格的使用也落实了"教—学—评"的一致性。

本次教学也存在一些缺点。一方面，由于练习卷的内容较广、体量较大，导致笔者对讲解时间把握不准，有些试题内容的讲解不够深入；另一方面，部分学生的能力有限，开放性试题并未给他们提供足够多的学习支架。

核心素养导向下的初中美术设计应用探究

◎ 上海市实验学校南校　王　浩

【摘　要】在新课标的背景下,在初中美术教育教学中,为落实学生美术学科的核心素养,其中一个重要途径就是对美术设计应用进行深入探究与分析。本文以七年级"方寸之美——兔先生的邮票设计"一课的教学为例,阐述了基于教学实践,根据学生的实际生活对课堂内容进行调整的过程。学生不仅掌握了设计的基本技能,而且深入理解了设计在生活中的重要性,从而激发了创造与审美能力,实现了知识与实践的有效融合。

【关键词】新课标　核心素养　设计应用　实践探索

初中美术课程是一门与生活紧密相连的学科,目标是培养学生从审美的角度去观察和理解世界,并初步建立起他们的美学观念。这门课程不仅引导学生体验美育的探究过程,还鼓励他们亲身参与美术探究的每一个步骤,以此培养他们的艺术思维能力。

《义务教育艺术课程标准(2022年版)》(以下简称"新课标")指出,义务教育艺术课程以立德树人为根本任务,坚持以美育人、以美化人、以美润心、以美培元,引领学生在健康向上的审美实践中感知、体验与理解艺术,逐步提高感受美、欣赏美、表现美、创造美的能力[1]。新课标提倡打破传统的以美术教材为中心的教学模式,转而以"联系生活"为核心,采用整体化的课程和教学组织方式,以培养学生的核心素养。这种教学方式让学生在具体的情境和任务中自主学习,通过不断反思和调整来提升他们的实践探索能力。

七年级下册第二单元的主题是"设计·应用"。该单元旨在从简单到复杂、从平面到立体,逐步深化学生对设计应用的学习和理解。本文以"方寸之美——兔先生的邮票设计"一课的教学为例,笔者从平面设计角度出发,帮助学生整合和分析了在设计领域的初步探索中遇到的问题,使他们得以领悟艺术的美感,激发创新思维,并逐步吸收和内化审美能力。

[1]　中华人民共和国教育部.义务教育艺术课程标准[M].2022年版.北京:北京师范大学出版社,2022.

一、研究背景

（一）现实背景

在设计应用的学习过程中，学生被鼓励将生活和社会的实际情境融入到他们的设计实践中。他们利用所学的与设计和工艺相关的思维模式，参与以问题为中心的学习活动，以此实现文化的传承与创新。通过这一过程，学生深入理解了设计中"实用性与审美性相统一"的核心原则，并将之应用于为班级和学校活动设计物品，从而体会到设计在提高生活质量和美学价值方面的重要性。学生还意识到设计不仅仅是为了满足实用功能和审美需求，更是承担和传递社会责任的重要工具。学生在学习过程中培养了设计意识，在实践中加强了对社会责任感的认识。通过这些活动，学生不仅提升了个人的设计能力，也为社会的发展和进步贡献了自己的力量。

（二）理论背景

新课标强调培养学生对设计艺术的感知，要求他们不仅要学会欣赏设计作品的表现形式，还要深入理解设计作品背后的思维与创作者的意图。学生用自己掌握的独特表现方式诠释设计的理解，并尝试亲手制作设计作品。本课正好符合这一教学需求。在教学实践中，笔者依据学生的生活实际，引导他们对邮票有了一个基础的认识，并激励他们利用课堂上掌握的技巧，融合艺术表达进行创作。同时，笔者还通过播放网络视频和开展互动游戏等多元化教学策略，帮助学生整合了邮票的相关知识，并进行精选分析，充分激发了学生的创造性思维。

二、教学对象与教材资源分析

（一）教学对象分析

在探讨初一学生美术学习阶段的特征时，可以认为这一时期是学生成长过程中充满活力与创造力的关键时期。根据学生身心发展的相关理论，学生在该年龄段展现出明显的探索精神和丰富的想象力，这为他们的艺术创作和学习提供了坚实的基础。然而，当学习内容扩展到设计艺术领域时，尤其是那些在学生日常生活中较少见的主题，例如邮票设计，学生的认知和理解能力可能会面临挑战。由于缺乏相关的背景知识和实践经验，学生在这些领域的学习过程中可能会感到迷茫和不确定。这种迷茫不仅源于对设计艺术概念的不熟悉，也与他们对邮票设计等专业知识的了解不足有关。因此，为了帮助学生更好地适应这一学习阶段，教师需要采取适当的教学策略，以促进学生对设计艺术的理解和兴趣的培养。笔者围绕"邮票的设计"开展授课、讨论、交流、研究等教学环节。在笔者精心的引导下，学生在多样化的教学活动中不仅提高了自己的艺术素养，还在邮票设计中找到了乐趣，进一步提升了创新能力和实践能力,为他们的全面发展打下了坚实的基础。

(二)教材资源分析

教育改革是整个社会改革的有机组成部分,而且已成为解决社会问题、营造发展机遇的普适性策略[2]。新课标为教师提供了一个全新的视角,其中指出要注重艺术与社会、生活、科技的紧密关联。这一理念不仅拓宽了艺术教育未来发展的道路,也使得艺术教育更加贴近学生的实际生活和社会环境。设计,作为一种无处不在的艺术形式,始终以满足人的需求为核心,不仅具有审美性,更兼具功能性和价值性。本课归属于"设计·应用"这一单元,在新课标的指导下,本课内容着重于引导学生深入感受艺术设计的规则与要求。因此,笔者希望通过图片、视频等资料的搜集和整理,让学生在掌握设计要素的同时,可以更深入地理解设计的本质。

动物形象为学生所熟悉且受欢迎,因而是一个理想的教学起点。在本课的学习中,学生将通过掌握对比与和谐、对称等设计组合原理,来理解设计创意的技巧。这些技巧不仅有助于学生进行与生活紧密相关的设计和装饰工作,而且能使他们认识到设计制作与其他美术活动的不同之处。

三、研究行动策略

在课程设计中,笔者采用以问题为导向的教学策略。这一策略着重于促进师生互动与学生间的合作。本课程的目标是通过一系列设计的学习活动,包括欣赏认知、感悟学习、自主探索、合作表达和评价交流,来帮助学生初步了解和认识设计艺术。在这一过程中,教师要特别强调邮票设计的形式美感,要让学生体会到邮票之美不仅体现在其外观形态上,还在于其深层的文化内涵和情感传递上。因此,笔者注重将学生的个人体验融入教学中,鼓励学生从自己的生活经验出发,去感受和理解邮票设计的独特魅力,以帮助学生建立对设计艺术的基本认知,激发他们的主观能动性,培养他们的艺术素养和创新能力。

要培养学生的这些能力,就需要综合运用教学方法,例如视频、图片导览、游戏互动等,以深化学生对艺术设计基础知识和技能的理解与掌握。本课程将引导学生探索邮票设计的多样性,使学生能够在实际操作中灵活运用所学知识,提升设计能力与审美水平;能够将个人见解和创意融入作品之中,体验设计艺术的表现力和魅力。最终致力于激发学生的审美感知,提高学生对设计艺术的欣赏力,增强他们对设计与生活之间联系的认识,深化对提升生活品质重要性的理解;使学生能够认识到设计在日常生活中的应用和价值,从而激发他们对艺术与设计更深层次的探究热情。

---

[2] 时伟.专业化视野下教师继续教育的理论与实践——高师院校的职能定位与问答[D].上海:华东师范大学,2003.

新课标概括了美术学科的三大核心素养,即审美感知素养、艺术表现素养、文化理解素养[3]。这三大核心素养与《上海市中小学课程标准》中提到的"人文性、审美性、实践性"三大特质一脉相承,共同构筑起学生全面发展的坚实基石。在美术教学的征途上,如何提升并强化学生的审美体验,培养学生对美的感知和表达能力,并能在实践中分析美的本质,是美术教师需要认真探索与研究的课题。本课从设计中的审美感知入手,通过"活动引发内容思考""邮票历史发展阐述""几何设计邮票与传统绘画之间的区别"等体验活动,激发学生对设计课堂的兴趣。教师讲得深、讲得透,不如学生学得深、学得透[4]。笔者运用艺术互动引导学生发现美术创作的规律,鼓励学生根据自己的体验和理解,大胆对作品进行进一步的创作,以满足学生的个性化学习需求。

四、课堂实施与循环优化

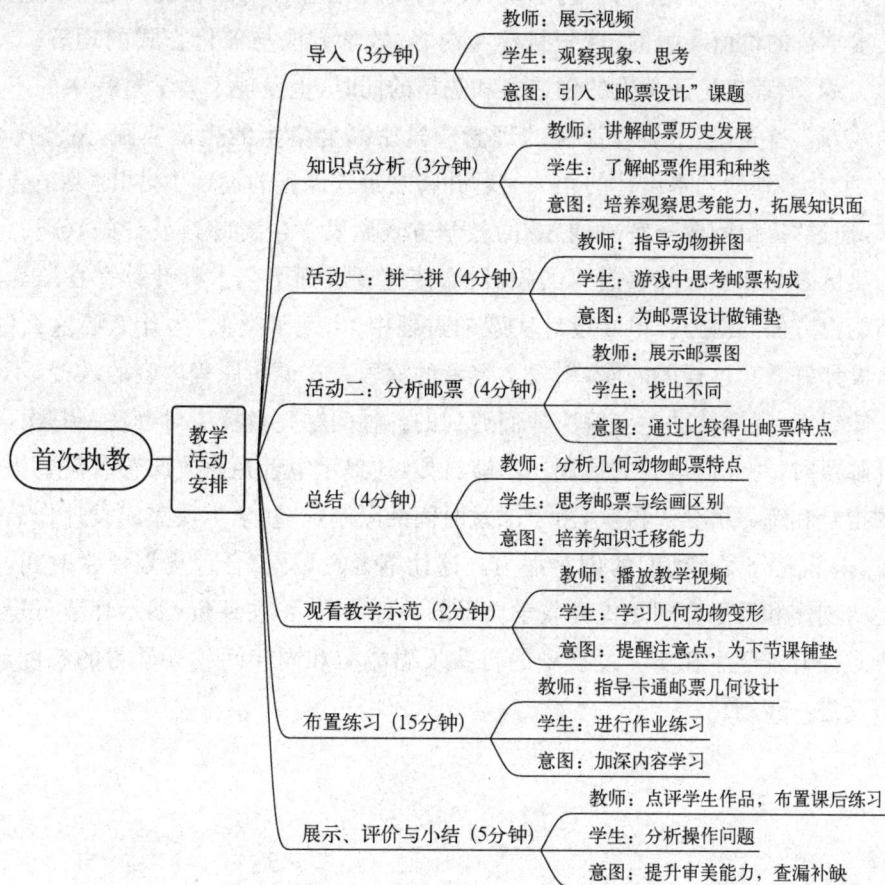

图 1 所示的思维导图内容如下:

首次执教 → 教学活动安排

- **导入(3分钟)**
  - 教师:展示视频
  - 学生:观察现象、思考
  - 意图:引入"邮票设计"课题
- **知识点分析(3分钟)**
  - 教师:讲解邮票历史发展
  - 学生:了解邮票作用和种类
  - 意图:培养观察思考能力,拓展知识面
- **活动一:拼一拼(4分钟)**
  - 教师:指导动物拼图
  - 学生:游戏中思考邮票构成
  - 意图:为邮票设计做铺垫
- **活动二:分析邮票(4分钟)**
  - 教师:展示邮票图
  - 学生:找出不同
  - 意图:通过比较得出邮票特点
- **总结(4分钟)**
  - 教师:分析几何动物邮票特点
  - 学生:思考邮票与绘画区别
  - 意图:培养知识迁移能力
- **观看教学示范(2分钟)**
  - 教师:播放教学视频
  - 学生:学习几何动物变形
  - 意图:提醒注意点,为下节课铺垫
- **布置练习(15分钟)**
  - 教师:指导卡通邮票几何设计
  - 学生:进行作业练习
  - 意图:加深内容学习
- **展示、评价与小结(5分钟)**
  - 教师:点评学生作品,布置课后练习
  - 学生:分析操作问题
  - 意图:提升审美能力,查漏补缺

图 1

[3] 茆洁.核心素养视域下初中音乐教学有效策略分析[J].学苑教育,2024(03):88-90.
[4] 余文森.从有效教学走向卓越教学[M].上海:华东师范大学出版社,2015.

（一）课堂回顾

在上课过程中,学生展现了对课程内容浓厚的学习兴趣。在笔者的引导下,学生不仅学习了邮票的基础知识和构成,还通过实践活动深入理解了邮票设计的艺术性和实用性。课堂上,学生积极参与讨论,通过"视频引导""图片展示""游戏互动""问题提问""布置练习""展示、评价"等环节,了解了邮票的历史和文化价值。在实践环节中,学生尝试运用几何形式设计动物邮票,表现出了对设计要素的敏感度和创新思维。最后,通过自评、互评和教师评价,学生对邮票设计有了更全面的认识。

（二）问题分析与阶段反思

在教学过程中,笔者体会到了艺术设计教育的深远意义与面临的问题。美术教师要加深对美术学科的价值与目的、课程目标与内容、教学方法与评价方式的理解[5]。通过这次教学实践,笔者在见证学生的创造力和热情的同时,也发现了教学过程中的不足和需要改进的地方。首先,艺术设计课程的理念应紧密贴合学生的生活实际,从实际角度出发,列举学生会遇到的艺术设计的相关问题并将之带入课程的设计中,同时要结合本单元主题内容,通过"提出问题→解决问题"的教学方式激发学生对邮票设计的兴趣。学生在课堂上的热情参与和学习邮票内容的积极性,使笔者看到了艺术设计教育在培养学生审美和创新能力方面的潜力。但在设计实践的过程中,出现了类似"为什么要这么做?""为什么这么设计好看?"这样的问题,引发了笔者的深思。这说明课程内容的教授,不仅仅要围绕书本知识点,还要帮助学生解决他们遇到的各种问题并教授应对办法。其次,部分学生在设计邮票时,对几何形式的运用还不够自如,这提示笔者在修改课程时需要为学生提供更多的指导和练习机会。再次,由于课堂时间的限制,一些学生在完成设计作品时显得有些匆忙,未能充分发挥他们的创意潜力。这让笔者意识到,合理规划课堂时间,确保学生有充足的创作和反思空间是提高教学质量的关键。最后,在评价、展示环节,虽然自评、互评的方式提升了学生在学习过程中的自我反思能力和同伴间相互学习的态度,但评价标准还有待进一步细化。

[5] 钱初熹.美育视域下学校美术教育的创新发展[J].美术研究,2020(03)：11-14.

五、教学再实践

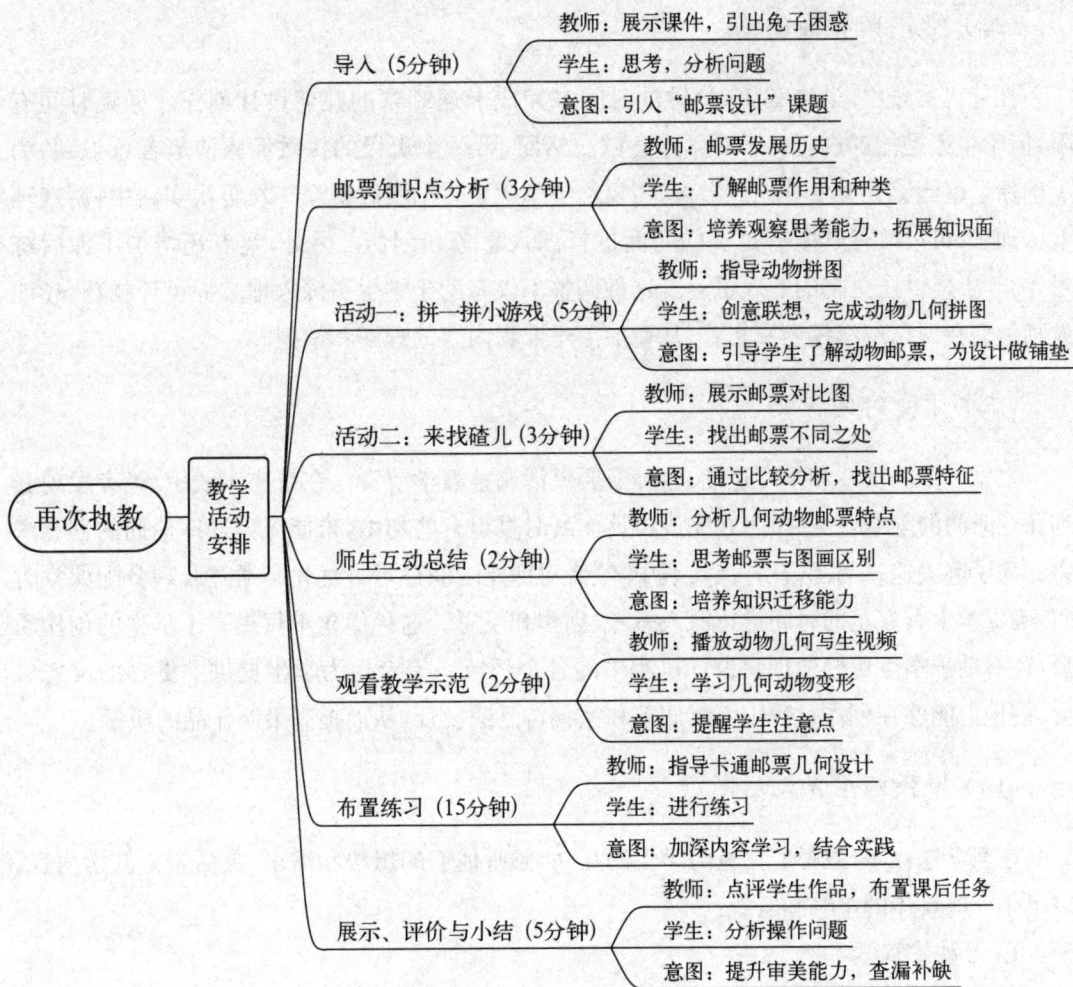

图 2

经过改进后,笔者再次执教,学生在改进后的课堂上学习效率明显提高。实践中,笔者更加注重与学生的互动,倾听学生的想法和需求,这有助于笔者更灵活地调整教学内容,满足不同学生的学习需求。

(一) 教学内容呈现方式

在首次实践中,笔者通过展示兔子小动画故事来吸引学生的注意力。这种方法虽然能够激发学生的好奇心,但可能缺乏与学生日常生活的直接联系。在再次实践中,笔者采用了校园春季实践活动作为引入点,更加贴近学生的生活实际,能够更有效地激发学生的兴趣和参与度。通过将邮票设计与学生熟悉的校园活动相结合,笔者不仅成功地吸引了学生的注意力,也为学生提供了一个更具体、更易于理解的学习背景。

(二)实践环节再调整

在首次实践中,学生有15分钟的时间来完成卡通邮票的几何设计创作。尽管时间有限,但学生还是能够进行初步的创作尝试。然而,第一个班级的执教经验使笔者意识到,为了确保学生能够充分发挥创意潜力,需要给予学生更多的实践机会。在再次实践中,游戏环节增加了,可以确保学生有足够的时间进行深入思考和创作。另外,笔者还增加了课后练习,为学生提供了更多的实践机会。这种调整不仅有助于学生更深入地掌握设计技巧,还能鼓励他们在课后继续探索和实践,从而加深对课程内容的理解和掌握。

(三)课堂时间优化

根据学生的反馈和学习进度,教师需要灵活调整教学节奏。在首次实践中,笔者发现受到课堂时间的限制,一些学生在完成设计作品时显得有些匆忙,未能充分发挥他们的创意潜力。为了解决这一问题,在再次实践中,笔者对课堂时间进行了优化。通过合理分配课堂时间,确保学生有充足的时间进行深入思考、创作和反思。这种优化不仅提高了学生的创作质量,还有助于学生更好地理解设计过程中的各个环节。笔者也为学生提供了更多的反思机会,使他们能够在创作过程中不断调整和完善自己的设计,从而提高最终作品的质量。

(四)增强师生互动

在教学过程中,教师应注重与学生的互动,倾听他们的想法和需求,灵活调整教学内容。以下是一些具体的策略和实践:

1. 互动式教学

互动式教学即打破传统课堂中的你问我答,以学生为主体,引导他们思考教学内容和问题,教师再进行总结;通过小组讨论、角色扮演等互动形式,鼓励学生积极参与课堂活动。例如,在本课的教学中,笔者通过"来找碴儿"游戏让学生找出邮票设计中的不同。该活动不仅增加了课堂的趣味性,也锻炼了学生的观察力与实践分析力。

2. 倾听学生反馈

教师与学生的互动不仅限于知识的传授,更包括情感的交流和思想的碰撞。通过倾听学生的想法,教师能够更好地理解学生的需求,从而调整教学策略,使教学更加贴近学生的实际。教师在教学过程中要时刻关注学生的反馈,包括他们对教学内容的理解和对教学方法的接受程度。例如,在"邮票设计"的教学环节中,教师在巡视指导后,挑选了具有代表性的作品进行点评,同时鼓励学生自评和互评。这样的评价方式能够让学生更深入地反思自己的设计,同时也能听到他人的意见和建议。

六、教学探究下的启示与反思

(一)设计应用课堂教学启示

美术教育,作为培养学生人文素质和审美情趣的重要途径,始终在教育领域占据着举足轻重的地位。本次教学中,笔者聚焦于动物邮票设计这一主题,结合实际生活为学生提供了丰富的创作灵感。通过课程内容的学习,学生不仅可以借助设计的基本原理了解设计创意的方法,还能够在贴近生活的设计和装饰中感受设计艺术与其他美术活动之间的区别。但同时也产生了一些问题。

在"评价展示"环节,笔者的口头点评较多,导致"作品修改"环节的时间受限、"评价分析"环节的时间利用率较低。为了解决这一问题,笔者认为在评价环节可以主要采用对比普通邮票的评价方法,让学生通过比对表格认识到自身的问题。同时,应适性教育的要求,教师在作业设置环节可以采用分层教学的形式和由易到难逐层递进的方法,这样有助于实践能力较差的学生更好地掌握课程内容。阶梯式的教学方式也可以更好地引导学生集中注意力,提高实践的积极性,体验学习的乐趣。

基于对课程内容的重新思考,为了进一步提高教学质量和学生的学习体验,笔者认为对课程各环节的安排进行适当的调整是十分重要的。首先,教师应标记作业要求的重点,使之更加明确和具体。通过这种方式,能够为学生提供一个清晰的学习方向和范围,让他们在完成作业时能够更加聚焦于课程的核心内容。这种明确的指导将有助于学生在创作过程中更加深入地思考和探索,同时也使教师在评价和反馈时更容易做到有的放矢,有针对性地提出合理的意见。其次,在"实践"环节中,教师应注重激发学生的想象力和创造力,鼓励学生大胆地尝试,勇敢地表达自己的想法。最后,在"小结"环节中,教师应重点强调对所学知识的巩固和深化。

经过总结,笔者认识到学生才是教育的主体,课堂探究的本质也是为了让学生能够更好地理解和吸收课程内容,形成自己的知识体系。美术教师应激发学生美化生活的愿望,开发学生的创造潜能,为他们未来的艺术探索和技能掌握打下坚实的基础。

(二)反思

1. 联系各环节要素,把握课程重难点

教学过程中的每一个环节都相互联系、相互影响。教师应引导学生从理解、掌握技能的要点出发,对技能的细节进行多方面的展示与分析。教师可以通过网络视频—知识点讲解、

软件示范录制—分析、学生实践—对比思考、口述—板书结合的教学策略,按照教学计划逐步完成。这些策略不仅能丰富教学内容,也能使学生在不同的学习阶段获得相应的支持和引导,从而激发学生的学习热情。

2. 提高学习效率,分层教学使学生快速掌握知识点

实践是发现问题、认识问题并解决问题最有效的检验手段。对于知识点以外的技能教学应结合学生的学情和课程的要求来进行设计。通过分层式教学,教师能够更容易发现学生掌握绘画技巧的程度和他们存在的优势与不足。课程中的实践应结合本课程的知识点加以深化,并确保学生能独立完成。同时,教师还要考虑到学生的接受程度不同,在最后的练习中应根据不同学生的情况布置任务,并给予相应的参考。这种分层教学的方法不仅能促进学生绘画能力的提升,也能提高他们作品的质量和完成的效率。

3. 精简语言,提高教学效率

语言简洁对教学来说至关重要。在教师生涯中,对课堂语言的提炼与简化是一个漫长的过程。如何在有限的时间里让学生能听懂、能理解课程学习的重点,以及如何分配教学各环节的时间,都是教师需要考虑的。合理的课堂时间分配可以更好地促进学生对要点的理解和掌握,并提高学生的学习效率。简洁明了的教学语言能够帮助学生更快地抓住课程的重点,减少他们在理解上的困惑。通过精练的语言,教师能够更有效地传授知识,学生也能够更轻松地理解课程内容,教与学的体验将更加流畅和愉快。

多元策略落实生物学科核心素养

——以"生态系统的功能——物质循环"一课的教学为例

◎ 上海市实验学校南校 高 琪

一、背景

本节课的内容属于《义务教育生物学课程标准(2022 年版)》(以下简称"新课标")中提到的"生物与环境"学习主题。根据新课标的要求,学生在本主题的学习中应能运用系统和整体的思维方式深入理解生物与环境的相互关系,认同山、水、林、田、湖、草构成的是一个紧密相连的生命共同体。本学习主题的教学旨在培养学生的自然情感,使他们热爱自然、敬畏自然,并树立人与自然和谐共生的生态观念,坚定生态文明的价值取向。

本学习主题包含大概念——"生物与环境相互依赖、相互影响,形成多种多样的生态系统"。在本节课的教学中,教师将重点关注与主题紧密相关的重要概念——"生态系统中,生物与非生物环境相互作用,实现了物质循环和能量流动",以及次级概念——"生态系统中的物质和能量通过食物链在生物之间传递"。

通过本节课的教学,笔者期望学生能够全面把握生物与环境的关系的核心概念,深化对生态系统运作机制的理解,为学生形成科学的生态观和践行生态文明理念奠定坚实的基础。

二、教学分析

(一)教材分析

本节课的主题是"生态系统的功能——物质循环",是沪教版生命科学第二册第五章第二节"生态系统的结构与功能"的内容。物质循环是生态系统的三大功能之一。通过学习本节课的内容,学生能深入分析生物与环境之间的内在关联,进而准确阐述生态系统的各项功能。在此过程中,学生将学习运用系统与整体的思维方式,全面理解生态系统是由生物与环境相互作用、相互依存所构成的统一整体。

（二）学情分析

初三年级的学生在之前的科学和生命科学课程中,已对空气成分、光合作用及呼吸作用等知识点有了基础的理解,对生态系统功能的认识也已初步建立。日常生活经验为他们提供了一些相关知识,他们对生命科学中与实际应用和社会问题相关的内容充满兴趣。然而,他们对物质循环的具体过程和意义的理解尚不深入,未能在物质之间建立系统性的联系,同时也未能完全理解生态系统结构与功能之间的关系。此外,学生倾向于直观、具象的事物,对于抽象概念和过程的理解需要借助具体实例和实践活动。

因此,在教学过程中,笔者将通过现象提出问题,引导学生观察和思考,并通过建模帮助学生从感性认识上升到理性认识。期望通过本课的学习,学生能够深入了解生态系统物质循环的形式和特点,认识到人类活动对自然界物质循环的干扰和危害,以及如何减轻这种干扰,从而培养他们关注周边环境的意识。

（三）教学目标

经过对教材的深入分析,结合对新课标的研读,并根据我校学生的实际学习状况,笔者制定了以下教学目标:

1. 通过分析碳循环的过程,认识到物质循环的含义;归纳物质循环的特点,理解生态系统的整体性,初步形成人与自然和谐共生的生态观。这一目标旨在培养学生的生命观念。

2. 通过碳循环模型建构,学会运用系统和整体的思维方式认识生物与环境的相互关系。这一目标旨在提升学生的科学思维能力。

3. 通过分析大气中 CO_2 浓度的问题,形成热爱自然、敬畏自然的情感,树立生态文明观念,增强低碳生活的意识。这一目标旨在培养学生的社会责任感。

（四）教学重难点

1. 重点:认识物质循环的含义,理解生态系统物质循环的特点。
2. 难点:构建碳循环模型。

（五）教学方法

本节课的教学方法融合了多种教学策略和手段,旨在激发学生的学习兴趣,促进他们全面而深入地掌握知识。以下是具体的教学方法:

1. 启发式教学。本节课注重启发学生的思考,通过提出问题、引导学生讨论,让他们自主寻找答案。教师作为引导者,要帮助学生建立正确的思维框架,激发他们的创新思维。

2. 合作学习。本节课鼓励学生积极参与课堂讨论、分享自己的观点和见解。通过与其他同学的交流和碰撞,学生能够拓宽思维、深化理解,并培养自己的表达能力和批判性思维。

3. 直观教学。本节课充分利用多媒体教学资源,通过图片、视频等直观形式展示知识内容,帮助学生更好地理解抽象的概念和原理。

通过以上教学方法的综合运用,本节课旨在营造一个积极、互动、高效的学习环境,激发学生的学习兴趣和动力,提升他们的学习效果和学科素养。

三、课程设计

(一)引入——古诗引趣,以"落花"之韵激发学习热情

笔者以古诗句"落红不是无情物,化作春泥更护花"作为引子,激发学生的学习兴趣与热情,同时赋予生物教学内容以人文色彩和审美情趣。通过运用诗句提出问题、设置悬念,能引发学生探求新知的欲望,从而达到发挥学生主体作用和教师主导作用的教学目的。

(二)复习水循环——巩固旧知,探索物质循环新概念

笔者让学生利用图片深入分析水循环的各个环节,并清晰、完整地描述水在生物圈中的循环过程。鉴于水循环是学生在七年级科学课程中已学过的内容,并且它是生活中较为直观的一种物质循环现象,教师可以利用学生已有的知识储备作为铺垫,帮助他们更好地理解本节课的核心知识点——物质循环。这样的教学方式不仅能够帮助学生巩固已有知识,还能够使他们更容易地接纳和理解新的科学概念。

(三)寻踪觅迹碳元素——深入探索碳循环之旅

在碳循环过程中,碳元素以多种形态存在于物质和生物体内,它并不像水循环那样易于被直观感受到。因此,为了帮助学生深入理解碳循环过程,笔者设计了"寻踪觅迹碳元素"的活动,并将其分解为三个环节:① 寻找碳元素;② 联系碳元素;③ 构建碳循环模型。通过步骤分解,学生将能够更好地突破本节课的难点(见图1)。

1. 环节一:探寻碳元素踪迹。

学生通过小组讨论的形式,在图片中找出含有碳元素的物质或生物。这一环节旨在让学生初步感受到碳元素在自然界中的普遍存在,为后续的深入学习打下基础。

2. 环节二:揭示碳元素交换途径。

笔者以游戏的形式引导学生将无机环境中的 CO_2 与生物体内的含碳有机物之间的碳元素交换途径用箭头连接起来。在此过程中,笔者鼓励学生详细描述每个途径的具体过程。这一环节是环节一的延续,旨在帮助学生深入理解碳元素在生物与环境之间的迁移和转换。同时,挑战环节的设置增加了活动的趣味性和学生参与的积极性。笔者通过引导学生运用

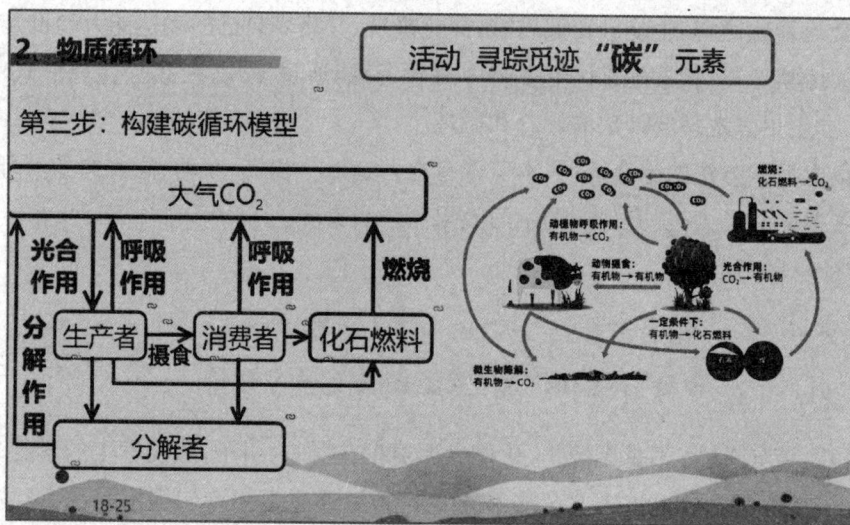

图 1

系统与整体的思维方式认识生物与环境的相互关系,培养了他们的科学思维能力。

3. 环节三:构建碳循环模型。

在环节二的最后,笔者借助视频对碳循环的过程进行了小结,使学生对碳循环有了初步的感性认识。随后,笔者引导学生整理碳循环模型,将感性认识上升到理性认识,培养了学生的科学思维方式。这一过程有助于学生更全面地理解碳循环的过程,并认识到生物与环境之间的相互关系。

(四)全球二氧化碳问题分析——从碳循环途径出发的思考

笔者利用上一环节学生绘制的碳循环模型图,深入分析了自然界中 CO_2 平衡与失衡的原因。通过这一模型,学生可以更直观地理解 CO_2 在碳循环中的关键作用,以及影响这一平衡的各种途径。在此基础上,笔者与学生进一步探讨了人类活动如何导致 CO_2 浓度不断升高,并引导学生从碳循环的角度出发,思考实现低碳生活的具体措施。在教学过程中,学生体会到了生态文明观念的重要性,初步理解了生态文明观在指导人类经济和社会活动中的实际应用。通过分析和讨论,学生初步体会到了人与自然和谐共生的思想观念,认识到了保护生态环境、减少碳排放对于可持续发展的重要意义。

最后,笔者介绍了我们国家在节能减排、低碳发展方面所做的努力和取得的成果,激发了学生的社会责任感。这一环节的学习使学生更加关注环境问题,积极参与低碳生活实践,并愿意为构建美丽中国贡献自己的力量。

(五)物质循环——推演物质循环,深化概念理解

通过之前对水循环和碳循环的学习,学生已经具备了一定的基础。在此基础上,再进一

步推演到其他物质在自然界中的循环过程,学生便能更容易地理解物质循环的含义。同时,借助笔者展示的图片,学生更加直观地概括了物质循环的特点,从而加深了对这一概念的理解和掌握,进而建立了"生物与环境相互依赖、相互影响"这一大概念,理解了生态系统的整体性。

（六）总结——古诗问题再探,知识运用显身手

总结部分再次回归课堂引入时借古诗所提出的问题,前后呼应,引导学生利用本节课所学的内容进行问题分析。这不仅是对本节课学习内容的回顾与小结,更是对学生利用所学知识解决实际问题能力的锻炼与提升。

四、作业设计

（一）作业目标

1. 巩固对物质循环含义的认识。

2. 能描述碳循环的过程,理解生态系统各组分在碳循环中的作用。

3. 初步学会用模型建构的方法来分析物质循环的过程。

4. 初步形成人与自然和谐共生的生态观。

5. 关注全球 CO_2 的问题,形成热爱自然、敬畏自然的情感,树立生态文明观念,增强低碳生活的意识。

（二）作业内容

1. 基础层作业:练习册第 16 页(一)的第 4 题(见图 2)、第 18 页(三)的第 2 题(见图 3);学生学习单(见图 4)。基础层作业评价量表见表 1。

4. 组成生物体的_____在生物和环境之间周而复始地被反复利用,叫作物质循环。

图 2

2. 右图是自然界的碳循环简图,图中的甲、乙、丙各代表生态系统中生物的三种成分,其中甲为_____,乙为_____,丙为_____。

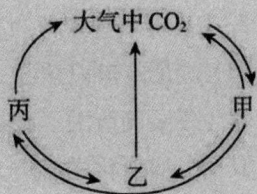

图 3

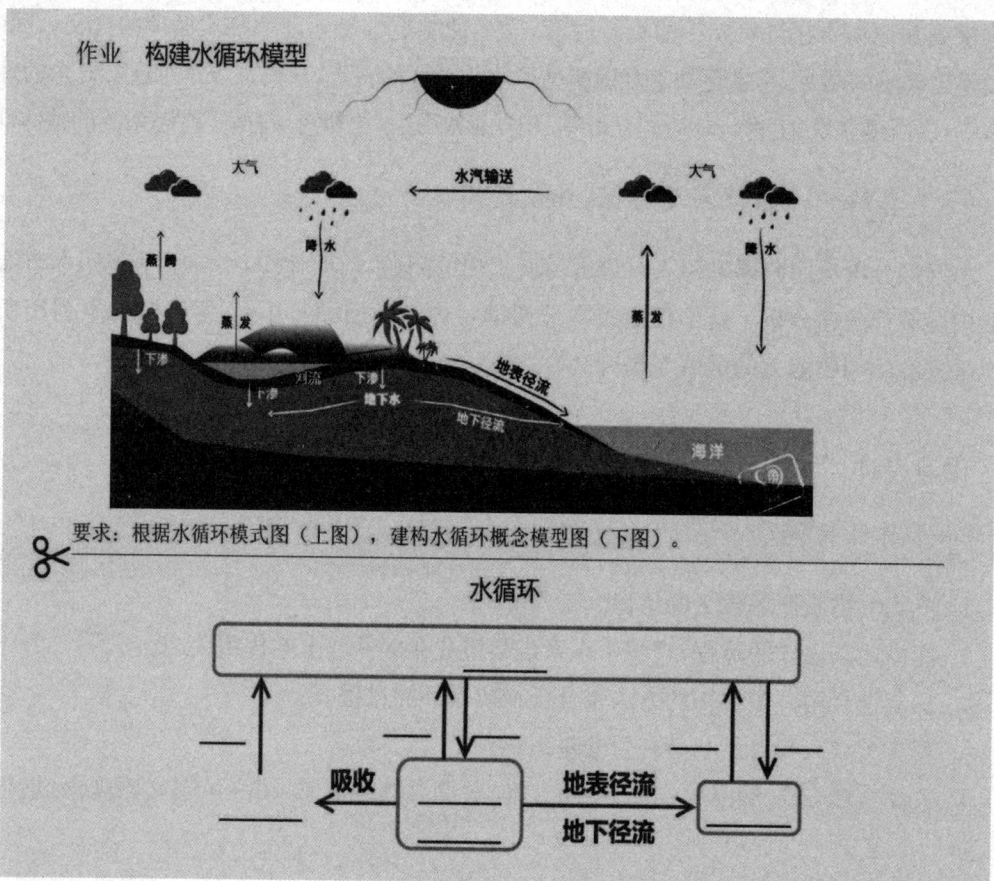

要求：根据水循环模式图（上图），建构水循环概念模型图（下图）。

图 4

表 1　基础层作业评价量表

评价项目	评　价　标　准	评价等级
作业完成情况	能独立并正确完成练习册第 16 页（一）的第 4 题	☆☆
	能独立并正确完成练习册第 18 页（三）的第 2 题	☆☆
	能独立并正确完成水循环模型图	☆☆

2. 拓展层作业：寻找生活中的碳足迹。

（1）碳足迹知识学习

学生需要阅读关于碳足迹的科普文章或观看相关视频，了解碳足迹的概念、碳排放的来源及其对气候变化的影响。

（2）生活中的碳足迹观察（见表 2）

表2　生活中的碳足迹观察表

住　　宅		交　　通		生　　活	
家庭成员	_____（人）	飞机	_____（千米/年）	每周消耗塑料袋	_____（个/周）
居住面积	_____（平方米）	火车	_____（千米/年）	每周用一次性筷子	_____（双/周）
每月用电	_____（度/月）	公交	_____（千米/天）	每半年新购买衣服	_____（件/半年）
每月用气	_____（立方米/月）	地铁	_____（站/天）	每天摄取的主食量	_____（克/天）
每月用水	_____（吨/月）	小车	_____（千米/天）	每天摄取的肉食量	_____（克/天）
		电梯	_____（层/天）	使用电脑时间	_____（小时/天）
				每月买书籍或杂志	_____（册/月）
				每月打印纸张	_____（张/月）

（3）碳足迹计算

利用碳足迹计算器计算自己家庭的碳足迹。

碳足迹计算器：http://www.dotree.com/carbonfootprint/。

（4）反思碳足迹

基于碳足迹计算的结果，分析并反思自己的碳足迹，完成一份碳足迹分析简报。

（5）制订减排计划

制订一份个人减排计划，提出切实可行的措施来减少自己和家庭的碳排放。

减排计划应包括具体的行动步骤、时间表和预期效果。

（6）作业评价（见表3）

表3　拓展层作业评价量表

评价项目	评价标准	评价等级
知识掌握程度	对碳足迹相关知识的掌握情况	☆☆☆☆☆
观察记录能力	观察记录的准确性和完整性	☆☆☆☆☆
分析与反思能力	对自己碳足迹的分析深度和反思质量	☆☆☆☆☆
计划制订能力	减排计划的可行性和创新性	☆☆☆☆☆

（7）反馈方式

师评、互评。

五、教学评价

（一）学习单

学习单的设计聚焦于课堂教学的第三部分，旨在通过这一工具激发学生的主动思考，促使他们更积极地参与到课堂讨论与互动中。小组讨论不仅促进了学生之间的互助学习，还增强了他们在班级内交流时的自信心。值得一提的是，在设计学习单时，笔者特意将物质循环模型部分设计为可裁剪的形式，便于学生将其粘贴在书上作为学习笔记，方便日后进行回顾与复习（见图 5）。

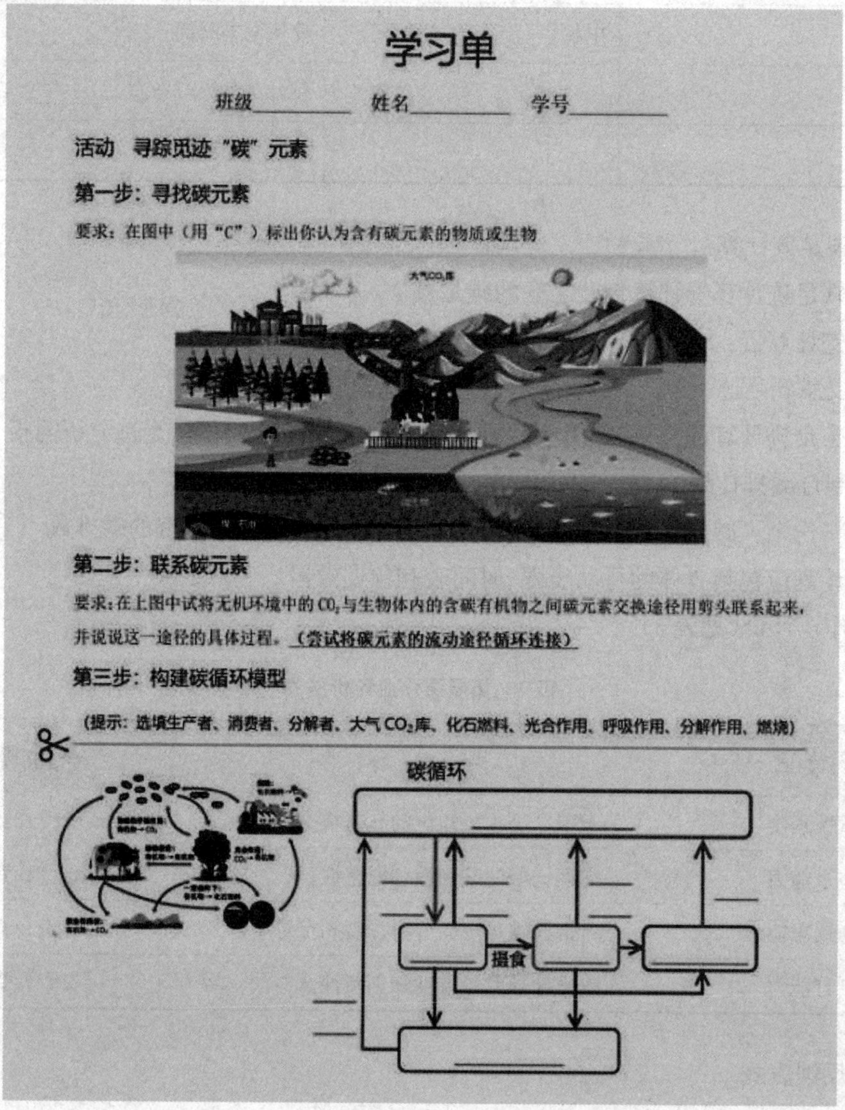
学习单

班级________ 姓名________ 学号________

活动 寻踪觅迹“碳”元素

第一步：寻找碳元素

要求：在图中（用“C”）标出你认为含有碳元素的物质或生物

第二步：联系碳元素

要求：在上图中试将无机环境中的CO_2与生物体内的含碳有机物之间碳元素交换途径用箭头联系起来，并说说这一途径的具体过程。（尝试将碳元素的流动途径循环连接）

第三步：构建碳循环模型

（提示：选填生产者、消费者、分解者、大气CO_2库、化石燃料、光合作用、呼吸作用、分解作用、燃烧）

图 5

（二）教学评价（自评）

课堂评价（见表4）和基础层作业评价均细化和简化了学生的自评要求，实行"一项达成即得一颗星"的评价标准，以解决在分级评价中可能出现的学生对自身学习情况评估不客观的问题。拓展层作业采用了五星评级制度，并融合了师评和互评，以确保对完成拓展层作业的学生进行更全面、准确的评价。

表 4　课堂评价量表

评价项目	评价标准	评价等级
学习态度	遵守课堂秩序，带好学习用品	☆☆☆☆
	认真听讲，积极思考	
	认真做好课堂笔记	
	积极参与课堂讨论，主动回答问题	
学习效果	能说出什么是物质循环及物质循环的特点	☆☆☆☆
	能根据碳循环的模型描述碳循环的过程	
	能根据碳循环的过程对低碳生活提出自己的看法和建议	
	能依据碳循环模型尝试完成水循环模型	
作业完成情况	能独立完成作业	☆☆☆
	作业质量高	
	积极完成拓展作业	

课堂评价量表旨在引导学生通过评价过程更好地理解本节课的学习内容，并让学生有机会在课堂上即时向教师反馈自己学科素养的落实情况。这样的设计不仅促进了学生的自我反思，也为教师提供了改进教学方法的宝贵依据。

六、教学反思

首先，笔者在教学内容的安排上需要更加精准和合理。在教学过程中，笔者发现部分学生对某些知识点掌握得不够牢固，这可能是因为笔者在课前对学情的了解不够充分。因此，在今后的教学中，笔者需要更加注重学生的个体差异，根据他们的实际情况调整教学内容和难度,确保每个学生都能在课堂上有所收获。

其次,笔者在教学方法和手段上需要进行更加多样化和创新的改进。在教学过程中,笔者发现单一的教学方法往往难以激发学生的兴趣和积极性。因此,笔者需要不断探索和尝试新的教学方法和手段,如利用多媒体教学、小组讨论、案例分析等,以激发学生的学习兴趣和主动性,提高他们的学习效果。

再次,笔者需要更加注重师生互动和课堂氛围的营造。在教学过程中,笔者发现师生互动和课堂氛围对学生的学习效果有着至关重要的影响。因此,笔者需要更加注重与学生的互动和交流,鼓励他们积极思考和发言,营造一个轻松、愉悦、积极的学习氛围。同时,笔者也需要更加注重对学生情感、态度和价值观的引导和教育,帮助他们树立正确的人生观和价值观。

最后,笔者需要对本次教学过程中存在的不足之处进行深入反思和总结。在课后与学生交流和听取反馈时,笔者意识到自己在有些方面还有待提高,如课堂时间管理、教学语言表达等。因此,笔者需要认真总结本次教学的经验教训,不断改进自己的教学方法和手段,提高自己的教学水平和能力。